Die Sachmängelgewähr im deutschen und belgischen Kaufrecht nach Umsetzung der Verbrauchsgüterkauf-Richtlinie

Studien zum vergleichenden und internationalen Recht - Comparative and International Law Studies

Herausgeber: Bernd von Hoffmann, Erik Jayme und Heinz-Peter Mansel

Band 128

PETER LANG
Frankfurt am Main · Berlin · Bern · Bruxelles · New York · Oxford · Wien

Constanze Jacobs

Die Sachmängelgewähr im deutschen und belgischen Kaufrecht nach Umsetzung der Verbrauchsgüterkauf-Richtlinie

PETER LANG
Europäischer Verlag der Wissenschaften

Bibliografische Information Der Deutschen Bibliothek
Die Deutsche Bibliothek verzeichnet diese Publikation in der Deutschen Nationalbibliografie; detaillierte bibliografische Daten sind im Internet über <http://dnb.ddb.de> abrufbar.

Zugl.: Köln, Univ., Diss., 2005

D 38
ISSN 0930-4746
ISBN 3-631-54955-5

www.peterlang.de

Meinen Eltern Christel und Ulrich

Danksagungen

Meine Eltern haben durch Ihre Erziehung und stetige Unterstützung den Grundstein für die Fertigung der Arbeit gelegt und so nicht nur durch ihre Liebe Teil an Ihrem Gelingen gehabt. Ich danke Euch.

Besonders danke ich auch Herrn Prof. Dr. Heinz- Peter Mansel für die freundliche und effiziente Betreuung. Seine Vorschläge und Anmerkungen halfen mir bei der Lösung rechtlicher Fragen sowie ihrer Darstellung und trugen so zum Gelingen der Arbeit bei.

Des Weiteren danke ich meinem Partner Ralf, der mir nicht nur in juristischen und organisatorischen Fragen jederzeit Rat gegeben, sondern auch für das richtige psychologische Umfeld gesorgt hat, das zur Fertigstellung erforderlich war.

Auch meine Freundin Saskia hat für die abschließende Korrektur des Manuskripts besonderen Dank verdient.

Darüber hinaus sollen sich an dieser Stelle auch alle diejenigen angesprochen fühlen, die mich während der Zeit unterstützt und motiviert haben.

Dank gilt ebenfalls der Johanna und Fritz Buch Gedächtnisstiftung, Hamburg, mit deren freundlicher Unterstützung der Druck der Arbeit erfolgt.

Luxembourg, 3. Mai 2006

Inhaltsverzeichnis

Ackermann, Thomas; „Die Nacherfüllungspflicht des Stückverkäufers“, JZ 2002, S. 378- 385

Ady, Johannes; „Schadensersatz statt der Leistung bei Vermögens- und Nichtvermögensschäden“, ZGS 2003, S. 13- 17

Alter, Michel; « L'obligation de délivrance dans la vente de meubles corporels », L.G.D.J., Paris, 1972

Altmeppen, Holger; „Untaugliche Regeln zum Vertrauensschaden und Erfüllungsinteresse im Schuldrechtsmodernisierungsentwurf“, DB 2001, S. 1399- 1405

Amtenbrink, Fabian/ Schneider, Claudia; „Europäische Vorgaben für ein neues Kaufrecht und deutsche Schuldrechtsreform“, VuR 1999, S. 293- 296

Ancel, Pascal; « La garantie conventionnelle des vices cachés dans les conditions générales de vente en matière mobilière », Rev. trim. dr. Com., 1979, S. 203- 229

Antonmattei, Paul- Henri ; in : *Antonmattei/ Raynard,* Droit Civil, Contrats spéciaux, 2. édition 2000

Arnold, Arnd; „Der neue § 438 BGB – eine Zwischenbilanz“, ZGS 2002, S. 438- 442

Atias, Christian ; « La distinction du vice caché et de la non- conformité », Dalloz 1993, Chronique S. 265- 266

Aue, Joachim; Mängelgewährleistung im UN- Kaufrecht unter besonderer Berücksichtigung stillschweigender Zusicherungen, (Diss. Heidelberg), Frankfurt a.M.1989

Aynès, Laurent; in : Malaurie/ Aynès/ Gautier, Cours de Droit Civil, Les Contrats Spéciaux, Civils et Commerciaux, 14. Auflage Paris 2001/ 2002

ders.; in : Malaurie/ Aynès, Cours de Droit Civil, Les Obligations- Volume 2, 11. Auflage Paris 2000/ 2001

Ball, Wolfgang; „Neues Gewährleistungsrecht beim Kauf“, ZGS 2002, S. 49- 54

Bardenhewer, Angela; in: Hans von der Groeben/ Jochen Thiesing/ Claus- Dieter Ehlermann (Hrsg.), Kommentar zum EU-/ EG- Vertrag, Band 1, Artikel A-F EUV; Artikel 1- 84 EGV, 5. Auflage Baden- Baden 1997

Barret, Olivier; Encyclopédie Juridique, Répertoire Dalloz de droit civil, hrg. v. Pierre Raynaud, Jean- Luc Aubert und Éric Savaux, Tome X, Vente, 2. Auflage 1995

Basedow, Jürgen; „Zielkonflikte und Zielhierarchien im Vertrag über die Europäische Gemeinschaft", in: Festschrift für Everling I, Due, Ole/ Lutter, Marcus/ Schwarze, Jürgen (Hrsg.), Baden- Baden, 1995, S. 49- 68

Battes, Robert; in: Erman Bürgerliches Gesetzbuch, Bd. 1, hrsg. v. Harm Peter Westermann, §§ 275- 327, 10. Auflage 2000

Beale, Hugh; in: Lando/ Beale; "The principles of European contract law: prepared by the Commission on European Contract Law", chairman, Ole Lando; edited by Ole Lando, Dordrecht,1995

Becqué, Émile; « De la responsabilité du fait d'autrui en matière contractuelle », Rev. trim. dr. civ. 1914, S. 251- 320

Behrens, Peter; „Die Konvergenz der wirtschaftlichen Freiheiten im europäischen Gemeinschaftsrecht", EuR 1992, S. 145- 162

Bénabent, Alain; Anmerkung zum Urteil der Cass. fr., 5 mai 1993, Dalloz 1993, I, Jurisprudence, S. 506- 508

ders. ; « Conformité et vices cachés dans la vente : l'eclaircie », Dalloz 1994, Chronique,
S. 115- 116

Berger, Christian; in: Jauernig (Hrsg.), Bürgerliches Gesetzbuch, 10. Auflage München 2003

Beurskens, Michael; Grundriss Schuldrecht, 2002

Billiau, Marc; in : Ghestin/ Billiau, Traité de Droit Civil, Les obligations- Les effets du contrat, L.G.D.J., Paris 1992

Bernreuther, Friedrich; „Sachmangelhaftung und Werbung", MDR 2003, S. 63- 68

Bitter, Georg; Bitter/ Meidt, „Nacherfüllungsrecht und Nacherfüllungspflicht des Verkäufers im neuen Schuldrecht", ZIP 2001, 2114- 2124

Bleckmann, Albert; „Zum Ermessensmissbrauch im Europäischen Gemeinschaftsrecht", in: FS Hans Kutscher, Baden- Baden 1981, S. 25- 40

Bloch, Pascale; « L'obligation de transferer la propriété dans la vente », Rev. trim. dr. civ., 1988, S. 673- 706

Boerner, Dietmar; "Kaufrechtliche Sachmängelhaftung und Schuldrechtsreform", ZIP 2001, S. 2264- 2273

Bonneau, Thierry; Dalloz- Encyclopédie juridique, Raynaud, Pierre/ Aubert, Jean-Luc/ Savaux, Éric (Hrsg.), 2. Auflage, Répertoire de Droit civil, Tome VII, L- Pai, Mise en demeure, April 1992

Boulanger, Jean; in : Planiol/ Ripert/ Boulanger, Traité pratique de droit civil, t. VI- Les obligations, 2. Auflage 1952

Bourgoignie, Thierry; « Le droit communautaire de la consommation: Acquis et perspectives au regard de l'Europe de 1993 », in : „Wege zum japanischen Recht", Festschrift für Zentaro Kitagawa, 1992, S. 29- 57

ders.; « Le traitement des produits défectueux en droit belge : pratique et perspectives », J.T. 1976, S. 506- 513

ders.; « La protection des intérêts économiques des consommateurs. Les clauses abusives », Guide juridique de l'entreprise, Livre 109.1, 2. Auflage 1999

Brand, Oliver; „Probleme mit der „IKEA- Klausel"", ZGS 2003, S. 96- 101

Brox, Hans, in: Brox/ Walker, Besonderes Schuldrecht, 27. Auflage 2002

Brüggemeier, Gert; „Zur Reform des deutschen Kaufrechts- Herausforderungen durch die EG- Verbrauchsgüterkaufrichtlinie", JZ 2000, S. 529- 538

Buck, Petra; in: Westermann (Hrsg.), Das Schuldrecht 2002, Kaufrecht, 2002

Budzikiewicz, Christine; in: Mansel/ Budzikiewicz, Das neue Verjährungsrecht, 2002

dies.; in: Mansel/ Budzikiewicz, „Einführung in das neue Verjährungsrecht", Jura 2003, S. 1- 12

Büdenbender, Ulrich; in: Dauner- Lieb/ Heidel/ Lepa/ Ring (Hrsg.), Das neue Schuldrecht in der anwaltlichen Praxis, Bonn 2002, § 8 Der Kaufvertrag

ders.; in: Dauner- Lieb/ Heidel/ Lepa/ Ring (Hrsg.), Anwaltkommentar, Schuldrecht, Bonn 2002

Cadiet, Loic; in : Le Tourneau/ Cadiet, « Droit de la responsabilité », Paris1996

Calliess, Christian; "Das gemeinschaftsrechtliche Subsidiaritätsprinzip (Art. 3b EGV) als „Grundsatz der größtmöglichen Berücksichtigung der Regionen"", AöR 121 (1996), S. 509- 543

Canaris, Claus- Wilhelm; „Das allgemeine Leistungsstörungsrecht im Schuldrechtsmodernisierungsgesetz", ZRP 2001, S. 329- 336 *ders;* „Die Reform des Rechts der Leistungsstörungen“, JZ 2001, S. 499- 524

ders.; „Schadensersatz wegen Pflichtverletzung, anfängliche Unmöglichkeit und Aufwendungsersatz im Entwurf des Schuldrechtsmodernisierungsgesetzes“, DB 2001, S. 1815- 1821

ders.; „Die Nacherfüllung durch Lieferung einer mangelfreien Sache beim Stückkauf“, JZ 2003, S. 831- 838

Chabas, Francois; in: Mazeaud/ Mazeaud/ Chabas, Lecons de Droit Civil, Tome II, Premier Volume, Obligations- théorie générale, 8. Auflage Paris 1991

Coing, Helmut (Hrsg.); Handbuch der Quellen und Literatur der neueren europäischen Privatrechtsgeschichte, III/ 1, Das 19. Jahrhundert- Gesetzgebung zum Allgemeinen Privatrecht, 1982

ders.; Europäisches Privatrecht 1800- 1914, 19. Jahrhundert, II, Überblick über die Entwicklung des Privatrechts in den ehemals gemeinrechtlichen Ländern, 1989

Collins, Hugh; „European Private Law and the Cultural Identitiy of States”, ERPL 1995, S. 353- 365

Constantinesco, Léontin- Jean; Das Recht der Europäischen Gemeinschaften I, Das institutionelle Recht, 1. Auflage Baden- Baden 1977

Constantinesco, Vlad; in: Hübner/ Constantinesco, Einführung in das französische Recht, 4. Auflage München 2001

Cornelis, Ludo; « La faute lourde et la faute intentionnelle », J.T., 1981, S. 513- 516

ders.; « Principes du droit belge de la responsabilité extracontractuelle, l´acte illicite », (1991)

Cornu, Gérard; « Contrats spéciaux », Jurisprudence française en matière de droit civil ; Rev. trim. dr. civ., 1979, S. 807- 813

Dabin, Jean; « De la validité des clauses d´exonération de responsabilité en matière contractuelle, couvrant 1° la faute lourde du débiteur, 2° la faute lourde ou intentionnelle des préposés », Anmerkung zum Urteil Cass., 25 septembre 1959, R.C.J.B., 1960, S. 5- 30

Dalcq, Roger O.; « Restrictions à l´immunité de responsabilité de l´agent d´exécution », Anmerkung zum Urteil Cass., 26 octobre 1990, R.C.J.B., 1992, S. 503-508 *ders.;* « Examen de Jurisprudence (1963- 1967), La responsabilité délictuelle et quasi délictuelle », R.C.J.B. 1968, S. 193- 251

Dauner- Lieb, Barbara; in: Dauner- Lieb/ Heidel/ Lepa/ Ring (Hrsg.) Anwaltkommentar des Deutschen Anwaltsvereins zum Schuldrecht, 2002

dies; „Die geplante Schuldrechtsmodernisierung- Durchbruch oder Schnellschuß?", JZ 2001, S. 8- 18

dies.; Dauner- Lieb/ Thiessen, „Garantiebeschränkungen in Unternehmenskaufverträgen nach der Schuldrechtsreform", ZIP 2002, S. 108- 114

dies.; Dauner- Lieb/ Dötsch, „Schuldrechtsreform: Haftungsgefahren für Zwischenhändler nach neuem Recht?", DB 2001, S. 2535- 2540

dies.; Dauner- Lieb/ Thiessen, „Das neue Leistungsstörungsrecht – Leistungshemmend und störanfällig?", DStR 2002, S. 809- 816

Debacker, R.; Anmerkung zu Comm. Bruxelles, 22 décembre 1950, J.C.B., 1952, S. 121- 124

De Gavre, Jacques; in: Simont/ De Gavre, « Examen de Jurisprudence (1969-1975)- Les contrats spéciaux », R.C.J.B., 1976, S. 365- 495

ders.; in: Simont/ De Gavre/ Foriers, « Examen de jurisprudence (1981- 1991)- Les contrats spéciaux », R.C.J.B., 1995, S. 107- 228

ders; in : « Examen de jurisprudence (1960- 1965)- Les contrats spéciaux », R.C.J.B., 1965, S. 171- 249

Delvaux, André; « Aménagement conventionnel des responsabilités », Act. Dr., 1992, S. 373- 381

Delvaux, Paul- Henry; « La responsabilité contractuelle pour autrui et l'arrêt du 29 novembre 1984 de la Cour de Cassation », J.T. 1987, S. 417- 422

ders.; « Les effets en droit belge de la résolution des contrats pour inexécution », in : Fontaine, Marcel/ Viney, Geneviève (Hrsg.), Les sanctions de l'inexécution des obligations contractuelles, Etudes de droit comparé, Brüssel- Paris 2001, S. 669- 697

De Page, Henri; Traité élémentaire de droit civil belge, Tome II- Les incapables, les obligations, 2. Auflage Brüssel 1948

ders.; Traité élémentaire de droit civil belge, Tome IV- Les principaux contrats usuels (première partie), 2. Auflage 1951

Derleder, Peter; „Das uis variandi des Käufers bei Sach- und Rechtsmängeln“, in: Dauner- Lieb/ Konzen/ Schmidt (Hrsg.), Das neue Schuldrecht in der Praxis, 2003, S. 411- 426

ders.; „Der Wechsel zwischen den Gläubigerrechten bei Leistungsstörungen und Mängeln“, NJW 2003, S. 998- 1003

ders.; in: *Derleder/ Zänker,* „Der ungeduldige Gläubiger und das neue Leistungsstörungsrecht“, NJW 2003, S. 2777- 2783

Devos, Diego; Chronique de Jurisprudence- Les contrats (1980- 1987)- La vente, J.T. 1991, S. 161- 175

Dickie, John; „A Step Closer to European Sale of Goods Law?- Commission Draft Directive on the sale of Consumer Goods”, J.B.L. 1997, S. 167- 173

Dieux, Xavier; « Les chaînes et groupes de contrats, en droit belge », in : Les obligations en droit français et en droit belge, Convergences et divergences, 1994, S. 108- 151

Dölemeyer, Barbara; in: Coing, Handbuch der Quellen und Literatur der neueren europäischen Privatrechtsgeschichte, Das 19. Jahrhundert, Gesetzgebung zum allgemeinen Privatrecht und zum Verfahrensrecht, III/2, 1982

Dötsch, Wolfgang; Dauner- Lieb/ Dötsch, „Schuldrechtsreform: Haftungsgefahren für Zwischenhändler nach neuem Recht?“, DB 2001, S. 2535- 2540

Dreher, Meinrad; „Der Verbraucher- Das Phantom in den opera des europäischen und deutschen Rechts?“, JZ 1997, S. 167- 178

Drexl, Josef; Die wirtschaftliche Selbstbestimmung des Verbrauchers, Tübingen 1998

Drobnig, Ulrich; „Neue rechtliche Konzepte für den europäischen Verbraucherschutz“, in: Heusel (Hrsg.), Neues europäisches Vertragsrecht und Verbraucherschutz, 1999, S. 201- 207

Dubuisson, Bernard; « Questions choisies en droit de la responsabilité contractuelle », in : La théorie générale des obligations, CUP, Vol. XXVII, 1998, S. 95- 166

Dürrschmidt, Armin; in: Lehmann/ Dürrschmidt, „Haftung für irreführende Werbung über Garantien“, GRUR 1997, S. 549- 559

Ernst, Wolfgang; in: Ernst/ Gsell, Beate; „Kaufrechtsrichtlinie und BGB“, ZIP 2000, S. 1410- 1427 *ders;* in: Zimmermann/ Leenen/ Mansel/ Ernst, „Finis Litium? Zum Verjährungsrecht nach dem Regierungsentwurf eines Schuldrechtsmodernisierungsgesetzes", JZ 2001, S. 684- 699

Ehmann, Horst; in: Ehmann/ Rust, Ulrich; „Die Verbrauchsgüterkaufrichtlinie", JZ 1999,
S. 853- 864
Eidenmüller, Horst; „Rechtskauf und Unternehmenskauf", ZGS 2002, S. 290- 296

Emmerich, Volker; in: Münchener Kommentar zum Bürgerlichen Gesetzbuch, hrsg. v. Kurt Rebmann, Bd. 2, Schuldrecht, Allgemeiner Teil, §§ 243, 275, 279- 283, 320- 327, 4. Auflage 2001

Epiney, Astrid; in: Beutler/ Bieber/ Pipkorn, / Streil, Die Europäische Union, Rechtsordnung und Politik, Baden- Baden 5. Auflage 2001, erweitert von Roland Bieber, Astrid Epiney, Marcel Haag und Bengt Beutler

Esmein, Paul; in: Planiol/ Ripert, Traité pratique de droit civil, t. VI, 1930

Evrard, Jean- J.; « Les pratiques du commerce, l'information et la protection du consommateur », J.T. 1992, S. 681- 698

Faber, Wolfgang; „Zur Richtlinie bezüglich Verbrauchsgüterkauf und Garantien für Verbrauchsgüter", JBl. 1999, S. 413- 433

Fagnart, Jean- Luc; « L'obligation de renseignement du vendeur-fabricant », Anmerkung zum Urteil Cass., 28 février 1980, R.C.J.B. 1983, S. 228- 259

Fallon, Marc; « La Cour de cassation et la responsabilité liée aux biens de consommation », Besprechung des Urteils Cass., 6 mai 1977, R.C.J.B. 1979, S. 162- 182

Family, Roxana; « Erreur, non- conformité, vice caché : État des questions à l'heure de la transposition de la directive du 25 mai 1999 », Contrats Concurrence Consommation, Editions du Juris- Classeur, 2002, Chroniques n° 7, S. 4- 10

Faust, Florian; in: Huber, Peter/ Faust, Florian, Schuldrechtsmodernisierung, Einführung in das neue Recht, München 2002

ders.; „Garantie und Haftungsbeschränkung in § 444 BGB", ZGS 2002, S. 271- 274

ders.; in: Bamberger/ Roth (Hrsg.), Kommentar zum Bürgerlichen Gesetzbuch, Bd. 1, §§ 1- 610, 2003

Ferid, Murad; Das französische Zivilrecht, Band I, Allgemeine Lehren, Recht der Schuldverhältnisse, Frankfurt a.M. 1971

Ferrari, Franco; in: Schlechtriem, Peter (Hrsg.) Kommentar zum Einheitlichen UN-Kaufrecht, Das Übereinkommen der Vereinten Nationen über Verträge über den internationalen Warenkauf - CISG-, 3. Auflage München 2000

Fischer, Hans Georg; Europarecht, 2. Auflage 1997

Flamme, Maurice- André/ Flamme, Phillippe; « Chronique de jurisprudence et de doctrine- Le contrat d'entreprise (1966- 1975)», J.T. 1976, S. 337- 350

Flamme, Phillippe; « La sous- traitance, Panorama de jurisprudence (1975- 1990) », Entr. et dr., 1991, S. 9- 32

Fontaine, Nicole; « Analyse des techniques de législation européenne en matière de droit des contrats », in : Heusel, Wolfgang (Hrsg.), Neues europäisches Vertragsrecht und Verbraucherschutz: Regelungskonzepte der Europäischen Union und ihre Auswirkungen auf die nationalen Zivilrechtsordnungen, Köln 1999, S. 51- 55

Foriers, P.- A.; in : Foriers/ Glansdorff, Contrats spéciaux, t. I, 1995/96, Presses Universitaires de Bruxelles

ders.; in: Simont/ De Gavre/ Foriers, « Examen de jurisprudence (1981- 1991)- Les contrats spéciaux », R.C.J.B., 1995, S. 107- 228

ders. ; Chronique de jurisprudence 1970- 1984 (3ème partie), « Les ventes commerciales- Règles générales », R.D.C., 1987, S. 2- 55

Funke, Rainer; „Die bewährten deutschen Kaufvorschriften nicht ändern – Die Bundesregierung wendet sich gegen die EU- Richtlinie zum Verbrauchsgüterkauf", FAZ v. 30.12.1996, S. 12

Gaier, Reinhard; „Die Minderungsberechnung im Schuldrechtsmodernisierungsgesetz", ZRP 2001, S. 336- 340

Gautier, Pierre- Yves; in : Malaurie/ Aynès/ Gautier, Cours de Droit Civil, Les Contrats Spéciaux, Civils et Commerciaux, 14. Auflage Paris 2001/ 2002

Geiger, Rudolf; EUV/ EGV- Vertrag über die Europäische Union und Vertrag zur Gründung der Europäischen Gemeinschaft, Kommentar, 3. Auflage München 2000

Gérard, Phillipe; « Vice de la chose et vente commerciale », Besprechung der Entscheidung Cass., 18 novembre 1971, R.C.J.B. 1973, S. 612- 625

Gevers, Madeleine; in : « Examen de jurisprudence (1960- 1965)- Les contrats spéciaux », R.C.J.B., 1965, S. 171- 249

Ghéstin, Jacques; in : Ghéstin/ Billiau, Traité de Droit Civil, Les obligations- Les effets du contrat, L.G.D.J., Paris 1992

ders.; « Conformité et Garanties dans la Vente » (Produits mobiliers), 1983

ders.; « La notion d´érreur dans le droit positif actuel », 1963

ders.; Anmerkung zum Urteil Cass. Ass. Plén. fr., 12 juillet 1991, Dalloz, 1991, S. 549- 556

Glansdorff, Francois; in : Foriers/ Glansdorff, Contrats spéciaux, t. I, 1995/96, Presses Universitaires de Bruxelles

ders.; « L´action du maître de l´ouvrage contre le sous- traitant ou le fournisseur de l´entrepreneur principal », Anmerkung zum Urteil Bruxelles, 28 octobre 1987, J.T. 1988, S. 668- 670

Grassmann, Günther; in: David/ Grassmann (Hrsg.), Einführung in die großen Rechtssysteme der Gegenwart, auf der Grundlage „Les grands systèmes de droit contemporains“, von René David und Camille Jauffret Spinosi, 2. Auflage München 1989

Grégoire, Pierre; « Les conditions générales en matière de vente », in : Glansdorff/ Grégoire/ Steenenbergen/ Van der Elst/ Morelle/ Henry (Hrsg.), La vente, Brüssel 1987, S. 63- 101

Grigoleit, Christoph; Grigoleit/ Riehm, „Grenzen der Gleichstellung von Zuwenig-Leistung und Sachmangel“, ZGS 2002, S. 115- 122

ders.; in: Grigoleit/ Herresthal, „Grundlagen der Sachmängelhaftung im Kaufrecht“, JZ 2003, S. 118- 127

ders.; in: Grigoleit/ Herresthal, „Die Beschaffenheitsvereinbarung und ihre Typisierungen in § 434 I BGB“, JZ 2003, S. 233- 239

Grüber, Urs Peter; „Die Nacherfüllung als zentraler Rechtsbehelf im neuen deutschen Kaufrecht- eine methodische und vergleichende Betrachtung zur Auslegung“, in: Helms/ Neumann/ Caspers/ Sailer/ Schmidt- Kessel (Hrsg.), Jahrbuch Junger Zivilrechtswissenschaftler 2001, Das neue Schuldrecht, S. 187- 203

Grüneberg, Christian; in: Bamberger/ Roth (Hrsg.), Kommentar zum Bürgerlichen Gesetzbuch, Bd. 1, §§ 1- 610, 2003

Grunewald, Barbara; in : Erman Bürgerliches Gesetzbuch, Bd. 1, hrsg. v. Harm Peter Westermann, §§ 433- 515, 10. Auflage 2000 *dies.;* „Schadensersatz für Mangel- und Mangelfolgeschäden", in: Dauner- Lieb/ Konzen/ Schmidt (Hrsg.), Das neue Schuldrecht in der Praxis, S. 313- 319

Grynbaum, Luc ; Contrats- Concurrence- Consommation- (CCC) Editions du Juris-Classeur, 2000, Chronique n° 7, S. 4- 9

Gsell, Beate; „Die zeitlichen Grenzen der Gewährleistungsrechte des Verbrauchers nach der EU- Richtlinie zum Verbrauchsgüterkauf", ERPL 1999, S. 151- 171
dies.; Ernst/ Gsell; „Kaufrechtsrichtlinie und BGB", ZIP 2000, S. 1410- 1427

dies.; „Der Schadensersatz statt der Leistung nach dem neuen Schuldrecht", in: Helms/ Neumann/ Caspers/ Sailer/ Schmidt- Kessel (Hrsg.), Jahrbuch Junger Zivilrechtswissenschaftler 2001, Das neue Schuldrecht, S. 106- 131

dies.; „Kaufrechtsrichtlinie und Schuldrechtsmodernisierung", JZ 2001, S. 65- 75

dies.; „Nutzungsausfall „neu für alt"", NJW 2003, S. 1967- 1975

Guimezanes, Nicole; Introduction au droit français, 1. Auflage Baden- Baden 1995

Gursky, Karl- Heinz; Schuldrecht Besonderer Teil, 4. Auflage 2002

Guyot, Paul; in : Baudry- Lacantinerie, Precis de droit civil, Tome II, L´exposé des principes, 13. Auflage 1925

Haas, Lothar; in: Haas, Lothar/ Medicus, Dieter/ Rolland, Walter/ Schäfer, Carsten/ Wendtland, Holger; Das neue Schuldrecht, 5. Kapitel, Kaufrecht, München 2002

ders.; „Entwurf eines Schuldrechtsmodernisierungsgesetzes: Kauf- und Werkvertragsrecht", BB 2001, S. 1313- 1321

Hager, Johannes; in: Dauner- Lieb/ Heidel/ Lepa/ Ring (Hrsg.), Anwaltkommentar, Schuldrecht, Bonn 2002

Hamel, Joseph; in: Planiol/ Ripert, Traité pratique de droit civil français, Tome X- Le contrats civils, 1ère Partie (vente), 2. Auflage 1956

Hamm, Horst; „Zum Verhältnis der Garantie zu den Mangelrechten aus § 437 BGB", NJW 2003, S. 2588- 2590

Hannequart, Yvon; in : Renard/ Vieujean/ Hannequart, Les Novelles, Corpus Juris Belgici, Begründer Léon Hennebicq, Droit civil, t. IV, Théorie générale des obligations, 1957

Haratsch, Andreas; in: Koenig/ Haratsch; Europarecht, 3. Auflage, Tübingen 2000

Harmel, Pierre; « La Théorie Générale de la Vente », Répertoire notarial, t. VII, La vente, 1. Buch, Brüssel 1985

Hauschka, Christoph E.; „Grundprobleme der Privatrechtsfortbildung durch die Europäische Wirtschaftsgemeinschaft", JZ 1990, S. 521- 532

Heenen, Jacques; in : Van Ryn/ Heenen; Principes de Droit Commercial, t. III, 2. Auflage Brüssel 1981

Heinrichs, Helmut; in: Palandt, Bürgerliches Gesetzbuch, 61. Auflage 2002

Heiss, Helmut; „Verbraucherschutz im Binnenmarkt: Art. 129a EGV und die wirtschaftlichen Verbraucherinteressen", ZeuP 1996, S. 625- 647

ders., Helmut; „Formvorschriften als Instrument europäischen Verbraucherschutzes", in: Internationales Verbraucherschutzrecht, Tübingen 1995, S. 87- 103

Herbots, J. H.; « L'affinage du principe de la transmission automatique des droits « propter rem » du maître de l'ouvrage à l'acquéreur de l'immeuble », Anmerkung zum Urteil Cass., 15 septembre 1989, R.C.J.B., 1992, S. 512- 549

Hermanns, Marc; „Garantien beim Unternehmens- und Anteilskaufvertrag- Gestaltungsmöglichkeiten und Formulierungsvorschläge", ZIP 2002, S. 696- 700

Herresthal, Carsten; in: Grigoleit/ Herresthal, „Grundlagen der Sachmängelhaftung im Kaufrecht", JZ 2003, S. 118- 127

ders.; in: Grigoleit/ Herresthal, „Die Beschaffenheitsvereinbarung und ihre Typisierungen in § 434 I BGB", JZ 2003, S. 233- 239

Herrnfeld, Hans- Holger; in: Schwarze, Jürgen (Hrsg.) EU- Kommentar, Kommentierung zu Art. 94- 97, Baden- Baden 2000

Heusel, Wolfgang (Hrsg.); Neues europäisches Vertragsrecht und Verbraucherschutz: Regelungskonzepte der Europäischen Union und ihre Auswirkungen auf die nationalen Zivilrechtsordnungen, Köln 1999, S. 39- 50

Hilgard, Mark C.; in: *Hilgard/ Kraayvanger,* „Unternehmenskauf- Rechtsfolgen eines selbständigen Garantieversprechens nach der Reform", MDR S. 678- 683

Hirsch, Christoph; „Schadensersatz statt der Leistung", Jura 2003, S. 289- 298

Hölzle, Gerrit; Triebel/ Hölzle, „Schuldrechtsreform und Unternehmenskaufverträge", BB 2002, S. 521- 536

Hoffmann, Jan; „Verbrauchsgüterkaufrechtsrichtlinie und Schuldrechtsmodernisierungsgesetz“, ZRP 2001, S. 347- 350

Holthöfer, Ernst; in: Coing (Hrsg.), Handbuch der Quellen und Literatur der neueren europäischen Privatrechtsgeschichte, III/ 1: Das 19. Jahrhundert – Gesetzgebung zum Allgemeinen Privatrecht, 1982

Hondius, Ewoud; „Kaufen ohne Risiko: Der europäische Richtlinienentwurf zum Verbrauchsgüterkauf und zur Verbrauchsgarantie“, ZEuP 1997, S. 130- 140

Honsell, Heinrich; „Die EU- Richtlinie über den Verbrauchsgüterkauf und ihre Umsetzung ins BGB“, JZ 2001, S. 278- 283

ders.; „Einige Bemerkungen zum Diskussionsentwurf eines Schuldrechts- modernisierungsgesetzes“, JZ 2001, S. 18- 21

Huber, Peter; „Der Nacherfüllungsanspruch im neuen Kaufrecht“, NJW 2002, S. 1004- 1008

ders.; in: Huber, Peter/ Faust, Florian, Schuldrechtsmodernisierung, Einführung in das neue Recht, München 2002

Huber, Ulrich; in: Soergel (Begr.), Bürgerliches Gesetzbuch mit Einführungsgesetz und Nebengesetzen, Bd. 3. Schuldrecht, 12. Auflage 1991
ders.; „Die Praxis des Unternehmenskaufs im System des Kaufrechts“, AcP 2002, S. 179- 242

Huc, Théophile ; Commentaire Théorique & Pratique du Code civil, t. X, 1897

Hübner, Ulrich; in: Hübner/ Constantinesco, Einführung in das französische Recht, 4. Auflage München 2001

Hummer, Waldemar; Schweitzer/ Hummer; Europarecht, 5. Auflage Neuwied, 1996

Huppertz, Stefanie; „Rechtliche Probleme von Online- Auktionen“, MultiMedia und Recht (MMR) 2000, S. 65- 72

Hurd, Sandra N.; in: Shears/ Zollers/ Hurd; “It will be the biggest change to consumer rights for 20 years!”, J.B.L. 2000, S. 262- 277

Ipsen, Knut; Völkerrecht: ein Studienbuch, in Zusammenarbeit mit Volker Epping, 4. Auflage München 1999

Isken, Karl Josef; Die Verbraucherpolitik im EWGV und die Einheitliche Europäische Akte, Münster 1991

Jacobs, Matthias; „Die kaufrechtliche Nacherfüllung", in: Dauner- Lieb/ Konzen/ Schmidt, Das neue Schuldrecht in der Praxis, 2003, S. 371- 394

Jansen, Nils; „Gewährleistung trotz Annahmeverzugs und Untergangs der Kaufsache?", ZIP 2002, S. 877- 880

Janssen, André; „Kollision des einheitlichen UN- Kaufrechts mit dem Verbraucherschutzrecht am Beispiel der Richtlinie über den Verbrauchsgüterkauf und –garantien", VuR 1999, S. 324- 327

Jassogne, Christian ; « La garantie découlant de la vente : principes et clauses particulieères », Ann. Dr. Liège, 1988, S. 438- 449

Jauernig, Othmar; in: Jauernig (Hrsg.), Bürgerliches Gesetzbuch, 10. Auflage 2003

Jayme, Erik/ Kohler, Christian; „Europäisches Kollisionsrecht 1999 –Die Abendstunde der Staatsverträge", IPRax 1999, S. 401- 413

Jestaz, Phillipe; in : Marty/ Raynaud/ Jestaz, Traité de Droit civil, Les obligations- Le regime, Tome 2, 2. Auflage 1989

Jorden, Simone; Jorden/ Lehmann, „Verbrauchsgüterkauf und Schuldrechtsmodernisierung", JZ 2001, S. 952- 965

Josserand, Louis; Cours de Droit Civil Positiv Francais, Tome II, Théorie générale des obligations les principaux contrats du droit civil, les suretés, 3. Auflage, Paris 1939

Jud, Brigitta; „Die Rangordnung der Gewährleistungsbehelfe", in: Helms/ Neumann/ Caspers/ Sailer/ Schmidt- Kessel (Hrsg.), Jahrbuch Junger Zivilrechtswissenschaftler 2001, Das neue Schuldrecht, S. 205- 225

Kainz, Martin; „Umsetzung der Verbraucherschutzrichtlinien und ihre Auswirkungen im nationalen Recht", in: Heusel, Wolfgang (Hrsg.), Neues europäisches Vertragsrecht und Verbraucherschutz: Regelungskonzepte der Europäischen Union und ihre Auswirkungen auf die nationalen Zivilrechtsordnungen, Köln 1999, S. 63- 79

Kaiser, Jochen; Wolf/ Kaiser, „Die Mängelhaftung beim Unternehmenskauf nach neuem Recht", DB 2002, S. 411- 420

Kilian, Wolfgang; Europäisches Wirtschaftsrecht, München 1996

Kircher, Wolfgang; „Zum Vorschlag für eine Richtlinie über den Verbrauchsgüterkauf und –garantien", ZRP 1997, S. 290- 294

Kleindieck, Detlef; „Aspekte gemeinschaftsweiter Privatrechtsangleichung: Ein Sonderprivatrecht für Verbraucher?“, in: Hommelhoff, Peter/ Jayme, Erik/ Mangold, Werner (Hrsg.), Europäischer Binnenmarkt: IPR und Rechtsangleichung, Beiträge und Diskussion des Symposiums 1994 in Heidelberg, Heidelberg 1995, S. 297- 310

Knott, Hermann J., „Unternehmenskauf nach der Schuldrechtsreform“, NZG 2002, S. 249- 256

Köhler, Helmut; in: J. von Staudingers Kommentar zum Bürgerlichen Gesetzbuch mit Einführungsgesetz und Nebengesetzen, Buch 2. Recht der Schuldverhältnisse, 13. Bearbeitung 1995

Koenig, Christian; in: Koenig/ Haratsch; Europarecht, 3. Auflage, Tübingen 2000

Kraayvanger, Jan; in: Hilgard/ Kraayvanger, „Unternehmenskauf- Rechtsfolgen eines selbständigen Garantieversprechens nach der Reform“, MDR S. 678- 683

Kramer, Ernst A.; „Europäische Privatrechtsvereinheitlichung – Institutionen, Methoden, Perspektiven-“, in: Ress, Georg/ Will, Michael R. (Hrsg.), Vorträge, Reden und Berichte aus dem Europa- Institut/ Nr. 139, Europa- Institut der Universität des Saarlandes, 1988

Krämer, Ludwig; EWG- Verbraucherrecht, 1. Auflage Baden- Baden 1985

Krause, Hermann; „Der deutschrechtliche Anteil an der heutigen Privatrechtsordnung“, JuS 1970, S. 313- 321

Kraußer, Hans- Peter; Das Prinzip begrenzter Ermächtigung im Gemeinschaftsrecht als Strukturprinzip des EWG- Vertrages, Berlin1991

Kropholler, Jan; in: Neuhaus/ Kropholler; “Rechtsvereinheitlichung- Rechtsverbesserung?” RabelsZ 45 (1981), S. 73- 90

Kruisinga, Sonja A.; „What do consumer and commercial sales law have in common? A comparison of the EC Directive on consumer sales law and the UN Convention on contracts for the international sale of goods”, ERPL 2001, S. 177- 189

Lagasse, André; « Problèmes de responsabilité au cas de domage causeé par une chose affectée d´un vice caché. Le gardien, l´entrepreneur, le vendeur. », R.C.J.B. 1963, S. 5- 41

Lando, Ole; Consumer Protection and the Common Market: General Report, in: Fédération Internationale pour le Droit Européen. Reports for the tenth congress, 24th – 26th June 1982, Volume 1, Consumer Protection and the Common Market, Dublin 1982, S. 1.1.- 1. 18.

ders.; in: Lando, Ole/ Beale, Hugh; "The principles of European contract law: prepared by the Commission on European Contract Law", chairman, Ole Lando; edited by Ole Lando, Dordrecht,1995

Larenz, Karl; Lehrbuch des Schuldrechts, Bd. 1, Allgemeiner Teil, 14. Auflage München 1987

ders.; Lehrbuch des Schuldrechts, Bd. 2, Besonderer Teil, Halbbd. 1, 13. Auflage München 1986

Larroumet, Ch.; Anmerkung zum Urteil Cass. com fr., 24 avril 1980, Dalloz, Jurisprudence Generale, 1980,2, S. 567- 568

Laurent, F.; Principes de droit civil, Tome XXIV, La vente, 3. Auflage Paris 1878

Laws, Jutta; „Strukturen des Kauf-, Werkvertrags- und Werklieferungsvertragsrechts nach der Schuldrechtsreform", MDR 2002, S. 320- 327

Leenen, Detlef; „Die Neugestaltung des Verjährungsrechts durch das Schuldrechtsmodernisierungsgesetz", DStR 2002, S. 34- 43

ders; in: Zimmermann/ Leenen/ Mansel/ Ernst, „Finis Litium? Zum Verjährungsrecht nach dem Regierungsentwurf eines Schuldrechtsmodernisierungsgesetzes", JZ 2001, S. 684- 699

Lehmann, Michael; „Informationsverantwortung und Gewährleistung für Werbeangaben beim Verbrauchsgüterkauf", JZ 2000, S. 280 - 292

ders.; „Die Haftung für Werbeangaben nach neuem Schuldrecht", DB 2002, S. 1090-1094

ders.; Jorden/ Lehmann, „Verbrauchsgüterkauf und Schuldrechtsmodernisierung", JZ 2001, S. 952- 965
ders.; in: Lehmann/ Dürrschmidt, „Haftung für irreführende Werbung über Garantien", GRUR 1997, S. 549- 559

Lehr, Wolfgang/ Wendel, Heiko; „EU- Richtlinie über Verbrauchsgüterkauf und- garantien", EWS 1999, S. 321- 327

Le Tourneau, Phillipe; in : Le Tourneau/ Cadiet, « Droit de la responsabilité », 1996

ders.; « Conformité et garantie dans la vente d´objets mobiliers corporels », Rev. trim. dr. comm. 1980, S. 231- 276

Lettl, Tobias; „Die Falschlieferung durch den Verkäufer nach der Schuldrechtsreform", JuS 2002, S. 866- 872

Leveneur, Laurent ; Paisant/ Leveneur, « Quelle Transposition pour la directive du 25 mai 1999 sur les garanties dans la vente de biens de consommation ? », JCP, 2002, S. 923- 925

Levy, Gérald; « Recherches sur quelques aspects de la garantie des vices cachés dans la vente des véhicules neufs et d´occassion », Rev. trim. dr. civ. 1970, S. 1- 63

Lieb, Manfred; „Die Garantieproblematik (§ 444 BGB)", in: Dauner- Lieb, Unternehmenskauf und Schuldrechtsmodernisierung, Fachtagung der Bayer- Stiftung für deutsches und internationales Arbeits- und Wirtschaftsrecht am 6. und 7. Juni 2002, Bayer-Stiftung- Schriftenreihe Bd. 9, 2003, S. 57- 68

Lienbacher, Georg; in: Schwarze, Jürgen (Hrsg.), EU- Kommentar, Kommentierung zu Art. 5, Baden- Baden 2000

Limpens, Jean; Répertoire pratique du droit belge, t. XVI, La Vente en Droit Belge, Brüssel 1960

dies. ; Chronique de législation, Droit civil belge (1er juillet- 31 décembre 2004), J.T. 2005, 425, 427

Lorenz, Stephan; in: Lorenz/ Riehm (Hrsg.), Lehrbuch zum neuen Schuldrecht, 2002

ders.; „Rücktritt, Minderung und Schadensersatz wegen Sachmängeln im neuen Kaufrecht: Was hat der Verkäufer zu vertreten?", NJW 2002, S. 2497- 2505

ders.; „Aliud, peius und indebitum im neuen Kaufrecht", JuS 2003, S. 36- 40

Looschelders, Dirk; „Beschaffenheitsvereinbarung, Zusicherung, Garantie, Gewährleistungsausschluss", in: Dauner- Lieb/ Konzen/ Schmidt (Hrsg.), Das neue Schuldrecht in der Praxis, 2003, S. 395- 410

ders; Schuldrecht Allgemeiner Teil, 2003

Lukes, Rudolf; in: Dauses, Manfred A. (Hrsg.), Handbuch des EU- Wirtschaftsrechts, Bd. I, B II, 10. Ergänzungslieferung, Stand Mai 2001

Magnus, Ulrich; Europäisches Schuldrecht- Verordnungen und Richtlinien, München 2002

ders.; „Europäische Kaufrechtsvereinheitlichung", RabelsZ 45 (1981), S. 144- 168 *ders.;* „Die Verbrauchsgüterkauf- Richtlinie und das UN- Kaufrecht“, in: Grundmann, Stefan/ Medicus, Dieter/ Rolland, Walter (Hrsg.), Europäisches Kaufgewährleistungsrecht: Reform und Internationalisierung des deutschen Schuldrechts, Köln, Berlin, Bonn, München 2000, S. 79- 91

Malaurie, Phillipe ; in : Malaurie/ Aynès/ Gautier, Cours de Droit Civil, Les Contrats Spéciaux, Civils et Commerciaux, 14. Auflage Paris 2001/ 2002

ders.; in : Malaurie/ Aynès, Cours de Droit Civil, Les Obligations- Volume 2, 11. Auflage Paris 2000/ 2001

Mansel, Heinz- Peter; in: Zimmermann/ Leenen/ Mansel/ Ernst, „Finis Litium? Zum Verjährungsrecht nach dem Regierungsentwurf eines Schuldrechtsmodernisierungsgesetzes“, JZ 2001, S. 684- 699

ders.; in: Mansel/ Budzikiewicz, Das neue Verjährungsrecht, 2002

ders.; in: Mansel/ Budzikiewicz, „Einführung in das neue Verjährungsrecht“, Jura 2003, S. 1- 12

ders.; in: Dauner- Lieb/ Heidel/ Lepa/ Ring (Hrsg.), Anwaltkommentar, Schuldrecht, Bonn 2002

ders.; „Kaufrechtsreform in Europa und die Dogmatik des deutschen Leistungsstörungsrechts: Kaufrecht in Europa nach der Umsetzung der Verbrauchsgüterkauf- Richtlinie“, AcP 204 (2004), S. 396- 456

Martiny, Dieter; „Europäisches Privatrecht – greifbar oder unerreichbar?“, in: Martiny, Dieter/ Witzleb, Normann (Hrsg.), Auf dem Wege zu einem europäischen Zivilgesetzbuch, Berlin 1999, S. 1- 17

Marty, Gabriel; in : Marty/ Raynaud/ Jestaz, Traité de Droit civil, Les obligations- Le regime, Tome 2, 2. Auflage 1989

Maultzsch, Felix; in: Oetker/ Maultzsch, Vertragliche Schuldverhältnisse, 2002

Mazeaud, Henri, Léon und Jean; in : Mazeaud/ Mazeaud, Lecons de Droit Civil, Tome Troisième, Deuxième Volume- Principaux Contrats, Première Partie : Vente et Échange, 6. Auflage Paris 1984

dies.; « Obligations et contrats spéciaux », Rev. Trim. dr. Civ. 1959. S. 531- 552

dies.; Mazeaud/ Mazeaud/ Chabas, Lecons de Droit Civil, Tome II, Premier Volume, Obligations- théorie général, 8. Auflage Paris 1991 *dies.;* Mazeaud/ Mazeaud/ Tunc, Traité théorique et pratique de la responsabilité civile, délicituelle et contractuelle, Tome I, 6. Auflage 1965

dies.; « Les clauses limitatives de réparation », in: Les obligations en droit francais et en droit belge. Convergences et divergences, Bruxells- Paris, Bruylant- Dalloz, 1994, S. 361- 391

Medicus, Dieter; „Ein neues Kaufrecht für Verbraucher?“, ZIP 1996, S. 1925 - 1930

ders.; in: Haas/ Medicus/ Rolland/ Schäfer/ Wendtland (Hrsg.), Das neue Schuldrecht, 3. Kapitel, Leistungsstörungsrecht, München 2002

ders.; Bürgerliches Recht, 18. Auflage 1999

ders.; Schuldrecht I, Allgemeiner Teil, 14. Auflage 2003

ders.; Schuldrecht II, Besonderer Teil, 10. Auflage 2000

Meidt, Eva; Bitter/ Meidt, „Nacherfüllungsrecht und Nacherfüllungspflicht des Verkäufers im neuen Schuldrecht“, ZIP 2001, 2114- 2124

Meinertzhagen- Limpens, Anne; in De Page, Henri (Hrsg.); Traité Élémentaire de Droit Civil Belge, t. IV, Les Principaux Contrats (Première Partie), Erster Band, 4. Auflage Brüssel, 1997

dies.; « Les ventes en chaîne, la responsabilité « in solidum » et le recours contributoire, une coexistence difficile », Anmerkung zum Urteil Cass. 22 octobre 1993, R.C.J.B., 1996, S. 43- 63

dies.; « Erreur, non- conformité et vices cachés », R.G.D.C.B., 1993, S. S. 44- 70

Micklitz, Hans- W.; „Perspektiven eines Europäischen Privatrechts“, ZEuP 1998, S. 253- 276

ders.; „Ein einheitliches Kaufrecht für Verbraucher in der EG?“, EuZW 1997, S. 229 - 237

ders. ; „Die Verbrauchgüterkauf- Richtlinie“, EuZW 1999, S. 485- 493

Montero, Etienne; « Les clauses limitatives ou exoneratoires de responsabilité », in : Fontaine, Marcel/ Viney, Geneviève (Hrsg.), Les sanctions de l'inexecution des obligations contractuelles, Etudes de droit comparé, Brüssel- Paris, 2001, S. 393- 434

ders.; Thunis/ Montero, « La vente », in : Guide juridique de l'entreprise, Titel III, Buch 32, 2. Auflage 2001

Moreau- Margrève, Irma; « Les conditions générales de vente », in : Renaissance du phénomène contractuel, 1971, S. 259- 323

Mülbert, Peter O.; „Privatrecht, die EG- Grundfreiheiten und der Binnenmarkt", ZHR 159 (1995), S. 2- 33

Müller, Klaus; „Unternehmenskauf, Garantie und Schuldrechtsreform- ein Sturm im Wasserglas?", NJW 2002, S. 1026- 1027

Müller, Markus, „Die Umgehung des Rechts des Verbrauchsgüterkaufs im Gebrauchtwagenhandel", NJW 2003, S. 1975- 1980

Müller- Graf, Peter- Christian; „Europäisches Gemeinschaftsrecht und Privatrecht", NJW 1993, S. 13- 23

ders.; in: Hans von der Groeben/ Jochen Thiesing/ Claus- Dieter Ehlermann (Hrsg.), Kommentar zum EU-/ EG- Vertrag, Band 1, Artikel A-F EUV; Artikel 1- 84 EGV, 5. Auflage 1997 Baden- Baden

Müller- Gugenberger, Christian; in: David/ Grassmann (Hrsg.), Einführung in die großen Rechtssysteme der Gegenwart, auf der Grundlage „Les grands systèmes de droit contemporains", von René David und Camille Jauffret Spinosi, 2. Auflage München 1989

Musielak, Hans- Joachim; „Die Falschlieferung beim Stückkauf nach dem neuen Schuldrecht", NJW 2003, S. 89- 92

Neuhaus, Paul Heinrich/ Kropholler, Jan; "Rechtsvereinheitlichung- Rechtsverbesserung?" RabelsZ 45 (1981), S. 73- 90

Nicolaysen, Gert; Europarecht II, Das Wirtschaftsrecht im Binnenmarkt, Baden- Baden 1996

Niemöller, Stefan; Das Verbraucherleitbild in der deutschen und europäischen Rechtsprechung, Verhandlungs- und Vertragsparität als Regelungsgehalt des § 3 UWG, München 1999

Oetker, Hartmut; in: Münchener Kommentar zum Bürgerlichen Gesetzbuch, hrsg. v. Kurt Rebmann, 2. Bd., Schuldrecht, Allgemeiner Teil, §§ 249- 255, 4. Auflage 2001

ders.; in: Oetker/ Maultzsch, Vertragliche Schuldverhältnisse, 2002

Olzen, Dirk; in: Olzen/ Wank, Die Schuldrechtsreform, 2002

Olshausen, v., Eberhard; „Voraussetzungen und Verjährung des Anspruchs auf ein stellvertretendes commudum bei Sachmängeln", ZGS 2002, S. 194- 200

Oppermann, Thomas; Europarecht, 2. Auflage München 1999

Paisant, Gilles ; Paisant/ Leveneur, « Quelle transposition pour la directive du 25 mai 1999 sur les garanties dans la vente de biens de consommation ? », JCP, 2002, S. 923-925

Pammler, Sebastian; „Zum Ersatzlieferungsanspruch beim Stückkauf", NJW 2003, S. 1992- 1994

Pechstein, Matthias; „Europäisches Zivilgesetzbuch und Rechtssetzungsbefugnisse der EG", in: Martiny, Dieter/ Witzleb, Normann (Hrsg.), Auf dem Wege zu einem europäischen Zivilgesetzbuch, Berlin 1999, S. 19- 32

Peters, Frank; "Der Gewährleistungsausschluß beim Verkauf gebrauchter Sachen durch Allgemeine Geschäftsbedingungen", JZ 1991, S. 385- 391

Pfeiffer, Thomas; in: Grabitz/ Hilf, Das Recht der Europäischen Union, Kommentar, Band III Sekundärrecht, 18. Ergänzungslieferung Mai 2001, hrsg. v. Manfred Wolf

ders.; „Unkorrektheiten bei der Umsetzung der Verbrauchsgüterkaufrichtlinie in das deutsche Recht", Teil 1: Sachmangelbegriff- Hierarchie statt Kumulation der Mangelkriterien, ZGS 2002, S. 94- 95 (Fortsetzungsbeitrag)

ders.; „Der Verbraucherbegriff als zentrales Merkmal im europäischen Privatrecht", in: Schulte- Nölke, Hans/ Schulze, Reiner (Hrsg.), Europäische Privatrechtsangleichung und nationale Privatrechte, Baden- Baden 1999, S. 21- 43

Pipkorn, Jörn; in: Hans von der Groeben/ Jochen Thiesing/ Claus- Dieter Ehlermann (Hrsg.), Kommentar zum EU-/ EG- Vertrag, Band 1, Artikel A-F EUV; Artikel 1- 84 EGV, 5. Auflage 1997 Baden- Baden

Phillippe, Denis; « Discussion de clauses », D.A.O.R. 1992, S. 45- 56

Planiol, Marcel, in : Planiol/ Ripert/ Boulanger, Traité pratique de droit civil, t. VI-Les obligations, 2. Auflage 1952

Pothier; Œuvres de Pothier, Tome IV, Contrat de vente, Paris 1818

Putzo, Hans; in: Palandt, Bürgerliches Gesetzbuch, 62. Auflage 2003

Puttemans, Andrée ; in: Chronique de legislation, Bicentenaire du Code civil 1804-2004, Droit privé belge (1er juillet- 31 décembre 2004), J.T. 2005, 445, 445

Ranieri, Filippo; Europäisches Obligationenrecht: Lehr- und Textbuch, Wien; New York 1999

Raschke, Thorsten; in: Seibt/ Raschke/ Reiche, „Rechtsfragen der Haftungsbegrenzung bei Garantien (§ 444 BGB n.F.) und M&A- Transaktionen", NZG 2002, S. 256- 263

Raynard, Jacques; « Les enjeux d'une transposition à venir (Directive du 25 mai 1999 sur certains aspects de la vente et des garanties des biens de consommation) », Rev. Trim. Dr. Civ 2000, S. 440- 445

ders.; in : *Antonmattei/ Raynard,* Droit Civil, Contrats spéciaux, 2. édition 2000

Raynaud, Pierre; in : Marty/ Raynaud/ Jestaz, Traité de Droit civil, Les obligations- Le regime, Tome 2, 2. Auflage 1989

Recker, Wilfried; „Schadensersatz statt der Leistung- oder: Mangelschaden und Mangelfolgeschaden", NJW 2002, S. 1247- 1248

Reich, Norbert; „Competition between Legal Orders: A New Paradigm of EC Law?", (1992) 29 C.M.L.Rev., S. 861- 896

ders.; „Zur Theorie des Europäischen Verbraucherrechts", ZEuP 1994, S. 381- 407

ders.; „Verbraucherpolitik und Verbraucherschutz im Vertrag von Amsterdam", VuR 1999, S. 1- 10

Reiche, Felix; in: Seibt/ Reiche, „Beschränkung der Garantiehaftung beim Unternehmenskauf und § 444 BGB: Klarstellung durch Gesetzentwurf", DB 2003, S. 1560- 1562

ders.; in: Seibt/ Raschke/ Reiche, „Rechtsfragen der Haftungsbegrenzung bei Garantien (§ 444 BGB n.F.) und M&A- Transaktionen", NZG 2002, S. 256- 263

Reinking, Kurt; „Die Geltendmachung von Sachmängelrechten und ihre Auswirkung auf die Verjährung", ZGS 2002, S. 140- 145

Remy, Phillipe; « Contrats spéciaux », Rev. trim. dr. civ., 1987, S. 361- 367

Renard, Claude; « Droit et vie des affaires », Ann. Dr. Liège, 1959, S. 441- 492
ders.; Renard/ Vieujean, « Nullité, inexistence et annulabilité en droit civil belge », Ann. Fac. dr. Liège, 1962, S. 243- 294

ders.; in : Renard/ Vieujean/ Hannequart, Les Novelles, Corpus Juris Belgici, Begründer Léon Hennebicq, Droit civil, t. IV, Théorie générale des obligations, 1957

Rieder, Markus S.; in: Ziegler/ Rieder, „Vertragsgestaltung und Vertragsanpassung nach dem Schuldrechtsmodernisierungsgesetz", ZIP 2001, S. 1789- 1799

Riehm, Thomas; in: Lorenz/ Riehm (Hrsg.), Lehrbuch zum neuen Schuldrecht, 2002

ders.; Grigoleit/ Riehm, „Grenzen der Gleichstellung von Zuwenig- Leistung und Sachmangel“, ZGS 2002, S. 115- 122

Rieger, Gregor; „Die Richtlinie zu bestimmten Aspekten des Verbrauchsgüterkaufs“, VuR 1999, S. 287 – 293

Rigaux, Paul; « Les groupes de contrats : jurisprudences belges et françaises », J.T., 1993,
S. 471- 472

Ripert, Georges; in : Planiol/ Ripert/ Boulanger, Traité pratique de droit civil, t. VI- Les obligations, 2. Auflage 1952

Ritzmann, Matthias; „Schuldrechtsreform- Gewährleistungsrechtliche Nachfristsetzung kurz vor Ablauf der Verjährungsfrist“, MDR 2003, S. 430- 433

Rodière, René; Anmerkung zum Urteil Aix, 5 octobre 1954, J.C.P., 1955, II, 8548

Roth, Wulf- Henning; „Europäischer Verbraucherschutz und BGB“, JZ 2001, S. 475- 490

ders.; „Berechtigte Verbrauchererwartungen im Europäischen Gemeinschaftsrecht“, in: Schulte- Nölke/ Schulze (Hrsg.), Europäische Rechtsangleichung und nationale Privatrechte, 1999, S. 45- 62

Rust, Ulrich; Ehmann,/ Rust; „Die Verbrauchsgüterkaufrichtlinie“, JZ 1999, S. 853- 864

Saenger, Ingo; in: Hk- BGB, hrsg. v. Reiner Schulze, 2. Auflage 2002

Salger, Hanns- Christian; in: Wolfgang Witz/ Hanns- Christian Salger/ Manuel Lorenz (Hrsg.), International Einheitliches Kaufrecht, Praktiker- Kommentar und Vertragsgestaltung zum CISG, Heidelberg, Verlag für Recht und Wirtschaft, 2000

Samoy, Ilse; Stijns/ Samoy, « Le nouveau droit de la vente : la transposition en droit belge de la Directive européenne sur la vente des biens de consommation », R.G.D.C., 2003, S. 2- 32

Schamp, Jan ; Schamp/ Van den Abbeele, « La nouvelle réglementation des clauses abusives : Champ d´application et problèmes de droit transitoire », J.T. 1992, S. 585- 599

Schellhammer, Kurt; „Die Haftung des Verkäufers für Sach- und Rechtsmängel“, MDR 2002, S. 241- 246

ders.; Schuldrecht nach Anspruchsgrundlagen, 4. Auflage 2002

ders.; „Das neue Kaufrecht- Die Sachmängelrechte des Käufers“, MDR 2002, S. 301-308

Schiemann, Gottfried; in : J. v. Staudingers Kommentar zum Bürgerlichen Gesetzbuch mit Einführungsgesetz und Nebengesetzen, Zweites Buch, Recht der Schuldverhältnisse, 13. Auflage 1998

Schiller, Sabine; „Europäische Union: Die Richtlinie über Verbrauchsgüterkauf und – garantien“, PHi 1999, S. 118- 128

Schlechtriem, Peter; „Kaufrechtsangleichung in Europa - Licht und Schatten in der Verbrauchsgüterkaufrichtlinie“, in: Schack, Haimo (Hrsg.) Gedächtnisschrift für Alexander Lüderitz, München 2000, S. 675- 697

ders.; „ Verbraucherkaufverträge – ein neuer Richtlinienentwurf“, JZ 1997, S. 441 - 447

ders.; „Entwicklung des deutschen Schuldrechts und europäische Rechtsangleichung“, in: Helms/ Neumann/ Caspers/ Sailer/ Schmidt- Kessel (Hrsg.), Jahrbuch Junger Zivilrechtswissenschaftler 2001, Das neue Schuldrecht, S. 9- 28

ders.; Schuldrecht- Besonderer Teil, 5. Auflage 1998

ders.; „Das geplante Gewährleistungsrecht im Licht der europäischen Richtlinie zum Verbrauchsgüterkauf“, in: Ernst/ Zimmermann, Zivilrechtswissenschaft und Schuldrechtsreform, 2001, S. 205- 224

Schmidt- Räntsch, Jürgen; „Zum Stand der Kaufrechtsrichtlinie“, ZIP 1998, S. 849-853

ders.; „Gedanken zur Umsetzung der kommenden Kaufrichtlinie“, ZEuP 1999, S. 295-302

Schneider, Claudia; in: Amtenbrink/ Schneider; „Europäische Vorgaben für ein neues Kaufrecht und deutsche Schuldrechtsreform“, VuR 1999, S. 293- 296

Schnyder, Anton K./ Straub, Ralf Michael; „Das EG- Grünbuch über Verbrauchsgütergarantien und Kundendienst- Erster Schritt zu einem einheitlichen Kaufrecht?“, ZEuP 1996, S. 8- 74

Schödel, Christopf; in: Graf von Westphalen (Hrsg.), Handbuch des Kaufvertragsrechts in den EG- Staaten, Frankreich, Köln 1992

Schubel, Christian; „Schuldrechtsmodernisierung 2001/2002- Das neue Kaufrecht", JuS 2002, S. 313- 319

Schubert, Thure; Der Gemeinsame Markt als Rechtsbegriff- Die allgemeine Wirtschaftsfreiheit des EG- Vertrages, München 1999

Schulte- Nölke, Hans; in: Schulze/ Schulte- Nölke; Casebook Europäisches Verbraucherrecht, Baden- Baden 1999

Schultz, Dietrich; „Aliud und Gewährschaftsrecht", NJW 1980, S. 2172- 2174

Schulze, Reiner/ Schulte- Nölke, Hans; Casebook Europäisches Verbraucherrecht, Baden- Baden 1999

ders.; in: Nomos Handkommentar BGB, 2. Auflage 200?

Schur, Wolfgang; „Der Anspruch des Käufers auf Schadensersatz wegen eines Sachmangels", ZGS 2002, S. 243- 248

Schwab, Martin; „Schuldrechtsmodernisierung 2001/2002- Die Rückabwicklung von Verträgen nach §§ 346ff. BGB n.F.", JuS 2002, S. 630- 637

ders.; „Schadensersatzverlangen und Ablehnungsandrohung nach der Schuldrechtsreform", JR 2003, S. 133- 140

Schwartze, Andreas; „Die Europäisierung des Privatrechts am Beispiel des Kaufrechts", in: Martiny, Dieter/ Witzleb, Normann (Hrsg.), Auf dem Wege zu einem europäischen Zivilgesetzbuch, Berlin 1999, S. 33- 52

ders.; Europäische Sachmängelgewährleistung im Warenkauf: optionale Rechtsangleichung auf der Grundlage eines funktionalen Rechtsvergleichs, Tübingen 2000

ders.; „Die zukünftige Sachmängelgewährleistung in Europa", ZEuP 2000, S. 544- 574

Schweitzer, Michael/ Hummer, Waldemar; Europarecht, 5. Auflage Neuwied, 1996

Schwenzer, Ingeborg; in: Schlechtriem, Peter (Hrsg.) Kommentar zum Einheitlichen UN- Kaufrecht – CISG-, 3. Auflage, München 2000

Seibt, Christoph H.; in: Seibt/ Reiche, „Beschränkung der Garantiehaftung beim Unternehmenskauf und § 444 BGB: Klarstellung durch Gesetzentwurf", DB 2003, S. 1560- 1562 *ders.;* in: Seibt/ Raschke/ Reiche, „Rechtsfragen der Haftungsbegrenzung bei Garantien (§ 444 BGB n.F.) und M&A- Transaktionen“, NZG 2002, S. 256- 263

Seiler, Hans Hermann; in: Erman Bürgerliches Gesetzbuch, Bd. 1, hrsg. v. Harm Peter Westermann, §§ 516- 534, 631- 6511, 688- 700, 765- 778, 10. Auflage 2000

Shears, Peter/ Zollers, Frances/ Hurd, Sandra N.; "It will be the biggest change to consumer rights for 20 years!", J.B.L. 2000, S. 262- 277

Simont, Lucien; in: Simont/ De Gavre, « Examen de Jurisprudence (1969-1975)- Les contrats spéciaux », R.C.J.B., 1976, S. 365- 495

ders.; in: Simont/ De Gavre/ Foriers, « Examen de jurisprudence (1981- 1991)- Les contrats spéciaux », R.C.J.B., 1995, S. 107- 228

ders.; « La notion fonctionnelle du vice caché: un faux problème ? », Hommage à René Dekkers, 1982, S. 331- 342

Sonnenberger, Hans Jürgen; in: Ferid/ Sonnenberger (Hrsg.), Das französische Zivilrecht, Band 2, Schuldrecht: Die einzelnen Schuldverhältnisse, 2. Auflage Heidelberg 1986

Staudenmayer, Dirk; „Europäisches Verbraucherschutzrecht nach Amsterdam – Stand und Perspektiven“, RIW 1999, S. 733- 738

ders.; „Die Richtlinien des Verbraucherprivatrechts – Bausteine für ein europäisches Privatrecht?“, in: Schulte- Nölke, Hans/ Schulze, Reiner (Hrsg.), Europäische Rechtsangleichung und nationale Privatrechte, 1999, S. 63- 78

ders.; „The Directive on the Sale of Consumer Goods and Associated Guarantees- a Milestone in the European Consumer and Private Law“, ERPL 2000, S. 547- 565

ders.; „EG-Richtlinie 1999/ 44/ EG zur Vereinheitlichung des Kaufgewährleistungsrechts“, in: Grundmann/ Medicus/ Rolland (Hrsg.), Europäisches Kaufgewährleistungsrecht, 2000, S. 27- 48

ders.; „Die EG- Richtlinie über den Verbrauchsgüterkauf“, NJW 1999, S. 2393 - 2397
Steindorff, Ernst; EG- Vertrag und Privatrecht, Baden- Baden 1996

Stijns, Sophie; « La résolution pour inexécution en droit belge : conditions et mise en œuvre », in : Fontaine, Marcel/ Viney, Geneviève (Hrsg.), Les sanctions de l'inexécution des obligations contractuelles », Etudes en droit comparé, Brüssel- Paris, 2001, S. 513- 587 *dies.;* Stijns/ Gerven/ Wery, « Les obligations : Les sources (1985- 1995) », J.T., 1996, S. 689- 752

dies.; „Zijn ourechtmatige bedingen nietig?“, in: Liber amicorum Yvette Merchiers, 2001, S. 921- 946

dies.; Stijns/ Samoy, « Le nouveau droit de la vente : la transposition en droit belge de la Directive européenne sur la vente des biens de consommation », R.G.D.C., 2003, S. 2- 32

Stoll, Hans; „Notizen zur Neuordnung des Rechts der Leistungsstörungen“, JZ 2001, S. 589- 597

Straub, Ralf Michael; in: Schnyder/ Straub; „Das EG- Grünbuch über Verbrauchsgütergarantien und Kundendienst- Erster Schritt zu einem einheitlichen Kaufrecht?“, ZEuP 1996, S. 8- 74

Taschner, Hans Claudius; „Privatrechtsangleichung durch die Europäische Gemeinschaft – Rechtsgrundlagen, Ziele, Sachgebiete, Verfahren“, in: Müller- Graff, Peter-Christian (Hrsg.), Gemeinsames Privatrecht in der Europäischen Gemeinschaft, 2. Auflage Baden- Baden 1999, S. 225- 235

Taupitz, Jochen; Europäische Privatrechtsvereinheitlichung heute und morgen, Tübingen 1993

Teichmann, Arndt; in : Jauernig (Hrsg.), Bürgerliches Gesetzbuch, 10. Auflage 2003

Thiessen, Jan; Dauner- Lieb/ Thiessen, „Das neue Leistungsstörungsrecht – Leistungshemmend und störanfällig?“, DStR 2002, S. 809- 816

ders.; Dauner- Lieb/ Thiessen, „Garantiebeschränkungen in Unternehmenskaufverträgen nach der Schuldrechtsreform“, ZIP 2002, S. 108- 114

Thode, Reinhold; „EG- Richtlinie zu bestimmten Aspekten des Verbrauchsgüterkaufs und der Garantien für Verbrauchsgüter“, ZfBR 2000, S. 363- 371

Thunis, Xavier; Thunis/ Montero, « La vente », in: Guide juridique de l´entreprise, Titel III, Buch 32, 2. Auflage 2001

Tonner, Klaus; „Verbrauchsgüterkauf- Richtlinie und Europäisierung des Zivilrechts“, BB 1999, S. 1769- 1774

Tournafond, Olivier; « Les prétendus concurs d´actions et le contrat de vente », Dalloz, 1989, I, Chronique, S. 237- 244 *ders.;* « Remarques critiques sur la directive européenne du 25 mai 1999 relative à certains aspects de la vente et des garanties des biens de consommation », Dalloz 2000, Chronique, S. 159- 162

Triebel, Volker; Triebel/ Hölzle, „Schuldrechtsreform und Unternehmenskaufverträge",
BB 2002, S. 521- 536

Trochu, Michel ; « Vente et garanties des beins de consommation : directive CE n° 1999-44 du 25 mai 1999 », Dalloz, 2000, n° 7, Chroniques, S. 119- 123

Tunc, André; in : Mazeaud/ Mazeaud/ Tunc, Traité théorique et pratique de la responsabilité civile, délicituelle et contractuelle, Tome I, 6. Auflage 1965

Twigg- Flessner, Christian; „Network Liability for Manufacturers'Guarantees – Remedying Legislative Shortcomings with a Legal Jigsaw", J.B.L.1999, S. 568- 580

Ulmer, Peter; „Vom deutschen Recht zum europäischen Privatrecht?", JZ 1992, S. 1-8

Van den Abbeele, Michel; Schamp/ van den Abbeele, « La nouvelle réglementation des clauses abusives : Champ d'application et problèmes de droit transitoire », J.T. 1992, S. 585- 599

Van Gerven, Dirk; in: Stijns/ Gerven/ Wery, « Les obligations : Les sources (1985-1995) », J.T., 1996, S. 689- 752

Van Hecke, G.; « La responsabilité du fabricant », Anmerkung zum Urteil Cass., 3 avril 1959, R.C.J.B., 1960, S. 212- 223

Van Ommeslaghe, Pierre; « Examen de Jurisprudence (1968- 1973)- Les Obligations », R.C.J.B., 1975, S. 597- 736

ders.; « Examen de Jurisprudence (1977- 1980)- Les obligations », R.C.J.B., 1986, S. 33- 259

Van Ryn, Jean; in: Van Ryn/ Heenen, Principes de Droit Commercial, t. III, 2. Auflage Brüssel 1981

Vanwijk- Alexandre, Michèle; « Les modalités de l'exercice de l'option conferée par l'article 1184 du code civil », Anmerkung zum Urteil Cass., 2 février 1989, R.C.J.B., 1994, S. 364- 397
ders. ; La vente, Bicentenaire du Code civil 1804- 2004, J.T. 2004, S. 314- 316

Verheyden- Jeanmart, Nicole; « Le vice fonctionnel : un problème de conformité ou de garantie ? », in : « Vente et cession de créance », CUP, Vol. XV, 1997, S. 9- 30

Vieujean, Edouard; Renard/ Vieujean, « Nullité, inexistence et annulabilité en droit civil belge », Ann. Fac. dr. Liège, 1962, S. 243- 294

ders.; in : Renard/ Vieujean/ Hannequart, Les Novelles, Corpus Juris Belgici, Begründer Léon Hennebicq, Droit civil, t. IV, Théorie générale des obligations, 1957

Viney, Geneviève; « Quel domaine assigner à la loi de transposition de la directive européenne sur la vente ? », JCP 2002, I, S. 1497- 1501

Virassamy, Georges; Besprechung der Entscheidung Cass. Fr., 23 janvier 1990, Dalloz, 1991, I, S. 333- 336

Vollkommer, Gregor; „Haftungserweiterung durch Neufassung des § 276 BGB?", in: Dauner- Lieb/ Konzen/ Schmidt (Hrsg.), Das neue Schuldrecht in der Praxis, 2003, S. 123- 136

Vollkommer, Max; in: Jauernig (Hrsg.), Bürgerliches Gesetzbuch, 10. Auflage 2003

Wagner, Gerhard; „Die Verjährung gewährleistungsrechtlicher Rechtsbehelfe nach neuem Schuldrecht", ZIP 2002, S. 789- 795

Walker, Wolf- Dietrich; in: Brox/ Walker, Besonderes Schuldrecht, 27. Auflage 2002

Wank, Rolf; in: Olzen/ Wank, Die Schuldrechtsreform, 2002

Weatherill, Stephen; in: Micklitz (Hrsg.), Rechtseinheit oder Rechtsvielfalt in Europa?, 1996, „The Evolution of European Consumer Law and Policy: From well informed consumer to confident consumer", S. 423- 468

Weidenkaff, Walter; in: Palandt, Bürgerliches Gesetzbuch, 62. Auflage 2003

Wendel, Heiko; in: Lehr/ Wendel; „EU- Richtlinie über Verbrauchsgüterkauf und- garantien", EWS 1999, S. 321- 327

Wenner, Wolfgang; in: Graf von Westphalen (Hrsg.), Handbuch des Kaufvertragsrechts in den EG- Staaten, Frankreich, 1. Auflage Köln 1992

Wertenbruch, Johannes; „Gefahrtragung beim Versendungskauf nach neuem Schuldrecht", JuS 2003, S. 625- 633

Wery, Patrick; in: Stijns/ Gerven/ Wery, « Les obligations : Les sources (1985-1995) », J.T., 1996, S. 689- 752

ders.; « Questions actuelles du droit de la responsabilité aquilienne », in : Droit de la responsabilité, CUP Vol. X, S. 5- 58

Westermann, Harm Peter; in: Schulze, Reiner/ Schulte- Nölke, Hans (Hrsg.); Die Schuldrechtsreform vor dem Hintergrund des Gemeinschaftsrechts, Kapitel „Kaufrecht im Wandel", 2001, S. 109- 129

ders.; „Vorschlag für eine Einpassung der Kaufgewährleistungs- Richtlinie ins deutsche Recht", in: Europäisches Kaufgewährleistungsrecht, Reform und Internationalisierung des deutschen Schuldrechts, Hrsg. Grundmann/ Medicus/ Rolland, 2000, S. 251- 280

ders.; in: Münchener Kommentar zum Bürgerlichen Gesetzbuch, hrsg. v. Kurt Rebmann und Franz Jürgen Säcker, Band 3, Schuldrecht, Besonderer Teil I, §§ 433- 606, 1995

ders.; „Das neue Kaufrecht einschließlich des Verbrauchsgüterkaufs", JZ 2001, S. 530- 543

ders.; „Das neue Kaufrecht", NJW 2002, S. 241- 253

Westphalen, Friedrich, Graf v.; in: Henssler/ Graf v. Westphalen (Hrsg.) Praxis der Schuldrechtsreform, 2. Auflage 2003

ders.; „Ein Stein des Anstoßes: § 444 BGB n.F.", ZIP 2001, S. 2107

ders; „"Garantien" bei Lieferung von Maschinen und Anlagen- Todesstoss für Haftungsbegrenzungen durch §§ 444, 639 BGB?", ZIP 2002, S. 545- 550

ders.; „Kettengarantie und kein Ende?", ZGS 2002, S. 19- 23

Wichard, Johannes Christian; in: Callies, Christian/ Ruffert, Matthias (Hrsg.), Kommentar des Vertrages über die Europäische Union und des Vertrages zur Gründung der Europäischen Gemeinschaft – EUV/ EGV-, Neuwied, 1999

Wieacker, Franz; Privatrechtsgeschichte der Neuzeit unter besonderer Berücksichtigung der deutschen Entwicklung, 2. Auflage Göttingen 1967

Wilmowsky, Peter von; „Pflichtverletzungen im Schuldverhältnis", JuS 2002, Beilage zu Heft 1

Wolf, Manfred; Wolf/ Kaiser, „Die Mängelhaftung beim Unternehmenskauf nach neuem Recht", DB 2002, S. 411- 420

Wolfcarius, Pascale; « La protéction du consommateur en matière contractuelle : La réglémentation des clauses abusives dans la nouvelle loi du 14 juillet 1991 sur les pratiques du commerce et l'information et la protéction du consommateur », in : Fanart, Jean- Luc/ de Caluwé, Aimé/ de Brouwer, Laurent/ Domont- Naert, Francoise/ Balate, Eric/ Styck, Jules/ Bernard, Francq/ Wolfcarius, Pascale ; Les pratiques du commerce et la protéction et l'information du consommateur depuis la loi du 14 julliet 1991, Brüssel 1991, S. 259- 340

Zänker, Leif; in: *Derleder/ Zänker,* „Der ungeduldige Gläubiger und das neue Leistungsstörungsrecht“, NJW 2003, S. 2777- 2783

Zajtay, Imre; „Rechtsvergleichende Bemerkungen über den Code civil und das Bürgerliche Gesetzbuch“, AcP 157 (1958/59), S. 479- 494

Zerres, Thomas; „Schuldrechtsreform- Haftungsausschlüsse und – beschränkungen beim Unternehmenskauf“, MDR 2003, S. 368- 372

Ziegler, Benno; in: Ziegler/ Rieder, „Vertragsgestaltung und Vertragsanpassung nach dem Schuldrechtsmodernisierungsgesetz“, ZIP 2001, S. 1789- 1799

Zimmer, Daniel; „Das neue Recht der Leistungsstörungen“, NJW 2002, S. 1- 12

Zimmermann, Reinhard; in: Zimmermann/ Leenen/ Mansel/ Ernst, „Finis Litium? Zum Verjährungsrecht nach dem Regierungsentwurf eines Schuldrechtsmodernisierungsgesetzes“, JZ 2001, S. 684- 699

Zischka, Ulrike; Die Rechtssetzungskompetenzen der Europäischen Gemeinschaft auf dem Gebiet des Verbraucherschutzes, Unter besonderer Berücksichtigung des Werberechts, Frankfurt/ M. 1997

Zollers, Frances; in: Shears/ Zollers/ Hurd; “It will be the biggest change to consumer rights for 20 years!”, J.B.L. 2000, S. 262- 277

Zuleeg, Manfred; in: v. d. Groeben, Hans/ Thiesing, Jochen/ Ehlermann, Claus- Dieter (Hrsg.), Kommentar zum EU- /EG- Vertrag, 5. Auflage 1997

1. Kapitel: Entstehungsgeschichte und Regelungsgehalt der Verbrauchsgüterkauf- Richtlinie 99/ 44/ EG

1. Teil: Entstehungsgeschichte

A. Das interinstitutionelle Verfahren

Die „10. Richtlinie 1999/ 44/ EG des europäischen Parlaments und des Rates vom 25.5.1999 zu bestimmten Aspekten des Verbrauchsgüterkaufs und der Garantien für Verbrauchsgüter" ist gestützt auf die Kompetenznorm des Art. 95 EG.
Maßnahmen zur Angleichung der Rechts- und Verwaltungsvorschriften der Mitgliedstaaten werden nach Art. 95 I EG grundsätzlich im Mitentscheidungsverfahren gem. Art. 251 EG getroffen. Art. 95 I EG verlangt zudem eine Anhörung des Wirtschafts- und Sozialausschusses.
Basierend auf diesen Erfordernissen des Primärrechts, hat die Kommission am 18.6.1996 einen „Vorschlag für eine Richtlinie des Europäischen Parlaments und des Rates über den Verbrauchsgüterkauf und –garantien"[1] vorgelegt. Hierzu haben der Wirtschafts- und Sozialausschuss[2] im Jahre 1996 und das Europäische Parlament[3] Anfang des Jahres 1998 Stellung genommen. Aufgrund zahlreicher Änderungsvorschläge des Parlamentes, iSv Art. 251 IV EG wurde auf seinen Antrag das Konzertierungsverfahren eröffnet.[4] Die Kommission legte am 31.3.1998 einen geänderten Richtlinien- Vorschlag vor, woraufhin sich am 23.4.1998 der Ministerrat politisch auf einen gemeinsamen Standpunkt[5] einigte. Dieser wurde dem Europäischen Parlament gem. Art. 251 II EG zugeleitet. Nach Durchführung des Vermittlungsverfahrens fasste das Parlament einen Beschluss über den Gemeinsamen Standpunkt des Rates, in dem es einige Änderungsvorschläge anbrachte und den Rat aufforderte, den Rechtsakt endgültig zu erlassen.[6]
Vorangegangen war dem Erlass der Richtlinie 99/ 44/ EG das Grünbuch der Kommission über Verbrauchsgütergarantien und Kundendienst[7] aus dem Jahre 1993, in dem die Kommission die Rechtslage in den Mitgliedstaaten hinsichtlich gesetzlicher und kommerzieller Garantien und dem Kundendienst, den Stand der europäischen Gesetzgebung in diesem Bereich und die Lösungsansätze mit dem Ziel der Schaffung einheitlicher Regelungen in der Gemeinschaft analysierte.

[1] KOM(95) 520 endg.
[2] ABl. C 66 (1997), S. 5
[3] ABl. C 104 (1998), S. 30ff.
[4] Stellungnahme des Europäischen Parlaments zum Richtlinienvorschlag, ABl. C 104 (1998), S. 30ff.
[5] Ratsdok. 7896/ 98, v. 24.4.1998 *abgedruckt in:* ZIP 1998, 889ff.
[6] ABl. C 98 (1999), S. 226ff.
[7] KOM(93) 509 endg.

B. Die Verbrauchsgüterkauf- Richtlinie im Kontext eines europäischen Verbraucherschutzes

I. „Acquis communautaire" im Bereich des Verbraucherschutzes

1. Aktionsprogramme der Kommission und des Rates bezüglich des Verbraucherschutzes

Schon früh wurde den europäischen Institutionen bewusst, dass ein grenzenloser gemeinschaftsweiter Wirtschaftsraum nur dann zur Vollendung gelangen kann, wenn es parallel zum freien Waren- und Dienstleistungsverkehr auch eine durch Schutzvorschriften gesicherte aktive Partizipation des Verbrauchers am Marktgeschehen gibt.[8]
Zunächst verwandtes Instrument, auf diesem Gebiet tätig zu werden, waren verschiedene Aktionsprogramme.
Derartige Programme stellen zwar aufgrund ihrer mangelnden juristischen Verbindlichkeit „soft law" dar. Dennoch wird ein einseitiges Abweichen von einer Maßnahme mit halbpolitischer Bindungswirkung als politisch- moralischer Treubruch angesehen.[9]
Dies hat zur Folge, dass Aktionsprogramme noch im weitesten Sinne dem „aqcuis communautaire" zugerechnet werden können.
Angesichts dieses erkannten Handlungsbedarfs beschloss der Rat erstmalig im Jahre 1975 ein Programm der EWG für eine Politik zum Schutz und zur Unterrichtung der Verbraucher.[10]
In ihm befasste man sich erstmals mit der Frage, was Verbraucherschutz denn eigentlich beinhalte.[11] Die Finalität des aufgelegten Programms wurde von der Kommission durch die Definition von fünf Grundrechten des Verbrauchers im Binnenmarkt bestimmt.[12]
Demnach hat der Verbraucher Recht auf Schutz seiner Gesundheit und Sicherheit, Recht auf Schutz seiner wirtschaftlichen Interessen, Recht auf Wiedergutmachung erlittenen Schadens, Recht auf Unterrichtung und Bildung und Recht auf Vertretung.
Diese Grundsätze wurden in nachfolgenden Programmen regelmäßig bestätigt.[13]
1981 folgte das „2. Programm der EWG für eine Politik zum Schutz und zur Unterrichtung der Verbraucher"[14], welches die Anliegen des ersten Programms bestätigte.
Darüber hinaus forderte der Rat die Kommission auf, Möglichkeiten einer Verbesserung der Qualität des Kundendienstes der Hersteller und Lieferanten sowie von Wartungs- und Reparaturunternehmen zu prüfen. Des weiteren wurde die Kommission aufgefordert, zu untersuchen, welche Mittel erforderlich seien, um die Garantiebedin-

---

[8] Entschließung des Rates v. 14. 04.1975, ABl. C 92 (1975), 6. Erwägungsgrund, S. 3
[9] *Oppermann,* Europarecht, Rn. 481
[10] Entschließung des Rates vom 14.04.1975, ABl. C 92 (1975), S. 1
[11] welche Maßnahmen konkret zur Umsetzung des Programms getroffen wurden, vgl. Bericht der Kommission, „Politik zum Schutz und zur Unterrichtung der Verbraucher", 2. Bericht, 1978
[12] Entschließung des Rates vom 14.04.1975, ABl. C 92 (1975), Erwägungsgrund 3, S. 2
[13] 2. Programm der EWG für eine Politik zum Schutz und zur Unterrichtung der Verbraucher, ABl. C 133 (1981), S. 1 (Pkt. 9), Mitteilung der Kommission an den Rat, KOM(85) 314 endg.
[14] Entschließung des Rates vom 19.05.1981, ABl. C 133 (1981), S. 1

gungen des Herstellers bzw. Lieferanten und die Kundendienstbedingungen sowohl durch Rechtsvorschriften als auch durch Vereinbarungen zwischen den beteiligten Parteien zu verbessern und geeignete Initiativen zu ergreifen.
Im Jahre 1986 folgte eine Entschließung des Rates betreffend die künftige Ausrichtung der Politik der Europäischen Wirtschaftsgemeinschaft zum Schutz und zur Förderung der Interessen der Verbraucher.[15]
Damit reagierte der Rat auf eine Mitteilung der Kommission, in der diese auf Schwierigkeiten der Verbraucher bei Garantieansprüchen für in anderen Mitgliedstaaten gekaufte Produkte hinwies und ankündigte, die Erfahrungen der Verbraucher in diesem Bereich zu untersuchen und entsprechende Vorschläge zu unterbreiten.[16] Diese Entschließung befasste sich erstmalig mit der grenzüberschreitenden Facette der Verbraucherschutzproblematik.
Eine weitere Entschließung des Rates betreffend die künftigen Prioritäten bei der Neubelebung der Verbraucherschutzpolitik[17] wurde 1989 verabschiedet.
Dem folgte 1991 ein dreijähriger verbraucherpolitischer Aktionsplan der Kommission für die EWG[18], der die Ergreifung von Maßnahmen, die es dem Verbraucher ermöglichen sollen, sein Kaufpotential überall in der Gemeinschaft zu entfalten, proklamierte. Eckpfeiler dieses Aktionsplans war vor allem das Anliegen, alle kaufhemmenden Elemente im Vertragsrecht der Mitgliedstaaten aufzuspüren und zu beseitigen sowie Untersuchungen zu Initiativen bezüglich der Vereinfachung grenzübergreifender Verträge, Garantien und Kundendienstleistungen anzustellen.
Mit einer weiteren Entschließung betreffend die künftigen Prioritäten für den Ausbau der Verbraucherschutzpolitik regte der Rat 1992 weitere Maßnahmen zur Stärkung des Vertrauens der Verbraucher in das Funktionieren des Binnenmarktes, insbesondere im Bereich der Garantien an. Er forderte die Kommission auf, Nutzen und Zweckmäßigkeit einer Angleichung der Garantien und der Verbesserung des Kundendienstes für Güter und Dienstleistungen im Binnenmarkt zu beurteilen.[19]
Auch Europäisches Parlament[20] und Wirtschafts- und Sozialausschuss[21] äußerten sich zum Thema „Verbraucher und Binnenmarkt" und forderten eine Definition einer in der gesamten Gemeinschaft geltenden Garantieregelung zum Schutz des Verbrauchers im Sinne eines Mindestschutzes.
Die Kommission intendierte, gesetzliche und kommerzielle Garantien für bewegliche Güter und Dienstleistungen im Rahmen der Richtlinie über missbräuchliche Klauseln zu harmonisieren.[22] Diesem Ansinnen erteilte der Rat jedoch eine Absage. Stattdessen ersuchte er die Kommission, einen Vorschlag für eine Regelung dieses Bereichs auszuarbeiten. Aus der darauf folgenden Tätigkeit der Kommission resultierte das Grünbuch der Kommission aus dem Jahre 1993.

[15] ABl. C 167 (1986), S. 1
[16] KOM(85) 314 endg.
[17] ABl. C 294 (1989), S. 1
[18] KOM(90) 98 endg.
[19] ABl. C 186 (1992), S. 1
[20] ABl. C 94, (1992), S. 217ff.
[21] ABl. C 339 (1991), S. 16
[22] ABl. C 73 (1992), S. 7ff.

Die Verbraucherpolitischen Prioritäten der Gemeinschaft lagen nach Mitteilung der Kommission[23] in den Jahren 1996- 1998 vor allem auf der Förderung des Verbraucherschutzes durch die Schaffung eines transparenten Marktes und korrekter Informationen der Verbraucher.
In dem letzten verbraucherpolitischen Aktionsplan der Kommission für 1999- 2001[24] kündigte die Kommission an, stärkeres Gewicht auf die praktische Umsetzung von Gemeinschaftsmaßnahmen zu legen. Schwerpunkte des Aktionsplans sind die Verbesserung des Gehörs für die Verbraucher, ein hoher Sicherheits- und Gesundheitsstandard und die uneingeschränkte Wahrung der wirtschaftlichen Interessen der Verbraucher in der EU.[25] Grundlage einer solchen Tätigkeit könnte Art. 153 III b) EG sein.[26]
Aus den hier dargestellten politischen Prioritäten der Gemeinschaft bezüglich der Verbesserung der Stellung des Verbrauchers als Akteur in einem gemeinsamen Markt ohne Binnengrenzen resultiert das Bedürfnis, legislatorisch auf die Erreichung dieser Ziele hinzuwirken.

2. Stand des europäischen Verbraucherschutzrechtes

a) Primärrecht

Erst mit dem Maastrichter Vertrag über die Europäische Union vom 7.2.1992 hat das Anliegen des Verbraucherschutzes Eingang in das Primärrecht der Gemeinschaft gefunden.
Noch in den römischen Verträgen fand sich der Terminus „Verbraucher“ nur in den Artikeln 39, 40, 85 und 86 EWGV[27] und dies auch nicht als vorrangiges Schutzsubjekt dieser Vorschriften. Vielmehr wurde die Verletzung von Verbraucherinteressen eher schemenhaft als Konsequenz einer Verfehlung des dortigen Regelungsziels wahrgenommen und nicht als Ausgangspunkt von Verbraucherrechten.[28] Im Übrigen konnten die Definitionen in diesen Artikeln aufgrund des spezifischen Regelungsziels auch Kleingewerbetreibende etc. erfassen. In diesem Kontext gehen denn auch die frühen verbraucherpolitischen Programme der Gemeinschaft auf Art. 2 EWGV zurück, der das Handeln der Gemeinschaft zu Zwecken der Hebung der Lebensqualität legitimiert, jedoch keine unmittelbare Kompetenz der Gemeinschaft begründet, legislatorisch tätig zu werden und überdies auch den Verbraucherschutz nicht explizit erwähnte.[29]
In diesem Sinne griff die Gemeinschaft auf die materielle Ermächtigungsgrundlage des Art. 100 EWGV zurück, nach dem die Angleichung von Rechts- und Verwaltungsvor-

---

[23] Mitteilung der Kommission, KOM(95) 519 endg.
[24] Mitteilung der Kommission v. 2.12.1998, KOM(98) 696 endg.
[25] Mitteilung der Kommission v. 2.12.1998, KOM(98) 696 endg., 9ff.
[26] *Staudenmayer*, RIW 1999, 733, 735
[27] Art. 33, 34 und 81 EGV
[28] *Krämer*, EWG- Verbraucherrecht, 1985, Rn. 5
Drexl, Die wirtschaftliche Selbstbestimmung des Verbrauchers, 1998, S. 45, spricht zwar von der angemessenen Versorgung des Verbrauchers als eines von mehreren wettbewerbspolitischen Zielen, stellt abergleichzeitig auch klar, dass die Interessen der Verbraucher auf dem Agrarsektor regelmäßig nur eine untergeordnete Rolle spielen.
[29] *Reich*, ZEuP 1994, 381, 393

schriften, die sich unmittelbar auf die Errichtung oder das Funktionieren des Gemeinsamen Marktes auswirkten, möglich war.[30]
Durch die Einheitliche Europäische Akte wurde 1986 Art. 100a EWGV eingefügt, der zu Maßnahmen zur Angleichung der Rechts- und Verwaltungsvorschriften ermächtigte, die die Schaffung und das Funktionieren des Binnenmarktes zum Gegenstand hatten. Im Zuge dessen war gem. Art. 100a III EWGV von einem hohen Verbraucherschutzniveau auszugehen. Des Weiteren wurde das Anliegen des Verbraucherschutzes dadurch aufgewertet, dass die Aufgabe der Einstimmigkeit zugunsten des Prinzips der qualifizierten Mehrheit für die Beschlussfassung im Rat im Vergleich zu Art. 100 I EWGV eine wesentliche Verfahrenserleichterung bedeutete.[31]
Flankiert wird dies seit dem Vertrag von Maastricht durch Art. 129a EGV, der die Gemeinschaft zum ersten Mal ausdrücklich verpflichtet, einen Beitrag zur Erreichung eines hohen Verbraucherschutzniveaus durch Maßnahmen im Rahmen der Verwirklichung des Binnenmarktes und durch spezifische Aktionen der Mitgliedstaaten zum Schutz der wirtschaftlichen Interessen der Verbraucher und ihrer angemessenen Information zu leisten.[32] Dennoch verraten die Instrumente, mit denen der Verbraucherschutz verwirklicht werden soll, dass dieser in seiner Bedeutung weiter hinter der Binnenmarkt- und Wettbewerbspolitik liegt.[33] Das Instrumentarium besteht nämlich nur aus der Möglichkeit des Erlasses binnenmarktfinaler Richtlinien gem. Art. 100a EGV oder der Unterstützung der mitgliedstaatlichen Politiken durch spezifische Aktionen im Sinne von Art. 129a I lit. b) EGV.
Die Charakterisierung des Verbraucherschutzes als Teil der Gemeinschaftspolitiken deutet bereits seinen hohen Stellenwert für die Gemeinschaft und die Intensität seiner evolutionären Entwicklung an.
Diese Entwicklung setzte sich auch im Amsterdamer Vertrag von 1998 fort und fand ihren Höhepunkt in der Änderung des Art. 129a EGV aF zum Art. 153 EGV.
Er formuliert den Verbraucherschutz als Gemeinschaftsziel, das mit Hilfe der Querschnittsklausel in Art. 153 II EGV zu seiner vollen Entfaltung kommen soll.
Danach müssen die Maßnahmen im Sinne des Verbraucherschutzes nicht mehr zwangsläufig zur Vollendung des Binnenmarkts erforderlich sein, wie es noch nach den Vorschriften des Maastrichter Vertrages Voraussetzung war. Vielmehr sind die Erfordernisse des Verbraucherschutzes nun immer bei der Festlegung und Durchführung der anderen Gemeinschaftspolitiken und –maßnahmen zu berücksichtigen.[34] Der Verbraucherschutz stellt eine eigenständige Gemeinschaftspolitik dar.
Des Weiteren wurde das Mitentscheidungsverfahren auch in diesem Bereich ausgedehnt, was die Mitwirkung des Europäischen Parlaments und damit eines voll demo-

---

[30] Näheres zur Unmittelbarkeit vgl., *Krämer*, EWG- Verbraucherrecht, 1985, Rn. 46ff. *mwN*

[31] *Bardenhewer/ Pipkorn*, in: *Groeben/ Thiesing/ Ehlermann*, Kommentar zum EU-/ EG- Vertrag, zu Art. 7a Rn. 17
Zischka, Die Rechtssetzungskompetenzen der Europäischen Gemeinschaft auf dem Gebiet des Verbraucherschutzes, 1997, S. 49, Fn. 282

[32] *Twigg- Flessner*, J.B.L.1999, 568, 572

[33] *Basedow*, in: FS für Ulrich Everling, 1995, S. 49ff., 64f.
Schubert, Der Gemeinsame Markt als Rechtsbegriff- Die allgemeine Wirtschaftsfreiheit des EG- Vertrages, 1999, 316

[34] *Staudenmayer*, RIW 1999, 733, 734

kratisch legitimierten Organs in höherem Maße ermöglicht. Dies gewinnt unter der Prämisse an Bedeutung, dass ein von den Bürgern Europas gewähltes Organ die Interessen des Europäischen Volkes verfolgt.[35]

b) Sekundärrecht

Das gemeinschaftliche Verbrauchersschutzrecht ist zu Recht des öfteren als Flickenteppich bezeichnet worden.[36]

Überdies lässt sich bezweifeln, ob es ein Verbraucherrecht der Gemeinschaft denn überhaupt gibt.[37] Letztendlich setzen die von der Gemeinschaft erlassenen Regelungen im Allgemeinen nur einen Mindeststandard. Da es sich bei dem vorherrschenden Richtlinienerlass um ein Mittel der Kooperation und nicht der Integration handelt[38], bleibt es jedem Mitgliedstaat selbst überlassen, den Verbraucherbegriff beispielsweise auf Kleingewerbetreibenden auszudehnen. Dies führt wiederum zu einer ganz anderen Rechtsqualität der Regelung, die von der Gemeinschaft nicht mehr beeinflussbar ist.

So gab es seit Mitte der Neunzehnhundertachtziger Jahre Rechtssetzungsinitiativen der Gemeinschaft, die spezifische Problematiken des Verbraucherschutzes, auch im Hinblick auf Garantien und Kundendienst, aufgreifen und in isolierter Weise einer einheitlichen europäischen Regelung zuführen.

Zu nennen sind hier exemplarisch nur die Richtlinien über irreführende Werbung[39], die Produkthaftungsrichtlinie[40] und über missbräuchliche Vertragsklauseln[41].

Des Weiteren wurden 1985 die Verordnung über Vertriebs- und Kundendienstvereinbarungen über Kraftfahrzeuge[42] und 1988 die Verordnung über Gruppen von Franchisevereinbarungen[43] erlassen, die im weitesten Sinne auch dem Schutz der Verbraucher dienen sollen.

Signifikant für die Regelungstätigkeit der Gemeinschaft ist, dass es sich lediglich um Randbereiche der Rechte des Verbrauchers handelte, nicht jedoch um den Kernbereich der gesetzlichen Gewährleistung.[44] Der „acquis communautaire“ ist hier, wie auch in vielen anderen Bereichen der gemeinschaftlichen Legislation, stark anlassbezogen und folgt stets einem konkreten Regelungsbedürfnis.[45] Diese Arbeitsweise wurde oft kritisiert, weil sie die Einheit der nationalen Rechtsordnungen beseitigt, ohne dafür neue äquivalente Systemzusammenhänge zu bieten.[46]

---

[35] *Fontaine,* in : Heusel, Neues europäisches Vertragsrecht und Verbraucherschutz, 1999, 51, 55

[36] *Ehmann/ Rust,* JZ 1999, 853, 854

[37] vgl. *Krämer,* EWG- Verbraucherrecht, 1985, Rn. 409

[38] *Constantinesco,* Das Recht der europäischen Gemeinschaften I, S. 614

[39] RiL 84/ 450/ EWG, ABl. L 250 (1984), S. 17

[40] RiL 85/ 374/ EWG, ABl. L 210 (1985), S. 29

[41] RiL 93/ 13/ EWG, ABl. L 95 (1993), S. 29

[42] VO (EWG) Nr. 123/ 85, ABl. C 17 (1985)

[43] VO (EWG) Nr. 4087/ 88, ABl. L 359 (1988), S. 46

[44] *Martiny,* in: *Martiny/ Witzleb* (Hrsg.), Auf dem Wege zu einem Europäischen Zivilgesetzbuch, 1999, 1,5

[45] *Drobnig,* in: *Heusel* (Hrsg.), Neues europäisches Vertragsrecht und Verbraucherschutz, 1999, 201, 202f.

Roth, JZ 2001, 475, 479

[46] *Müller- Graf,* NJW 1993, 13, 19

Mülbert, ZHR 159 (1995), 2, 7 veranschaulicht das Phänomen anhand der Einwirkung der Grundfreiheiten auf das nationale Recht

3. Entwicklung eines einheitlichen Verbraucherbildes in der Gemeinschaft

Vor dem Hintergrund intensiver Regelungstätigkeit im Namen des Verbraucherschutzes und seines Aufstieges zum Politikfeld der Gemeinschaft, ist jedoch von eminentem Interesse, was sich hinter dem Begriff des „Verbrauchers“ überhaupt verbirgt.
Im Primärrecht der Union findet sich an keiner Stelle eine solche Definition.
Oberflächlich betrachtet gibt das Sekundärrecht hingegen hinreichend Aufschluss über den Bedeutungsgehalt des Begriffes „Verbraucher“.
Bei genauerer Analyse, vor allem der Richtlinien, ergeben sich jedoch nicht so viele Übereinstimmungen wie erwartet. Im Gegenteil, jede Richtlinie zeichnet ein eigenes Bild des von ihr anvisierten Verbrauchers.
So erscheint allein ein zweigleisiger Lösungsansatz sinnvoll, um zu einer Definition zu gelangen.
Zum einen kann im Rahmen eines deduktiven Untersuchungsansatzes das Mindestmaß an Übereinstimmung im Sekundärrecht Ausgangspunkt einer Definition sein.
Zum anderen ist es anhand der Rechtsprechung des EuGH möglich, darauf zu schließen, was die Rechtsprechung unter diesem Begriff versteht.

a) Deduktiver Ansatz anhand des Sekundärrechts

aa) Wortlautauslegung

Begrenzt auf das Vertrags- das Haftungs- und das Wettbewerbsrecht, stellt sich im Sekundärrecht hinsichtlich des Verbraucherschutzes folgendes Bild dar:
Die Richtlinien über den Verbraucherkredit[47], über außerhalb von Geschäftsräumen geschlossene Verträge[48] und über missbräuchliche Klauseln[49] definieren den Verbraucher als „eine natürliche Person, die zu einem Zweck handelt, der nicht ihrer beruflichen oder gewerblichen Tätigkeit zugerechnet werden kann“.
Ein anderer Verbraucherbegriff wird jedoch schon in der Pauschalreise- Richtlinie[50] gewählt. Gem. Art. 2 Nr. 4 der Richtlinie ist Verbraucher die Person, die die Pauschalreise bucht.
Im Sinne der 3. EG- Schadensversicherungsrichtlinie[51] kommt es sogar nur darauf an, dass der Verbraucher, also der Versicherungsnehmer, eine natürliche Person ist.
Die Produkthaftungs- Richtlinie[52] verzichtet vollständig auf die Definition des Verbraucherbegriffes, da sich ihr Anwendungsbereich grundsätzlich nur nach sachlichen Gesichtspunkten bestimmen lässt.
Ebenfalls keine Definition des Verbrauchers enthält die Richtlinie über irreführende Werbung.[53] Grund hierfür ist, dass diese Richtlinie zwar dem Schutz des Verbrauchers zu dienen bestimmt ist, jedoch gleichermaßen auch den Mitbewerbern als Repräsentanten der Allgemeinheit.

---

[47] RiL 87/ 102/ EWG, ABl. L 42, (1987), S. 48
[48] RiL 85/ 577/ EWG, ABl. L 372, (1985), S. 31
[49] RiL 93/ 13/ EWG, ABl. L 95, (1993), S. 29
[50] RiL 93/ 314/ EWG, ABl. L 158, (1990), S. 59
[51] RiL 92/ 49/ EWG, ABl. L 228, (1992), S. 1
[52] RiL 85/ 374/ EWG, ABl. L 210, (1985), S. 29
[53] RiL 84/ 450/ EWG, ABl. L 250, (1984), S. 17

Der Bestand der verbraucherschützenden Richtlinien ist demnach nur beschränkt geeignet, den Verbraucherbegriff aus ihm abzuleiten.[54] Er ist vielmehr durch den Versuch der Gemeinschaft gekennzeichnet, einen Ausgleich verschieden starker Positionen von Marktteilnehmern herbeizuführen.[55] So lässt die Analyse des „acquis communautaire" in diesem Bereich keinen Schluss darauf zu, dass es „den Standardverbraucher" als feststehenden Begriff gibt.[56] Vielmehr spiegelt sich hier die facettenreiche Wirklichkeit des Marktgeschehens, das den Akteuren immer neue Rollen zuteilt und resultierend hieraus auch flexible Regelungen durch flexible Definitionen erfordert.

So lässt sich wohl schlussfolgern, dass Verbraucher immer derjenige ist, der sich als aktiver Teilnehmer am Marktgeschehen in einer vom Gesetzgeber erkannten Gefährdungslage befindet.[57]

Fraglich ist an dieser Stelle aber, wie der Gesetzgeber auf das Vorliegen einer solchen Gefährdungslage reagiert. Allein von der Einschätzung der Fähigkeit des Verbrauchers, mit den Gefahren im Rechtsverkehr umzugehen, hängt ab, welche Regelungsintensität gemeinschaftsrechtliche Bestimmungen aufweisen.

Hieraus lässt sich zwar keine umfassende Definition des Verbraucherbegriffs ableiten, jedoch spiegelt sich das Bild eines in wie auch immer gearteter Weise schutzwürdigen Individuums wider.

bb) Regelungsmechanismen des europäischen Verbraucherschutzes als Auslegungshilfe

Betrachtet man die Instrumente, mit denen die Rechtsakte der Gemeinschaft den Verbraucher zu schützen versuchen, so zeigt sich, dass vorrangig der Selbstschutz des von der Regelung erfassten Individuums durch privatautonome Entscheidung angestrebt ist.[58]

α) Informationsrechte

Dies soll in erster Linie durch seine Information geschehen.

Um ein von der Gemeinschaft intendiertes hohes Schutzniveau zu erreichen, werden viele Informationsrechte des Verbrauchers in Gestalt zwingender Rechtsvorschriften erlassen.[59] Bestes Beispiel hierfür ist die Richtlinie betreffend den Verbraucherkredit, sie regelt umfassende Informationspflichten des Kreditgebers[60]. § 494 I iVm § 492 I Nr. 5 BGB n.F. regelt, dass der Verstoß gegen das Erfordernis, den effektiven Jahreszins anzugeben (Art. 3, 6 I VerbrKrRL), die Nichtigkeit des Vertrages nach sich zieht.

---

[54] so auch *Zischka,* Die Rechtssetzungskompetenzen der Europäischen Gemeinschaft auf dem Gebiet des Verbraucherschutzes, 1997, S. 8, die darauf hinweist, dass das Sekundärrecht über keinen einheitlichen, generell verwandten Begriff des Verbrauchers verfügt.

[55] *Dreher,* JZ 1997, 167, 167f.

Staudenmayer, in: *Schulte- Nölke/ Schulze* (Hrsg.), Europäische Rechtsangleichung und nationale Privatrechte, 1999, 63, 67

[56] *Pfeiffer,* in: *Schulte- Nölke/ Schulze* (Hrsg.), Europäische Privatrechtsangleichung und nationale Privatrechte, 1999, 21, 30

[57] vgl. auch *Hoffmann,* in: *Heusel,* Neues europäisches Vertragsrecht und Verbraucherschutz, 1999, 39, 43

[58] *Heiss,* „Formvorschriften als Instrument europäischen Verbraucherschutzes", in: Internationales Verbraucherschutzrecht, 1995, 87, 90

[59] *Dreher,* JZ 1997, 167, 171

[60] Richtlinie 87/ 102/ EWG, ABl. L (1987), S. 48

Damit kommt die deutsche Umsetzung dem Gebot des Art. 14 VerbrKrRL nach, den Verbraucher vor Nichteinhaltung der Vorschriften zu schützen.[61]

β) Schriftformerfordernis

Charakteristikum der Verbraucherschutzrichtlinien ist ebenfalls das Schriftformerfordernis. Zwar legt nicht jede Richtlinie hier gleiche Maßstäbe an, so erfordert die Haustürgeschäftsrichtlinie nur eine schriftliche Information über das Widerrufsrecht[62] und die Verbraucherkreditrichtlinie im Gegensatz dazu, die Schriftform des ganzen Vertrages[63]. Dennoch bedeutete die Einführung dieses Erfordernisses gemeinschaftsweit einen großen Fortschritt für den Verbraucherschutz. Gerade im Internetzeitalter ist durch die Virtualisierung der Geschäftsbeziehungen das Bedürfnis nach Beweisbarkeit und Greifbarkeit des Inhalts getätigter Geschäfte gewachsen, woraus resultiert, dass seit der Fernabsatzrichtlinie die wesentlichen Informationen, die Grundlage des Vertragsschlusses waren, schriftlich oder auf einem dauerhaften Datenträger zur Verfügung gestellt werden müssen.[64]

χ) Widerrufs- bzw. Rücktrittsrechte

Wirkungsvolles Mittel des Verbraucherschutzes ist auch die Verankerung von Widerrufs, bzw. Rücktrittsrechten im Sinne eines Übereilungsschutzes.[65] Mit ihrer Hilfe erhält der Verbraucher Gelegenheit, sich nochmals Gedanken über seine finanzielle Situation und im Falle des Fernabsatzes ein Bild von der gelieferten Ware zu machen.[66] Die situative Schutzbedürftigkeit des Verbrauchers wird vor allem an den von der Fernabsatzrichtlinie[67] erfassten Fallgestaltungen deutlich.

δ) Inhaltskontrolle

Darüber hinaus findet in einigen Fällen sogar eine Inhaltskontrolle von Verträgen statt. So regelt Art. 4 der Klausel- Richtlinie[68], dass bei einseitiger Stellung von Vertragsklauseln durch den Unternehmer, eine missbräuchliche Verwendung dadurch unterbunden werden soll, dass der Vertrag auf seine inhaltliche Ausgewogenheit hin überprüft wird.[69] Der Grundsatz der Vertragsfreiheit wird dadurch jedoch nicht verletzt, denn die Bestimmung und Wertung des Leistungsinhalts durch die Parteien soll gem. Art. 4 Abs. 2 der Richtlinie gerade nicht berührt werden.[70]

---

[61] vgl. auch *Kainz,* in: Heusel (Hrsg.), Neues europäisches Vertragsrecht und Verbraucherschutz, 1999, 63, 66ff.

[62] Art. 4 der Haustürgeschäftsrichtlinie

[63] Art. 4 Abs. 1 der Verbraucherkreditrichtlinie

[64] vgl.: ABl. L 144 (1997), S. 19, Art. 5
auch *Meinertzhagen- Limpens,* in: De Page, Traité Élémentaire de Droit Civil Belge, t. IV, vol. 1, n° 54, S. 110 stellt fest, dass der nationale Gesetzgeber immer mehr auf den Formalismus der Schriftlichkeit zurückgreift.

[65] *Kleindieck,* in: *Hommelhoff/ Jayme/ Mangold* (Hrsg.), Europäischer Binnenmarkt: IPR und Rechtsangleichung, 1995, 297, 305

[66] *Hoffmann,* in: *Heusel* (Hrsg.), Neues europäisches Vertragsrecht und Verbraucherschutz, 1999, 39, 44

[67] RiL 97/ 7/ EG, ABl. L 144 (1997), S. 19

[68] RiL 93/ 13/ EWG, ABl. L 95, (1993), S. 29

[69] Näheres vgl. *Pfeiffer,* in: *Grabitz/ Hilf,* Das Recht der Europäischen Union, Kommentar Bd. III, Sekundärrecht, 13. Ergänzungslieferung Mai 1999, A 5 zu Art. 4

[70] *Pfeiffer,* in: *Grabitz/ Hilf,* Das Recht der Europäischen Union, Kommentar Bd. III, Sekundärrecht, 13. Ergänzungslieferung Mai 1999, A 5 zu Art. 4 Rn. 23

Präzise Regelungen der Vertragserfüllung legt aber zum Beispiel die Fernabsatzrichtlinie[71] fest, die in Art. 7 I die maximale Durchführungsdauer einer Bestellung festlegt. Art. 6 der Timesharing- Richtlinie[72] verbietet Vorauszahlung seitens des Erwerbers.

ε) Mindestschutzregelung

Aufmerksamkeit sollte des weiteren jedoch auch dem Umstand gezollt werden, dass die meisten Richtlinien die Setzung eines Mindeststandards an Schutz für den Verbraucher intendieren. Aus der Legitimation der Mitgliedstaaten, auch strengere Regelungen zum Schutzes des Verbrauchers zu erlassen, kann folgender Schluss gezogen werden: Der Verbraucher soll zwar geschützt werden, jedoch wird er nicht für derart schutzwürdig gehalten, dass Mindestregelungen nicht ausreichen würden, und strengere Vorschriften der Mitgliedstaaten daher nicht zwingend erforderlich sind.

Demgemäß scheint es dem Gemeinschaftsgesetzgeber ein Anliegen zu sein, eine Überregulation durch die Balance von Protektion und Selbstschutz zu verhindern.

cc) Ergebnis

Aus der Gesamtschau des sekundären Rechts lässt sich also ableiten, dass Regelungssubjekt der Gemeinschaft der „informierte oder zumindest informierbare Verbraucher"[73] ist, der sich mit Hilfe der von den Richtlinien gewährten Rechte selbst zur Wehr setzen kann.[74]

b) Der von der Rechtsprechung geleistete Beitrag

Der EuGH hat mit seiner Rechtsprechung entscheidend zur Konkretisierung des durch die Gemeinschaft schutzwürdigen Verbrauchers beigetragen.

Ausgangspunkt war zu Beginn größtenteils die Warenverkehrsfreiheit, die in Art. 28 EGV (ex. Art. 30) geregelt, vor der Ratifizierung des Maastrichter Vertrages eine der wenigen Stellen war, an der das Primärrecht Notiz von der Existenz des Verbrauchers nahm.

In den dem EuGH vorliegenden Problemstellungen trat der Verbraucherschutz eher als Wirksamkeitsproblem einzelstaatlicher Regelungen, denn als Anliegen der Gemeinschaft zu Tage.

So hatte das Gericht zu entscheiden, ob Gesetze einzelner Mitgliedstaaten, die Einfuhrbestimmungen zugunsten der eigenen Verbraucher trafen, gegen das Gemeinschaftsrecht verstießen, weil sie zur Abschottung der Märkte führten. Es wurde auf dem Verbraucherschutzsektor demnach zunächst nur Negativharmonisierung betrieben.[75]

Im Ergebnis hatte der EuGH darüber zu entscheiden, ob der Verbraucherschutzaspekt der in Frage stehenden Regelung derart schwer wog, dass eine Einschränkung der freien Zirkulation von Waren in der Gemeinschaft hinzunehmen sei.

Nach der Cassis- de- Dijon- Formel[76] ist hierfür jedoch Voraussetzung, dass eine harmonisierende Rechtsangleichung fehlt, der Nachweis der zwingenden Erfordernisse

---

[71] ABl. L 144 (1997), S. 19

[72] ABl. L 280 (1994), S. 83

[73] *Dreher*, JZ 1997, 171

[74] Für eine Ansiedelung des Verbraucherleitbildes auf niedrigstem Niveau spricht sich *Isken*, Die Verbraucherpolitik im EWGV und die Einheitliche Europäische Akte, 1991, S. 20, aus.

[75] Geprägt wurde dieser Begriff von *Lando*, Consumer Protection, 1982, S. 1.9.

[76] EuGH, v. 20.2.1979, Rs. 120/ 78, Slg. 1979, 649ff.

für eine nationale Regelung erbracht wurde und die einzelstaatliche Regelung die Warenverkehrsfreiheit in verhältnismäßiger Weise einschränkt.
Als zwingendes Erfordernis wurden bei enger Auslegung des Begriffes legitime öffentliche Interessen der Mitgliedstaaten anerkannt, die seit geraumer Zeit spezifisch geregelt sind und deren Angleichung längere Zeit braucht.[77] Hierzu gehört auch der Verbraucherschutz.[78]
Die Regelung musste demnach geeignet, erforderlich und angemessen sein, um das mit ihr verfolgte Ziel zu erreichen.[79]
Dies hat der EuGH jedenfalls dann als nicht gegeben angesehen, wenn die Information des Verbrauchers über vermeintliche Risiken ebenso effektiv seinen Schutz bewirken konnten.[80]
Insbesondere dann, wenn durch ein Produkt weder die Gesundheit noch die Sicherheit des Verbrauchers gefährdet werden, sondern nur Qualitätserwartungen enttäuscht werden, kann dem Verbraucherschutz nach der sogenannten „Labelling- Theorie" schon durch die Etikettierungspflicht genügt werden.[81]
Dem Verbraucher wird demnach die Obliegenheit auferlegt, den Anforderungen genügendes Informationsangebot auch zu nutzen.[82]
Es wird deutlich, dass schon in diesem frühen Stadium auf einen Ausgleich von Schutz und Selbstschutz gesetzt wird, um eine Überregulierung zu verhindern.[83]
Der EuGH hebt auch später darauf ab, dass sich das Schutzniveau gemeinschaftlicher Regelungen im Bereich des Verbraucherschutzes am „verständigen Verbraucher" zu orientieren habe.[84]
Diese Rechtsprechung wurde unter anderem auch in der GB- INNO- Entscheidung[85] fortgesetzt, in der der EuGH aber präzisierte, dass derartiges Informationsmaterial dem Verbraucher selbst dann zur Verfügung gestellt werden müsse, wenn es als Werbung konzipiert ist und daher stark anlockende Tendenzen aufweist.[86]
Dies bildete den Ansatz der Maxime des Gerichts, dass das Gemeinschaftsrecht eines der grundlegenden Erfordernisse des Verbraucherschutzes in der Unterrichtung des Verbrauchers sehen muß.[87]
Der EuGH stellt sich damit auf den Standpunkt, dass eine geeignete Etikettierung von Produkten dem Verbraucher die notwendigen Angaben zur Verfügung stellen muß, um ihn in die Lage zu versetzen, seine Wahl in Kenntnis der Umstände zu treffen.[88]

---

[77] *Oppermann*, Europarecht, Rn. 1302ff.
[78] EuGH, v. 20.2.1979, Rs. 120/ 78, Slg. 1979, 649, 662, Erwägungsgrund 8
[79] *Epiney*, in: *Beutler/ Bieber/ Pipkorn/ Streil*, Die Europäische Union, Rechtsordnung und Politik, 2001, Rn. 756
[80] *Zischka*, Die Rechtssetzungskompetenzen der Europäischen Gemeinschaft auf dem Gebiet des Verbraucherschutzes, 1997, S. 147
[81] *Oppermann*, Europarecht, Rn. 2043
[82] *Niemöller*, Das Verbraucherleitbild in der deutschen und europäischen Rechtsprechung, 1999, S. 169
[83] *Weatherill*, in: *Micklitz* (Hrsg.), Rechtseinheit oder Rechtsvielfalt in Europa?, 1996, , 423, 430
[84] EuGH, v. 10.11.1982, Rs. 261/ 81, Slg. 1982, 3961
[85] EuGH, v. 7.3.1990, Rs. C- 362/ 88, Slg. 1990 I, 667
[86] EuGH, v. 7.3.1990, Rs. C- 362/ 88, Slg. 1990 I, 667
[87] EuGH, v. 7.3.1990, Rs. C- 362/ 88, Slg. 1990 I, 667 Rn. 18

In der Mars- Entscheidung hat der EuGH zuletzt und am deutlichsten darauf verwiesen, dass von einem verständigen Verbraucher eine gewisse Reflexion der hinsichtlich des Kaufs vorliegenden Fakten erwartet werden kann und muß.[89]

c) Ergebnis

Ein Vergleich mit dem bereits dargestellten normativen Verbraucherleitbild ergibt, dass der EuGH gleichen Grundsätzen folgt, denn bei dem „verständigen" und dem „informierten oder wenigstens informierbaren" Verbraucher handelt es sich lediglich um Begrifflichkeiten.[90]

II. Stellenwert des Verbraucherschutzes für die Integration Europas

1. Vom Gemeinsamen Markt zum Binnenmarkt

Seit Inkrafttreten des Vertrages von Maastricht im Jahre 1993 wird die Europäische Integration von drei Säulen getragen: Den Europäischen Gemeinschaften (EG, EGKS[91], EAG), der Zusammenarbeit in den Bereichen Justiz und Inneres und der Gemeinsamen Außen- und Sicherheitspolitik.

Im Segment der Europäischen Gemeinschaften setzte Art. 2 EWGV schon in den Römischen Verträgen die Zielvorgaben für das Handeln der Gemeinschaftsorgane. Als Mittel zur Erreichung der Vertragsziele war von vorrangiger Bedeutung die Errichtung eines gemeinsamen Marktes, die selbst ein Handlungsziel der Gemeinschaft wurde.[92]

Hierzu sollten alle Hemmnisse im innergemeinschaftlichen Handel mit dem Ziel der Verschmelzung der nationalen Märkte zu einem einheitlichen Binnenmarkt beseitigt werden.[93]

Grundlage einer derartigen Verschmelzung sollte eine gemeinsame Zoll- und Handelspolitik in einem nach außen abgegrenzten Wirtschaftraum sein, in dem Marktfreiheit vor allem aufgrund eines Systems von Wettbewerbsregeln herrscht, die vor Verfälschungen durch staatliche und private Maßnahmen schützen sollen.[94]

Mit der Verabschiedung der Einheitlichen Europäischen Akte 1986 wurde das Integrationsziel weiter spezifiziert, indem gem. Art. 7 a EGV die Schaffung eines wahren Binnenmarktes angestrebt wurde.

Im Gegensatz zum gemeinsamen Markt erfordert die Existenz eines Binnenmarktes gem. Art. 3 I c) EGV auch die Beseitigung der Hindernisse für den freien Waren-, Personen-, Dienstleistungs- und Kapitalverkehr zwischen den Mitgliedstaaten. Dies waren die Zielvorgaben, die Art. 7a II EGV setzte. Durch die binnenmarktfinale Ausrichtung

---

[88] *Schulze/ Schulte- Nölke,* Casebook Europäisches Verbraucherrecht, 1999, S. 145
EuGH, v. 7.3.1990, Rs. C- 362/ 88, Slg. 1990 I, 667 Rn. 17

[89] EuGH, v. 6.7.1995, Rs. C- 470/ 93, Slg. 1995 I, 1923 Rn. 24

[90] *Dreher,* JZ 1997, 167, 172

[91] außer Kraft getreten am 23.07.2002

[92] *Zuleeg,* in: *Groeben/ Thiesing/ Ehlermann,* Kommentar zum EU-/ EG- Vertrag, zu Art. 2 Rn. 13
Bleckmann, in: FS Hans Kutscher, 1981, 25ff.

[93] *Geiger,* EU-/ EG- Vertrag, zu Art. 2 Rn. 6

[94] *Nicolaysen,* Europarecht II, Das Wirtschaftsrecht im Binnenmarkt, S. 30f.
Koenig/ Haratsch, Europarecht, Rn.692ff.

der Gemeinschaft sollte das Integrationsziel und –mittel der Errichtung eines gemeinsamen Marktes jedoch nicht absorbiert, sondern vertieft werden.[95]
Die Einführung der Währungsunion 1999 kann sicherlich auch als „Krönung des Binnenmarktes“ betrachtet werden.
Dennoch kann nicht die Behauptung aufgestellt werden, damit seien die Ziele der Gemeinschaft auf diesem Sektor erreicht. Es ist vielmehr hervorzuheben, dass der Binnenmarktauftrag der Gemeinschaft sich bei genauerer Betrachtung in zweierlei Gestalt darstellt: Herstellungspflicht und Erhaltungspflicht.[96]
Selbst bei Abgabe des vorschnellen Statements, spätestens seit der Währungsunion sei der Binnenmarkt vollendet, bliebe somit immer noch der Erhaltungsauftrag der Gemeinschaft. Das Anliegen, einen funktionierenden Binnenmarkt zu schaffen, erweist sich demnach als alles umspannender Prozess, der zwar irgendwann einmal seinen Anfang genommen hat, dessen Abschluss jedoch vom politischem Willen der die Gemeinschaft konstituierenden Mitgliedstaaten abhängig und derzeit unabsehbar ist.
a) Mehrdimensionalität der Warenverkehrsfreiheit
Als Motor für die Europäische Integration hat sich die Verwirklichung der Warenverkehrsfreiheit gem. Art. 28 EGV (ex. Art. 30) entpuppt.[97] Maßgebliche Ursache hierfür ist der Umstand, dass der freie Warenverkehr nicht nur im Interesse der Gewerbetreibenden, sondern auch der privaten Konsumenten geschaffen wurde.[98] Auch dem Verbraucher steht das Recht auf uneingeschränkte Inanspruchnahme dieser Grundfreiheit zu, mit der Folge, dass er sich frei in das Hoheitsgebiet eines anderen Mitgliedstaates begeben können muß, um dort unter denselben Bedingungen wie die ortsansässigen Konsumenten einzukaufen.[99]
Zwar ist die Grundfreiheit des Art. 30 EGV wohl nach dem Willen der Vertragsväter auf die Produzenten und Verkäufer von Waren bezogen, jedoch ist diese Sicht der Dinge zu einseitig und wird dem Wesensgehalt der Freiheit nicht gerecht. Das Marktgeschehen besteht nicht nur aus Anbietern, sondern zwangsnotwendig auch aus Abnehmern.[100]
Um dem Grundsatz der Marktgleichheit gerecht zu werden, ist vielmehr ein Perspektivwechsel vorzunehmen, der das Augenmerk von der Produzenten- auf die Verbraucherfreiheit lenkt.[101]
Resultierend hieraus liegt die Annahme nahe, dass als Reflex der aktiven Grundfreiheiten auch passive Grundfreiheiten existieren. Die passive Ausprägung der Warenverkehrsfreiheit stellt die Nachfragefreiheit des Verbrauchers dar.[102]

---

[95] *Bardenhewer/ Pipkorn*, in: *Groeben/ Thiesing/ Ehlermann* (Hrsg.), Kommentar zum EU-/ EG- Vertrag, zu Art. 7a Rn. 10
[96] *Müller- Graff*, ZHR 159 (1995), 34, 38
[97] *Wägenbaur*, in: *Groeben/ Thiesing/ Ehlermann* (Hrsg.), Vorbem. zu den Art. 30- 37 Rn. 1-2, 3. Auflage, bezeichnet die Warenverkehrsfreiheit als „Herzstück“ der Strategie zur Verwirklichung des Binnenmarktes
[98] EuGH, v. 7.3.1990, Rs. C- 362/ 88, Slg. 1990, 686 Rn. 8
[99] *Schnyder/ Straub*, ZEuP 1996, 8, 42
[100] *Krämer*, EWG- Verbraucherrecht, Rn. 44
[101] *Behrens*, EuR 1992, 145, 160
[102] *Müller- Graff*, in: *Groeben/ Thiesing/ Ehlermann*, Kommentar zum EG-/ EU- Vertrag I, zu Art. 30 Rn. 1

b) Der Verbraucher als Integrationskatalysator

Mithin basiert das reibungslose Funktionieren des Binnenmarktes auch auf der Tätigkeit des innerhalb der Binnengrenzen aktiven Verbrauchers.[103]

Der „confident consumer“, wie der aktive Verbraucher auch genannt wird, wird jedoch nur dann vom Binnenmarkt profitieren können, wenn das Bestehen eines Mindestschutzes sein Vertrauen auf die Möglichkeit der konfliktfreien rechtsgeschäftlichen Betätigung außerhalb seines Heimatstaates fundiert.[104]

Durch die Tätigkeit des „confident consumers“ erhält die Warenverkehrsfreiheit und somit auch die Binnenmarktintegration eine dynamisierende Komponente, die dem marktwirtschaftlichen Grundsatz von Angebot und Nachfrage gerecht wird.

Eine effektive Nutzung dieser Erkenntnis läge darin, die Nachfragefreiheit als ausgleichendes Equilibrium zur Stärkung des Binnenmarktprozesses weiter zu entwickeln.[105]

Mit einer Stärkung der Position des Verbrauchers würde zwangsläufig auch der Wettbewerbsdruck unter den Anbietern des Marktes wachsen.[106]

Damit ist der Bogen zum Anliegen der Privatrechtsharmonisierung im Bereich des Verbraucherschutzes geschlagen.[107]

Durch die Schaffung eines Systems von Vorschriften, die es dem Verbraucher erleichtern, sich rechtsgeschäftlich in der Gemeinschaft zu betätigen, wird dieser zur Vertiefung der Integration in entscheidendem Maße beitragen und verwirklichen, was die Präambel des EU-Vertrages proklamiert: Ein Europa der Bürger zu errichten.[108]

2. Verwirklichung der Ziele der Gemeinschaft gem. Art. 308 EGV

Dies führt zu einer weiteren Reflektion: Die Gemeinschaft hat den Verbraucherschutz in Art. 3 EGV genauso wie die Errichtung eines Binnenmarktes zu einer ihrer Aufgaben gemacht. In Art. 3 lit. s) EGV wird die Verbesserung des Verbraucherschutzes als Richtungsziel[109] verankert und somit als Mittel zur Verwirklichung der die Europäische Integration verkörpernden Ziele des Art. 2 EGV in Betracht gezogen. Somit weist der Begriff „Integration“ nicht nur den Aspekt der „Marktintegration“, sondern auch den der Integration der Völker Europas in die Politik der Gemeinschaft auf. Verbrau-

---

[103] 3. Erwägungsgrund des Gemeinsamen Standpunkts im Hinblick auf den Erlass der Richtlinie des Europäischen Parlaments und des Rates über den Verbraucherschutz bei Vertragsabschlüssen im Fernabsatz (95/ C 288/01), ABl. C 288 (1995), S. 1

[104] *Weatherill*, in: *Micklitz*, Rechtseinheit oder Rechtsvielfalt in Europa?, 1996, 423, 462

[105] *Heiss*, ZEuP 1996, 625, 642

[106] *Bourgoignie*, in : „Wege zum japanischen Recht“, FS für Zentaro Kitagawa, 1992, 29, 42

[107] *Roth*, JZ 2001, 475, 481 weist jedoch auf die Problematik bezüglich der Privatrechtsangleichung durch Richtlinienerlaß hin.

[108] Vgl. auch *Bourgoignie*, in : „Wege zum japanischen Recht“, FS für Zentaro Kitagawa, 1992, 29, 44, der darauf hinweist, dass Verbraucherschutz nicht nur im Dienste des Binnenmarktes stehen darf, sondern auch um seiner selbst Willen betrieben werden sollte. Er weist darauf hin, dass sich die Gemeinschaft auch gem. Art. 100a EWGV zur Verwirklichung eines hohen Verbraucherschutzniveaus verpflichtet hat.
Hoffmann, in: *Heusel* (Hrsg.), Neues europäisches Vertragsrecht und Verbraucherschutz, 1999, 39, 49

[109] Vgl. *Basedow*, in: Festschrift für Everling I, 49, 59, der die Aufgaben des Art. 3 EGV in drei verschiedene Gruppen einteilt: die Zustandsziele (zu denen auch die Errichtung des Binnenmarktes gehört), die Richtungsziele und die Bereichsziele.

cherschutz sollte deshalb nicht lediglich als Annex zu binnenmarktfinalen Aktionen der Gemeinschaft gesehen werden, sondern auch als moralische Verpflichtung der Gemeinschaft.[110]

III. Harmonisierungsbedürfnis im Rahmen der Garantien

Nach dem bisher Gesagten ist die Bedeutung des Verbraucherschutzes in der Politik der Gemeinschaft in immer größerem Maße gewachsen. Es besteht besonders im Sekundärrecht ein beachtlicher Acquis communautaire, der dem Verbraucherschutzgedanken seine spezielle europäische Ausprägung gegeben hat.[111]
Es wurde jedoch auch deutlich, dass es sich nicht um einen Bestand innerhalb eines geschlossenen Systemszusammenhangs handelt, sondern vielmehr um die Regelung verschiedener „Krisenherde". Auch wenn für den Erlass von binnenmarktfinalen Richtlinien gem. Art. 95 EG nur noch eine Mehrheitsentscheidung im Rat erforderlich ist, kann doch davon ausgegangen werden, dass die bisher auf gemeinschaftlicher Ebene geregelten Materien in einer Weise konsensfähig sind, dass sie auch die diversen Partikularinteressen im Rat überstehen konnten.
Betrachtet man hingegen das Feld der gesetzlichen Garantie, so liegt der Schluss nahe, dass einer Einigung auf eine Gemeinschaftsregelung mannigfaltige Vorbehalte entgegenstehen.
Gerade in diesem Bereich folgen die Rechtsordnungen der Mitgliedstaaten jahrhundertealten Rechtstraditionen, die in Verbindung mit einer gefestigten Rechtsprechung ein sensibles zivilrechtliches Gesamtsystem ergeben und deren Aufgabe nicht selbstverständlich zur Disposition steht.[112]
Im Gegensatz dazu erscheint im Bereich der kommerziellen Garantie ein Konsens aufgrund der damit zusammenhängenden privatautonomen Gestaltungsmöglichkeiten schon eher möglich.

1. Erfordernis der Rechtsangleichung im Bereich der gesetzlichen Garantie (Gewährleistung)

Ausgangspunkt dieser Betrachtung stellt wiederum der Arbeitsauftrag der Gemeinschaft dar, im speziellen die Marktintegration und der Verbraucherschutz unter dem Aspekt der Ziele der Gemeinschaft aus Art. 2 EGV.
Um ihren Arbeitsauftrag verwirklichen zu können, muss die Gemeinschaft Maßnahmen treffen, um entgegenstehende Widerstände zu beseitigen.
Behindert demnach die Existenz verschiedener Gewährleistungsregeln innerhalb der Gemeinschaft sowohl die Ziele der Marktintegration als auch die des Verbraucherschutzes, so müssen diese Materien einer gemeinschaftlichen Regelung zugeführt werden.

---

[110] *Krämer*, EWG- Verbraucherrecht, Rn. 49
[111] *Micklitz*, EuZW 1997, 229, 236 bezeichnet das Verbraucherrecht als „Speerspitze der Entwicklung des europäischen Privatrechts".
[112] Entschließung des Europäischen Parlamentes zum Grünbuch der Kommission über Verbrauchsgütergarantien und Kundendienst, ABl. C 205 (1994), S. 562, 563

Die Frage nach dem Erfordernis einer Rechtsangleichung innerhalb der Gemeinschaft ist aus mehreren Perspektiven zu betrachten, um sie abschließend und unter Beachtung aller möglichen entgegenstehenden Partikularinteressen beantworten zu können.

a) Die Rechtsrealität in der Gemeinschaft[113]

aa) Identische Ansätze in den verschiedenen Gewährleistungsrechten

Als Grundlage der gesetzlichen Garantie kennen kontinentale Rechtssysteme wie auch das common law den Kaufvertrag, der sich als ein zwischen Verbraucher und Verkäufer bestehendes Vertrauensverhältnis darstellt.

Parallelen gibt es auch hinsichtlich des die Gewährleistung auslösenden Mangelbegriffs. Es wird größtenteils der subjektiven Theorie gefolgt. Gemeinsam haben die Regelungen, dass Ausgangspunkt des Mangels ein Fehler ist, der die Gebrauchstauglichkeit der Sache zum üblichen oder vertraglich vereinbarten Gebrauch mindert. Auch gehen die meisten Rechtssysteme von der Voraussetzung aus, dass der Mangel schon vor dem Übergang des Eigentums vorgelegen haben muss.

In fast allen Rechtsordnungen haftet nur die unmittelbar beteiligte Vertragspartei für die Garantieforderung. Der Begünstigte der Garantie ist immer der Ersterwerber der Sache.

Auf der Rechtsfolgenseite ergeben sich folgende identischen Ansätze: In jedem Mitgliedstaat hat der Käufer wahlweise das Recht, den Kaufpreis zu mindern oder den Kauf rückabzuwickeln. Die Rückgängigmachung des Kaufs erfordert in der Regel einen besonderen Schweregrad des Mangels. Auch ein Schadensersatzanspruch bei schuldhaftem Sorgfaltspflichtverstoß des Verkäufers ist in allen Mitgliedstaaten vorgesehen.

bb) Abweichende Regelungen

Die dargestellten Punkte stellen jedoch auch nur die Eckpfeiler der gesetzlichen Gewährleistung dar, bei der rechtlichen Feinabstimmung bietet sich dem Betrachter ein weniger einheitliches Bild.[114]

Nicht alle Rechtsordnungen folgen dem subjektiven Mangelbegriff, so dass keine Simultanität bezüglich der Bedeutung der Parteivereinbarung im Rahmen des Kaufvertrages besteht. Außerdem besteht in einigen Rechtsordnungen eine Rügepflicht des Käufers, dies gilt vor allem für neuere Zivilrechtskodifikationen. Die Auferlegung einer solchen Pflicht stellt allerdings einen graduellen Unterschied dar. Auch im Rahmen der Arglisthaftung oder der Haftung für verborgene Mängel bestehen große Unterschiede.

Was den Gewährleistungsschuldner betrifft, gibt es in einigen Rechtsordnungen die Möglichkeit, Ansprüche gegen den Hersteller geltend zu machen.

---

[113] Entnommen dem Grünbuch der Kommission über Verbrauchsgütergarantien und Kundendienst, KOM(93) 509 endg., S. 21ff. der abschließende Bericht des von der Kommission mit den Vorarbeiten zum Grünbuch beauftragten Centre de Droit de la Consommation, Université Catholique de Louvain-la- Neuve: Etude sur un régime juridique pour les garanties et service après vente?, Rapport Final Avril 1993 ist leider nicht veröffentlicht worden.

vgl. auch: *Reich*, Consumer legislation in the EC countries - a comparative analysis - a study prepared for the EC Commission, 1980

[114] vgl. hierzu wieder Grünbuch der Kommission, KOM(93) 509 endg., S. 21ff.

und auch *Schwartze*, Europäische Sachmängelgewährleistung im Warenkauf, 2000

Auch bezüglich der Rechtsfolgen der Garantie ergeben sich einige Abweichungen. Am auffälligsten ist an dieser Stelle wohl die Existenz eines Nachbesserungsrechts des Käufers in neueren Kaufrechtskodifikationen.[115] Aber auch Schadensersatzansprüche sind unterschiedlich geregelt. So gibt es nicht in allen Mitgliedstaaten Ersatz für die fehlerhafte Kaufsache. Des weiteren ist in einigen Mitgliedstaaten die Geltendmachung von Schadensersatzansprüchen durch Bösgläubigkeitsvermutungen zu Lasten des Verkäufers erleichtert.[116]

Zu guter Letzt unterscheiden sich Garantie- und Rechtsbehelfsfristen in erheblicher Art und Weise.

Die gesetzlichen Garantieregelungen weichen demnach bezüglich der konkreten Einzelaspekte erheblich voneinander ab. Es ergibt sich also der Befund, dass im rein tatsächlichen Sinne ein Bedürfnis nach Harmonisierung der nationalen Gewährleistungsregeln besteht.

cc) Behandlung von Leistungsstörungen in Rechtsordnungen romanischen und deutschen[117] Ursprungs im Vergleich

α) Historische Wurzeln

Im 19. Jahrhundert bildeten sich die nationalen Rechtssysteme heraus, die den heutigen Rechtszustand in Europa prägen. In Bezug auf die romanischen Rechtsordnungen, die in Süd- und West- Europa zu finden sind, ist der Einfluss, den die Gesetzgebung Napoleons ausgeübt hat, hervorzuheben. So war französisches Recht über die Landesgrenzen hinaus in Belgien, den Niederlanden, im Rheinland, in norddeutschen Küstengebieten, in Teilen der Schweiz und einigen Vasallenstaaten wie dem Großherzogtum Warschau, den deutschen Großherzogtümern Berg und Baden, dem Königreich Westfalen, dem Regno d'Italia und Neapel direkt anwendbar.[118] Auch nach der politischen Neuordnung Europas, die in der Schlußakte des Wiener Kongresses ihren Ausdruck fand, galt das französisches Recht in Belgien, den Niederlanden, im Rheinland, Baden, Genf, Polen und einigen italienischen Staaten weiterhin fort. Zumindest beeinflusste es auch noch nach seiner Außerkraftsetzung die Gesetzgebung der Staaten, in denen es einmal angewendet worden war.

In der zweiten Hälfte des 19. Jahrhunderts begann die deutsche, auf der gemeinrechtlichen Wissenschaft beruhende Gesetzgebung, eine Rolle in Europa zu spielen. Zu nennen sind hier die Kodifikationen des österreichischen ABGB 1811, des ADHGB von 1861, der Entwurf des Obligationsrechts von 1866, das GmbH- Gesetz von 1892 und letztendlich das BGB im Jahre 1896.[119] Auch diese Kodifikationen beeinflussten andere nationale Rechtssysteme wie das der Schweiz, Italiens, ja sogar Ungarns, Rumäniens und Russlands.[120]

---

[115] so in den Niederlanden, Dänemark, Irland, Spanien, Griechenland und Portugal

[116] vor allem in den romanischen Rechtsordnungen

[117] Zur Klarstellung des Sprachgebrauchs, ob von deutschrechtlichen oder germanischen Einrichtungen gesprochen werden soll, vgl. *Krause*, JuS 1970, 313, 321

[118] *Coing*, Handbuch der Quellen und Literatur der neueren europäischen Privatrechtsgeschichte, III/ 1, S. 14f.

[119] *Coing*, Handbuch der Quellen und Literatur der neueren europäischen Privatrechtsgeschichte, III/1, S. 15

[120] *Coing*, Handbuch der Quellen und Literatur der neueren europäischen Privatrechtsgeschichte, III/1, S. 15

Die Kodifikationen im deutschen Rechtsraum sind insbesondere vor dem Hintergrund der deutschen Einigung im Deutschen Reich zu betrachten. Die Erlangung staatlicher Einheit brachte die Notwendigkeit der Rechtsvereinheitlichung aus praktischen, wie auch integrativen Zielsetzungen mit sich.[121]
Obwohl der Code Civil in einigen Gebieten des Reiches eine nicht unerhebliche Zeit gegolten hatte, wurde der Idee, diesen vorrangig als Grundlage eines einheitlichen deutschen Zivilgesetzbuchs zu verwenden, eine Absage erteilt. Dies erschien nach dem Sieg über Frankreich nicht mehr opportun.[122]
Diese Überlegungen führten unter anderem zu der Entscheidung, die bereits existierenden verschiedenen deutschen Gesetze als Basis eines vereinheitlichten Gesamtgesetzes zu verwerten.[123] Zu nennen sind insbesondere das gemeine Recht, die Gesetzbücher des 18. Jahrhunderts, wie das ALR, das ABGB, der Codex Maximilianeus, aber auch der Code Civil. Zudem wurden die Gesetzbücher des 19. Jahrhunderts, wie die hessischen, bayerischen und preußischen Kodifikationen, das Obligationenrecht, sowie die privatrechtlichen Reichs- und Landesgesetze berücksichtigt.
Insbesondere das Schuldrecht fußt jedoch auf römisch- pandektistischer Überlieferung.[124] Es weist eine deutliche Parallele zum Code Civil auf, dessen Schuldrecht ebenfalls weitgehend dem Römisch-gemeinrechtlichen entnommen war.[125]
Im folgenden sollen zur Veranschaulichung der Erforderlichkeit der Rechtsvereinheitlichung die grundsätzlichen Unterschiede des Leistungsstörungsrechts im BGB und im Code civil francais der allen anderen west- und südwesteuropäischen Rechtsordnungen als Vorbild diente, kurz dargestellt werden. Der Code civil belge enthält nahezu vollständig dieselben Regelungen wie das französische Zivilgesetzbuch. Daher soll der Vergleich vorliegend für beide Länder gleichzeitig vorgenommen werden.

β) Gegenüberstellung der wichtigsten Regelungen von Leistungsstörungen im Vertrag

(1) Die Stellung des Vertrages in den kontinentalen Kodifikationen

Im Code civil, der historisch älteren Kodifikation, stellt das Eigentum und nicht der Vertrag den systematischen Orientierungspunkt des Gesetzbuches dar. [126] Die Gliederung des französischen Code civil ist noch dem Modell der Justinianischen Institutionen verpflichtet.
Die Systematik des BGB ist eine andere. Es enthält im Allgemeinen Teil Regeln, die für jegliche rechtsgeschäftliche Betätigung des Individuums entscheidend sind.[127] Dem folgt das Schuldrecht, dessen Regeln zur Konfliktkompensation im Vertrag für alle Obligationen Geltung beanspruchen. Erst hieran schließen sich die Regeln des Sachenrechts an. Diese Aufteilung ist aus dem Blickwinkel des Abstraktionsprinzips logisch, denn die Eigentumsübertragung ist als dingliches Geschäft von der schuldrechtlichen

---

[121] *Hauschka*, JZ 1990, 521, 522
[122] *Dölemeyer*, in: *Coing*, Handbuch der Quellen und Literatur der neueren europäischen Privatrechtsgeschichte, III/2, S. 1429
[123] *Coing*, Europäisches Privatrecht 1800- 1914, 19. Jahrhundert, II, S. 20
[124] *Krause*, JuS 1970, 313, 319
[125] *Holthöfer*, in: *Coing*, Handbuch der Quellen und Literatur der neueren europäischen Privatrechtsgeschichte, III/ 1, S. 1038
[126] *Ranieri*, Europäisches Obligationenrecht: Lehr- und Textbuch, S. 6
[127] Zur Kritik der französischen Reformkommission am Allgemeinen Teil vgl. *Zajtay*, AcP 157 (58/59), 479, 484ff.

Ebene unabhängig. Im Gegensatz zum romanischen Recht, das dem in Art. 1583 Code civil (C. civ.) verankerten Konsensprinzip folgt, ist es für die Beurteilung der Wirksamkeit der dinglichen Geschäfte ebenfalls notwendig, auf die Regeln über Rechtsgeschäfte zu rekurrieren. Im Zentrum des deutschen Zivilrechts steht damit das Vertragsrecht, konkretisiert durch die Regeln des Allgemeinen Teils.

(2) Leistungsstörungen im Allgemeinen

Ausgangspunkt der Regelungen des allgemeinen Leistungsstörungsrechts sind die Nichterfüllung und die verspätete Erfüllung.[128]

Im romanischen Rechtskreis werden Unmöglichkeit, Verzug und positive Forderungsverletzung von dem Begriff „inéxecution“, erfasst und nicht in der Art und Weise differenziert wie im BGB.[129]

(a) Voraussetzungen der vertraglichen Haftung

Die „responsabilité contractuelle“ bedingt grundsätzlich das Vorliegen von drei Voraussetzungen: Eine vertragliche Pflichtverletzung, einen Schaden und Kausalität.[130]

(aa) verschuldete Vertragsverletzung

Zunächst erfordert die Anwendung des Art. 1147 C.civ. das Vorliegen einer Vertragsverletzung. Die Regelung führt hier gleichermaßen die Nichterfüllung wie auch den Verzug auf.

Wann der Schuldner seine Leistungspflicht nicht erfüllt hat, richtet sich danach, welcher Qualität die von ihm eingegangene Verpflichtung gewesen ist. Das frankophone Recht unterscheidet hier in « obligation de résultat » und « obligation de moyen ».

Erstere bezeichnet eine vertragliche Pflicht, die auf die Erreichung eines Erfolges gerichtet ist, letztere veranlasst den Schuldner lediglich zum Tätigwerden.[131] Eine Nichterfüllung liegt somit immer dann vor, wenn der geschuldete Erfolg nicht eintritt, bzw., wenn die Tätigkeit nicht in angemessener Art und Weise durchgeführt wurde.[132]

Dies beeinträchtigt auch die Beweislast des Gläubigers im Prozess, der das Verschulden des Schuldners zu beweisen hat.

Bei der « obligation de résultat » besteht die widerlegliche Vermutung, dass der Schuldner die Nichterfüllung verschuldet hat. Bei der « obligation de moyen » muss der Gläubiger den Beweis erbringen, dass dieser Umstand auf der mangelnden Sorgfalt und Bemühung des Schuldners beruhte.[133]

Auch im deutschen Rechtsraum werden die vertraglichen Verpflichtungen der Parteien ausgelegt, um zu konstatieren, dass eine von ihnen ihre Pflicht nicht erfüllt hat. Jedoch werden aus der Unterscheidung von Tätigkeits- und Erfolgsherbeiführungspflicht andere Konsequenzen gezogen. Aus der Art der Verpflichtung wird kein Rückschluss auf das mögliche Verschulden des Schuldners gezogen.

---

[128] vgl. Wortlaut Art. 1147 C.civ.

[129] *Hübner/ Constantinesco,* Einführung in das französische Recht, S. 179

[130] *Guimezanes*, Introduction au droit francais, S. 210

[131] *Stijns/ Gerven/ Wery,* « Les obligations : Les sources (1985- 1995) », J.T., 1996, S. 723, n° 102

[132] vgl. *Van Ommeslaghe,*. « Les obligations (examen de jurisprudence) », R.C.J.B., 1986, 216f. mit Fallbeispielen

[133] Cass. Fr., 16 février 1988, Bull. Civ., 1988, I, 27, n° 42, die sogar auch die Kausalität für den Schaden in die Vermutung einbezieht.
Cass., 15 décembre 1995, J.L.M.B., 1996, 780

Die Wertentscheidungen, die im frankophonen Recht Eingang in das Prozessrecht gefunden haben, finden ihren Ausdruck lediglich in den Gewährleistungsregeln des Werkrechts, dem gesetzlich kodifizierten Vertrag mit Erfolgsherbeiführungspflicht.[134] Dort kam es schon vor der Schuldrechtsreform nach § 634 BGB a.F. auf das Verschulden des Werkunternehmers für den Werkmangel im Hinblick auf Gewährleistungsansprüche des Bestellers gar nicht an. Im Gegensatz dazu wurden dem Besteller bei dem verschuldensabhängigen Schadensersatzanspruch aus § 635 BGB a.F. gegen den Werkunternehmer geringere Zugeständnisse als nach romanischem Recht gemacht. Nach herrschender Meinung wurden hinsichtlich des Verschuldens des Unternehmers die zur positiven Forderungsverletzung entwickelten Grundsätze der Beweislastverteilung nach Gefahrbereichen angewendet.[135] Die Beweiserleichterung kam demnach dem Käufer zugute, wenn die Schadensursache im Gefahrenbereich des Werkunternehmers gelegen hatte, was allerdings in der Regel der Fall war.[136]
Ob der Schuldner die Verletzung seiner Leistungspflicht zu vertreten hat, richtet sich nach §§ 276, 278 BGB. Dies hat der Gläubiger zu beweisen.
Bei dem von der Unmöglichkeit zu unterscheidenden Verzug wurde jedoch das Verschulden des Schuldners gem. § 285 BGB a.F. vermutet, dies hatte jener zu widerlegen.[137]
Im Falle der die positive Forderungsverletzung auslösenden, gesetzlich nicht geregelten Schlechtleistung hingegen hatte die Rechtsprechung das Prinzip der Beweislastverteilung nach Gefahrenbereichen entwickelt, die dem Schuldner die Beweislast auferlegte, weil der Gläubiger keinen Einblick in die Verhältnisse des Schuldners besitze.[138]
Des weiteren statuieren Art. 1147, 1148 C.civ., dass die vertragliche Haftung des Schuldners dann nicht ausgelöst wird, wenn er einen Fall der höheren Gewalt geltend machen kann.
Der Begriff der höheren Gewalt wird von der obergerichtlichen Rechtsprechung definiert als ein unüberwindliches Erfüllungshindernis, ohne dass dem Schuldner diesbezüglich ein Verschulden zuzurechnen ist.[139] Der Terminus des unüberwindlichen Erfüllungshindernisses beinhaltet nicht, dass dieses endgültig sein muss, wie es im deutschen Recht in Abgrenzung zum Verzug gesehen wird. Allerdings fügt der Gesichtspunkt des Vertretenmüssens des Erfüllungshindernisses das Verschuldensmoment ein. Dem Schuldner muss demnach zumindest zur vereinbarten Leistungszeit unverschuldet die Erfüllung absolut unmöglich sein.[140]
Auch im deutschen Recht befreite nach § 275 I BGB a.F. die Unmöglichkeit der Leistung den Schuldner von seiner Leistungspflicht. An § 280 I BGB a.F. war vor der Schuldrechtsreform ersichtlich, dass es für das Freiwerden von der Leistung nicht auf Verschulden ankam.[141]

---

[134] *Seiler*, in : *Erman*, BGB, Vor. zu § 631 Rn. 2
[135] BGH, 28, 254
[136] BGH, WM 1971, 1271
[137] *Heinrichs*, in : *Palandt*, BGB, zu § 285 Rn. 1
[138] *Emmerich*, in : MüKo, BGB, Vor. Zu § 275 Rn. 304ff., *m.w.N.*
[139] Cass., 9 décembre 1976, Pas., 1977, I, 408
[140] *Ghestin/ Billiau*, Traité de droit civil, Les obligations- Les effets du contrat, n° 388, S. 399
[141] *Larenz*, Lehrbuch des Schuldrechts, Bd. 1, Allgemeiner Teil, § 21 I b), S. 308

(bb) Schaden

Grundsätzlich ist nach Art. 1149 C.civ. der integrale Schaden zu ersetzen, der durch die Vertragsverletzung seitens des Schuldners entstanden ist. Hierunter fällt der entgangene Gewinn genauso wie der immaterielle Schaden und die Kosten, die der Gläubiger dafür aufwenden musste, um den eigenen Schaden möglichst gering zu halten.[142] Das Prinzip der Integralindemnisation wird durchbrochen von den in Art. 1150, 1151 C.civ. geregelten Fällen.

Gem. Art. 1150 C.civ. sind für die vertragliche Haftung des Schuldners nur solche Schäden von Relevanz, die bei Vertragsschluss vorhergesehen oder jedenfalls dem Grunde nach vorhersehbar waren.[143] Dies gilt nach dem Wortlaut der Bestimmung allerdings dann nicht, wenn dem Schuldner Arglist zur Last fällt. Dann hat er den integralen Schaden und zwar auch denjenigen, der nicht vorhersehbar war, zu ersetzen.[144]

Das BGB regelt den Schadensersatz in §§ 249ff., wobei als Schaden jegliche Einbuße definiert wird, die jemand infolge eines bestimmten Ereignisses an den Rechtsgütern Gesundheit, Ehre oder Eigentum erleidet.[145] Errechnet wird dies prinzipiell nach der eingeschränkten Differenzhypothese.[146]

§ 249 statuiert den Grundsatz der Naturalrestitution, der dem Schuldner die Pflicht auferlegt, denselben wirtschaftlichen Zustand wieder herzustellen, der bestanden hat, bevor das schädigende Ereignis eintrat.[147]

Ist dies nicht möglich, so ist Schadensersatz durch Äquivalent zu leisten, §§ 250f. BGB.[148] Auch der entgangene Gewinn wird nach den Regeln des § 252 BGB ersetzt. Im Gegensatz zum romanischen Recht wird der immaterielle Schaden allerdings nach § 253 BGB nur in den gesetzlich normierten Fällen ausgeglichen.

(cc) Kausalität

Die Kausalität wird im romanischen Recht als Teilaspekt des Schadens gesehen. Letzten Endes stellen iSv Art. 1151 C.civ. nur solche Einbußen Schäden dar, die kausal vom Schuldner durch die von ihm bewirkte Vertragsverletzung hervorgerufen wurden. Die Vorschrift betrifft damit nicht den Inhalt des Schadensersatzanspruchs, sondern seinen Grund.[149]

Demnach müssen die Schäden eine unmittelbare und unverzügliche Folge der Nichterfüllung sein. Dieser enge Begriff des zu ersetzenden Schadens wurde von der belgischen Cour de Cassation in erheblichem Umfang erweitert, da nach ihrer Rechtsprechung auch zwingende Folgen der Nichterfüllung von Art. 1151 C.civ. erfasst sein sollen.[150]

---

[142] Liège, 28 mars 1991, J.L.M.B., 1992, 77
Civ. Charleroi, 30 janvier 1990, J.T., 1990, 388
Charleroi, 25 mars 1994, J.L.M.B., 1994, 830

[143] Cass., 11 avril 1986, Pas., 1986, I, 986

[144] Cass., 18 mai 1987, Pas., 1987, I, 1125

[145] vgl. hierzu ausführlich: *Larenz*, Lehrbuch des Schuldrechts, Bd. 1, Allgemeiner Teil, § 27 II a), S. 426ff.

[146] *Schiemann*, in : *Staudinger*, RGRKomm., zu § 249 Rn. 4ff.

[147] RGZ 143, 267, 274

[148] *Oetker*, in : MüKo, BGB, zu § 249 Rn. 307

[149] Cass., 23 octobre 1987, Pas., 1988, I, 212

[150] Cass., 24 juin 1977, Pas., 1977, I, 1087

Hintergrund dieser Rechtsprechung ist das Anliegen, einen Gleichlauf der vertraglichen und quasi- deliktischen Haftung zu erreichen. Da beide dieselbe Konzeption verfolgen, erscheint es gerechtfertigt, eine identische Schadenskompensation zu installieren, die auch kausale, aber nur indirekte Schäden ersetzt.[151]
Die im deutschen Zivilecht vorherrschende Kausalitätstheorie ist die Adäquanztheorie. Adäquat- kausale Schäden sind nach dieser Formel solche, bei denen es nicht außerhalb jeglicher Lebenswahrscheinlichkeit liegt, dass sie durch die in Frage stehende Schädigungshandlung bewirkt wurden.[152]
Die Unterscheidung zwischen haftungsbegründender und haftungsausfüllender Kausalität führt zu einer identischen Sicht des Einflusses des Kausalitätskriteriums auf die Schadensersatzpflicht im deutschen und romanischen Recht. Durch das Erfordernis des Vorliegens des haftungsbegründenden Tatbestandes wird sichergestellt, dass der Schuldner nur für solche Schäden haftet, die ihm zurechenbar sind. Dies betrifft also die Schadensersatzpflicht dem Grunde nach. Die weitere Untersuchung der haftungsausfüllenden Kausalität stellt eine Präzisierung dar, mit der die Schadensersatzpflicht des Schuldners der Höhe nach beziffert werden kann.[153]

(b) Rechtsfolgen

Als Rechtsfolge ergibt sich für gegenseitige Verträge aus Art. 1184 C. civ. ein Recht des Gläubigers, Erfüllung oder die Vertragsauflösung ggf. unter Einschluss von Schadensersatzansprüchen zu begehren.
Der Rechtsbehelf des Art. 1184 C.civ. ist unter dem Eindruck der Prinzipien des gemeinen Rechts entstanden. Damals wurde der Grundsatz „pacta sunt servanda“ eng ausgelegt und deshalb der Schluss gezogen, dass man sich nicht von Verträgen lösen könne.[154] Hieraus resultierte im Code civil, wie auch in allen älteren Kodifikationen, ein besonderes Hilfskonstrukt: die „condition résolutoire“, die Installation einer dem gegenseitigen Vertrag zugrundeliegenden auflösenden Bedingung.[155]
Im Zuge der Evolution des Vertragsrechts entwickelte sich zudem noch die außergerichtliche, aber auf der Rechtsprechung basierende Vertragsauflösung bei Vorliegen außergewöhnlicher, das Vertrauensverhältnis der Parteien zerstörender Umstände und die Vertragsauflösung bei Vereinbarung einer auflösenden Bedingung durch die Vertragsparteien.[156]
Das BGB ging in Anlehnung an das Handelsrecht jedoch einen anderen Weg und sah die Möglichkeit einer Nachfristsetzung mit einseitiger Rücktrittserklärung vor.[157]
Wie bereits geschildert, wurde in Nichterfüllung, Schlechterfüllung und Verzug unterschieden, die über spezielle Anspruchsgrundlagen verfügten. Je nach Vorliegen eines einseitigen oder zweiseitigen Vertrages verfügte der Gläubiger über einen Anspruch

---

[151] *Van Ommeslaghe,* « Les obligations (examen de jurisprudence), R.C.J.B., 1986, 33, 221, n° 107
[152] RGZ, 152, 397, 401
[153] *Oetker,* in : MüKo, BGB, zu § 249 Rn. 98f.
[154] zur geschichtlichen Entwicklung: *Ghéstin,* Traité de Droit Civil, Les obligations, Les effets du contrat, S. 397f., Rn. 386
[155] vgl. Art. 1184 C. civ.
[156] *Stijns,* in: *Fontaine/ Viney,* Les sanctions de l´inexécution des obligations contractuelles », 513, 562ff., n° 37ff., 578ff., n° 46ff.
[157] vgl. z.B. § 326 BGB a.F.

wegen Nichterfüllung aus § 280 I oder § 325 BGB a.F., wegen Schlechterfüllung nach besonderem Leistungsstörungsrecht oder positiver Vertragsverletzung und wegen Verzuges aus § 286 oder § 326 BGB a.F.. Diese Ansprüche berechtigten zum Rücktritt und zum Schadensersatz und begründeten ein Wahlrecht des Gläubigers, die für ihn am vorteilhafteste Lösung angesichts der aufgetretenen Leistungsstörung herbeizuführen.[158]

Auch aus Art. 1184 des belgischen und französischen Code civil soll ein echtes Wahlrecht des Schuldners resultieren[159], dieses ist allerdings durch mannigfaltige Durchbrechungen gezeichnet.

So wird dem erkennenden Richter das Recht zugestanden, zu evaluieren, ob die fragliche Vertragsverletzung hinreichend schwer ist, um die Vertragsauflösung zu rechtfertigen. Letztendlich entscheidet er darüber, ob eine Nachfrist gesetzt, Schadensersatz gewährt oder der Vertrag aufgelöst wird oder beides nebeneinander.[160] Diese Kompetenz räumt der Code den Richtern in Art. 1184 III ein, obwohl der Gesetzgeber offensichtlich die Intention verfolgte, dem Gläubiger ein Recht zum Rücktritt zu geben.[161]

Seitens des Vertragspartners wird das Wahlrecht des Gläubigers durch die Möglichkeit, sich auf die Rechtsmissbräuchlichkeit der Wahl des Gläubigers zu berufen, eingeschränkt.[162]

Die Wahl des Gläubigers ist grundsätzlich nicht endgültig, sie kann auch geändert werden.[163]

Um die Vertragsauflösung gem. Art. 1184 C. civ. verlangen zu können, ist immer die Inverzugsetzung des Schuldners erforderlich.[164]

Die Mahnung verfolgt wie im deutschen Recht die Zielsetzung, den Schuldner unmissverständlich zur Leistung aufzufordern und ihm hierdurch eine letzte Chance zu geben, etwaige Konsequenzen seiner Nichterfüllung abzuwenden.[165]

Eine Mahnung ist aber entbehrlich, wenn sie ihr Ziel nicht mehr erreichen kann und deshalb zur bloßen Formalität degeneriert.[166] Dies ist etwa in den Fällen anzunehmen, in denen die endgültige Nichterfüllung seitens des Schuldners sicher, die Erfüllung für den Gläubiger nicht mehr von Interesse oder die Vertrauensbasis zwischen den Parteien in so erheblichem Maße zerstört ist, dass die Vertragsdurchführung nicht mehr möglich erscheint.[167]

Aufgrund dessen ist eine Mahnung des Schuldners iSv Art. 1146 C.civ. auch dann nicht mehr erforderlich, wenn die Leistungserbringung endgültig unmöglich geworden ist.[168]

---

[158] *Emmerich*, in : MüKo, BGB, zu § 325 Rn. 23

[159] *De Page*, Traité élémentaire de droit civil belge, t. II, n° 884ff.

[160] *Malaurie/ Aynès*, Cour de droit civil, Les obligations, Vol. 2n° 481

[161] *Stijns/ Gerven/ Wery*, J.T. 1996, 723, 739, n° 145

[162] Cass., 16 janvier 1986, J.T. 1986, 404

[163] *Vanwijck- Alexandre*, Anmerkung zum Urteil Cass., 2 février 1989, R.C.J.B., 1994, 364, n° 25- 30

[164] Bruxelles, 10 novembre 1988, J.T., 1989, 92

[165] *Malaurie/ Aynès*, Cour de droit civil, Les obligations, Vol. 2, n° 586

[166] Comm. Namur, 1er avril 1993, Entr. et dr., 1995, 152

[167] *Bonneau*, Encycl. Dalloz, Droit civil, Mise en demeure, n° 17f.

[168] Cass. 24 avril 1980, Pas., 1980, I, 1050

Anders liegt es jedoch beim reinen Verzugsschaden: Art. 1147 C.civ. akzentuiert nicht, ob die Leistung entgültig unmöglich geworden ist oder weiterhin möglich bleibt. Ausschlaggebend ist lediglich, dass eine Nichtleistung vorliegt. Somit wird der Verzug lediglich als eine Vorstufe der Nichterfüllung begriffen, weshalb nicht per se angenommen wird, dass dem Gläubiger ein Schaden wegen der Verzögerung entstanden ist.[169] Er kann einen Verzögerungsschaden nur geltend machen, wenn er den Schuldner in Verzug gesetzt hat.[170] Dies lässt sich auch aus dem Wortlaut des Art. 1153 Abs. 3 C.civ. ableiten.

Die Parteien können das Erfordernis einer Inverzugsetzung auch durch vertragliche Einigung nicht abbedingen, es sei denn, sie vereinbaren eine auflösende Bedingung („pacte commissoire") für den Fall einer Leistungsstörung infolge der die Leistung weiterhin möglich und im Interesse des Gläubigers bleibt.[171]

Gleiche Grundsätze gelten auch für die Geltendmachung von Ansprüchen auf Ersatz des Verzugsschadens im deutschen Recht. Die Mahnung begründet nach den Voraussetzungen des § 284 BGB a.F. erst den Verzug. Entbehrlich ist sie in den von § 284 Abs. 2 BGB kodifizierten Fällen und wenn das Erfordernis der vorherigen Mahnung gegen die Grundsätze von Treu und Glauben iSd § 242 BGB verstoßen würde.[172] Dies erfasst im Ergebnis die Fälle, die vorliegend für das romanische Recht erörtert wurden.

Obwohl die Einrede des nichterfüllten Vertrags nur im Kaufrecht ausdrücklich normiert ist (Art. 1612, 1613, 1953 C. civ.), wird sie dem Gläubiger bei Verzug oder allgemein den Fällen des Art. 1147 C.civ. des Schuldners zugesprochen.[173]

Anerkannt ist inzwischen, dass die Einrede des nicht erfüllten Vertrages aus jedem synallagmatischen Vertrag resultieren muss, da auf diese Weise einer Störung des ihm immanenten gegenseitigen Leistungsgleichgewichts vorgebeugt werden kann.[174]

Denselben Hintergrund hat die Vorschrift des § 320 BGB.

Generell hat die Vertragsauflösung nach Art. 1184 C.civ. retroaktiven Effekt. Lediglich in den Fällen, in denen die Rückerstattung der ausgetauschten Leistungen nicht möglich ist (z.B. bei Dauerschuldverhältnissen), tritt eine ex- nunc- Wirkung ein.[175]

Im deutschen Recht begründet der Rücktritt ein Rückgewährschuldverhältnis und besitzt demnach auch rückwirkenden Charakter. Dies gilt ebenfalls nur für Schuldverhältnisse, bei denen nach Lage der Dinge die Rückgewähr der empfangenen Leistungen möglich ist.

Bezüglich der möglichen Rechtsbehelfe bestehen eklatante Unterschiede zum Leistungsstörungsrecht des BGB somit nicht.[176] Im Vergleich zum frankophonen Recht genießt das Prinzip der Privatautonomie im deutschen Zivilrecht einen deutlich höheren Stellenwert. Das BGB installiert an mehreren Stellen Wahlrechte der Parteien hin-

---

[169] *Marty/ Raynaud/ Jestaz,* Traité de Droit civil, Les obligations, Tome 2, n° 277

[170] *Bonneau,* Encycl. Dalloz, Droit civil, n° 26

[171] Mons, 28 avril 1975, Rev. not., 1977, 551

[172] *Battes,* in : *Erman,* BGB, zu § 284 Rn. 32ff.

[173] *Ghestin/ Billiau,* Traité de Droit Civil, Les obligations- Les effets du contrat, S.347f. n° 318

[174] *De Page,* t. II, n° 875

[175] *Delvaux,* in : *Fontaine/ Viney,* Les sanctions de l'inexécution des obligations contractuelles, 669, 670ff., n° 4ff. zum Prinzip und den Ausnahmen

[176] vgl. §§ 325, 326 BGB a.F. oder §§ 462, 465 BGB a.F.

sichtlich der Kompensation von Leistungsstörungen, ohne dass zuerst eine gerichtliche Geltendmachung erforderlich ist.[177]

(c) Haftung für Erfüllungsgehilfen

Normen wie §§ 276, 278 BGB zur Bestimmung des Verschuldens sowie die Haftung für das Verschulden Dritter gibt es im Code civil nicht.[178]

Diese Lücke wurde zunächst durch die Anwendung des Art. 1384 III C.civ. geschlossen, der dem Geschäftsherrn die Haftung für durch weisungsabhängige und auftragsgemäß handelnde Angestellte bewirkte Schäden auferlegt. Hierbei handelt es sich mithin um eine quasi- deliktische Haftung des Geschäftsherrn und nicht um eine vertragliche. Erst als die Differenzierung von vertraglicher und quasi- deliktischer Haftung mehr in den Fokus der Rechtswissenschaft trat, wurde dieser Weg als nicht mehr gangbar angesehen.[179]

Als Grundlage für eine Haftung für Dritte wurde daraufhin das allgemeine Prinzip der vertraglichen Haftung instrumentalisiert.

Nach Art. 1147 C.civ. haftet der Schuldner bereits, wenn er nicht den Beweis des Vorliegens eines ihm unzurechenbaren Umstandes erbringen kann, der zur Nichterfüllung geführt hat.[180] Danach ist es irrelevant, ob der Schuldner die vertraglich geschuldete Handlung selbst erbringt oder einen Dritten damit beauftragt. Er hat für die Erfüllung seiner vertraglichen Pflicht einzustehen.[181]

Hieraus wurde als generelles Prinzip der Haftung für Dritte abgeleitet, dass derjenige, der sich freiwillig eines Gehilfen zur Erfüllung vertraglicher Verpflichtungen bedient, nicht im Sinne einer „cause étrangère“ von seiner Leistungspflicht frei wird, wenn dieser Gehilfe die Unmöglichkeit der Leistung bewirkt hat.[182]

Auf der Basis dieses Prinzips wird die „faute“, bzw. das dem Schuldner vorzuwerfende Verhalten mangels eigenen Handelns in einer Art Garantie des Schuldners für seine Erfüllungsgehilfen, dem Aspekt der Repräsentation oder des persönlichen Fehlers des Schuldners gesehen.[183]

Eine dogmatische Legitimation hat dieses „allgemeine Rechtsprinzip“[184] nicht erfahren, weshalb es in der Literatur vielfach als einfaches „obter dictum“ empfunden wird.[185]

Bestätigt wurde es aber durch die belgische Cour de Cassation in einer Entscheidung aus dem Bereich des Mietrechts.[186]

Ausgangspunkt dieses Urteils war der Umstand, dass ein unter einer Mentalreservation leidender Untermieter einen Brand verursacht hatte, der dem Mieter des Gebäudes gem. Art. 1732, 1733, 1735 C.civ. zugerechnet werden sollte. Maßgebend war hier,

---

177 vgl. etwa das Wahlrecht des Gläubigers nach § 325 BGB a.F.

178 *Stijns/ Gerven/ Wéry,* J.T. 1996, 723, 725, n° 105

179 *Delvaux,* J.T. 1987, 417, 417

180 *De Page,* t. II, 559, n° 591

181 *Montero,* in: *Fontaine/ Viney,* Les sanctions de l'inexécution des obligations contractuelles », 392, 418f. n° 33

182 *Becqué,* Rev. trim. dr. civ., 1914, 251, 304

183 vgl. hierzu: *Dabin,* R.C.J.B., 1960, 10, 24f.

184 *Stijns/ Gerven/ Wery,* J.T., 1996, 723, 725, n° 105

185 *Delvaux,* J.T., 1987, 417, 421

186 Cass., 29 novembre 1984, Pas., 1985, I, 399

dass dem Untermieter aufgrund seines Geisteszustandes kein Verschulden zur Last gelegt wurde und der Mieter letztenendes für seine Handlung zu haften hatte, wenn er nicht den Beweis erbrachte, dass ihn an der Schadensverursachung kein Verschulden trifft. Auf das Vorliegen eines „cas fortuit" konnte sich der Mieter ausdrücklich nicht berufen.

Auch die Literatur sieht auf der Basis der Art. 1245, 1735, 1797 C.civ. die Haftung des Geschäftsherrn für die Handlungen des Erfüllungsgehilfen als möglich an.[187]

Eine vertragliche Haftung des Geschäftsherrn für das streng genommen deliktische Verhalten des Dritten ist nur konstruierbar, indem die genannten Bestimmungen derart ausgelegt werden, dass der Geschäftsherr für dessen Handlungen und nicht für dessen Verschulden haftet. Art. 1245 C.civ. wird deshalb herangezogen, weil dessen Wortlaut den Begriff „fait" im Sinne einer Handlung benutzt, was aus der Differenzierung zwischen „fait" und „faute" deutlich wird. Ähnlich werden die anderen Bestimmungen instrumentalisiert, um abzuleiten, dass kein Verschulden, sondern Handlungen zugerechnet werden.[188]

Die Grenze zwischen vertraglicher und deliktischer Haftung zieht die Cour de Cassation in Belgien mit der Formel, dass die deliktische Haftung des Dritten eröffnet und die vertragliche Haftung des Schuldners verlassen ist, wenn der Dritte eine Verpflichtung verletzt hat, die sich an die Allgemeinheit wendet und dadurch einen Schaden verursacht hat, der über die vertragliche Nichterfüllung hinausgeht.[189]

Wie sie in der letztzitierten Entscheidung feststellt, ist der Erfüllungsgehilfe bei Nichtvorliegen dieser Voraussetzungen lediglich ein dem Gläubiger nicht bekanntes Instrument des Schuldners zur Vertragserfüllung. Es bestehe damit Deckungsgleichheit des durch die Vertragserfüllung des Schuldners und der Handlungen des Dritten hervorgerufenen Schadens, weshalb die Eröffnung der außervertraglichen Haftung des Dritten sowohl die Regeln der vertraglichen als auch der quasi- deliktischen gesetzlichen Bestimmungen verletzen würde.[190]

Diese faktische Immunität der Erfüllungsgehilfen soll nach der Cour de Cassation jedoch dann nicht gewährt werden, wenn der Schaden durch eine strafrechtlich verfolgbare Handlung bewirkt wurde.[191] Dieser Entscheidung lag ein Sachverhalt zugrunde, der die Körperverletzung eines Jungen während eines Aufenthalts in einem Feriencamp zum Inhalt hatte. Die Cour de Cassation urteilte, dass die Verletzung der Aufsichtspflicht des Campveranstalters nicht nur eine Schlechterfüllung seiner Vertragspflichten begründe, sondern darüber hinaus auch den Straftatbestand der Art. 418, 419, 420 Code pénal erfülle und daher die außervertragliche Haftung der Aufseher als Erfüllungsgehilfen gegeben sei.

Hieraus kann geschlussfolgert werden, dass die Cour de Cassation die extensive Haftungsbeschränkung zugunsten der Erfüllungsgehilfen insbesondere bei Bewirkung von

---

[187] *Le Tourneau/ Cadiet,* « La responsabilité civile », 1996, n° 1595f.

[188] Vgl. zu Art. 1797 C.civ. Cass. 29 novembre 1984, Pas., 1985, I, 399

[189] Cass., 7 décembre 1973, Pas,. 1974, I, 967

[190] Cass., 7 decembre 1973, Pas., 1974, I, 376, 377

[191] Cass., 26 octobre 1990, Pas., 1991, I, 216

Körperschäden nicht mehr als sachgerecht empfindet und deshalb versucht, in dieser Materie eine restriktivere Haltung einzunehmen.[192]

(3) Kaufrecht – Mangelgewährleistung:

Das Gewährleistungsrecht des romanischen Kaufrechts bedient sich wie das deutsche der dogmatischen Grundlagen des römischen Rechts: Es sieht grundsätzlich bei Rechtsmängeln eine Eviktionshaftung und bei Sachmängeln ädilizische Rechtsbehelfe vor.

(a) Pflicht zur Übergabe der Kaufsache

Im Bereich des Kaufrechts sind die Auswirkungen des Konsensprinzips besonders ausgeprägt. Die Pflicht des Verkäufers, dem Käufer Eigentum an der Kaufsache zu verschaffen erstirbt noch im Moment der vertraglichen Übereinkunft, da das französische Recht Kauf und Übereignung als Einheit betrachtet.[193]

Hieraus resultiert, dass die Kardinalpflichten des Verkäufers lediglich die Lieferungs- und die Gewährleistungspflicht sind. Dies hat auch entscheidende Konsequenzen für die Möglichkeit der Vereinbarung eines einfachen oder qualifizierten Eigentumsvorbehalts.

Das deutsche Kaufrecht folgt dem entgegen in diesem Punkt noch streng dem römischen Recht und legt dem Verkäufer die Pflicht auf, dem Käufer das Eigentum an der Kaufsache durch Einigung und Übergabe zu verschaffen. Dies beruht auf der Trennung zwischen Verpflichtungs- und Verfügungsgeschäft durch das Abstraktionsprinzip.[194]

Obwohl die Verschaffung des Besitzes in beiden Rechtsordnungen unterschiedliche Rechtsfolgen bewirkt, wird die Nichterfüllung dieser Pflicht zum größten Teil in gleicher Art und Weise sanktioniert: Für das romanische Recht kündigt Art. 1639 C.civ. die Eröffnung des Anwendungsbereichs des allgemeinen Schuldrechts an und für das deutsche § 440 I BGB a.F.

Das romanische Kaufrecht enthält zusätzlich jedoch dem allgemeinen Schuldrecht vorgehende Sonderregeln, die diese Pflicht und die Folgen ihrer Nichterfüllung näher ausgestalten.

Demnach hat der Käufer die Wahl zwischen dem fortbestehenden Erfüllungsanspruch auf Übereignung einer mangelfreien Sache oder dem Rücktritt (Art. 1184, 1610 C. civ.).[195] Außerdem kann er gem. Art. 1611 C. civ. die durch die Nichterfüllung entstandenen Schäden geltend machen.

Zur Lieferung ist der Verkäufer allerdings gem. Art. 1612, 1613 C.civ. nicht verpflichtet, wenn sein Vertragspartner den Kaufpreis nicht zahlt oder in Konkurs gefallen ist.

Als Nichterfüllung wird in diesem Kontext auch die Lieferung einer „chose nonconforme" angesehen. Dies ist der Fall bei Minderlieferungen und bei Lieferung eines aliuds.

---

[192] *Wery*, in : Droit de la responsabilité, CUP Vol. X, 5, 41, n° 15

[193] *Malaurie/ Aynès/ Gautier*, Contrats spéciaux, n° 67

[194] *Grunewald*, in: *Erman*, BGB, zu § 433 Rn. 433

[195] vgl. ausführlich: *Mazeaud/ Mazeaud*, Lecons de Droit Civil, Tome Troisième, Deuxième Volume-Principaux Contrats, Première Partie: Vente et Échange, S. 253ff.

In der Terminologie des Code civil liegen hier offenbare Mängel („vices apparents") vor. Der Haftung für versteckte Mängel unterfallen sie nicht, weil der Käufer die Sache ja auch ablehnen und weiter auf seinem Erfüllungsanspruch beharren könnte.[196] Besonders die Abgrenzung eines aliuds von einem peius wich im französischen und deutschen Recht voneinander ab. Lange ging die französische Rechtsprechung dahin, mangelhafte Ware bevorzugt als Nichtlieferung zu behandeln, um damit die kurze Verjährungsfrist des Art. 1648 C. civ. zu umgehen und die „action en responsabilité contractuelle" gem. Art. 1147 C. civ. anzuwenden. Nach neuerer französischer Rechtsprechung liegt eine Nichtlieferung aber nunmehr auch nur noch bei einem Identitätsaliud oder offenkundiger Andersartigkeit der Ware vor.[197] Non- conformité liegt demnach auch vor, wenn die Kaufsache nicht über eine im Kaufvertrag genau spezifizierte Eigenschaft verfügt.[198]

Dies entspricht im Wesentlichen der deutschen Handhabung.

(b) Rechtsmängelhaftung

Wird dem Erwerber nicht der ungestörte Besitz an der Sache eingeräumt („possession paisible"), so stellt dies einen Rechtsmangel dar. Der Verkäufer haftet dann gem. Art. 1626 C. civ. für Schäden, die aus der Herausgabe der Sache an den wahren Berechtigten resultieren und solche, die aus Beeinträchtigungen reeller Natur entspringen. Letztere Schäden sind iSd Art. 1639 C.civ. nach allgemeinem Leistungsstörungsrecht abzuwickeln.[199]

Die Rechtsmängelhaftung im Kaufrecht gilt nur für solche Fälle, in denen der Käufer in seinem Recht an der Kaufsache durch das Herausgabebegehren eines anderen beeinträchtigt wird. In diesem Fall hat der Käufer gem. Art. 1630 C. civ. das Recht auf Rückerstattung des Kaufpreises (Nr. 1), die Früchte derjenigen Sache, die er verpflichtet war, herauszugeben (Nr. 2), die Kosten der eigenen Rechtsverfolgung und der des Herausgabeberechtigten (Nr. 3) sowie auf Schadensersatz nebst Zinsen und aller Kosten der Vertragsdurchführung (Nr. 4).

In Konkurrenz hierzu kann der Käufer sich aber auch auf die Nichtigkeit des Vertrages gem. Art. 1599 C. civ. berufen und Schadensersatz verlangen, wenn die Kaufsache einem anderem als dem Verkäufer gehörte.

Der Begriff des Rechtsmangels ist weitgehender als der des BGB. Im Gegensatz zum BGB haftet der Verkäufer nach romanischem Kaufrecht auch für die Bonität des verkauften Rechtes und nicht nur für seine Verität. Dies findet seinen Ausdruck in der Verpflichtung des Verkäufers, die „possession paisible" zu verschaffen, weshalb auch vom Käufer vorgenommene Störungen wie die Eröffnung eines Konkurrenzunternehmens und dem Verkäufer bekannte oder erkennbare öffentlich-rechtliche Beschränkungen erfasst sind (Art. 1625 C. civ.).[200]

Im deutschen Recht ist dies wegen der Anwendung des Abstraktionsprinzips keine Frage des Kaufrechts, sondern des Mobiliarsachenrechts. Der Verkäufer haftete nur für einen Rechtsmangel, also eine Beschränkung des verkauften Rechts gem. §§ 440 I,

---

[196] *Hübner/ Constantinesco,* Einführung in das französische Recht, S. 192

[197] Cass. Comm., 26. avr. 1994, Bull. civ. 1994, IV, N° 159

[198] Cass. fr., 30 mars 1999, CCC 1999, n° 110

[199] *Sonnenberger,* in: *Ferid/ Sonnenberger,* Das französische Zivilrecht, 2 G 560

[200] Cass. 20. oct. 1981, Bull. Civ., 1981,1, Troisième Partie, S. 121, N° 168

320ff. BGB a.F. nach den Vorschriften des allgemeinen Leistungsstörungsrechts, kaufrechtliche Sonderregeln bestehen nicht.
Neben der „possession paisible“ hat der Verkäufer jedoch auch die „possession utile“ zu gewähren, was mit der Haftung für versteckte Mängel in Art. 1625 C. civ. angesprochen wird.

(c) Sachmangelgewähr

Hinsichtlich der Sachmangelgewähr verfolgt das romanische Recht eine Zweiteilung der Verkäuferpflichten. Dieser ist grundsätzlich zur Ablieferung der Kaufsache und zur Haftung für versteckte Mängel verpflichtet (Art. 1603 C. civ.).
Gewährleistungsansprüche werden lediglich durch verborgene Funktionsmängel ausgelöst („vices cachés“). Unter der Voraussetzung, dass der Mangel den bestimmungsgemäßen Gebrauch der Sache nicht nur unerheblich mindert, ist der Verkäufer zur Mängelhaftung verpflichtet. Das Fehlen zugesicherter Eigenschaften löst einen selbständigen Garantieanspruch aus dem Grund der Nichterfüllung der Lieferpflicht aus. In diesem Punkt haben beide Rechtsordnungen gemein, dass auf Rechtsbehelfe des römischen Rechts wie die Wandelung und die Minderung zurückgegriffen wird.

(aa) Rechte des Käufers

Im Gegensatz zur deutschen Sachmangelhaftung, die Schadensersatzansprüche des Käufers nur bei Arglist oder dem Fehlen einer zugesicherten Eigenschaft vorsieht, billigt der Code civil dem Käufer ohne jegliche Einschränkungen Schadensersatz neben der Wandelung zu.
Kannte der Verkäufer den Mangel, so haftet er gem. Art. 1645 C. civ. auf vollen Schadensersatz, während er bei Unkenntnis gem. Art. 1646 C. civ. nur den Kaufpreis rückzuerstatten und die Unkosten des Vertrages zu ersetzen hat. Die Schadensersatzpflicht ist aber in zweierlei Hinsicht über den Gesetzeswortlaut hinaus erweitert worden: Die Rechtsprechung subsumiert zum Teil unter den Begriff „durch den Vertrag verursachte Unkosten“ auch Schäden, welche die Sache an anderen Rechtsgütern des Käufers oder eines Dritten zufügt.[201] Nach deutscher Terminologie sind also auch Mangelfolgeschäden erfasst.
Zum anderen wird beim professionellen Verkäufer vermutet, dass er den Mangel kannte.[202] Eine solche Vermutung existiert im BGB und auch in der deutschen Rechtsprechung nicht.
Der Mangel muß im Zeitpunkt des Eigentumsübergangs vorgelegen haben, also bei Vertragsschluss oder bei Gattungssachen bei der Lieferung.[203] Im deutschen Recht ist hierfür der Gefahrübergang ausschlaggebend.
Geht die Kaufsache aufgrund eines Mangels unter, hat der Verkäufer den Käufer gem. Art. 1647 C. civ. zu entschädigen, dies gilt jedoch nicht, wenn der Untergang durch höhere Gewalt hervorgerufen wurde, dann gilt die normale Risikoverteilung zu Lasten des Eigentümers.[204] Das deutsche Kaufrecht trifft hierzu abgesehen vom Versen-

---

[201] *Wenner/ Schödel*, in: *Graf von Westphalen*, Handbuch des Kaufvertragsrechts in den EG- Staaten, S. 457f., Rn. 143, 145ff.
[202] Com., 27 novembre 1973, JCP 1974. II. 17887
[203] Com., 8 juillet 1981, B. IV, n° 316, vgl. zur « Théorie de risques » *Ghestin/ Billiau*, Traité de Droit civil, Les obligations- Les effets du contrat, n° 515f.
[204] *Malaurie/ Aynès/ Gautier*, Contrats Spéciaux, S. 277, Rn. 389

dungskauf keine explizite Regelung. Dies richtet sich nach den Regeln des Gefahrübergangs.

(bb) Anspruchsausschluß

Von der Regelung des Code civil, der keine Gewährleistungsfristen, sondern die Geltendmachung von Gewährleistungsrechten innerhalb eines „bref délai" vorsieht, haben sich die meisten Rechtsordnungen romanischen Ursprungs mittlerweile abgewandt, lediglich Belgien und Frankreich haben diese Regelung beibehalten und legen die Auslegung dieses Begriffes in die Hände des Richters.[205]

In Deutschland galt gem. § 477 BGB a.F. eine Verjährung von sechs Monaten.

Die Zulässigkeit eines vertraglichen Gewährleistungsausschlusses wird in beiden Rechtsordnungen mittlerweile nach den Sonderregeln von verbraucherschützenden Gesetzen wie dem AGBG oder dem belgischen Gesetz vom 14. Juli 1991 festgestellt.

(4) Ergebnis

Aus den beiden grundsätzlich verschiedenen Ansätzen, Leistungsstörungen in Vertragsbeziehungen, insbesondere im Kaufvertrag, zu regeln, ergeben sich zwei unterschiedliche in sich geschlossene Systeme, die letztendlich doch zu identischen Lösungen kommen.

Ausschlaggebend hierfür ist der Umstand, dass die romanischen Rechtsordnungen den Kaufvertrag unter der Prämisse des Eigentumserwerbs behandeln. Nach diesem Rechtsverständnis ist dies eine Art des Eigentumserwerbes, der in spezieller Art und Weise geregelt werden muss.

Das deutsche Recht hingegen verfolgt einen erheblich systematischeren Ansatz, der zunächst das Recht der Schuldverhältnisse im allgemeinen und später im speziellen zu regeln versucht. Nur für besonders häufig auftretende Verträge besonderer Ausprägung werden vom allgemeinen Schuldrecht abweichende Sonderregelungen getroffen, wobei dieses jedoch stets anwendbar bleibt.

Das in dieser Hinsicht im Gesetz isoliert behandelte romanische Kaufrecht fußt auf der Dreiteilung von Lieferungspflicht, Rechtsmängelhaftung und Haftung für versteckte Mängel. Dies spiegelt ein streng chronologisches Verständnis vom Auftreten von Leistungsstörungen wieder.

Das Eigentum und damit auch die Gefahr an der Kaufsache gehen mit Vertragsschluss über. Die Ablieferungspflicht ist im Kaufrecht genau geregelt, dieses ordnet als Rechtsfolge der Nichterfüllung die Schadensersatzpflicht des Verkäufers an, für den Rücktritt eröffnet es den Weg ins allgemeine Leistungsstörungsrecht. Auch der Schadensersatz richtet sich bei Nichterfüllung der Lieferungspflicht nach allgemeinem Leistungsstörungsrecht.

Der Aufteilung von allgemeinem und besonderem Schuldrecht treu bleibend, verfolgt das deutsche Recht einen anderen Weg. Dem liegt die Idee zugrunde, dass es generell nur zwei Arten von Leistungsstörungen gibt: Die Nichtleistung und die Schlechtleistung.

Während sich die Konsequenzen der Nichtleistung, die in die Kategorien der Unmöglichkeit und des Verzuges zu unterteilen ist, aus dem allgemeinen Leistungsstörungs-

[205] vgl. *Ranieri,* Europäisches Obligationenrecht, S. 89

recht ergeben, enthält das Kaufrecht Sonderregelungen für die Schlechtleistung beim Kauf.
Die Entscheidung, ob eine Schlechtleistung vorliegt, ist anhand der Abgrenzung von peius und aliud zu treffen. Die Kaufsache wurde vom Verkäufer noch nicht geleistet (geliefert), wenn sie nicht der vertraglich geschuldeten entspricht, sie also ein aliud darstellt, oder eine Mengenabweichung vorliegt. Stellt der Mangel der Leistung des Verkäufers allerdings einen Qualitätsmangel dar, so ist ein peius, eine (Schlecht-) Leistung gegeben, die den Weg ins besondere Leistungsstörungsrecht eröffnet.
In diesem Fall ergibt sich dann nur noch eine Zweiteilung der Haftung des Verkäufers für Rechts- und Sachmängel.
Die Lieferung der Kaufsache geht durch Anwendung des Abstraktionsprinzips in der Eigentumsverschaffungspflicht des Verkäufers aus § 433 I BGB auf. Für sie existiert ein kaufrechtliches Regelungsmodell nicht. Vielmehr richtet sich der Inhalt dieser Pflicht nach dem allgemeinen Schuldrecht, das zum Gegenstand hat, wie der Schuldner seine Leistungspflicht zu erfüllen hat.
Die Konkurrenz von allgemeinem und besonderem Schuldrecht wird durch den Zeitpunkt des Gefahrübergangs gelöst. Vor dem Zeitpunkt der Lieferung der Sache ist nach deutschem Recht die Gefahr mit Ausnahme vom Versendungskauf noch nicht übergegangen. Deshalb richten sich die Rechte des Käufers bei Verletzung der Lieferungspflicht genauso wie im romanischen Recht nach allgemeinem Schuldrecht.
Es lässt sich mithin schlussfolgern, dass das deutsche Kaufrecht zwar keine Regelungen über die Lieferungspflicht enthält, das romanische für die Sanktionen aber zum Teil auch Rückgriff auf das allgemeine Leistungsstörungsrecht nimmt.
Die klassischen ädilizischen Rechtsbehelfe der Minderung und Wandelung stehen dem Käufer im romanischen Recht lediglich bei Vorliegen eines versteckten Mangels, der nicht durch eine Abnahme der Sache gedeckt ist, zu. Dies unterscheidet sich in dem Sinne, dass die Gewährleistungsrechte des Käufers ausgeschlossen sind, wenn er den Mangel bei Annahme der Sache gekannt hat (§ 460 BGB a.F., aufgenommen in § 442 BGB n.F.), jedoch nicht schwerwiegend vom deutschen Recht.
Der zunächst rein objektive Mangelbegriff des romanischen Rechts, der sich an der normalen Bestimmung der Kaufsache und ihrer Gebrauchstauglichkeit hierzu ausrichtete, hat sich durch die Erweiterung um das funktionelle Mangelelement im belgischen Recht dem deutschen Kaufrecht angenähert.
Hierdurch erfährt die grundsätzliche Differenz der beiden verschiedenen Rechtsordnungen im Bezug auf das Kaufrecht eine nicht unerhebliche Einschränkung.
Über die Terminologie hinausgehende Unterschiede finden sich allerdings noch im Schadensersatzrecht. Dieses zeigt sich im deutschen Recht erheblich rigider als in Rechtsordnungen romanischen Ursprungs.
Der vorangegangene Exkurs in das Leistungsstörungsrecht des BGB und des Code Civil erlaubt somit die Schlussfolgerung, dass die Unterschiede zwischen den Rechtsordnungen trotz verschiedener Systeme marginal sind und quantitativ wohl nicht bedeutender als Differenzen zwischen Rechtsordnungen romanischen Ursprungs

selbst.[206] Das Faktum, dass sich romanische Rechtsordnungen und solche deutschen Ursprungs trotz divergenter Entwicklungsgeschichte im Kern sehr ähneln, ist darauf zurückzuführen, dass sich beide derselben Quelle, nämlich dem römischen Recht, bedienen.[207]

Dies ist Garant dafür, dass die heute bestehenden Divergenzen ohne größere Probleme und unter Berücksichtigung nationaler Rechtstraditionen überwunden werden können.

b) Rechtssoziologische Betrachtung

Ausgangspunkt der hier anzustellenden rechtssoziologischen Betrachtung im Zusammenhang mit der Rechtsharmonisierung der Kaufrechtsvorschriften ist die Frage, welchen Einfluss die Existenz der bisher verschiedenen Vorschriften auf das Kaufverhalten der Verbraucher in der Gemeinschaft hat. Darüber hinaus ist aber vor dem Hintergrund, dass die meisten europäischen Zivilrechtskodifikationen älteren Datums sind, auch von Belang, ob die derzeitigen Rechtssysteme den soziologischen und wirtschaftlichen Anforderungen der heutigen Zeit noch gerecht werden.

aa) Transnationale Käufe aus der Sicht der Verbraucher

Nach einer Studie der Kommission aus dem Jahr 1990[208] beschwerten sich je nach Mitgliedsstaat zwischen 50 und 75% der Verbraucher über fehlerhafte Produkte oder Dienstleistungen und die Geltendmachung von Gewährleistungsansprüchen in diesem Zusammenhang. Zwischen 10 und 75% dieser Beschwerden hatten auch Probleme mit der Geltendmachung von Ansprüchen aus der kommerziellen Garantie oder Kundendienstzusagen zum Gegenstand.

Ergebnis einer Eurobarometer- Umfrage von 1991[209] war, dass 53% der Verbraucher von transnationalen Kaufgeschäften absehen, weil sie Schwierigkeiten im Zusammenhang mit dem Umtausch oder der Reparatur von außerhalb des eigenen Landes gekauften Produkten sehen.

Aus diesen Statistiken resultiert denn auch die Sichtweise des Europäischen Parlaments und der Kommission, dass außer im kleinen Grenzverkehr, der schon immer bestanden habe, Kaufgeschäfte durch die Verbraucher in einem anderen Mitgliedstaat noch nicht zielbewusst durchgeführt werden.[210]

Die Kommission weist außerdem darauf hin, dass dem Verbraucher häufig die Zusammenhänge zwischen gesetzlicher und kommerzieller Garantie nicht klar sind. In der Regel sei dem Verbraucher überhaupt nicht bekannt, dass es eine gesetzliche Garantie gibt, da er nur die freiwillige Händlergarantie kenne. Dies habe zur Folge, dass er glaubt, gar keine Ansprüche zu haben wo es keine kommerzielle Garantie gibt oder sie nicht in Anspruch genommen werden kann oder dass sich seine Ansprüche auf die kommerzielle Garantie beschränken.[211]

---

[206] *Müller- Gugenberger,* in: *David/ Grassmann,* Einführung in die großen Rechtssysteme der Gegenwart, S. 117f. Rn. 60

[207] *Grassmann,* in: *David/ Grassmann,* Einführung in die großen Rechtssysteme der Gegenwart, S. 137f., Rn. 70

[208] KOM(93) 509 endg., S. 11

[209] Eurobarometer- Umfrage Nr. 35, Juli 1991

[210] Entschließung des Europäischen Parlaments, ABl. C 205 (1994), S. 562, 563

[211] KOM(93) 509 endg., S. 17

Wenn auch die letztgenannte These der Kommission nur schwer zu glauben ist, resultiert aus den Recherchen, dass der Verbraucher bislang kein Vertrauen auf die durch den Binnenmarkt bewirkten Vorzüge entwickelt hat, sondern sich in einem „Irrgarten" verschiedener gesetzlicher Garantieregelungen sieht.

bb) soziologische und wirtschaftliche Anforderungen an Gewährleistungsregeln

Die zumeist schon älteren Zivilrechtskodifikationen in den europäischen Mitgliedstaaten verfolgen den Ansatz, dass es sich bei den verkauften Gütern um technisch relativ unkomplizierte Dinge handelte. Des weiteren ist die Beziehung zwischen Käufer und Verkäufer geprägt von einem sie verbindenden Vertrauensverhältnis.[212] Das entspricht mitnichten den heute vorherrschenden Wirtschaftsbeziehungen. Zumeist sind Verbraucherbeziehungen weitgehend entpersonalisiert, die Güter hochtechnologischer Beschaffenheit. Allein an diesem Ansatz wird deutlich, dass die zivilrechtlichen Regeln nicht mehr den Gegebenheiten der Konsumgesellschaft entsprechen.[213]

Dies hat ebenfalls erhebliche Auswirkungen auf die Wirtschaftsunternehmen, die in immer komplizierter werdenden Vertragswerken jede Eventualität, die gesetzlich nicht geregelt ist, einplanen müssen.

Überdies erscheint nach der Verwirklichung der Währungsunion und der Einführung der EURO- Zahlungsmittel am 1.1.2002 eine einheitliche Gewährleistung innerhalb der Gemeinschaft noch dringlicher.

Auch das Phänomen des Internet und seiner progressiven Verbreitung führt zur Internationalisierung der Gesellschaft und damit auch ihres rechtsgeschäftlichen Verhaltens.

c) Rechtslage aus der Sicht der Wirtschaft

Dadurch, dass die Unternehmen in den Mitgliedstaaten verschiedenen gesetzlichen Gewährleistungsrechten unterworfen sind, können im Verhältnis zu Konkurrenten aus anderen Mitgliedstaaten Wettbewerbsverzerrungen entstehen, die durch eine Rechtsangleichung behoben werden können.[214]

2. Erfordernis der Rechtsangleichung im Bereich der kommerziellen Garantien

Die kommerzielle Garantie kann zum einen als Gegengewicht zur gesellschaftlichen Tendenz zur anonymen Verbraucherbeziehung eingesetzt werden, weil sie kundenbindende Wirkung hat. Sie hat in den europäischen Rechtsordnungen bisher keine besondere Beachtung erfahren, weshalb in diesem Regelungsbereich auch nicht mit ernsterem Besitzstandsdenken der einzelnen Mitgliedstaaten zu rechnen ist.

Andererseits fungiert sie als Komponente eines prosperierenden Binnenmarktes, wenn das ihr immanente Wettbewerbselement gestärkt wird.[215] Das ist nur möglich, wenn die Herstellergarantie in der gesamten Gemeinschaft gewährleistet ist und die einwandfreie, umfassende Information der Verbraucher gesichert wird.[216]

---

[212] Grünbuch der Kommission, KOM(93) 509 endg., S. 18

[213] Grünbuch der Kommission, KOM(93) 509 endg., S. 18

[214] *Reich,* (1992) 29 C.M.L.Rev. 861
Magnus, RabelsZ 45 (1981), 144, 165

[215] Vgl. auch die Stellungnahme des Wirtschafts- und Sozialausschusses, ABl. C 66 (1997), S. 10

[216] KOM(93) 509 endg., S. 20

3. Ergebnis

Mangelnde Rechtseinheitlichkeit sowie rechtssoziologische Tatsachen begründen im Sinne einer effektiven Marktintegration das Erfordernis einer Rechtsangleichung auf europäischer Ebene im Bereich der gesetzlichen und kommerziellen Garantien.

IV. Die Wahl der Mittel: Aktionsradius der Gemeinschaft

Ist einmal das Erfordernis zur Rechtsharmonisierung festgestellt, so stellt sich zwangsläufig die Frage, wie diese denn zu bewerkstelligen ist. Grundsätzlich stehen hierfür mehrere Mittel zur Verfügung.
Es besteht zum Beispiel die Möglichkeit, einen Staatsvertrag zu schließen; auch können die Regeln des internationalen Privatrechts auf diesem Gebiet weiterentwickelt oder eine unmittelbare Rechtsangleichung vorgenommen werden.
Ein Teil der europäischen Zivilrechtswissenschaft arbeitet derzeit an einer Kodifikation einer europäischen Privatrechtsordnung.[217]

1. Staatsvertrag

Gegen die völkerrechtliche Lösung, die Regeln des Gewährleistungsrechts anzugleichen, spricht, dass die Wirksamkeit der ausgehandelten Regelungen immer davon abhängt, dass jeder Mitgliedstaat der Union den Vertrag auch ratifiziert.[218]
Von einer Rechtsvereinheitlichung kann außerdem nur dann gesprochen werden, wenn die Vertragsparteien auf die Vereinbarung von Vorbehalten verzichten.[219]
Die Vertragslösung birgt außerdem die Gefahr der Erstarrung gegenüber notwendigen Änderungen. Es handelt sich aufgrund der Notwendigkeit von Nachverhandlungen zu Vertragsänderungen nicht um ein besonders flexibles Instrument zur Rechtsvereinheitlichung.[220]

2. Weiterentwicklung des internationalen Privatrechts

Die Anpassung der anwendbaren Vorschriften des internationalen Privatrechts hat zwar den Vorteil, dass die Mitgliedstaaten ihre Rechtssysteme nicht ändern müssten und dass das Subsidiaritätsprinzip in jedem Fall gewahrt bliebe.
Sie birgt aber noch eklatantere Nachteile.[221] Aus der Angleichung der Regeln des internationalen Privatrechts würde resultieren, dass sich die Verkäufer in allen Rechts-

---

hiergegen: *Medicus*, ZIP 1996, 1925, 1929

[217] vgl. zum derzeitigen Diskussionsstand die Aufsätze von *Berger* und *Basedow* in European Review of Private Law 2001, S. 21- 49 oder das Forum www.secola.org im Internet.

[218] *Ipsen*, Völkerrecht, § 10 Rn. 15

[219] *Kramer*, in: *Ress/ Will*, Vorträge, Reden und Berichte aus dem Europa- Institut/ Nr. 139, 1988, S. 20

[220] *Neuhaus/ Kropholler*, RabelsZ 45 (1981), 73, 80f.

[221] vgl. *Neuhaus/ Kropholler*, RabelsZ 45 (1981), 73, 85ff. zu Vor- und Nachteilen einer Vereinheitlichung des Kollisionsrechts.

systemen auskennen müssten, ohne unter Umständen vorher zu wissen, welches beim jeweiligen Kunden anzuwenden ist.[222] Dies würde zu einer klaren Benachteiligung des Mittelstandes führen, denen nicht dieselben Mittel zur rechtlichen Bewältigung des Tagesgeschäfts zur Verfügung stehen, wie den „global players".[223]
Außerdem findet hierdurch ja gerade keine Rechtsangleichung statt, die nationalen Regelungen divergieren vielmehr in demselben Maße wie vorher.[224] Des weiteren würde die Benachteiligung von Verbrauchern in Ländern mit geringerem Rechtsschutz nicht beseitigt.

3. Schaffung eines europäischen Privatrechts

Mit der Erarbeitung gemeinsamer europäischer Rechtsprinzipien, ähnlich den US- amerikanischen Restatements, unter der Zielsetzung der Schaffung einer europäischen Zivilrechtskodifikation beschäftigt sich seit 1982 im Auftrag der Kommission die sogenannte Lando- Kommission.[225] Das Europäische Parlament hat sich ebenfalls für die Erarbeitung einer Kodifikation ausgesprochen.[226]
Im Hinblick auf die Breite dieser Materie und der mit ihr zusammenhängenden Fragestellung soll auf Vor- und Nachteile im Rahmen dieser Ausarbeitung aus Platzgründen jedoch nicht weiter eingegangen werden.[227] Außerdem ist diese Lösung durch die Annahme einer anderen nicht ausgeschlossen, sondern stellt vielmehr den Gipfel der zivilrechtlichen Rechtsangleichung durch die Gemeinschaft dar.

4. Unmittelbare Rechtsangleichung

Europa ist der Kontinent, der für seine kulturelle Vielfalt bekannt ist, was auch von der Europäischen Union vor allem durch die Beachtung des Subsidiaritätsprinzips gem. Art. 5 II EGV im Rahmen der Rechtsetzung respektiert wird.[228] Es liefe jedoch Gefahr, einen guten Teil hiervon einzubüßen, wenn die verschiedenen gewachsenen Rechtskulturen vereinheitlicht würden.[229]
In diesem Zusammenhang ist zunächst zwischen Rechtsvereinheitlichung und Rechtsangleichung zu unterscheiden.[230]

---

[222] KOM(93) 509 endg., S. 105f.
[223] der den Handel tragende Mittelstand soll jedoch gerade nicht geschwächt werden, dies würde den Anstrengungen der Gemeinschaft widersprechen, KMU zu fördern.
[224] *Magnus*, RabelsZ 45 (1981), 144, 166, spricht sich ebenfalls für eine Angleichung des materiellen Rechts aus.
[225] *Lando/ Beale*, "The principles of European contract law: prepared by the Commission on European Contract Law", 1995
[226] Entschließung zur Verabschiedung eines Europäischen Zivilgesetzbuches v. 26.5.1989, ABl. C 158/ 400 (1989)
[227] vgl. statt vieler *Martiny*, in: *Martiny/ Witzleb*, Auf dem Wege zu einem europäischen Zivilgesetzbuch, Berlin 1999, 1 ff. zum aktuellen Diskussionsstand und möglichen Lösungsansätzen.
[228] *Calliess*, AöR 121 (1996), 509ff.
[229] *Collins*, ERPL 1995, 353, 363
[230] *Taupitz*, Europäische Privatrechtsvereinheitlichung heute und morgen, 1993, S. 18ff.

Die Vereinheitlichung zielt darauf ab, überall in der Gemeinschaft unmittelbar geltende einheitliche Gemeinschaftsregelungen einzuführen, was technisch nur mit der Verordnung nach Art. 249 II EGV zu erreichen ist.[231] Das dadurch geschaffene Recht genießt Anwendungsvorrang gegenüber zeitlich später erlassenem oder speziellerem nationalem Recht.[232] Deshalb wird dies immer wieder als entscheidendes Argument gegen eine unmittelbare Rechtsangleichung durch Verordnungen angeführt.
Im Rahmen einer Rechtsangleichung ist jedoch nur die Basis einer möglichen Regelung gegeben, deren Zielvorgaben durch eine eigene nationale Regelung erreicht werden müssen.[233] Adäquates Mittel hierfür ist die Richtlinie gem. Art. 249 III EGV. Eine Berücksichtigung nationaler Eigenheiten und Rechtstraditionen ist demnach durch den nationalen Gesetzgeber möglich.
Dafür spricht, dass schon eine Mindestharmonisierung das Erfordernis einer Rechtsangleichung befriedigen kann und dadurch unter strikter Wahrung des Subsidiaritätsprinzips zur weitestgehenden Erhaltung der kulturellen Eigenheiten der nationalen Rechtsordnungen beiträgt.[234]
Erheblich ist jedoch der Einwand, dass der Erlass von sekundärem Gemeinschaftsrecht ein hohes Maß an Übereinstimmung in der Gemeinschaft erfordert. Was, wie bereits gesagt wurde, gerade im Bereich des Kaufrechts eine besondere Schwierigkeit auf dem Weg zur Rechtsangleichung darstellt.[235]
Des Weiteren muss sich diese Lösung den Vorwurf gefallen lassen, sie trage jedenfalls nicht zur Rechtsvereinfachung bei. Zunächst ist nämlich immer noch erforderlich, dass geklärt wird, welches nationale Recht auf die Vertragsparteien anzuwenden ist. Danach ist es möglich, dass eine Vielzahl verschiedener Regelungen gegeneinander abzugrenzen sind oder die Handhabung des nationalen Rechts dadurch erschwert wird, da es zum Teil aus althergebrachten nationalen und zum Teil aus umgesetzten gemeinschaftsrechtlichen Regelungen besteht.[236]
Genau hierin liegt die wesentliche Schwäche dieser Lösung begründet; es wird nicht nur ein Teil der jeweiligen nationalen Rechtskultur eliminiert, sondern auch noch ein in sich nicht geschlossenes System von punktuellen Regelungen an seine Stelle gesetzt.[237]
Aufgrund des Umstandes, dass von Richtlinien in der Regel nur Mindeststandards gesetzt werden sollen kann, nur in begrenztem Maße von Rechtseinheit gesprochen werden. Deshalb wird von einem Teil der Wissenschaft ein Wettlauf um das geringste

---

[231] zu den Nachteilen dieser Lösung vgl. *Hoffmann* in: *Heusel*, Neues europäisches Vertragsrecht und Verbraucherschutz, Köln, 1999, 39, 40f.
[232] EuGH v. 15.7.1964, Rs 6/64 –Costa/ ENEL, Slg. 1964, 1251, 1269
[233] *Pechstein*, „Europäisches Zivilgesetzbuch und Rechtssetzungsbefugnisse der EG", in: *Martiny/ Witzleb*, Auf dem Wege zu einem europäischen Zivilgesetzbuch, Berlin 1999, 19, 24f.
[234] KOM(93) 509 endg., S. 106
[235] *Taschner*, in: Müller- Graff, Gemeinsames Privatrecht in der Europäischen Gemeinschaft, 225, 234 weist jedoch auf den Vorteil der qualifizierten demokratischen Legitimierung der Rechtsangleichung durch das gem. Art. 149 II EWGV vorgesehene Kooperationsverfahren hin.
[236] *Schnyder/ Straub*, ZEuP 1996, 8, 37
[237] *Steindorff*, EG- Vertrag und Privatrecht, 1996, S. 400

Schutzniveau befürchtet,[238] was dem Regelungsanliegen im Ergebnis eher schade als nütze.[239]

5. Ergebnis

Dennoch überwiegen die Vorteile der unmittelbaren Rechtsangleichung, die zu einer umfassenden und zeitgleichen, Geltung in den Mitgliedstaaten führt und eine flexible Grundlage für Anpassungen an künftige Entwicklungen bietet.[240]
Unter dem Aspekt, dass es sich nicht um eine Rechtsvereinheitlichung, sondern nur um eine Rechtsangleichung handelt, sind dem nationalen Gesetzgeber auch genügend Möglichkeiten eröffnet, den Regelungsgehalt des Gemeinschaftsrechts systemkonform in das nationale Recht einzufügen.[241]
Nicht zu vergessen ist auch, dass das auf diese Weise geschaffene Sekundärrecht Bestandteil des „Acquis communautaire" ist und daher von Staaten, die in die EU aufgenommen werden bei ihrem Beitritt zu übernehmen ist.[242]

V. Kompetenz der Gemeinschaft zur Rechtsangleichung im Bereich des Kaufrechts

Ob die Gemeinschaft zur Rechtsvereinheitlichung im Bereich des Kaufrechts berechtigt war, ist angesichts eines komplizierten Systems von Kompetenzbestimmungen und –begrenzungen zu entscheiden, dem die Gesetzgebung der Union unterworfen ist.
Ausgangspunkt dessen ist der Umstand, dass es sich weder bei der Europäischen Union noch bei den Europäischen Gemeinschaften um Gebilde mit Staatsqualität[243] und dementsprechend mit ursprünglichen staatlichen Rechtssetzungskompetenzen handelt. Es ist vielmehr in Betracht zu ziehen, dass es sich um staatsvertraglich geschaffene Rechtssubjekte handelt, die ihre Kompetenzen von den sie tragenden Nationalstaaten ableiten.[244]

---

[238] *Shears/ Zollers/ Hurd,* J.B.L. 2000, 262, 276
Reich, CMLR 1992, 861, 868

[239] *Lukes,* in: *Dauses,* Handbuch des EU- Wirtschaftsrechts, Bd. I, B. II Rn. 81, der aber darauf hinweist, dass dies nicht der Rechtsangleichung wesensimmanent sei, sondern vom Regelungswillen des Gesetzgebers abhängig.
a.A. *Bourgoignie,* in: Festschrift für Zentaro Kitagawa, 29, 46, der die These vertritt, dass nur das Bekenntnis der Gemeinschaft zur Schaffung eines Mindeststandards durch Richtlinien, den Mitgliedstaaten die Möglichkeit bietet, auch ein höhreres Schutzniveau zu erhalten und damit eine allgemeine Absenkung des Schutzniveaus in der Gemeinschaft zu verhindern.

[240] *Schnyder/ Straub,* ZEuP 1996, 8, 35

[241] *Neuhaus/ Kropholler,* RabelsZ 45 (1981), 73, 82f.

[242] *Koenig/ Haratsch,* Europarecht, Rn. 862

[243] ausführlich und m.w.N.: *Bleckmann,* Europarecht, Teil I, § 4 Die Rechtsnatur der Europäischen Union und der Gemeinschaften

[244] EuGH, v. 15.7.1964, Rs. 6/ 64, Slg. 1964, S. 1269

1. Grundsatz der begrenzten Einzelzuständigkeiten

Gem. Art. 5 I EG bedarf die Gemeinschaft zum Erlass von Sekundärrecht grundsätzlich einer Ermächtigungsgrundlage im Primärrecht. Diese muss sich entweder explizit oder mindestens aus der Auslegung einer anderen Kompetenznorm ergeben, was auch als Prinzip der begrenzten Einzelermächtigung bezeichnet wird.[245]
Das Anliegen des Verbraucherschutzes findet sich explizit in Art. 153 EG, der Art. 3 I lit. t) EG konkretisiert. Zudem ist der Verbraucherschutz auch eine Komponente der binnenmarktfinalen Rechtsetzung gem. Art. 95 EG.
a) Vollendung des Binnenmarktes gem. Art. 95 EG
Art. 95 EG stellt ein Instrument der funktionellen Rechtsangleichung dar. Wie bereits erläutert, wird auch der Verbraucherschutz als Teil der Binnenmarktverwirklichung eingestuft. Aus der Auslegung des Art. 95 EG ergibt sich also eine Ermächtigung der Gemeinschaft zum Erlass verbraucherschützender Vorschriften.[246]
Zuletzt in dem Tabakwerberichtlinien- Urteil[247] hat der EuGH jedoch konkrete Anforderungen an die Verwendung des Art. 95 EG als Kompetenznorm der Gemeinschaft zur Rechtsangleichung geknüpft.
Eine Gemeinschaftskompetenz besteht danach, wenn der Gemeinschaftsgesetzgeber tatsächlich die Verbesserung des Funktionierens des Binnenmarktes verfolgt.[248] Außerdem, wenn die Divergenz nationaler Rechtsvorschriften Hindernisse für den Handel mit Wahrscheinlichkeit entstehen lassen und die fraglichen Maßnahmen ihre Vermeidung bezwecken.[249]
So reiche es keineswegs aus, dass sich Unterschiede zwischen den nationalen Rechtsordnungen feststellen lassen, aufgrund derer Gefahren der Beeinträchtigung von Grundfreiheiten oder Wettbewerbsverzerrungen bestehen.[250]
Stellt man auf die Beseitigung von Wettbewerbsverzerrungen ab, die auf der Grundlage des Art. 95 EG vonstatten gehen soll, so forderte der EuGH auch schon in früheren Urteilen, dass es sich um spürbare Wettbewerbsverzerrungen handeln muss.[251]
Des Weiteren hebt der EuGH in Fortführung dieser Rechtsprechung hervor, dass durch die Regelungstätigkeit der Gemeinschaft auch ein effektiver Beitrag zur Beseitigung der Wettbewerbsverzerrungen zu leisten ist.[252]
Allerdings bedeutet dies nicht, dass der Gemeinschaft im Rahmen des Art. 95 EG eine uneingeschränkte Gesetzgebungszuständigkeit eingeräumt ist.

---

[245] *Kraußer,* Das Prinzip begrenzter Ermächtigung im Gemeinschaftsrecht als Strukturprinzip des EWG- Vertrages, 1991, S. 18ff.
[246] *Steindorff,* EG- Vertrag und Privatrecht, 1996, S. 402
Herrnfeld, in: *Schwarze,* EU- Kommentar, zu Art. 95, Rn. 12
[247] EuGH, v. 5.10.2000, Rs. C- 376/ 98 Bundesrepublik Deutschland./. Europäisches Parlament der Europäischen Union
[248] das galt jedoch auch schon unter dem Regime des Art. 100 EWGV: *Lukes,* in: *Dauses,* Handbuch des EU- Wirtschaftsrechts, Bd. I, B. II Rn. 81
[249] EuGH, v. 5.10.2000, Rs. C- 376/ 98, JZ 2001, 32, 32
[250] EuGH, v. 5.10.2000, Rs. C- 376/ 98, JZ 2001, 32, 32
[251] EuGH, v. 11.6.1991, Rs. C- 300/ 89, Slg. 1991, I- 2867, Rn. 23
[252] EuGH, v. 5.10.2000, Rs. C- 376/ 98, JZ 2001, 32, 34

Es wird bei verbraucherschützenden Richtlinien auf der Grundlage des Art. 95 EG vielmehr von einem doppelten Begründungsstrang ausgegangen: Förderung des Binnenmarktes durch grenzüberschreitende Verbrauchergeschäfte und Einführung eines hohen Verbraucherschutzmindestniveaus auch im rein nationalen Bereich.[253]

Generell greift zur Begrenzung der Zuständigkeiten der Gemeinschaft das Subsidiaritätsprinzip gem. Art. 5 II EG ein.[254]

Gem. Art. 5 II EG ist die Gemeinschaft nur zur Regelung ermächtigt, sofern und soweit die Ziele der in Betracht gezogenen Maßnahmen auf der Ebene der Mitgliedstaten nicht ausreichend verwirklicht werden können und daher wegen ihres Umfangs oder ihrer Wirkung besser auf Gemeinschaftsebene zu erreichen sind.[255] Des Weiteren dürfen die von der Gemeinschaft ergriffenen Maßnahmen nicht über das für die Erreichung der Ziele der Gemeinschaft erforderliche Maß hinausgehen.[256]

b) Verbraucherschutz als Gemeinschaftspolitik gem. Art. 153 EG

Art. 153 EG definiert den Verbraucherschutz als Politik der Gemeinschaft und löst ihn damit von der binnenmarktfinalen Rechtsetzung der Gemeinschaft, was dieser die Möglichkeit bietet, den Verbraucherschutz als Hauptanliegen von Regelungen zu verwirklichen.[257] Der Verbraucherschutz ist demnach nicht mehr nur als flankierende Maßnahme der Binnenmarktharmonisierung zu sehen, sondern als eigenständige Gemeinschaftspolitik.[258]

Konkret bedeutet dies im Rahmen des Art. 153 III lit. b) EG, dass „Maßnahmen zur Unterstützung, Ergänzung und Überwachung der Politik der Mitgliedstaaten" ergriffen werden dürfen. Es wird im Gegensatz zu Art. 129a EG nicht mehr der Begriff der „spezifischen Aktionen", sondern der der „Maßnahmen" verwandt, dies ist dahingehend zu verstehen, dass Art. 153 III lit. b) EG auch Ermächtigungsgrundlage für zwingende Rechtsakte sein kann.[259]

Von maßgeblicher Bedeutung ist auch die Einfügung der „Überwachungsklausel"; sie stellt, auch wenn ihre Bedeutung noch nicht abschließend geklärt ist, ein Einfallstor der Gemeinschaft in die nationalen Politiken dar.

c) Verhältnis zwischen Art. 95 und Art. 153 EG

aa) Subsidiarität des Regelungsziels „Verbraucherschutz"

Art. 95 EG gibt dem Binnenmarktziel eindeutig den Vorrang und gesteht dem Verbraucherschutz lediglich Sekundärrang zu.[260]

Art. 153 EG lässt der Gemeinschaft im Gegensatz hierzu zwar mehr Freiraum zur Verwirklichung verbraucherschützender Ziele, jedoch sind die Maßnahmen im Sinne von Art. 153 I lit. b) EG zu anderen Maßnahmen der Gemeinschaft subsidiär, wenn sie mit der Verwirklichung des Binnenmarktzieles in Konflikt geraten. Liegt demnach

---

[253] *Staudenmayer*, RIW 1999, 733, 733

[254] *Kilian*, Europäisches Wirtschaftsrecht, 1996, Rn. 322ff.
Schweitzer/ Hummer, Europarecht, Rn. 893ff.

[255] *Lienbacher*, in: *Schwarze*, EU- Kommentar, Art. 5 Rn. 17

[256] *Fischer*, Europarecht, § 5 Rn. 17

[257] *Wichard*, in: *Calliess/ Ruffert*, Kommentar zum EU- Vertrag und EG- Vertrag, zu Art. 153 Rn. 2

[258] *Reich*, 1999, 3, 5

[259] *Staudenmayer*, RIW 1999, 733, 735

[260] *Herrnfeld*, in: *Schwarze*, EU- Kommentar, Art. 95 EGV, Rn. 12

Binnenmarktfinalität der durchgeführten Maßnahme vor, stellt der Verbraucherschutzauftrag des Art. 153 EG ein der Binnenmarktidee nachgeordnetes Ziel der Gemeinschaftspolitiken dar. Dies gilt ebenfalls für das Verhältnis von Gemeinschaftsmaßnahmen auf der Grundlage des Art. 95 EG und solchen der Mitgliedstaaten auf dem Gebiet des Verbraucherschutzes, wenn sie der Gemeinschaftsgesetzgebung widersprechen.[261]

bb) Subsidiarität des Handelns der Gemeinschaft

Die beiden Ermächtigungsgrundlagen unterscheiden sich nicht nur in ihrem Umfang, sondern auch hinsichtlich der Mittel, die sie der Gemeinschaft zur Verfügung stellen.

So ist die Gemeinschaft gem. Art. 153 III EG dem Subsidiaritätsprinzip unterworfen, denn sie leistet nur einen „Beitrag" zur Erreichung eines hohen Verbraucherschutzniveaus im Sinne des Art. 153 I EG.[262]

Im Rahmen dessen findet sich zwar in Art. 153 III lit. a) EG auch ein Verweis auf Art. 95 EG, aber dieser begründet keine neuen Kompetenzen.

Gem. Art. 153 III lit. b) EG wird der Gemeinschaftsgesetzgeber zu Komplementärmaßnahmen in Bezug auf die Politik der Mitgliedstaaten ermächtigt.[263] Er kann sich hier dem Verbraucherschutz als Hauptziel seiner Tätigkeit widmen, unterliegt aber gleichzeitig der Einschätzungsprärogative der nationalen Gesetzgeber, dessen Verbraucherschutzgesetzgebung Vorrang hat.[264]

d) Erfüllung der Voraussetzungen des Art. 95 EG in Bezug auf die Richtlinie 99/ 44/ EG

aa) Argumente gegen Art. 95 EG

Dagegen, dass eine gemeinschaftliche Regelung der gesetzlichen und kommerziellen Garantie nach den Vorgaben des EuGH im Sinne des Art. 95 EG erforderlich und geeignet zur Leistung eines Beitrages zur Verwirklichung des Binnenmarktes sind, gibt es vor allem in der Literatur viele Stimmen.[265] Aber auch die deutsche Bundesregierung[266] und der Bundesrat[267] haben im Vorfeld des Richtlinien- Erlasses umfassende Kritik vorgebracht.

So wurde vor allem bemängelt, dass die gemeinschaftliche Regelung einen bedeutenden Eingriff in nationale Zivilrechtskodifikationen mit jahrhundertealter Tradition bedeute.[268]

---

[261] *Amtenbrink/ Schneider,* VuR 1999, 293, 294

[262] *Staudenmayer,* RIW 1999, 733, 734

[263] sein Handeln ist auf diesem Gebiet demnach subsidiär zur Rechtsetzungstätigkeit der Mitgliedstaaten, so auch: *Amtenbrink/ Schneider,* VuR 1999, 293, 294

[264] *Dreher,* JZ 1997, 167, 175

[265] Vgl. vor allem: *Junker,* DZWir 1997, 271ff.

[266] hierauf nimmt *Junker,* DZWir 1997, 271, 275f. ausführlich Bezug

[267] BRDrs. 696/96 v. 8.11.1996

[268] *Collins,* ERPL 1995, 353, 363, der auf die Verbindung zwischen kultureller Identität und Rechtsordnung hinweist.

Vgl. auch: *Ulmer,* JZ 1992, 1, 3ff., der die Nachteile einer einzelnen Rechtsangleichung für überwiegend und einen Eingriff in die großen Kodifikationen der Mitgliedstaaten für bedenklich hält.

a.A.: *Hondius,* ZEuP 1997, 130, 133, der eine Beseitigung der kulturellen Diversität wegen des technischen Charakters des Vertragsrechts nicht befürchtet.

Hieraus resultiere eher Verwirrung des Verbrauchers, denn Nutzen, was zum Teil auch daran liege, dass wichtige Materien wie die Modalitäten der Gewährleistungsrechte oder Schadensersatzansprüche der Regelung durch die Mitgliedstaaten vorbehalten bleiben.[269]

Auch wenn die nationalen Kaufrechte stellenweise etwas altmodisch sind, was das Bestehen von Nachlieferungs- und Nachbesserungsrechten betrifft, könne nicht davon ausgegangen werden, dass dies bereits ein Bedürfnis zu einer gemeinschaftlichen Regelung auslöst. Die Staaten, in denen solche Rückständigkeiten bestehen, könnten auch in eigener Initiative tätig werden und eine Regelung erlassen, die zu ihrem System passe.[270]

Das Argument, dass die nationalen Kodifikationen aus dem Grunde rückständig seien, dass sie die Kaufvertragsparteien als auf „Augenhöhe“ agierend betrachten, sei schlichtweg falsch. Schon seit längerer Zeit sei es Anliegen nicht nur der nationalen Kaufrechte, den schwächeren Part, in der Regel den Verbraucher, zu schützen.[271]

Des weiteren würden die Regelungen der Richtlinie nur für bestimmte Geschäfte gelten und aufgrund dessen komplizierte Abgrenzungen notwendig machen, um die auf den in Frage stehenden Sachverhalt anwendbaren Vorschriften zu bestimmen.[272]

Da keine Rechtsvereinheitlichung stattfinde, sondern nur eine Rechtsangleichung, sei es auch weiterhin erforderlich, das anwendbare Recht mit Hilfe der Regeln des internationalen Privatrechts zu bestimmen.[273]

Durch die Regelungen der Richtlinie würden demnach gewachsene zivilrechtliche Kodifikationen auseinandergerissen, ohne dafür ein neues geschlossenes System zu installieren, was darüber hinaus auch noch Rechtssicherheit und – klarheit beseitige.

Nicht zuletzt wird angeführt, dass Ergebnis der Rechtsangleichung nicht zwangsläufig die Erhöhung der Zahl der grenzüberschreitenden Kaufgeschäfte sein müsse. Dass grenzüberschreitende Geschäfte bisher nicht Gang und Gäbe sind, läge vorwiegend daran, dass die geographische Lage der Kaufvertragsparteien nicht zu einem Abschluss führen, Transportprobleme bestehen und vor allem überall innerhalb der Gemeinschaft noch Sprachbarrieren bestünden.[274]

Bei internationalen Kaufgeschäften vertrauten die Käufer in der Regel eher auf die Herstellergarantie als auf die gesetzliche Garantie eines anderen Landes.[275]

Letztendlich vertreten die Kritiker die These, dass schwerwiegende Wettbewerbsverzerrungen durch das Bestehen verschiedener nationaler Regelungen gar nicht entstün-

---

[269] *Medicus*, ZIP 1996, 1925, 1925

[270] *Junker*, DZWir 1997, 271, 277

[271] *Wieacker*, Privatrechtsgeschichte der Neuzeit, 1967, S. 553f.

[272] *Ulmer*, JZ 1992, 1, 5f.
Honsell, JZ 2001, 278, 278

[273] *Tonner*, BB 1999, 1769, 1771

[274] *Funke*, „Die bewährten deutschen Kaufvorschriften nicht ändern – Die Bundesregierung wendet sich gegen die EU- Richtlinie zum Verbrauchsgüterkauf“, FAZ v. 30.12.1996, S. 12
So auch schon: Stellungnahme des Wirtschafts- und Sozialausschusses zu dem Grünbuch über Verbrauchsgütergarantien und Kundendienst, ABl. C 295 (1994), S. 15

[275] *Junker*, DZWir 1997, 271, 277

den. Dies sei vielmehr auf steuerliche Vorschriften, wirtschaftslenkende Gesetze oder sonstige staatliche Eingriffe zurückzuführen.[276]

Als Begründung für diese These wird auch angeführt, dass das Kaufvertragsrecht ohnehin dispositiv sei, es ein gemeinschaftsweites AGB- Klauselkontrollrecht und marktbezogene Verbraucherschutzkollisionsnormen des Römischen Schuldvertragsübereinkommens wie zum Beispiel Art. 5 EVÜ gebe.[277]

Dies alles bildet die Grundlage der Ansicht, die Gemeinschaft habe keine Kompetenz zur Regelung der gesetzlichen und kommerziellen Garantien gem. Art. 95 EG gehabt.[278] Im Gegenteil bestünden gar keine rechtlichen Hindernisse für die Ausübung grenzüberschreitender Nachfrage als Kehrseite der Waren- und Dienstleistungsfreiheit, Basis der Regelung seien vielmehr die psychologischen Befindlichkeiten der Konsumenten gewesen.[279] Der durch die Richtlinie bewerkstelligte tiefgreifende Einschnitt in die gewachsenen europäischen Zivilrechtskodifikationen sei demnach nicht erforderlich.

bb) Argumente für Art. 95 EG als wirksame Ermächtigungsgrundlage für die Regelung der Richtlinie 99/ 44/ EG

Dem Verbraucherschutz kommt nach den hier gemachten Ausführungen eine erhöhte Integrationswirkung zu.[280] Nach den Zielen der Verträge kommt es nicht nur auf die Schaffung von Marktfreiheiten der Anbieterseite an, sondern auch darauf, ein Europa der Bürger zu verwirklichen. Demnach stellt die Regelung der Garantien, seien es gesetzliche oder kommerzielle, nicht nur irgendeinen Binnenmarktbezug her, sondern trägt in erheblichem Umfang zu seiner Verwirklichung bei.[281] Zu beachten ist an dieser Stelle insbesondere, dass auch dem Gemeinschaftsgesetzgeber bei der Gesetzgebung eine gewisse Einschätzungsprärogative zukommt, die er zur Definition der Regelungsziele ausüben kann.[282]

Auch das Argument des Eingriffs in gewachsene Zivilrechtskodifikationen kann nicht überzeugen, wenn ihre Entwicklungsgeschichte betrachtet wird. Sie haben ihren Ursprung im römischen und kanonischen Recht und begannen erst im 19. Jahrhundert zu divergieren.[283]

Hieraus resultiert, dass die Regelung der gesetzlichen und kommerziellen Garantien in der Verbrauchsgüterkauf- Richtlinie binnenmarktfinale Maßnahmen der Gemeinschaft

---

[276] *Junker,* DZWir 1997, 271, 276

[277] *Roth,* JZ 2001, 475, 478

[278] Dies vertrat übrigens auch das europäische Parlament noch bis zum Schluss, vgl.: Stellungnahme v. 10.3.1998, ABl. C 104 (1998), 30, 39 *und* v. 17.12.1998. ABl. C 98 (1998), 226

[279] *Roth,* JZ 2001, 475, 478

[280] Vgl. Punkt 2: „Stellenwert des Verbraucherschutzes für die Integration Europas“

[281] *Tonner,* BB 1999, 1769, 1771

[282] *Kircher,* ZRP 1997, 290, 291
Reich, VuR 1999, 1, 9

[283] *Hauschka,* JZ 1990, 521, 521f., er weist auch darauf hin, welch integrative Wirkung die Rückbesinnung auf die gemeinsamen Grundlagen der nationalen Rechte hat.

darstellen und als solche auf der Grundlage des Art. 95 EG, der Art. 153 EG verdrängt, erlassen werden konnte.[284]

Des Weiteren stellt die Regelung der gesetzlichen und kommerziellen Garantien durch die Richtlinie 99/ 44/ EG lediglich eine Mindestregelung dar, wie aus Art. 8 der Richtlinie hervorgeht. Hieraus resultiert insbesondere, dass sich auch dispositive Bestimmungen in Richtlinien finden können, durch deren Umsetzung wieder ein Regelungswettbewerb im Privatrecht stattfinden kann.[285]

Es ist somit auch das Erfordernis des Art. 5 II EG erfüllt, dass die gemeinschaftliche Regelung nicht über das erforderliche Maß für das von der Gemeinschaft in den Verträgen intendierte Ziel hinausgehen darf. Auf den Regelungsbereich der Richtlinie wird im folgenden Kapitel einzugehen sein.

2. Teil: Regelungsgehalt der Richtlinie 99/44/EG

A. Einleitung

I. Grundsatz der Subsidiarität und Mindestharmonisierung

Der Regelungsbereich der Richtlinie beschränkt sich gem. Art. 1 I VbrKfRil auf die wesentlichen Aspekte im Zusammenhang mit der gesetzlichen Gewährleistung und den kommerziellen Garantien.

Hierzu gehören die Behebung des Mangels, die Herabsetzung des Kaufpreises oder die Rückgängigmachung des Vertrages. Alle weiteren kaufrechtlichen Inhalte bleiben dem Regelungsermessen der Mitgliedstaaten überlassen. Dies gilt vor allem für Schadensersatzansprüche des Käufers, die durch oder aufgrund der Vertragswidrigkeit der Kaufsache begründet wurden.[286]

Intensiviert wird dieser Schutz, der einen Mindestsockel in der europäischen Union installieren soll, durch den zwingenden Charakter der Bestimmungen der Richtlinie. Art. 7 I VbrKfRil bestimmt, dass die Schutzvorschriften nicht vor der Unterrichtung des Verkäufers über die Vertragswidrigkeit von den Vertragsparteien abbedungen werden können. Dies gilt sogar für gebrauchte Güter, bei denen der Verkäufer lediglich die Dauer seiner Haftung verkürzen kann.

Gem. Art. 7 II VbrKfRil sollen die Bestimmungen der Richtlinie auch nicht durch die Vereinbarung der Anwendbarkeit des Rechts eines Nichtmitgliedstaates umgangen werden können.

---

[284] Der Binnenmarktbezug der Regelungen der Richtlinie über missbräuchliche Klauseln in Verbraucherverträgen (RL 93/ 13/ EWG) wurde ebenfalls mit der Aktivierung und Effektuierung der Nachfragefreiheiten des Verbrauchers begründet, vgl.: ABl. L 95 (1993), S. 29ff.

[285] *Schwartze*, in: *Martiny/ Witzleb*, Auf dem Wege zu einem Europäischen Zivilgesetzbuch, 1999, 33, 52

[286] kritisch: *Schwartze*, Europäische Sachmägelgewährleistung im Warenkauf, S. 627 „auch weil dafür unter Umständen eine strikte, verschuldensunabhängige Haftung entsprechend der Produzentenhaftung in Frage kommt, müssten Vermögensschäden, vor allem entgangener Gewinn, von der Gewährleistungsregelung mit erfasst werden."

Die Kommission stellte schon in ihrem Richtlinienvorschlag darauf ab, dass es sich um eine „genau abgesteckte partielle Harmonisierung" handele, die lediglich eine Mindestharmonisierung darstellen solle.[287]
Den Erfordernissen des Subsidiaritätsprinzips folgend, wird den Mitgliedstaaten gem. Art. 8 II VbrKfRil die Möglichkeit eröffnet, zu Zwecken des Verbraucherschutzes strengere Regeln zu erlassen oder beizubehalten. Auf diese Weise soll zur Erreichung eines hohen Verbraucherschutzniveaus in der Gemeinschaft beigetragen werden.[288]
Eine Einschränkung erfährt dies explizit nur in Art. 1 III, 5 II und 7 I VbrKfRil, nach denen die Mitgliedstaaten gebrauchte Güter, die in einer öffentlichen Versteigerung verkauft werden aus dem Anwendungsbereich der Richtlinie ausnehmen, dem Käufer eine Rügeobliegenheit auferlegen oder die Gewährleistungsfrist für gebrauchte Güter verkürzen können.
Evident ist die Ähnlichkeit der Regelungen in der Richtlinie mit dem Einheitlichen UN- Kaufrecht (hier abgekürzt „CISG"). Der Eindruck, die Bestimmungen des internationalen Warenkaufs sollten durch die Richtlinie lediglich auf das Verbraucherniveau gebracht werden, bestätigt sich nicht nur durch die Regelungstechnik der Richtlinie, sondern auch durch die Begründung der Kommission, die eine Anlehnung an das Wiener UN- Kaufrecht aus Gründen der Praktikabilität ausdrücklich anstrebt.[289]
Die Vorteile sind nicht von der Hand zu weisen: Das CISG aus dem Jahre 1980 verfügt mittlerweile über eine gefestigte Auslegung, was die Handhabung der Bestimmungen der Richtlinie wesentlich vereinfacht.[290] Sinnvoll erscheint dies auch aus dem Grunde, dass sich viele Schuldrechtsreformen der letzten Jahre in den Mitgliedstaaten am Einheitsrecht orientiert haben.[291]

II. Sachlicher und personeller Anwendungsbereich

In Art. 1 II VbrKfRil finden sich im Kontext der Regelung des Art. 1 I VbrKfRil Begriffsbestimmungen, die für die Auslegung des Geltungsbereichs der Richtlinie von Bedeutung sind. Hinsichtlich der Vertragsparteien finden sich die gängigen Definitionen des Verbrauchers und Verkäufers, die bereits in anderen Richtlinien, wie der Richtlinie über missbräuchliche Vertragsklauseln, verwandt wurden (Art. 1 II a), c)).
Was ein Verbrauchsgut im Sinne der Richtlinie ist, klärt Art. 1 II b) VbrKfRil. Der Regelungsbereich der Richtlinie wird demnach anhand objektiver wie auch subjektiver Kriterien bestimmt.

---

[287] Richtlinienvorschlag der Kommission, ABl. C 307 (1996), S. 8, abgedruckt in: ZIP 1996, 1845, 1848

[288] Kritisiert wird dies von *Schlechtriem*, in: *Schack* (Hrsg.) Gedächtnisschrift Lüderitz, 2000, 675, 695f. der anmerkt, dass die Richtlinie nicht nur Ausdruck des Subsidiaritätsprinzips oder legislatorischer Bescheidenheit, sondern ein Bekenntnis des Versagens vor den eigentlich wichtigen Sachfragen sei. Die erheblichen Unterschiede in den nationalen Rechtsordnungen lägen nämlich gerade in den nicht geregelten Bereichen wie den Schadensersatzansprüchen.

[289] Begründung zum Richtlinienvorschlag der Kommission, ABl. C 307 (1996), S. 8, abgedruckt in: ZIP 1996, 1845, 1847

[290] so auch: *Thode*, ZfBR 2000, 363, 364

[291] *Schwartze*, in: *Martiny/ Witzleb*, Auf dem Wege zu einem Europäischen Zivilgesetzbuch, 1999, 33, 43

1. Verbrauchsgüterkauf in sachlicher Hinsicht

In sachlicher Hinsicht erstreckt sich der Geltungsbereich der Richtlinie auf die gesetzliche Garantie bei Kaufgeschäften, also die Gewährleistung des Verkäufers für die Kaufsache, und die kommerzielle Garantie, die der Verkäufer dem Käufer aufgrund privatautonomer Vereinbarung einräumen kann.
Ausgangspunkt ist demnach der Kaufvertrag. Bestimmungen über Kaufverträge und die jeweiligen Gesetze zur Regelung der Kaufverträge sind in allen kontinentalen Rechtssystemen wie auch im common law Grundlage der gesetzlichen Gewährleistung.[292]
Kurzer Klärung bedürfen die Begriffe des Verbrauchsguts und der kommerziellen Garantie.

a) Begriff des Verbrauchsgutes

Verbrauchsgüter sind nach der Richtlinie bewegliche körperliche Sachen außer Gütern, die im Rahmen einer Zwangvollstreckungsmaßnahme oder ähnlichem gekauft werden oder Wasser und Gas, wenn es sich hierbei nicht um handelsübliche Ausprägungen dieser Elemente handelt (Art. 1 II b VbrKfRil).
Noch im Grünbuch hatte die Kommission sich für Güter ausgesprochen, die beweglich, neu und haltbar sind. Dies stieß jedoch auf vielfältige Kritik, weil eine Definition der Begriffe „neu“ und „haltbar“ nicht in befriedigender Weise möglich erschien.[293]
Deshalb fand sich im Richtlinienvorschlag der Terminus eines zum Letztverbrauch bestimmten Gutes mit Ausnahme von Immobilien.[294] Für die Spezifizierung des Begriffs des Verbrauchsgutes ist die Anknüpfung an die Kondition des Letztverbrauchs weniger dienlich, ihm kann letzten Endes nur entnommen werden, dass Käufer kein Zwischenhändler sein darf.
Durch die Formulierung der Definition wurde jedoch der Einschluss von gebrauchten Gütern in den Regelungsbereich der Richtlinie begründet, weil die Kaufsache lediglich zum Letztverbrauch geeignet sein musste, ohne dass Voraussetzungen bezüglich eines etwaigen Voreigentums gesetzt wurden.
Diese Definition hielt der Kritik vor allem des Europäischen Parlaments (EP) ebenfalls nicht stand[295] und wurde schon im gemeinsamen politischen Standpunkt des Rates zu der Version modifiziert, die sich jetzt in der Richtlinie findet.
Den Erwägungsgründen ist des weiteren zu entnehmen, dass gebrauchte Güter aufgrund ihrer Eigenarten in der Regel nicht ersetzt werden könnten, weshalb der Verbraucher auch keinen Anspruch auf Ersatzleistung haben solle.[296]
Dennoch findet sich in der Definition des Art. 1 II b) VbrKfRil kein Ausschluss gebrauchter Sachen. Art. 1 III VbrKfRil stellt es den Mitgliedsstaaten lediglich frei, gebrauchte Güter, die in einer öffentlichen Versteigerung verkauft werden, von dem

---

[292] Grünbuch der Kommission, KOM(93) 509 endg., S. 18
[293] *Micklitz,* EuZW 1997, 229, 231
Schnyder/ Straub, ZEuP 1996, S. 43f.
[294] *Schwartze,* Europäische Sachmängelgewährleistung im Warenkauf, S. 612f.
[295] Stellungnahme des Europäischen Parlaments v. 10.3.1998, ABl. C 104 (1998), S. 30, 33, Änderungsvorschlag 12
[296] Politische Festlegung des gemeinsamen Standpunkts zum Verbrauchsgüterkauf, ZIP 1998, 889, 890

Anwendungsbereich der Richtlinie auszunehmen. Darunter fallen die immer häufiger werdenden Versteigerungen im Internet jedoch gerade nicht, da der Verbraucher hier nicht die Möglichkeit hat, der Versteigerung selbst beizuwohnen.[297]
Dies ist im Ergebnis die sachgerechteste Lösung, weil sie alle Kaufgeschäfte eines Verbrauchers unter dasselbe Recht stellt.[298]
Den Bedenken des Rates und der Kommission wird explizit dadurch Rechnung getragen, dass die Gewährleistungsfrist für gebrauchte Güter auf ein Jahr verkürzt werden kann (Art. 7 I S. 2 und 3 VbrKfRil). Weitere Beschränkungen der Gewährleistung für diese Güter sind jedoch auch durch die einzelfallspezifische Auslegung der Bestimmungen der Richtlinie möglich.
An eher versteckter Stelle findet sich dann noch die Bestimmung, dass unter den Anwendungsbereich der Richtlinie auch solche Verbrauchsgüter fallen, die erst noch herzustellen oder zu erzeugen sind, Art. 1 IV VbrKfRil bezieht demnach auch Werklieferungsverträge ein. Dies geht auf einen Änderungsantrag des EP zurück und hat seinen Ursprung in Art. 3 I CISG.[299]
Zunächst beabsichtigte die Kommission, diese Bestimmung an die Kondition, dass die für die Herstellung benötigten Stoffe vom Käufer geliefert sein müssten, zu binden.[300]
Dies hätte nach deutscher Rechtsterminologie die Werklieferungsverträge einheitlich unter das Regime des Kaufrechts gestellt.
Der angesprochene Zusatz wurde jedoch auf Initiative des Parlaments gestrichen[301], so dass die aus deutscher Sicht überflüssige Kreation des Kaufs des Resultats eines Werk- oder Werklieferungsvertrages entstanden ist.

b) Begriff der kommerziellen Garantie

Gem. Art. 1 II e) VbrKfRil stellt eine kommerzielle Garantie jede von einem Verkäufer oder Hersteller gegenüber dem Verbraucher ohne Aufpreis eingegangene Verpflichtung, Gewähr für die Kaufsache zu leisten, dar.

2. Die Vertragsparteien eines Verbrauchsgüterkaufs

a) Käufer

Der Begriff des „Verbrauchers" im Gemeinschaftsrecht wurde bereits problematisiert. Die Richtlinie schließt lediglich natürliche Personen aus, die eine Sache im Rahmen ihrer professionellen Tätigkeit erwerben. Juristische Personen sind somit gar nicht erfasst.[302]

---

[297] *Huppertz,* MultiMedia und Recht (MMR) 2000, 65, 66, die die verschiedenen Modi solcher virtuellen Versteigerungen beschreibt.

[298] vgl. auch: *Schnyder/ Straub,* ZEuP 1996, 8, 43f.

[299] *Staudenmayer,* in: *Grundmann/ Medicus/ Rolland,* Europäisches Kaufgewährleistungsrecht, 2000, 27, 31f.

[300] Art. 1 IV des gemeinsame Standpunktes des Rates (dieser wurde auf der Grundlage des geänderten Richtlinienvorschlages der Kommission, KOM(98) 217 endg. gefasst), abgedruckt in: ZIP 1998, 889, 891

[301] Beschluss v. 17.12.1998, ABl. C 98 (1999), S. 226, 228, Änderungsvorschlag 11

[302] kritisch hierzu: Stellungnahme des Wirtschafts- und Sozialausschusses, ABl. C 66 (1997), S. 5, 7, der eine Ungleichbehandlung hinsichtlich des durch die Richtlinie gewährten Schutzes befürchtete.

Dies stößt auf Bedenken: Der Verbraucherschutzgedanke setzt einen Adressaten voraus, der im Rechtsverkehr schutzwürdig ist, mit dessen Geflogenheiten vermutlich nicht in dem Umfang vertraut ist, wie ein Gewerbetreibender.
Nach den Bestimmungen der Richtlinie kann „Verbraucher" aber auch ein Kaufmann sein, wenn er nicht zu gewerblichen oder beruflichen Zwecken handelt. Bei internationalen Geschäften würde für ihn im Gegensatz dazu jedoch das CISG gelten.[303]
Nur der Umstand, dass ein Gewerbetreibender eine Sache zu privaten Zwecken erwirbt, lässt ihn doch noch nicht zum Adressatenkreises der Richtlinie gehören.[304]
Andererseits unterfallen der Richtlinie damit auch solche Gewerbetreibende die nicht im Handel tätig sind. Dies erscheint gerechtfertigt, denn ein Tischler, der Holz für einen Tischlerauftrag kauft, kennt sich mit dem Gewährleistungsrecht im Zweifel nicht besser aus, als ein Käufer einer CD.
Die Regelung setzt somit den Akzent auf den privaten Gebrauch der Sache durch ihren Käufer, was letztendlich dem in den vorangegangenen Richtlinien verwandten Verbraucherbegriff entspricht.[305]
Darüber hinaus sollen auch Kaufgeschäfte, bei denen der Käufer sowohl private als auch berufliche Zwecke verfolgt, in den Anwendungsbereich fallen, wenn der Schwerpunkt des Erwerbszwecks im privaten Bereich liegt.[306]

b) Verkäufer

Der Verkäufer kann jede natürliche oder juristische Person sein, die Waren zu Erwerbszwecken vertreibt.
Der persönliche Anwendungsbereich der Richtlinie erstreckt sich demnach nicht auf Kaufverträge zwischen Privaten und Gewerbetreibenden, die eine Sache zu beruflichen oder gewerblichen Zwecken erwerben. Auch sind Verträge zwischen Privatpersonen nicht erfasst, was gerade hinsichtlich des Gebrauchtwagenkaufs nicht ohne Bedeutung ist.

3. Räumlicher Anwendungsbereich

Im Gegensatz zum CISG regelt die Richtlinie nicht nur Kaufgeschäfte auf internationaler, sondern auch auf nationaler Ebene.

---

303 *Janssen,* VuR 1999, 324, 325
Ferrari, in: Schlechtriem, Kommentar zum Einheitlichen UN- Kaufrecht- CISG-, zu Art. 2 Rn. 16:Das CISG gilt sogar für Verbraucherverträge, wenn für den Verkäufer nicht ersichtlich ist, dass es sich um einen Erwerb zum privaten Gebrauch handelt. Hier spricht die Vermutung für die Anwendbarkeit des CISG.

304 Vgl. zur Dual- use- Problematik auch: *Pfeiffer,*: *Schulte- Nölke/ Schulze,* Europäisch Rechtsangleichung und nationale Privatrechte, 1999, 21, 37f.

305 so auch *Staudenmayer,* in: *Grundmann/ Medicus/ Rolland* (Hrsg.), Europäisches Kaufgewährleistungsrecht", 2000, 27, 31, der darauf hinweist, dass es zu Systemwidersprüchen bei der Umsetzung der Richtlinie in nationales Recht kommen könne, weil die Mitgliedstaaten bisher immer denselben Verbraucherbegriff verwendet hätten und diesen nun verengen müssten.
Grynbaum, CCC, 2000, Chronique n° 7, S. 5

306 *Schwartze,* ZEuP 2000, 544, 551, der darauf hinweist, dass im Gegensatz zum Dänischen Konsumentenkaufgesetz nicht die tatsächliche Nutzung den Ausschlag geben kann.
Auch auf den Schwerpunkt der Nutzung abstellend: *Lehr/ Wendel,* EWS 1999, 321, 321

B. Regelungen der Richtlinie im einzelnen

I. Vertragsgemäßheit

1. Der Begriff der Vertragsgemäßheit in der Richtlinie

a) Rechtslage in der Gemeinschaft

Auch die Voraussetzung des Vorliegens eines Sachmangels für Gewährleistungsrechte des Käufers findet sich in allen europäischen Zivilrechten. Basis des Sachmangelbegriffs ist durchgehend das Bestehen eines Fehlers, der die Verwendbarkeit einer Sache zum üblichen oder vertraglichen Gebrauch mindert.[307]

Allerdings wird dieser Fehler nicht in allen Rechtsordnungen einheitlich bestimmt. So findet sich zwar größtenteils der subjektive Fehlerbegriff in der Gemeinschaft, es gibt aber auch Länder, die das Vorliegen eines Mangels nach objektiven Kriterien bestimmen.[308]

In einigen neueren Zivilrechtskodifikationen, die gemeinschaftsweit Beachtung gefunden haben, wird es einem Sachmangel gleichgestellt, wenn der Verkäufer durch Informationen oder Anpreisungen Erwartungen des Käufers bezüglich der Eigenschaften der Kaufsache geweckt hat, die dieses Produkt nicht erfüllt.[309]

b) Vertragsgemäßheit im Einheitlichen UN- Kaufrecht

Wie bereits dargestellt, war vom Gemeinschaftsgesetzgeber eine Anlehnung an das Einheitliche UN-Kaufrecht ausdrücklich gewollt.

Dies eröffnet die Möglichkeit, auch bezüglich der Beurteilung des Sachmangelbegriffs in der Richtlinie auf dessen Vorschriften zu rekurrieren.

Der in Art. 35 CISG geregelte Sachverhalt geht von einem einheitlichen Begriff der Vertragswidrigkeit aus und unterscheidet infolgedessen nicht zwischen Qualitäts- und Quantitätsabweichung, der Lieferung eines aliuds und Verpackungsfehlern.[310] Art. 35 CISG verwendet den Begriff des Sachmangels gar nicht.

Dieser mit der Zielsetzung der Praktikabilität im internationalen Warenverkehr geschaffene Begriff verzichtet somit auf allerlei nationale Besonderheiten der nationalen Rechte und konzentriert sich auf das Wesentliche.

So gibt es keine Unterscheidungen bezüglich Beschaffenheit und Eigenschaftszusicherung wie im deutschen Recht oder zwischen Haftung für Verletzung der Lieferungspflicht und für versteckte Mängel im romanischen Rechtskreis.

Die Bestimmung der Vertragsgemäßheit wird gem. Art. 35 I CISG vorrangig anhand der Parteivereinbarung vorgenommen. Erst wenn eine solche Vereinbarung nicht existiert, kann ein Sachmangel gem. Art. 35 II CISG anhand der dort genannten Kriterien festgestellt werden.[311]

---

[307] KOM(93) 509 endg., S. 38

[308] KOM(93) 509 endg., S. 38

[309] vgl.; KOM (93) 509 endg., S. 36 zum neuen niederländischen Sachmangelbegriff

[310] *Schwenzer*, in: *Schlechtriem*, Kommentar zum Einheitlichen UN-Kaufrecht - CISG-, zu Art. 35 Rn. 4

[311] *Kruisinga*, ERPL 2001, 177, 180

c) Vertragsgemäßheit in der Richtlinie

In Art. 2 I VbrKfRil wird zunächst die Pflicht des Verkäufers begründet, dem Kaufvertrag gemäße Güter zu liefern.

Der Begriff der Vertragsgemäßheit in der Richtlinie unterscheidet wie Art. 35 CISG nicht zwischen Nicht- und Schlechtleistung, Lieferungs- und Gewährleistungspflicht für versteckte Mängel[312] und Mengen- oder Artabweichung, er definiert lediglich für den Fall des Nichtvorliegens einer Parteivereinbarung, anhand welcher Kriterien die Nichtübereinstimmung der gelieferten mit der geschuldeten Ware festzustellen ist.[313]

Dadurch wird die oftmals schwierige Abgrenzung zwischen den genannten Kategorien überflüssig und die Rechtsfindung wesentlich erleichtert. Hieraus resultiert eine erhebliche Flexibilisierung des Begriffs der Vertragswidrigkeit.[314]

Erfreulicherweise wird auch auf Rechtsfolgenseite keine Differenzierung vorgenommen. Die Richtlinie regelt vielmehr einheitlich die dem Verbraucher bei Vorliegen einer Vertragswidrigkeit zustehenden Rechte.

Die Richtlinie enthält keine Regelungen bezüglich Rechtsmängeln oder der Auswirkungen der Einhaltung oder Nichteinhaltung öffentlich- rechtlicher Vorschriften auf die Mangelfreiheit der Sache.

2. Tatbestand der Vertragsgemäßheit gem. Art. 2 II VbrKfRil

Die Anlehnung des Art. 2 II a) – c) VbrKfRil an Art. 35 des Wiener UN- Kaufrechts und an die Produkthaftungs- Richtlinie vereinfacht die Auslegung des Art. 2 VbrKfRil erheblich.

Die vier Vermutungsregelungen gelten kumulativ, so dass die Kaufsache bei Erfüllung eines der Tatbestände des Art. 2 II VbrKfRil bereits vertragswidrig ist. Die Regelung ist nicht abdingbar, jedoch gilt diese Vermutung logischerweise nicht, wenn die Parteien konkrete andere Absprachen getroffen haben.

a) Vertragsgemäßheit gem. Art. 2 II a) VbrKfRil

Art. 2 VbrKfRil betrifft die Vertragsgemäßheit der Ware als haftungsauslösender Tatbestand.

Nach Art. 2 II a) VbrKfRil greift die Vermutungswirkung ein, wenn die Sache mit den von dem Verkäufer gegebenen Beschreibungen übereinstimmen und die Eigenschaften der vorgelegten Proben oder Muster aufweist.

Fraglich ist hier allerdings, wie der Begriff der „Beschreibungen" des Verkäufers auszulegen sein wird. Art. 35 II lit. c) CISG erbringt hier keine Lösung, da er lediglich den Kauf nach Probe regelt, der zweiter Bestandteil der Richtlinienregelung ist.

Als Auslegungshilfe wird hier sect. 13 SGA[315] vorgeschlagen, der die Festlegung wesentlicher Merkmale einer Warengattung vorsieht.[316]

---

312 *Raynard,* Rev. Trim. Dr. Civ., 2000, 440, 443

313 *Schlechtriem,* in: *Schack* (Hrsg.) Gedächtnisschrift für Alexander Lüderitz, München 2000, 675, 685

314 *Schwartze,* Europäische Sachmängelgewährleistung im Warenkauf, S. 624

315 britischer Sale of Goods Act

316 *Dickie,* J.B.L. 1997, 167, 169

Kircher, ZRP 1997, 290, 291

Allgemein ist jedoch darauf abzustellen, dass mit wachsender Objektivität von Verkäuferangaben auch die Wahrscheinlichkeit steigt, dass sich der Käufer eine bestimmte Vorstellung über die Eigenschaften des Produkts macht.[317]

b) Vertragsgemäßheit gem. Art. 2 II b) VbrKfRil

Gleiches gilt gem. Art. 2 II b) VbrKfRil, wenn sich die Sache für den vertraglich angestrebten und dem Verkäufer bekannten Zweck eignet.

Entgegen dem ursprünglichen Richtlinienvorschlag der Kommission unterliegt dieser Zweck nunmehr dem Konsens der Vertragsparteien und nicht nur den einseitig zum Ausdruck gebrachten Wünschen des Käufers und seinem dem Verkäufer entgegengebrachten Vertrauen.[318] Dies erfordert eine notfalls auch konkludente Zustimmung des Verkäufers, aber keine vertragliche Vereinbarung.[319]

Art. 35 II b) CISG regelt das Konsenserfordernis im Gegensatz zur Richtlinie aus Sicht des Käufers. Es wird darauf abgestellt, dass dieser aufgrund der gegebenen Umstände nicht auf das Vorliegen der infragestehenden Beschaffenheit der Sache vertrauen konnte.

Die Anlehnung der Richtlinie an diese Regelung bedeutete nach Ansicht von Kritikern einen überzogenen Schutz des Verbrauchers, der in seinen Auswirkungen für den Verkäufer deshalb nicht mehr zumutbar sei, weil dem Verkäufer einseitig Zweckbestimmungen aufgenötigt werden könnten.[320]

Diese Abweichung vom Wortlaut des Art. 35 II b) CISG schafft nach der Argumentation der Kritiker ein der Verhandlungssituation angemessenes Gleichgewicht zwischen den Parteien.[321]

Ob die Streichung eines klaren Vorteils für den Käufer jedoch auch die Herstellung eines angemessenen Interessenausgleichs bewirkt, erscheint indessen äußerst fraglich.

Denn bei genauerer Betrachtung der Regelung des Art. 35 II b) CISG im Vergleich zur Richtlinie wird der Käufer nun benachteiligt: Er hat nach Art. 35 II b) CISG lediglich zu beweisen, dass er den von ihm angestrebten Zweck zur Kenntnis des Verkäufers gebracht hat. Dieser wiederum hat die Pflicht, zu beweisen, dass der Käufer nicht auf seine Sachkenntnis vertrauen konnte.[322]

Art. 2 II b) VbrKfRil setzt dahingegen den Beweis des Käufers für den Umstand, dass er den Verkäufer von dem vorausgesetzten Zweck informiert hat und zusätzlich das Vorliegen der Zustimmung des Verkäufers voraus.

Diese Diskrepanz überrascht, denn der Normadressat des CISG kann im Vergleich zur Verbrauchsgüterkaufrichtlinie unschwer als weniger schutzwürdig angesehen werden.[323] Es handelt sich hierbei um den professionellen Warenanbieter, der sich besser

---

[317] *Faber*, JBl 1999, 413, 421

[318] Richtlinienvorschlag der Kommission, KOM (95), 520 endg., Erwägungsgrund 8

[319] *Lehr/ Wendel*, EWS 1999, 321, 322

[320] *Staudenmayer*, NJW 1999, 2393, 2394

[321] *Kircher*, ZRP 1997, 290, 292
Rieger, VuR 1999, 287, 288

[322] *Schwenzer*, in: *Schlechtriem*, Kommentar zum Einheitlichen UN- Kaufrecht – CISG-, zu Art. 35 Rn. 50
Aue, Mängelgewährleistung im UN- Kaufrecht unter besonderer Berücksichtigung Stillschweigen der Zusicherungen, 1989, S. 76

[323] *Staudenmayer*, ERPL 2000, 547, 552

im Geschäftsleben auskennt als der Verbraucher und aufgrund dessen auch nicht eines besonders starken Schutzes bedarf, weshalb von Stimmen in der Literatur auch immer wieder daraufhingewiesen wurde, dass die Normadressaten der Richtlinie und des CISG nicht gleichgestellt werden könnten.[324] Diese These wurde damit widerlegt, die Regelung des CISG wäre für den Verbraucher vorteilhafter gewesen.

Hintergrund dieser Regelung könnte die Intention des Gesetzgebers sein, dogmatisch strikt dem subjektiven Sachmangelbegriff zu folgen. Das Abstellen auf das Vorliegen von Umständen, die das Vertrauen des Käufers in die Sachkunde des Verkäufers begründet hätten, hätte den Sachmangelbegriff jedoch wieder verobjektiviert.

Mit der Implementierung des Zustimmungserfordernisses des Käufers wird dem entgegen auf eine Art von Vereinbarung, also ein subjektives Erfordernis für das Vorliegen eines Sachmangels rekurriert.[325]

c) Vertragsgemäßheit gem. Art. 2 II c) VbrKfRil

Art. 2 II c) VbrKfRil stellt auf den ersten Blick eher eine objektive, denn eine subjektive Komponente des Fehlerbegriffs dar. Voraussetzung der Vertragsgemäßheit der Kaufsache ist, dass sie sich für den gewöhnlichen Verwendungszweck eignet, für den Güter dieser Art bestimmt sind.

Handhabbar ist die Bestimmung jedoch nur unter der Prämisse, dass der Verkäufer eine vertragliche Abrede nachzuweisen hat, der zufolge sich das Verbrauchsgut für einen an sich üblichen und gewöhnlichen Zweck nicht zu eignen braucht.[326] Die subjektive Ausrichtung des Fehlerbegriffs ist somit gewahrt.

d) Vertragsgemäßheit gem. Art. 2 II d) VbrKfRil

aa) Inhalt der Regelung

Art. 2 II d) VbrKfRil bestimmt, dass die Ware nicht vertragsgemäß ist, wenn sie sich zum für diese Art von Gütern gewöhnlichen Gebrauch nicht eignet, der Verkäufer oder die anderen genannten Verkehrskreise dies aber in Werbung oder ähnlichem vorgegeben hat.

Über die Bedeutung dieser Regelung für den Mangelbegriff wurde schon nach Vorlage des Richtlinienvorschlages durch die Kommission gestritten.

Kritisiert wurde diese Regelung vor allem deshalb, weil die Schaffung eines zu extensiven Fehlerbegriffs befürchtet wurde.[327] Ähnlich wie auch bei der im deutschen Recht bestehenden Problematik der Abgrenzung von Werbeaussagen und Zusicherung, wird hier den Gerichten die Entscheidung aufgebürdet, ob dem Verkäufer die öffentliche Äußerung zugerechnet werden kann.[328]

Außerdem wurde als problematisch angesehen, dass der Verkäufer auch für von Dritten getätigte öffentlichen Aussagen einstehen sollte, dies käme der dem deutschen Schuldrecht fremden Verpflichtung Dritter gleich.[329]

Diese Regelung ist ein Überbleibsel einer ganz anderen Intention der Kommission: Ihr Anliegen war es, eine vertragliche Herstellerhaftung im Sinne einer „action directe"

[324] *Schlechtriem*, JZ 1997, 441, 444
[325] *Rieger*, VuR 1999, 287, 288
[326] *Rieger*, VuR 1999, 287, 288
[327] Rechtsausschuß des Bundesrates, Empfehlungsvorschlag, ZIP- aktuell 1996, Nr. 259, bei 2a
[328] *Schlechtriem*, JZ 1997, 441, 445
[329] *Kircher*, ZRP 1997, 290, 292

des Käufers gegen den Hersteller zu implementieren. Dieses aus dem romanischen Rechtskreis stammende Rechtsinstitut erschwert es dem Hersteller, sein Gewährleistungsrisiko auf seine Abnehmer abzuwälzen.[330]
Sie begründete ein solches Erfordernis damit, dass es nicht mehr heutigen Marktregeln und Produktionsprozessen entspreche, nur den Verkäufer für Sachmängel zur Verantwortung zu ziehen. Gerade dieser habe auf die Herstellung des von ihm verkauften Produkts gar keinen Einfluß und dies wisse auch der Verbraucher, weshalb er sein Vertrauen eher auf den Hersteller richte.[331]
Folglich würde eine Herstellerhaftung das Verantwortungsprinzip besser repräsentieren.[332]
Eine gemeinschaftliche Regelung scheiterte jedoch am Widerstand der Mitgliedstaaten, in deren Recht eine vertikale Sachmängelhaftung nicht vorgesehen ist.[333] Übrig ist nur noch die Einbeziehung der Herstelleraussagen in den Sachmangelbegriff.
Nach den Kritikern sei der Schutz des Verbrauchers in diesem Umfang außerdem nicht erforderlich, da auch ein naiver Verbraucher nicht davon ausgehe, der Verkäufer werde für die von ihm getätigten Werbeaussagen tatsächlich haften.[334]
Der Gefahr einer nicht zu rechtfertigenden Haftung des Verkäufers wird jedoch durch die Regelung des Art. 2 IV VbrKfRil vorgebeugt. Sie gibt dem Verkäufer die Chance, zu beweisen, dass ihm die öffentlichen Äußerungen nicht zurechenbar sind, um einer Haftung zu entgehen.
Hier wird allerdings zu klären sein, welche Anforderungen an den Beweis des Verkäufers zu stellen sind. Insbesondere hinsichtlich der Kausalität der öffentlichen Äußerung für die Kaufentscheidung des Verbrauchers werden Kriterien zu erarbeiten sein, die dieses Merkmal handhabbar machen. Andernfalls dürfte es dem Verkäufer höchstwahrscheinlich nicht gelingen, diesen Beweis zu erbringen und sich von einer Haftung zu befreien.
Grundsätzlich trägt diese Verantwortung des Letztverkäufers aber dem Umstand Rechnung, dass dieser in der Regel auch in hohem Maße von der Werbung des Herstellers profitiert, wofür letzter die Kosten trägt. Es handelt sich dabei somit um eine in der Sache angemessene Gefahrenverteilung.[335]
Von einem extensiven Fehlerbegriff kann in Anbetracht der klaren Vorgaben des Art. 2 IV VbrKfRil nicht die Rede sein. Auch ist die Wendung des Art. 2 II d) VbrKfRil nicht als allgemeines Gerechtigkeitsprinzip zu werten.[336]
Zunächst hat dieses Kriterium keine tiefere Bindung an den Verbraucherschutz. Vielmehr findet es sich auch in anderen nationalen und internationalen Kodifikationen. Es ist als Entlastungsmoment hinsichtlich des Willens der Vertragsparteien, „den perfek-

---

[330] Eine action directe findet sich im französischen, belgischen, luxemburgischen und spanischen Recht, KOM(93) 509 endg., Anhang I
[331] KOM(93) 509 endg., S. 110f.
[332] *Brüggemeier*, JZ 2000, 529, 532
Schnyder/ Straub, ZEuP 1996, 8, 48ff.
[333] *Lehmann*, JZ 2000, 280, 291
[334] *Kircher*, ZRP 1997, 290, 292
[335] *Dickie*, J.B.L. 1997, 167, 169
[336] so aber: *Micklitz*, ZEuP 1998, 253, 264

ten Vertrag" abzuschließen zu werten, denn es hilft bei der Auslegung der Interessen der Nachfragerseite.[337]

Außerdem bedeutet es einen enormen Fortschritt, endlich die Auswirkungen von Werbung auf die Kaufentscheidung des Verbrauchers geregelt zu wissen. Denn es wird kaum zu bestreiten sein, dass der Kauf einer Sache heutzutage in erheblichem Maße von Werbung beeinflusst ist.[338]

Diesem Umstand haben auch schon andere Mitgliedstaaten im Rahmen zivilrechtlicher Neukodifikationen in den letzten Jahren Rechnung getragen.[339] So sieht das niederländische Zivilgesetzbuch das Vorliegen einer Vertragswidrigkeit vor, wenn die Kaufsache nicht über Eigenschaften verfügt, die in öffentlichen Äußerungen des Verkäufers angepriesen wurden.[340]

Überaus nützlich ist die Bestimmung indessen für die Beschränkung der Sachmangelgewähr für gebrauchte Güter. Dadurch, dass die Vertragsgemäßheit anhand der Beschaffenheit der Sache und desjenigen, was der Verbraucher vernünftigerweise erwarten kann, zu bestimmen ist, kann der besondere Umstand, dass es sich nicht um ein neues, sondern schon benutztes Gut handelt, in angemessener Weise berücksichtigt werden.[341] Diese Definition macht eine Berücksichtigung des herabgesetzten Kaufpreises überflüssig und stellt klar, dass bei gebrauchten Gütern nicht grundsätzlich angenommen werden kann, der geminderte Preis resultiere aus der mangelnden Neuwertigkeit.[342]

bb) Durchbrechung des subjektiven Fehlerbegriffs der Richtlinie?

Umstritten war auch, ob es sich bei Art. 2 II d VbrKfRil um eine partielle Abkehr vom subjektiven Fehlerbegriff handelt.

α) Durchbrechung des subjektiven Fehlerbegriffs

So gab es einige Stimmen, die davon ausgingen, Art. 2 II d) VbrKfRil stelle eine objektive Komponente des Fehlerbegriffs dar, die den sonst subjektiven Fehlerbegriff verschärfen solle.[343]

Durch die öffentlichen Äußerungen der angesprochenen Personen werden bestimmte objektive oder verobjektivierbare Relationen von Preis und Qualität hergestellt. Es werde damit ein objektiver Qualitätsstandard gesetzt, der der Parteidisposition entzogen sei.[344]

Begründet wird diese Argumentation damit, dass die Kommission selbst im Grünbuch noch den Terminus der „berechtigten Erwartungen des Verbrauchers" verwendet habe,

---

337 *Roth*, in: *Schulte- Nölke/ Schulze*, Europäische Rechtsangleichung und nationale Privatrechte, 1999, 45, 61

338 *Lehmann*, JZ 2000, 280, 287
Staudenmayer, NJW 1999, 2393, 2394
Tonner, BB 1999, 1769, 1771

339 KOM(93) 509 endg., S. 38

340 BW Boek 7, Art. 17 (7.1.2.7), 18 (7.1.2.7a)

341 vgl. auch *Medicus*, ZIP 1996, 1925, 1930

342 *Trochu*, Dalloz, 2000, n° 7, Chroniques, 119, 121

343 *Lehmann*, JZ 2000, 280, 283
Schlechtriem, JZ 1997, 441, 445

344 *Schlechtriem*, JZ 1997, 441, 444

der in Anlehnung an den Fehlerbegriff der Produkthaftungsrichtlinie die objektive Rechtfertigung der subjektiven Erwartungen des Verbrauchers sicherstellen sollte.[345]
In der Endfassung der Richtlinie knüpft Art. 2 II d) VbrKfRil nicht mehr an die „berechtigten Erwartungen" des Käufers an, sondern an dasjenige, was er vernünftigerweise an Qualität und Leistung dieses Produkts erwarten kann.
Dennoch ist festzuhalten, dass auch die Kommission schon in ihren Ausführungen zum Grünbuch schlussfolgerte, dass der Begriff der „berechtigten Erwartungen" als ein dynamisches Konzept zu verstehen sei, was letztendlich wegen der Berücksichtigung von objektiven Kriterien der Produktpräsentation, das subjektive Kriterium der „Berechtigung" in ein objektives Kriterium umwandelt.[346]

β) Beibehaltung des subjektiven Fehlerbegriffs

Die Gegenansicht sieht in Art. 2 II d) VbrKfRil deshalb auch keine Abkehr von dem subjektiven Fehlerbegriff in der Richtlinie. Vielmehr könne auch Werbung des Herstellers oder Verkäufers Auswirkungen auf die Käufererwartungen bezüglich des Werts oder der Tauglichkeit der Kaufsache haben.[347]
Außerdem schränke Art. 2 IV VbrKfRil die Verkäuferhaftung für getätigte Aussagen derart ein, dass ein Schluss auf eine objektive Komponente des Fehlerbegriffs schlechterdings nicht möglich sei.[348] Auch im deutschen Recht, das den subjektiven Fehlerbegriff vertrete, sei von der Rechtsprechung bei Fehlen von eindeutigen herstellerseitig angekündigten Eigenschaften ein Mangel angenommen worden.[349]

χ) Stellungnahme

Die Entscheidung dieser Streitfrage bereitet einige Schwierigkeiten.
Für das Vorliegen einer objektiven Komponente spricht, dass die Regelung des Art. 2 II d) VbrKfRil zunächst darauf abstellt, dass die Sache eine Qualität bzw. Leistungen aufweisen muss, die für Güter dieser Art üblich sind. Dies sind Qualitätsmerkmale, die der Parteivereinbarung entzogen sind und deshalb auch kein subjektives Kriterium darstellen können. „Erwartungen" können vielmehr nur auf Dinge gerichtet sein, die nicht beeinflussbar und deshalb vorhersehbar - erwartbar - sind.
Erst nachrangig, nämlich „gegebenenfalls" ist auf öffentliche Äußerungen in Form der Werbung oder der Etikettierung des Verkäufers, Herstellers oder eines Vertreters abzustellen, wenn diese sich auf die Eigenschaften des Gutes beziehen.
Dieser Zusatz ist wohl eher dahingehend zu verstehen, dass die Kaufsache über objektive Qualitätsmerkmale verfügt, die von dem angesprochenen Personenkreis nur noch einmal hervorgehoben wird. Den betroffenen Äußerungen wird die Eignung zur Interpretationshilfe zuerkannt.

---

[345] *Micklitz,* EuZW 1997, 229, 231
[346] KOM (93) 509 endg., S. 110
[347] *Medicus,* ZIP 1996, 1925, 1926 (wobei dieser sich auf Art. 3 II des Richtlinienvorschlags der Kommission bezieht, der aber in Art. 2 IV ohne grundsätzliche inhaltliche Änderung Eingang gefunden hat.)
Schwenzer, in: *Schlechtriem* (Hrsg.), Kommentar zum Einheitlichen UN- Kaufrecht – CISG-, zu Art. 35 Rn.7, die dies für den nach Art. 35 I CISG zu bestimmenden Sachmangel bejaht, der nicht einmal explizit von den berechtigten Erwartungen des Verbrauchers spricht.
[348] *Medicus,* ZIP 1996, 1925, 1926f.
[349] *Schmidt- Räntsch,* ZEuP 1999, 295, 296

Genau dies stellt aber eine Parteivereinbarung der Kaufvertragsparteien dar. Der Verkäufer verbürgt sich für die Existenz der ohnehin schon angenommenen Eigenschaften. Die objektive Komponente wird demnach durch die Äußerungen des Verkäufers überlagert und zu einer Subjektiven.
Für die These, dass es sich auch bei Art. 2 II d) VbrKfRil um einen subjektiven Fehlerbegriff handelt, sprechen ferner die Entlastungsgründe des Art. 2 IV VbrKfRil. Weist der Verkäufer nämlich nach, dass er die betreffende Äußerung nicht kannte und vernünftigerweise auch keine Kenntnis haben konnte, die betreffende Äußerung zum Zeitpunkt des Vertragsschlusses berichtigt war oder dass die Kaufentscheidung nicht durch die betreffende Äußerung beeinflusst sein konnte, so haftet er für die Nichtübereinstimmung der Kaufsache nicht gem. Art. 2 II d) VbrKfRil. In all diesen Fällen ist der Verkäufer nicht für die Schaffung eines vertrauensbegründenden Tatbestandes verantwortlich und somit von einer Haftung befreit.
Auch der Wortlaut des Art. 2 IV VbrKfRil deutet hierauf hin, indem er davon spricht, dass der Verkäufer bei Vorliegen dieser Konstellationen nicht „gebunden" ist. Dies lässt darauf schließen, dass der Gemeinschaftsgesetzgeber von der Begründung einer Sacheigenschaft durch Willenserklärungen der Parteien ausging.

δ) Ergebnis

Auch die Vermutungsregelung des Art. 2 II d) VbrKfRil stellt keine Durchbrechung des subjektiven Fehlerbegriffs der Richtlinie dar.

3. „IKEA" - Klausel

Art. 2 V VbrKfRil beinhaltet eine Abkehr von der Vermutungsregelung des Art. 2 II VbrKfRil.
Gem. Art. 2 V S. 1 VbrKfRil liegt ebenfalls ein Sachmangel vor, wenn die Sache im Sinne von Art. 2 II VbrKfRil unbrauchbar wird, weil ihre Montage Bestandteil des Kaufvertrages war und vom Verkäufer oder unter seiner Anleitung fehlerhaft durchgeführt wurde.
Die Regelung findet ihren Ursprung darin, dass die Kommission zunächst die Aspekte des Kundendienstes ebenfalls in der Richtlinie regeln wollte, dessen Gegenstand die Montage, Reparatur und die Wartung der Kaufsache sein sollte.[350]
Hierdurch wurden vom Verkäufer im Verbund mit dem Kauf erbrachte Dienstleistungen als Verschlechterung der Sache nach Gefahrübergang den Regeln des Kaufrechts unterstellt und dadurch unabhängig von einem Verschulden des Verkäufers.[351]
Dies ist aufgrund der Schwierigkeiten in der Praxis, diese beiden Leistungen klar zu trennen und unter dem Aspekt des umfassenden Verbraucherschutzes gerechtfertigt.[352]
In Art. 2 V S. 2 VbrKfRil findet sich die „IKEA"- Klausel wieder, nach der auch dann eine Vertragswidrigkeit vorliegt, wenn die Sache fehlerhaft montiert wurde und eine fehlerhafte Montageanleitung zu diesem Ergebnis geführt hat.

---

[350] Richtlinienvorschlag der Kommission, ABl. C 307 (1996), S. 8, abgedruckt in: ZIP 1996, 1845, 1850

[351] vgl. auch *Ehmann/ Rust,* JZ 1999, 853, 856, die auch auf die verschuldensabhängige Haftung für Folgemangelschäden eingehen.

[352] *Micklitz,* EuZW 1997, 229, 232

Eine fehlerhafte Montageanleitung führt also dann zu einem Sachmangel, wenn sie für die fehlerhafte Montage ursächlich war. Dies bedeutet im Umkehrschluss, dass eine Montageanleitung vollkommen unkorrekt sein kann, ohne eine Mangelhaftigkeit des Verbrauchsguts zu begründen, wenn der montierende Verbraucher handwerklich genug begabt ist, diese Fehler nicht auf seine Montage zu übertragen. Sobald er das Erzeugnis allerdings an einen anderen weitergibt, etwa verschenkt, und dieser die Sache fehlerhaft zusammenbaut, liegt ein Mangel der Kaufsache vor.
Diese enge Auslegung führt zu folgendem Problem: Einerseits besteht das Vertragsverhältnis nur zwischen dem Verkäufer und dem Käufer. Dieser hat die Sache aber nicht fehlerhaft zusammengesetzt. Derjenige, der dies tat, ist aber nicht Vertragspartner und hat deshalb auch keinerlei Ansprüche gegen den Verkäufer.
Selbst eine weite Auslegung der Bestimmung dahingehend, dass die Kaufsache mangelhaft ist, wenn die fehlerhafte Montageanleitung in irgendeiner Weise zu einer mangelbehafteten Kaufsache geführt hat, egal durch wessen Montage, führt zu keiner befriedigenden Lösung des Problems.
Es wäre demnach sinnvoller, das Produkt schon dann als mangelhaft anzusehen, wenn ihm eine fehlerhafte Montageanleitung beigefügt ist und nicht erst, wenn diese tatsächlich zu Fehlern der Kaufsache geführt hat.[353]
Eine solche Auslegung gibt der Wortlaut aber nicht her. Auch die englische oder französische Fassung des Textes der Richtlinie ergeben kein anderes Resultat.[354]
Mit Hilfe einer teleologischen Auslegung kann jedoch das Resultat erzielt werden, dass das Produkt jedenfalls dann mangelhaft ist, wenn die Montageanleitung in einer Weise fehlerhaft ist, die zwangläufig zu Fehlern der Kaufsache iSv Art. 2 II VbrKfRil führen muss.[355] Hintergrund der Regelung war wohl die immer größere Verbreitung von zur Selbstmontage bestimmten Möbeln auf dem Markt und damit einhergehend ein stetig steigendes Schutzinteresse des Verbrauchers.
Auch im Falle einer mangelhaften Montageanleitung muss sich der Fehler bei anleitungsgetreuer Zusammensetzung der Kaufsache zwangsläufig in dieser realisieren.
Letztendlich finden sich Stimmen in der Literatur, die meinen, dass das Problem der mangelhaften Montageanleitung ebenso gut unter Art. 2 II d) VbrKfRil hätte subsumiert werden können, da ein Verbraucher eine fehlerfreie Montageanleitung vernünftigerweise erwarten könne.

---

[353] so auch: *Honsell*, JZ 2001, 278, 280

[354] Abgedruckt in: *Magnus*, Europäisches Schuldrecht- Verordnungen und Richtlinien, S. 389: „This shall apply equally if the product, intended to be installed by the consumer, is installed by the consumer and the incorrect installation is due to a shortcoming in the installation instructions" und S. 658: "Cette disoposition s´applique également lorsque le bien, destiné à l´installation par le consommateur, est installé par lui et que le montage défecteux est dû à une erreur des instructions de montage".

[355] Eine ähnliche Abwägung nimmt auch die deutsche Rechtsprechung hinsichtlich der Verjährung von Schadensersatzansprüchen des Bestellers wegen eines Werkmangels vor. Hier wird zwischen nahen und entfernteren Mangelfolgeschäden unterschieden. Ein naher und damit noch der Verjährung des Werkrechts unterfallender Mangelfolgeschaden liegt vor, wenn sich der Mangel in ihm verkörpert, vgl. ausführlich: *Larenz*, Lehrbuch des Schuldrechts, Bd. 2, Besonderer Teil, Halbbd. 1, S. 355ff.
vgl. auch: *Magnus*, „Die Verbrauchsgüterkauf- Richtlinie und das UN- Kaufrecht", in: *Grundmann/ Medicus/ Rolland*, Europäisches Kaufgewährleistungsrecht, 2000, 79, 88

4. Zeitpunkt des Vorliegens der Vertragswidrigkeit

Die Vertragswidrigkeit muss gem. Art. 3 I VbrKfRil bei Lieferung der Sache vorgelegen haben. Dies war in den meisten Rechtsordnungen der Gemeinschaft ohnehin Gang und Gäbe.[356]
Nach der hier getroffenen Bestimmung soll der Verbraucher den Zeitpunkt bestimmen können, an dem die Haftung für auftretende Mängel auf ihn übergeht.[357]
Erwägungsgrund 14 der Richtlinie offenbart überdies, dass es nicht Ziel der Gemeinschaft war, etwaig bestehende Regeln des Gefahrübergangs auf nationaler Ebene auszuhebeln.
Das bedeutet im konkreten Fall, dass abweichende nationale Regeln in Fällen des Gefahrübergangs oder des Versendungskaufs auch weiterhin zulässig bleiben[358], denn diese Fallgestaltungen sind von der Richtlinie, die laut ihrer Präambel nur bestimmte Rechte des Verbrauchers beim Kauf von Verbrauchsgütern regeln will, nicht erfasst.
Es ist jedoch nicht von der Hand zu weisen, dass hierdurch die nationalen Rechte, die auf andere Zeitpunkte bezüglich der Haftung abstellen, wie es zum Beispiel in Deutschland der Gefahrübergang ist, um einiges unübersichtlicher werden. Die Folge dieser Regelung ist nämlich, dass für die Frage, ob sich eine der Parteien im Verzug befindet oder auch was Schadensersatzansprüche des Käufers aufgrund eines mangelhaften Produktes betrifft, der Gefahrübergang entscheidend ist. Ob Mangelgewährleistungsansprüche bestehen, entscheidet sich dahingegen jedoch danach, ob zum Zeitpunkt der Lieferung der Sache schon ein Mangel bestanden hat.[359]

5. Beweislast für das Vorliegen der Vertragswidrigkeit

Art. 2 II VbrKfRil arbeitet mit einer Vermutungsregelung, diese Regelungstechnik stellt eine Beweislasterleichterung zugunsten des Verbrauchers dar, denn es wird vorrangig der Verkäufer verpflichtet, Beweis für die Mangelfreiheit der Sache anzutreten.[360]
Untermauert wird dieser Ansatz durch die Bestimmung des Art. 5 III VbrKfRil, der die Vermutung der Existenz des Mangels zur Zeit der Lieferung statuiert, wenn sich der Mangel innerhalb von 6 Monaten ab diesem Zeitpunkt zeigt. Es handelt sich hierbei um eine widerlegbare Vermutung.
Eingeschränkt wird dies durch den Passus, dass diese Vermutung „mit der Natur der Sache oder der Natur der Vertragswidrigkeit“ zu vereinbaren ist.
Auch diese Regelung war mannigfaltiger Kritik ausgesetzt, es wurde angeführt, dass es regelmäßig dem Käufer leichter fallen sollte, die Fehlerhaftigkeit zu beweisen, da sich die Sache ja schließlich in seiner Obhut befinde.[361] Es handele sich gerade nicht um einen der Produzenten- oder Arzthaftung vergleichbaren Fall, bei dem nicht be-

---

[356] KOM(93) 509 endg., S. 38
[357] *Micklitz*, EuZW 1997, 229, 232
[358] *Rieger*, VuR 1999, 287, 289
[359] *Thode*, ZfBR 2000, 363, 369f. mit besonderem Bezug zum Werkrecht.
[360] *Staudenmayer*, NJW 1999, 2393, 2394
[361] *Rieger*, VuR 1999, 287, 290

herrschbare oder undurchschaubare Geschehensabläufe vorliegen, so dass der Verbraucher um seines Schutzes willen einer Beweislastumkehr bedürfe.[362]
Genau diesen Gedanken verfolgte die Kommission wohl aber im Grünbuch: Eine derartige Regelung sei sinnvoll, weil es regelmäßig dem Verkäufer oder Hersteller leichter falle, zu beweisen, dass der Mangel nach dem Verkauf oder der Vermarktung aufgetreten ist. Auch werde von Verkäufern und Herstellern bereits im Rahmen der kommerziellen Garantie in dieser Weise verfahren.[363] Im übrigen werde diese Beweislastregelung in einigen Mitgliedstaaten, wie zum Beispiel Frankreich und Belgien schon durch die Rechtsprechung praktiziert.[364]
Allerdings kann dann in Frage gestellt werden, ob selbige Situation nicht auch später als sechs Monate nach Lieferung vorliegt. Diese Kritik lässt sich wohl nur mit Hilfe statistischer Überlegungen entkräften, nach denen die Wahrscheinlichkeit, dass der Mangel schon bei Lieferung vorgelegen hat, größer wird, je kürzer die Sache dem Käufer ausgesetzt war.[365]
Die Installation dieser Vermutungsregelung ist vor allem aber deshalb angemessen, weil sie den Käufer nicht von jeglicher Beweislast befreit, denn er hat immer noch das Vorliegen einer Vertragswidrigkeit und deren Auftreten innerhalb der ersten sechs Monate zu beweisen.
Außerdem ist eine Beschleunigung der Abwicklung von Leistungsstörungen, aufgrund der Anreizwirkung der Beweislastumkehr zu erwarten.[366]
Dies wurde auch im Richtlinienvorschlag beibehalten[367] und letztendlich in Art. 5 III VbrKfRil umgesetzt.
Eine andere Regelung würde auch nicht dem Anliegen der Richtlinie, ein hohes Verbraucherschutzniveau in der Gemeinschaft zu erreichen, gerecht werden.
Deshalb hat sich der Gemeinschaftsgesetzgeber für die vorliegende Bestimmung entschieden, die das Anliegen, den Verbraucher vorrangig zu privilegieren, zum Ausdruck bringt.[368]
Als Versuch, trotzdem einen sachgerechten Interessenausgleich zu gewährleisten stellt sich die Einschränkung der Vermutung dar.
Die Einschränkung der Vermutungswirkung nach Natur der Sache oder Vertragswidrigkeit soll dazu führen, daß der Käufer nicht übermäßig privilegiert wird.[369]
Hiergegen wird sicherlich nicht zu Unrecht angeführt, dass es sich bei dieser Einschränkung wieder einmal um eine sehr konturlose Wendung handelt, deren Auslegung zunächst einmal durch Wissenschaft und Rechtsprechung ausgeformt werden

---

[362] *Ehmann/ Rust,* JZ 1999, 853, 857
[363] KOM,(93) 509 endg., S. 116
[364] KOM(93) 509 endg., S. 38
vgl. auch: *Micklitz,* EuZW 1997, 229, 232
[365] *Gsell,* ERPL 1999, 151, 168
[366] *Schwartze,* ZEuP 2000, 554, 561
[367] vgl. Begründung zu Art. 3 III des Richtlinienvorschlags der Kommission, ABl. C 307 (1996), S. 8, abgedruckt in: JZ 1996, 1845, 1851
[368] einige Autoren weisen denn auch explizit darauf hin, dass sie diese Regeln nicht auf andere Vertragsverhältnisse als den Verbrauchsgüterkauf übertragbar halten: z.B.: *Ehmann/ Rust,* JZ 1999, 853, 857
[369] bejahend: *Medicus,* ZIP 1996, 1925, 1927

muß.[370] Das birgt allerdings auch wieder Gefahren für den Käufer, der eventuell erst auf eigenes Kostenrisiko prozessieren muß, um herauszufinden, ob die Einschränkung der Vermutungsregelung in seinem Fall nun Anwendung findet.
Dagegen spricht jedoch, dass es zur Konkretisierung dieser Vorschrift lediglich eines gesunden Menschenverstandes bedarf.
Handelt es sich um verderbliche Waren oder Abnutzungs- bzw. Verschleißmängel, so ist mit höchster Wahrscheinlichkeit davon auszugehen, dass es sich um Mängel handelt, die erst nach der Lieferung aufgetreten sind.
Mit Hilfe dieses Ausnahmetatbestands ist es auch möglich, die Gewährleistung für gebrauchte Güter einzuschränken, denn aufgrund dieser Vorschrift können nicht die Eigenschaften einer neuen Ware vermutet werden, vielmehr ist immer eine gewisse Abnutzung vorauszusetzen.[371]

II. Gewährleistungsrechte des Käufers

Art. 3 VbrKfRil regelt die Rechte des Käufers im Falle der Vertragswidrigkeit des gekauften Gutes.
Art. 3 II VbrKfRil räumt dem Käufer grundsätzlich das Recht auf unentgeltliche Herstellung des vertragsgemäßen Zustandes durch Nachlieferung oder Nachbesserung, das Recht auf Minderung des Kaufpreises oder auf Vertragsauflösung ein.
Bestimmungen hinsichtlich eines vertraglichen Schadensersatzanspruches wurden mit der Intention der Erfüllung des Subsidiaritätsgebots nicht getroffen, sondern liegen gem. Art. 8 I VbrKfRil im Regelungsermessen der nationalen Gesetzgeber.
Zum Teil wurde in Anlehnung an den US- amerikanischen UCC zusätzlich ein Zurückweisungsrecht des Käufers verlangt.[372]
Zwischen den drei Rechten besteht im Sinne der Richtlinie ein Stufenverhältnis. Zunächst muß der Verbraucher die Nachbesserung oder Nachlieferung, die in Art. 3 III, IV VbrKfRil geregelt ist, fordern.
Eine Minderung oder Vertragsauflösung kommt nach Art. 3 III VbrKfRil erst in Betracht, wenn die Nachbesserung oder Nachlieferung unmöglich oder unverhältnismäßig ist.
Die Regelung der Modalitäten der Gewährleistung des Käufers obliegt den nationalen Gesetzgebern.

1. Nacherfüllung

a) Nacherfüllungsanspruch als Ausdruck moderner Gesetzgebung

Insbesondere an Art. 3 III VbrKfRil wird deutlich, dass der Gemeinschaftsgesetzgeber sich nicht mehr am Stück-, sondern am Gattungskauf, der Ausdruck der Produktionsabläufe der modernen Industriegesellschaft ist, orientiert hat.[373]

---

370 *Ehmann/ Rust*, JZ 1999, 853, 857
371 *Staudenmayer*, NJW 1999, 2392, 2397
372 *Schnyder/ Straub*, ZEuP 1996, 8, 55
373 *Staudenmayer*, ERPL 2000, 547, 554

Nacherfüllungspflicht, als auch Nacherfüllungsrecht des Verkäufers sind als zentraler Rechtsbehelf der Richtlinie konzipiert, die Übrigen ihm gegenüber subsidiär.
Im Richtlinienvorschlag der Kommission standen die verschiedenen Gewährleistungsrechte des Verbrauchers zunächst nebeneinander.[374]
Eine Missbrauchsgefahr wurde von der Kommission in der Begründung ihres Richtlinienvorschlages jedoch ausdrücklich mit den Argumenten ausgeschlossen: Für den Fall, dass der Verbraucher innerhalb einer kurzen Frist ab dem Kauf die Erstattung des Kaufpreises verlangt, werde der zu erstattende Betrag dergestalt herabgesetzt, dass der Wertminderung Rechnung getragen werde. Des weiteren müsse der Verbraucher eine neue Sache als Ersatz für die zurückgegebene Sache käuflich erwerben. Nicht zuletzt sei die Verkaufspolitik „Zufrieden oder Geld zurück“ mittlerweile in vielen Branchen üblich und stelle für die Verkäufer kein ernstzunehmendes Haftungsrisiko dar.[375]
Dieser Ansatz hielt der Kritik des Parlaments und des Rates im Gesetzgebungsverfahren jedoch nicht stand.[376] Deshalb wurde schon im geänderten Richtlinienvorschlag der Kommission die nunmehr durchgesetzte Stufenlösung erwogen.[377]
Die Richtlinie geht jetzt davon aus, dass es in der heutigen Konsumgesellschaft den Interessen der Vertragsparteien eher entspricht, ein Verbrauchsgut auszutauschen oder zu reparieren, als den Kaufpreis zu mindern und dem Käufer damit ein mangelhaftes Produkt zu belassen oder den Kaufvertrag rückabzuwickeln. Die Reparatur oder Nachlieferung gewährleistet eine schnelle und effiziente Konfliktbewältigung, indem Käufer wie auch Verkäufer mit dem Austausch von Waren zufrieden gestellt werden und die Chance für die Fortführung der Geschäftsbeziehungen aufrechterhalten wird.[378]
Welchen Stellenwert die Nacherfüllung bereits im Wirtschaftsleben einnimmt, wird insbesondere daran deutlich, dass ein solches Recht in den meisten Kaufverträgen durch AGB oder Individualvereinbarung unter Abbedingung der Wandelung oder Minderung begründet wird.[379]
Hintergrund der Regelung ist zudem, dass Nachlieferung oder Nachbesserung als Gewährleistungsrechte des Käufers mit zunehmender Zeit für den Verkäufer im Hinblick auf die steigende Nutzungsdauer unvorteilhaft werden.[380]

---

[374] Art. 3 Abs. 4 des Richtlinienvorschlags der Kommission, ABl. C 307 (1996), S. 8, abgedruckt in: ZIP 1996, 1845, 1850

[375] vgl. Richtlinienvorschlag der Kommission, ABl. C 307 (1996), S. 8, abgedruckt in: ZIP 1996, 1845, 1851
kritisch auch: *Grynbaum,* CCC 2000, Chronique n° 7, S. 8, der die Frage aufwirft, warum der Käufer, der die ihm vertraglich geschuldete Leistung nicht erhält, auch noch nach dem anglo- amerikanischen Vorbild der „duty to mitigate“ gezwungen ist, die Folgen des erlittenen Schadens so gering wie möglich zu halten.

[376] vgl. Stellungnahme des Europäischen Parlaments v. 10.3.1998, ABl. C 104, (1998), 30, 36, Änderungsvorschlag 45

[377] Art. 3 III, IV, gemeinsamer Standpunkt, *abgedruckt in:* ZIP 1998, 889, 891

[378] *Ehmann/ Rust,* JZ 1999, 853, 859 sehen eher die Gefahr, dass der Verbraucherschutz dadurch ausgehöhlt wird, dass die Verkäufer zunächst einmal Güter schlechterer Qualität leisten, um abzuwarten, ob der Käufer überhaupt Gewährleistungsrechte geltend macht.

[379] *Staudenmayer,* NJW 1999, 2393, 2395

[380] Richtlinienvorschlag der Kommission, ABl. C 307 (1996), S. 8, abgedruckt in: ZIP 1996, 1845, 1851

b) Voraussetzungen des Nacherfüllungsanspruchs

Ein gerechter Ausgleich der widerstrebenden Interessen des Käufers und Verkäufers ist gem. Art. 3 III VbrKfRil dann nicht mehr gegeben, wenn die vom Verkäufer aufzuwendenden Kosten im Verhältnis zu einer alternativen Abhilfemöglichkeit nicht mehr als angemessen angesehen werden können. Diese Interessenabwägung ist sowohl hinsichtlich einer Nachlieferung als auch einer Nachbesserung anzustellen. Eine Nachbesserung erfordert gem. Art. 1 II f) VbrKfRil die Herstellung des vertragsgemäßen Zustands des Verbrauchsguts.

Art. 3 III VbrKfRil zählt hier exemplarisch den Wert des Verbrauchsguts ohne die Vertragswidrigkeit, die Bedeutung der Vertragswidrigkeit und die durch die Maßnahme entstehenden Unannehmlichkeiten des Käufers auf.[381] Diese Abwägung ist demnach größtenteils objektiv und bis auf die Unannehmlichkeiten des Käufers nicht aus der Sicht der Kaufvertragsparteien vorzunehmen.[382]

Die Auslegung dieser Ausnahmetatbestände wird Aufgabe der nationalen Gerichte oder des EuGH sein und diesen erhebliche Probleme bereiten.[383] Gerade hiervon hängt aber die Praktikabilität dieser Vorschrift ab.[384] Außer Frage steht allerdings, dass eine Nachlieferung unmöglich ist, wenn sie in Bezug auf ein Stückgut, wozu auch gebrauchte Sachen gehören, verlangt wird.[385]

Es besteht ein Wahlrecht des Käufers, welche Form der Nacherfüllung er begehrt. Es ist zwar dem Verkäufer anheimgestellt, Vorschläge zur Mangelbeseitigung zu unterbreiten, wodurch womöglich eine effizientere Behebung der Vertragswidrigkeit erreicht wird. Es bleibt jedoch dem Käufer überlassen, ob er auf die Vorschläge des Verkäufers eingeht.[386]

Hiergegen wurde erhebliche Kritik geäußert. Zugunsten einer Lösung, die dem Verkäufer die Entscheidung über die Art der Nacherfüllung überläßt, wurde angeführt, dass der Verkäufer regelmäßig besser einschätzen könne, wie die Vertragswidrigkeit am besten durch Nacherfüllung beseitigt werden kann.[387] Schließlich sei es ja auch er, der die Konsequenzen eines Fehlschlags der Nachbesserung zu tragen habe.[388] Die Einräumung eines Wahlrechts zu Gunsten des Käufers wurde sogar als übertriebener Käuferschutz bezeichnet.[389]

---

[381] aus der Sicht des Verkäufers betrachtet dies: *Schwartze*, Europäische Sachmängelgewährleistung im Warenkauf, S. 625, er will dem Käufer schon dann ein Nachbesserungsrecht versagen, wenn dieser die Reparatur der Sache selbst günstiger durchführen kann.

[382] *Thode*, ZfBR 2000, 363, 370

[383] Diese Abwägung kann sich nur nach allgemeinen Rechtsgrundsätzen wie „Treu und Glauben" richten, dessen Ausprägung auch die Handhabung des Nachbesserungsanspruchs im deutschen Werkrecht ist.

[384] *Ehmann/ Rust*, JZ 1999, 853, 858 befürchten, dass ein klares Regel-Ausnahme-Verhältnis zugunsten der Nacherfüllung nicht mehr feststellbar sein wird.

[385] *Schiller*, PHi 1999, 118, 123

[386] 12. Erwägungsgrund zur Richtlinie, ABl. L 171 (1999), S. 12, abgedruckt in: NJW 1999, 2421, 2421

[387] *Kircher*, ZRP 1997, 290,292
Ehmann/ Rust, JZ 1999, 853, 858

[388] *Medicus*, ZIP 1996, 1925, 1927

[389] *Schlechtriem*, JZ 1997, 441, 445

Zudem wurde die Gefahr des Missbrauchs dieses Wahlrechts durch den Käufer gesehen.[390] Dies könnte zum Beispiel dann der Fall sein, wenn bei fehlender Vertragsmäßigkeit eines Luxusgutes ebenso Nachlieferung gefordert werden könnte wie bei einem billigen Massenprodukt.[391]
Diese Einwände sind für sich genommen sicherlich berechtigt, dennoch berücksichtigen sie nicht die Ausgangslage, in der sich die Vertragsparteien befinden. Wenn man es recht betrachtet, so geht es um die Abwicklung einer Leistungsstörung, die der Verkäufer verursacht hat, dies sollte ihn gerade nicht berechtigen, zwischen den gesetzlichen Rechten der anderen Partei zu wählen.[392]
Die Nacherfüllung muß gem. Art. 3 III VbrKfRil ferner unentgeltlich für den Käufer sein. Was als „unentgeltlich" anzusehen ist, definiert Art. 3 IV VbrKfRil derart, dass dem Käufer durch die Nacherfüllung keine weiteren Kosten wie zum Beispiel Versand-, Arbeits- oder Materialkosten auferlegt werden dürfen.

2. Minderung und Vertragsauflösung

Minderung oder Vertragsauflösung kommen dann in Betracht, wenn weder ein Anspruch auf Nachlieferung noch auf Nachbesserung besteht, der Verkäufer innerhalb einer angemessenen Frist keine Abhilfe geschaffen hat oder eine Abhilfe seitens des Verkäufers erhebliche Unannehmlichkeiten für den Käufer begründen würde (Art. 3 V VbrKfRil).
Was eine angemessene Frist ist, definiert Art. 3 III VbrKfRil nicht, bemerkenswert ist allerdings, dass diese Frist augenscheinlich ohne Zutun des Käufers zu laufen beginnt.[393] An dieser Stelle wird demnach im Vergleich zum Einheitlichen UN- Kaufrecht eine vorteilhaftere Regelung zu Gunsten des Käufers getroffen. Art. 47 CISG fordert von diesem nämlich auch die Setzung einer angemessenen Nachfrist.
Die Verhandlungen der Vertragsparteien über die Art der Nacherfüllung werden in die angemessene Frist einzurechnen sein.[394]
Gem. Art. 3 IV VbrKfRil ist auf die Art des Verbrauchsguts sowie der Zweck, für den der Verbraucher das Verbrauchsgut benötigt, Rücksicht zu nehmen. Es ist jedoch unklar, ob sich dieser Passus auf die vorher erwähnten Unannehmlichkeiten des Verbrauchers bezieht oder auf die Angemessenheit der Frist. Aufgrund der kumulativen Verknüpfung dieser Voraussetzungen ist jedoch anzunehmen, dass sich die „Unannehmlichkeiten" auf beides beziehen.[395] Jedoch sind sie nicht als zweifache Konditionierung des Rechts anzusehen.[396]

---

[390] *Medicus,* ZIP 1996, 1925, 1927

[391] vgl. *Schmidt- Räntsch,* ZEuP 1999, 295, 295

[392] so auch: *Staudenmayer,* in: *Grundmann/ Medicus/ Rolland,* Europäisches Kaufgewährleistungsrecht, 2000, 27, 38
Dickie, J.B.L. 1997, 167, 169

[393] *Rieger,* VuR 1999, 287, 291, hebt hervor, dass dies auch im UN- Kaufrecht gem. Art. 47 I noch nicht einmal der Fall ist.

[394] Erwägungsgrund 18 der Richtlinie, ABl. L 171 (1999), S. 12, abgedruckt in: NJW 1999, 2421, 2422

[395] so auch: *Micklitz,* EuZW 1999, 485, 488, der ausdrücklich auf diese beiden Voraussetzungen eingeht

Art. 3 VI VbrKfRil schließt einen Anspruch auf Vertragsauflösung bei geringfügigen Vertragswidrigkeiten aus. Hieraus wird ersichtlich, dass auch der Gemeinschaftsgesetzgeber den sofortigen Rücktritt vom Vertrag nicht mehr für zeitgemäß hält. Es solle vielmehr auch aus ökonomischer Sicht darauf hingewirkt werden, dass der betreffende Kaufvertrag aufrecht erhalten bleibe.[397]
Folglich wurde die Vertragsauflösung unter die zweifache Bedingung der vorherigen erfolgslosen Nacherfüllung und der Erheblichkeit des Mangels gestellt. Außerdem können die Mitgliedstaaten eine Minderung der dem Verbraucher zu leistenden Erstattung vorsehen, um der Benutzung der Ware Rechnung zu tragen, wenn eine solche seit der Lieferung erfolgt ist.[398]
dass die Vertragsauflösung als Recht des Käufers aus den oben erwähnten Gründen nicht vollständig aufgegeben wurde, ist verbunden mit dem Gedanken, dass die Option des Käufers, diese letztendlich doch zu verlangen, ein Druckmittel für den Verbraucher darstellt, das zu mehr Effizienz der Nachbesserung und überdies eventuell auch schon Qualitätssteigerungen vor Abschluss des Kaufs führt.[399]
Aber auch die Minderung behält, ohne an spezifische Voraussetzungen gebunden zu sein, ihre selbständige Bedeutung neben Nacherfüllung und innerstaatlich geregelten Schadensersatzansprüchen. Denn sie erhält im Rahmen der Kompensation von Leistungsstörungen das vorgesehene Äquivalenzverhältnis des Vertrages aufrecht.[400]

III. Ausschlussgründe

Die Richtlinie trifft auch Regelungen für den Ausschluß der Haftung des Verkäufers. Als solche sind zu nennen die Verjährung der Ansprüche, bzw. ihre Verfristung, Verletzung einer eventuellen Rügeobliegenheit und die Kenntnis des Käufers vom Vorliegen der Vertragswidrigkeit. Der sonst mögliche vertragliche Ausschluß der Gewährleistung ist wegen des zwingenden Charakters der Bestimmungen der Richtlinie nicht direkt möglich oder unterfällt spezifischen Sonderregelungen der Richtlinie.

1. Verjährung

Gem. Art. 5 I 1 VbrKfRil haftet der Verkäufer nur, wenn sich die Vertragswidrigkeit zwei Jahre nach Lieferung des Verbrauchsgutes zeigt. Dies stellt eine materielle Ausschlussfrist dar, die nicht an die Geltendmachung von Gewährleistungsansprüchen vor Gericht gebunden ist.[401] Diese Frist gibt aber keinen Aufschluss darüber, wann der Käufer seine durch die Vertragswidrigkeit ausgelösten Gewährleistungsrechte geltend

---

vgl. auch: Mitteilung der Kommission v. 19.1.1999, KOM(99) 16 endg., S. 6
[396] *Staudenmayer*, ERPL 2000, 547, 556
[397] *Kircher*, ZRP 1997, 290, 292
Noch weitgehender: *Schwartze*, Europäische Sachmängelgewährleistung im Warenkauf, S. 626, der eine Vertragsaufhebung nur dann zulassen will, wenn kein anderer Rechtsbehelf kostengünstiger ist.
[398] Erwägungsgrund 15 der Richtlinie, ABl. L 171 (1999), S. 12, abgedruckt in: NJW 1999, 2124, 2121
[399] KOM(95), 520 endg., Kommentierung zu Art. 3 IV, S. 15
[400] *Schwartze*, Europäische Sachmängelgewährleistung im Warenkauf, S. 626f.
[401] *Faber*, JBl. 1999, 413, 429

zu machen hat. Zwar sah der ursprüngliche Kommissionsentwurf noch die zeitliche Begrenzung der Ersatzlieferung und der Vertragsauflösung auf ein Jahr vor[402], dies fand sich jedoch schon im geänderten Richtlinienvorschlag der Kommission nicht mehr wieder. Eine Klarstellung enthielt lediglich der gemeinsame Standpunkt des Rates, der in Art. 5 I 2 VbrKfRil festlegte, dass eine einzelstaatliche Verjährungsfrist nicht vor Ablauf eines Zeitraums von zwei Jahren ab Lieferung der Kaufsache enden dürfe.[403] Diese Regelung ist auch unverändert in den verabschiedeten Richtlinientext übernommen worden.

Art. 5 VbrKfRil enthält demnach sowohl die Frist, in der sich der Mangel zeigen muss (Art. 5 I 1), als auch eine Lösung für diejenigen Mitgliedstaaten, die nicht mit einer materiellen Ausschlussfrist, sondern mit der Verjährung von Gewährleistungsrechten arbeiten (Art. 5 I 2).[404] Diese Konzeption entspricht derjenigen der Produkthaftungsrichtlinie.[405]

Die parallele Bemessung der Fristen bedeutet jedoch, dass die materielle Ausschlussfrist gem. Art. 5 I 1 VbrKfRil dann ohne eigenes Gewicht bleibt, wenn eine Rechtsordnung nach zwei Jahren die Verjährung der Gewährleistungsansprüche des Käufers anordnet.[406] Etwas anderes könnte nur gelten, wenn die Verjährungsfrist dem in Art. 5 I 1 VbrKfRil genannten Zeitpunkt nachgeschaltet[407] gewesen wäre oder die Ergänzung dieser Frist bezüglich des Zutagetretens der Vertragswidrigkeit stattgefunden hätte.[408]

Im Gegenzug statuiert die Richtlinie auch keine Mindestverjährungsfrist von zwei Jahren, wenn in einem Mitgliedstaat keine Verjährungsfristen gelten, wie dies zum Beispiel in Frankreich, Belgien, den Niederlanden und Luxemburg der Fall ist. Die Differenzierung zwischen Gewährleistungs- und Verjährungsfrist, begründet aber dennoch einen angemessenen Ausgleich der Parteiinteressen.[409] Der Verkäufer weiß innerhalb von zwei Jahren, ob er Gewährleistungsansprüchen des Käufers nachzukommen haben wird und dem Käufer bleibt genügend Zeit, seine Rechte zu verfolgen.

Ein der Regelung anhaftender Nachteil ist jedoch zweifelsohne, dass der Ablauf der Verjährungsfrist bereits unmittelbar bevorstehen kann, wenn der Mangel entdeckt wird. Die Beschneidung der Rechte des Käufers in dieser Art und Weise erscheint unter dem Aspekt, dass für die Rechtsverfolgung eines früher entdeckten Mangels mehr Zeit zur Verfügung stehen soll, als für einen später entdeckten, nicht nachvollziehbar.[410] Hier wäre entweder eine längere Verjährungsfrist oder die Bindung der Verjährung an den Zeitpunkt der Entdeckung des Mangels die angemessenere Lösung gewesen.

---

402 Vgl. Art. 3 Abs. 4 Satz 2 des ursprünglichen Kommissionsentwurfs KOM(95) 520 endg., abgedruckt in: ZIP 1996, 1845, 1850

403 Ratsdok. 7896/98 v. 24.4.98 abgedruckt als gemeinsamer Standpunkt in: ZIP 1998, 889ff.

404 *Schmidt- Räntsch,* ZIP 1998, 849, 852

405 *Micklitz,* EuZW 1997, 229, 233

406 *Gsell,* ERPL 1999, 151, 159

407 *Schwartze,* Europäische Sachmängelgewährleistung im Warenkauf, S. 629

408 *Gsell,* ERPL 1999, 151, 159

409 *Schnyder/ Straub,* ZEuP 1996, 8, 63

410 *Gsell,* ERPL 1999, 151, 158

Die Festlegung der Verjährungsfrist von 2 Jahren erfolgte unter dem Eindruck der großen Bandbreite der nationalen Regelungen auf diesem Gebiet. Die Verjährungsfristen in der europäischen Union bewegen sich zwischen 6 Monaten und 30 Jahren.[411]
Hinsichtlich der Unterbrechung und Hemmung der Mängelerscheinungsfrist trifft die Richtlinie keine Regelungen. Die innerstaatlichen Rechtsvorschriften der Mitgliedstaaten können lediglich die Hemmung und Unterbrechung des Zeitraums, in dem Vertragswidrigkeiten zutage treten müssen, und die Verjährungsfrist vorsehen, wenn eine Nachbesserung, Ersatzlieferung oder Verhandlungen zwischen den Parteien über eine gütliche Regelung anstehen.[412]
Noch der ursprüngliche Kommissionsentwurf sah in Art. 4 II VbrKfRil vor, dass die in Art. 3 IV VbrKfRil implementierte Jahresfrist für Ersatzleistung und Vertragsauflösung durch eine binnen Monatsfrist erfolgte Anzeige der Vertragswidrigkeit an den Verkäufer unterbrochen wird. In der Begründung dieser Bestimmung erklärte die Kommission, dass ein Fehlen einer solchen Regelung das Erreichen einer die Gerichte entlastenden gütlichen Einigung zwischen den Vertragsparteien bewirken würde, weil der Käufer sich gezwungen sehe, seine Rechte vor Gericht geltend zu machen.[413] Auch der Richtlinienentwurf in der vom Parlament in erster Lesung gebilligten Fassung[414] sowie der geänderte Kommissionsvorschlag[415] sahen vor, dass die zweijährige Gewährleistungsfrist für das Offenbarwerden einer Vertragswidrigkeit nach erfolgter Ersatzleistung und für den behobenen Mangel auch bei Nachbesserung neu zu laufen beginnen sollte. Diese Frist sollte auch durch Mängelanzeige, die Inanspruchnahme eines außergerichtlichen Beschwerdesystems sowie durch Klageerhebung gehemmt werden.[416]
Aufgrund des Umstandes, dass diese Regelungen keinen Eingang in die Richtlinie gefunden haben, wird es durch die einzelstaatliche Regelungstätigkeit erneut zu Rechtszersplitterung und nicht zu Harmonisierung des europäischen Zivilrechts kommen und daher keinen Schutz des Verbrauchers, sondern erneute Rechtsunsicherheit nach sich ziehen.

2. Rügeobliegenheit

Die anfangs von der Kommission erwogene Anzeigepflicht des Käufers[417], wie sie in einigen Mitgliedstaaten[418] existiert und auch von Art. 39 I CISG vorgesehen ist, wurde indessen nicht durchgesetzt. Sie hätte nämlich die tatsächliche Feststellung und die

---

[411] KOM(93) 509 endg., S. 53ff.
[412] Erwägungsgrund 16 der Richtlinie, ABl. C 333 v. 30.10.1998, 47
Trochu, Dalloz, 2000, n° 7, 119, 122
[413] Begründung zu Art. 4 Abs. 2 des Richtlinienvorschlags der Kommission (KOM (95) 520 endg.), abgedruckt in: ZIP 1996, 1845, 1852
[414] Art. 3 Abs. 4 Unterabs. 2a Satz 2
[415] Art. 3 Abs. 5 Satz 2 des geänderten Kommissionsvorschlags, KOM(98) 217endg.
[416] Art. 5 des geänderten Kommissionsvorschlags u. Art. 3b der vom Europäischen Parlament in erster Lesung gebilligten Entwurfsfassung, ABl. C 307 (1996), S. 8
[417] Art. 4 des Richtlinienvorschlags der Kommission (KOM(95) 520 endg.), abgedruckt in: ZIP 1996, 1845, 1851
[418] Dänemark, Schweden, Finnland, Italien, Luxemburg, Niederlande, Portugal

Möglichkeit der Feststellung in der gesetzten Frist gleichgestellt und damit faktisch ein Untersuchungs- und Rügepflicht des Verbrauchers begründet.[419] Die Streichung des Rügeerfordernisses geht zurück auf eine Initiative des Europäischen Parlaments, das den angestrebten Schutz des Verbrauchers nicht ausreichend gewährleistet sah. Nach anderer Ansicht hätte eine Rügeobliegenheit jedoch zur Ausgewogenheit der Verbraucher- und Verkäuferinteressen geführt, da sie ein Gegengewicht zur Ausweitung der Haftungsdauer des Verkäufers geboten hätte.[420] Auch sei im medialen Zeitalter nicht davon auszugehen, dass es unmöglich sei, die betroffenen Verkehrskreise hinreichend darüber zu informieren, dass eine solche Rügepflicht besteht.[421] Diese Verpflichtung ergibt sich für die nationalen Gesetzgeber sowieso aus Art. 9 VbrKfRil, wobei hier im Hinblick auf Art. 11 I VbrKfRil nicht nur die Veröffentlichung in den offiziellen Gesetzblättern gemeint sein kann.[422]
Es wurde den Mitgliedstaaten stattdessen nur gem. Art. 5 II VbrKfRil eine Option eingeräumt, eine Anzeigeobliegenheit des Käufers zu statuieren. Eine zum Verlust der Gewährleistungsrechte führende Verletzung dieser Obliegenheit läge dann vor, wenn der Käufer innerhalb von zwei Monaten nach Feststellung des Mangels nicht die Wahrnehmung seiner Rechte anzeigt. Dies sollte eine effizientere und schnellere Abwicklung von Vertragsstörungen bewirken.[423] Die Mitgliedstaaten haben die Kommission gem. Art. 5 II 2 VbrKfRil davon in Kenntnis zu setzen, wenn sie eine Rügeobliegenheit statuieren. Dies soll der besseren Evaluation der Folgen der Obliegenheit für den Verbraucher dienen (Art. 5 II 3 VbrKfRil).
Diese Regelung wurde von der Kommission, die sich dem Votum des Rates beugen musste, der sich auf keine endgültige Streichung oder Beibehaltung einigen konnte, als schlechteste aller Lösungen bezeichnet, weil sie das Anliegen der Richtlinie, den Binnenmarkt zu harmonisieren geradezu durchkreuzt.[424]

3. Kenntnis der Vertragswidrigkeit des Verbrauchers

a) Statuierung einer Untersuchungs- und Rügeobliegenheit?

Art. 2 III VbrKfRil statuiert dem entgegen keine Untersuchungs- und Rügepflicht.[425] Er stellt lediglich klar, dass dem Käufer keine Gewährleistungsrechte zustehen, wenn er die Vertragswidrigkeit zum Zeitpunkt des Vertragsschlusses kannte oder vernünftigerweise nicht in Unkenntnis hierüber sein konnte. Gleiches gilt, wenn die Vertragswidrigkeit auf einen von ihm gelieferten Stoff zurückzuführen ist.
Fraglich ist allein, ob dies wirklich als ein Gewährleistungsausschluss im eigentlichen Sinne zu qualifizieren ist oder das gelieferte Gut als solches schon gar nicht mehr vertragswidrig ist.

---

[419] *Kircher,* ZRP 1997, 290, 293
[420] *Schlechtriem,* in: *Schack* (Hrsg.) Gedächtnisschrift für Alexander Lüderitz, 2000, 675, 692
[421] *Gsell,* ERPL 1999, 151, 164
[422] *Staudenmayer,* ERPL 2000, 547, 563
[423] *Schiller,* PHi 1999, 118, 125
[424] Mitteilung der Kommission über den Gemeinsamen Standpunkt v. 25.9.1998, SEK(1999) 1553 endg., S. 8
[425] so auch: *Rieger,* VuR 1999, 287, 290

Der Wortlaut des Art. 2 III VbrKfRil lässt auf letzteres schließen. Zieht man in Betracht, dass die Richtlinie streng dem subjektiven Fehlerbegriff folgt, so liegt der Gedanke nahe, dass der Mangel der Kaufsache durch das Wissen des Käufers als Beschaffenheitsmerkmal der Sache Gegenstand des Konsenses geworden ist.[426]
Hiergegen spricht allerdings, dass Inhalt eines Konsenses nur solche Tatbestände sein können, die verhandelt, also beiden Parteien bekannt sind. Art. 2 III VbrKfRil verliert kein Wort darüber, welchen Wissensstand der Verkäufer in dieser Angelegenheit hat. In der Regel ist davon auszugehen, dass der Verkäufer nicht weiß, dass sein Vertragspartner Kenntnis vom Bestehen eines Mangels hat. Insofern kann dieser auch nicht konkludent Gegenstand der Parteivereinbarung gewesen sein.
Allerdings ist dies wohl auch nicht zwingend erforderlich, da der Käufer in diesem Fall einseitig die Ware als vertragsgemäß anerkennt, was für den Verkäufer lediglich vorteilhaft ist.[427] Die Gewährleistungspflicht des Verkäufers ist deshalb schon von Beginn an ausgeschlossen, weil die von ihm gelieferte Ware nicht vertragswidrig ist.

b) Sorgfaltsmaßstab iSv Art. 2 III VbrKfRil

Klärung bedarf allerdings die Frage, was für Anforderungen an den Käufer zu stellen sind, wenn davon ausgegangen wird, dass er „vernünftigerweise" nicht in Unkenntnis über die Vertragswidrigkeit sein konnte.
Ausgehend von dem Leitbild des „verständigen Verbrauchers", dem eigen ist, dass er sich im Rechtsverkehr „vernünftig" verhält, ist der Wortlaut dahingehend auszulegen, dass die Vertragswidrigkeit der Kaufsache ohne das Erfordernis übermäßiger Anstrengungen von dem Käufer entdeckt werden konnte.
Dieses Ergebnis ergibt sich auch bei einem Blick in die Begründung des Richtlinienvorschlages der Kommission. Danach soll ein Gewährleistungsausschluß nur dann vorliegen, wenn die Kaufsache an offenkundigen Mängeln leidet.[428]
Fraglich ist allein, ob es sich um einfache oder grobe Fahrlässigkeit handelt. Dies ist auch bei Art. 35 III CISG umstritten.[429] Letztendlich wird man jedoch annehmen müssen, dass die Gewährleistung des Verkäufers lediglich dann ausgeschlossen sein sollte, wenn dem Käufer sich die Mängel regelrecht aufdrängen mussten. Hierfür sprechen insbesondere zwei Gründe: Es wird keine Untersuchungspflicht des Käufers statuiert, somit auch nicht von ihm gefordert, sich besonders bei Annahme der Sache vorzusehen.
Des Weiteren geht die Richtlinie, wie bereits erörtert, bei einem Verbrauchsgut von einem Massenprodukt aus. Beim Kauf eines solchen entspricht es dem Lebenssachverhalt, dass der Käufer der Vertragsmäßigkeit keine besondere Aufmerksamkeit schenkt, wenn die Sache in seinen Machtbereich gelangt, sondern erst dann, wenn er

---

426 vgl. die Begründung der Kommission zu Art. 3 I des Richtlinienvorschlages, abgedruckt in: ZIP 1996, 1845, 1850f.
427 vgl. Begründung der Kommission zu Art. 3 I des Richtlinienvorschlages, abgedruckt in: ZIP 1996, 1845, 1851
Medicus, ZIP 1996, 1925, 1930
428 Begründung der Kommission zu Art. 3 I des Richtlinienvorschlages, abgedruckt in: ZIP 1996, 1845, 1850
429 *Salger*, in: *Witz/ Salger/ Lorenz* (Hrsg.), Interantionales Einheitliches Kaufrecht, Art. 35 Rn. 14 mwN

sie verbraucht oder benutzt. Aus diesem Grunde sollte die Unkenntnis vom Mangel dem Käufer nur dann schaden, wenn er die mangelbehaftete Sache sehenden Auges angenommen hat, ohne ihre Vertragswidrigkeit zu rügen.[430]
Es handelt sich hierbei somit um einen Gewährleistungsausschluß für grob fahrlässige Unkenntnis des Verbrauchers.[431]
Beim Kauf eines gebrauchten Gutes ist über Art. 2 III VbrKfRil ebenfalls eine Einschränkung der Gewährleistungspflicht des Verkäufers möglich. Es ist anzunehmen, dass ein Verbraucher beim Kauf einer gebrauchten Sache nach der allgemeinen Verkehrsauffassung nicht über die Mängel, die bei einer gebrauchten Sache zu erwarten sind, in Unkenntnis sein kann.[432]

4. Unabdingbarkeit der gesetzlichen Sachmängelhaftung

Im Übrigen können die Rechte des Käufers gem. Art. 7 I VbrKfRil nicht abbedungen werden, auch für gebrauchte Güter ist dies nicht möglich, es kann lediglich eine kürzere Gewährleistungsfrist implementiert werden. Aber auch sie muss gem. Art. 7 I VbrKfRil, letzter Satz, mindestens ein Jahr betragen.
Des weiteren sieht Art. 7 II VbrKfRil vor, dass auch durch eine Rechtswahlklausel der Schutz des Käufers nicht umgangen werden kann, wenn der Kaufvertrag einen engen Zusammenhang mit dem Gebiet der Mitgliedstaaten aufweist.[433] Damit schränkt die Bestimmung die international- privatrechtliche Parteiautonomie ein. Es handelt sich dabei um eine Konkretisierung des Art. 7 I des Römischen Schuldvertragsübereinkommens.[434]
Gleichzeitig setzt sie die Regelungsweise des Gemeinschaftsgesetzgebers fort, Verbraucherschutzrichtlinien mit einseitigen Kollisionsnormen zu versehen.[435]

IV. Rückgriff des Verkäufers

Art. 4 VbrKfRil proklamiert das Erfordernis eines Rückgriffrechts des Verkäufers gegen Verkäufer innerhalb derselben Vertragskette oder gegen eine andere Zwischenperson, wenn er seinem Käufer aufgrund einer Vertragswidrigkeit Gewähr zu leisten hatte.
Eigentlich wollte die Kommission eine vertragliche Herstellerhaftung für Sachmängel einführen, was aus den bereits erwähnten Gründen scheiterte. Aber dennoch sollte das

---

430 noch weitgehender: *Schwartze,* Europäische Sachmangelgewährleistung im Warenkauf, S. 625, der fordert, dass auch der Verkäufer den Mangel hätte ebenso leicht erkennen können. Wovon allerdings eine Rückausnahme zu machen sei, wenn der Verkäufer eine Zusicherung abgegeben hat oder den Mangel ebenfalls kannte.
431 *Schwartze,* ZEuP 2000, 544, 563
Faber, JBl 1999, 413, 425
432 *Medicus,* ZIP 1996, 1925, 1929
433 *Staudenmayer,* in: *Schulte- Nölke/ Schulze,* Europäische Rechtsangleichung und nationale Privatrechte, 1999, 63, 69f. ist der Ansicht, der Begriff „enger Zusammenhang" sei weit auszulegen und belasse den Mitgliedstaaten daher einen weiten Regelungsspielraum.
434 *Schlechtriem,* in: *Schack* (Hrsg.) Gedächtnisschrift für Alexander Lüderitz, 2000, 675, 695
435 *Jayme/ Kohler,* IPRax 1999, 401, 412

Anliegen, kleine und mittlere Unternehmen, die in der Regel hauptsächlich für Sachmängel zur Verantwortung gezogen werden, ebenfalls ein gewisses Schutzniveau zukommen zu lassen, nicht gänzlich unverwirklicht bleiben.[436]

Im Hinblick darauf wurde die Rechtsposition des Letztverkäufers dadurch gestärkt, dass er nunmehr innerhalb derselben Vertragskette einen anderen für die Vertragswidrigkeit Verantwortlichen in Anspruch nehmen können muss. Der Regress soll nach Ansicht der Kommission nicht entlang der Vertragskette stattfinden, da dann das Risiko der Haftung für einen Sachmangel an einem nicht verantwortlichen Glied der Kette hängen bleiben könne.[437]

Das führt unter dem Aspekt, dass der Letztverkäufer nicht mehr das Insolvenzrisiko seines Vertragspartners zu tragen hat, zu seiner Besserstellung. Dies ist rechtspolitisch durchaus kritikwürdig.[438]

Von der These ausgehend, dass hier „die Kleinen" als letztes Glied in der Absatzkette gegenüber den Herstellern, die im Vergleich zu ihnen häufig als „global players" in Erscheinung treten, geschützt werden sollen, ist nicht einzusehen, warum hier das Insolvenzrisiko auszuschalten ist, wo doch sowieso davon auszugehen ist, dass es sich um solvente Vertragspartner handelt.

In den Erwägungsgründen der Richtlinie wird zwar ausdrücklich darauf hingewiesen, dass die Relativität der Schuldverhältnisse nicht beeinträchtigt werden soll.[439] Dass Art. 4 VbrKfRil dieses Anliegen einhält, ist letztendlich nur darauf zurückzuführen, dass es sich bei der Haftung der Verkäufer in der Vertragskette in der Sache um eine gesetzliche Schadensersatzhaftung für außervertragliches Fehlverhalten handelt.[440]

Die Modalitäten des Rückgriffsanspruchs sollen von den nationalen Gesetzgebern geregelt werden.

Soll der Regress des Letztverkäufers in irgendeiner Weise Regelungsgehalt zukommen, ist Art. 4 VbrKfRil so auszulegen, dass die einzelstaatlich zu regelnde Rückgriffsmöglichkeit so lange besteht, wie dem Verkäufer selbst eine Inanspruchnahme durch den Verbraucher droht.[441]

Allerdings ist auch hier aufgrund der mangelnden Konsensfähigkeit des Regelungsgegenstands mit einer zukünftigen Rechtszersplitterung innerhalb der Gemeinschaft zu rechnen. Wie bereits erwähnt, gibt es in den romanischen, aber durchaus auch in einigen skandinavischen Rechtsordnungen bereits eine „action directe". Eine einheitliche Rechtsgestaltung in diesem Sinne wird jedoch nicht zu erwarten sein, da es sonst nicht zu einer ablehnenden Haltung einiger Mitgliedstaaten im Rat gekommen wäre.

Des Weiteren stellt sich das Problem, dass der regressberechtigte Verkäufer nicht in den Regelungsbereich der Richtlinie fällt und daher auch nicht von der Unabdingbarkeit der Bestimmungen über den Verbrauchsgüterkauf gem. Art. 7 VbrKfRil profitie-

---

[436] *Staudenmayer,* ERPL 2000, 547, 559

[437] KOM(93) 509 endg., S. 110ff.
so auch: *Lehmann,* JZ 2000, 280, 290

[438] dieser Ansicht sind auch: *Ernst/ Gsell,* JZ 2000, 1410, 1425

[439] Erwägungsgrund 9 der Richtlinie, ABl. L 171 (1999), S. 12, abgedruckt in: NJW 1999, 2421, 2421

[440] *Ernst/ Gsell,* ZIP 2000, 1410, 1424

[441] *Ernst/ Gsell,* ZIP 2000, 1410, 1423

ren kann.[442] Daher ist es bei einem durch den nationalen Gesetzgeber ausgestalteten Rückgriff des Verkäufers möglich, einen solchen durch Parteivereinbarung von vornherein auszuschließen.[443]

V. Kommerzielle Garantien

Die Richtlinie regelt in Art. 6 vertragliche Garantien, die neben die allgemeinen Gewährleistungspflichten des Verkäufers oder Warenherstellers treten können.
Zielsetzung der Richtlinie ist es in diesem Zusammenhang, den Garantiegeber seinen Haftungserklärungen und Werbeaussagen entsprechend zu binden. Hieraus resultiert ein der Arglisthaftung des § 463 BGB a.F. des Verkäufers ähnlicher Schutz des Käufers, da die Garantiehaftung des Verkäufers darauf gerichtet ist, den Käufer so zu stellen, wie er bei Einhaltung der von dem Verkäufer getätigten Garantiezusage gestanden hätte.[444] Sie richtet sich demnach nicht nur darauf, wie der Verbraucher bei Kenntnis des wahren Garantieumfangs stünde. Der Vorschrift kommt damit eine gewisse Straffunktion zu.[445] Eine rechtliche Einordnung der Garantie als Vertrag oder als einseitige Zusage ist damit nicht verbunden.[446] Das Recht der Mitgliedstaaten wird insoweit nicht angetastet.[447]
Die Einbeziehung der Werbung hat den Hintergrund, dass der Inhalt einer kommerziellen Garantie dem Verbraucher vor Vertragsschluß in der Regel nur aus der Werbung bekannt ist und deshalb auf die dort gemachten Angaben auch vertrauen können muss.[448] Das Vertrauen auf Werbeangaben soll nach Sinn und Zweck der Vorschrift sogar Vorrang vor schriftlichen anders lautenden Garantieerklärungen haben.[449] Dies bedeutet jedoch nicht, dass allein Werbeaussagen schon eine Garantie beinhalten, auch Gebrauchsanweisungen sind nicht hierunter zu subsumieren.[450]
Die Garantieerklärung muss den Formvorschriften des Art. 6 II VbrKfRil entsprechen, also den Hinweis enthalten, dass die gesetzlichen Gewährleistungsrechte des Käufers durch die Garantie nicht berührt werden, außerdem muss sie in einfachen und verständlichen Formulierungen gehalten sein.
Gem. Art. 6 III VbrKfRil muss dem Käufer auf Wunsch die Garantieerklärung schriftlich oder auf einem beständigen Datenträger zur Verfügung gestellt werden.[451] Werden diese Formvorschriften nicht eingehalten, so wird die Wirksamkeit der Garantie hier-

[442] *Faber,* JBl 1999, 413, 429
[443] *Micklitz,* EuZW 1999, 485, 487
[444] *Lehmann/ Dürrschmidt,* GRUR 1997, 549, 553
[445] *Ehmann/Rust,* JZ 1999, 853, 863
[446] *Micklitz,* EuZW 1997, 229, 234
[447] KOM(95) 520 endg., Kommentierung zu Art. 5, S. 16
[448] KOM(95) 520 endg., Kommentierung zu Art. 5, S. 16
[449] *Lehmann/ Dürrschmidt,* GRUR 1997, 549, 553
a.A.: *Medicus,* ZIP 1996, 1925, 1929
ebenfalls kritisch: *Schiller,* PHi 1999, 118, 127
[450] *Lehr/ Wendel,* EWS 1999, 321, 326
[451] *Grynbaum,* CCC, 2000, Chronique n° 7, S. 5 wendet ein, dass dies bei Internetgeschäften schwierig zu realisieren sein wird

durch jedoch nicht beeinträchtigt. Es handelt sich hierbei folglich nur um verhaltenssteuernde ordnungspolitische Gebote.[452]

Art. 6 IV VbrKfRil räumt den Mitgliedstaaten die Option ein, festzulegen, in welchen Amtssprachen der Gemeinschaft die Garantieerklärung abgefasst werden kann.[453]

Diese Regelungen sind Ergebnis des Kräftemessens mit der europäischen Wirtschaft. Noch im Grünbuch verfolgte die Kommission ein engagiertes Regelungskonzept, das den wettbewerbsanreizenden Einfluß von kommerziellen Garantien verstärken und dadurch Vorteile für den Verbraucher und die Weiterentwicklung des Binnenmarktes begründen sollte.

Es wurden im Rahmen dieser Zielsetzung drei Regelungskonzepte vorgeschlagen: Die einheitliche Reglementierungslösung, die voluntaristische Lösung und die gemischte Lösung.[454]

Die einheitliche Reglementierungslösung zielte darauf ab, eine verbindliche gemeinschaftliche Rechtsordnung für die kommerzielle Garantie zu schaffen. Dies würde allerdings den kleinen und mittleren Unternehmen, die prozentual den größten Anteil von Wirtschaftsunternehmen ausmachen, große Schwierigkeiten bereiten.[455] Diese richten sich höchstens auf einige Mitgliedstaaten aus, weshalb eine Sicherstellung eines gemeinschaftsweiten Garantiesystems einen enormen logistischen und wirtschaftlichen Aufwand bedeuten würde.[456]

Die voluntaristische Lösung strebte keine zwingende gemeinschaftliche Regelung an, sondern verfolgte den Ansatz, dass ein freiwilliges System entweder im Sinne eines Gütesiegels bzw. einer Schutzmarke oder durch selbstdisziplinäre Maßnahmen in Form von Verhaltenscodices auf Gemeinschaftsebene zustande kommen sollte.[457]

Nachteil einer solchen Lösung ist zweifelsohne die mangelnde Überprüfbarkeit der freiwilligen Selbstkontrolle der Unternehmen. Um eine solche effizient zu gestalten, bedarf es letztendlich staatlicher Bürokratie.[458]

Nach der gemischten Lösung sollten zwar verbindliche gemeinschaftsrechtliche Regelungen hinsichtlich der Handelspraktiken im Zusammenhang mit der Garantie, wie zum Beispiel ihre Rechtsnatur, Form, konkrete Anwendung, etc. erlassen werden. Gleichzeitig sollte auch der Grundsatz verankert werden, dass die Werbung mit Garantien als Bestandteil der Garantiebescheinigungen gilt und der Werbungtreibende dem einzelnen Verbraucher gegenüber unmittelbar haftbar ist.

Diese sollten aber durch freiwillige selbstdisziplinäre Maßnahmen ergänzt werden, welche die Marktbeteiligten dazu veranlassen sollte, vollständigere und klarere Garantieunterlagen zu verwenden und gleichzeitig verhindern, dass Lücken in diesen Unterlagen zum Zwecke eines Haftungsausschlusses genutzt werden.[459] Als eine „europäi-

---

[452] *Ehmann/ Rust*, JZ 1999, 853, 863

[453] diese Klausel fand ihren Ursprung in Art. 13a der Lebensmittelkennzeichnungs- Richtlinie 79/ 112/ EWG, *Staudenmayer*, NJW 1999, 2393, 2396

[454] KOM(93) 509 endg., S. 120

[455] Stellungnahme des Wirtschafts- und Sozialausschusses v. 1.6.1994, ABl. C 295 (1994), 14, 16

[456] KOM(93) 509 endg., S. 120

[457] KOM(93) 509 endg., S. 121

[458] KOM(93) 509 endg., S. 127

[459] KOM(93) 509 endg., S. 123

sche Garantie“ in diesem Sinne könnten deshalb nur Systeme gelten, die eine Anwendung einheitlicher Garantiebedingungen in allen Mitgliedstaaten für Waren gleicher Art und derselben Marke und zudem die Möglichkeit, die Garantie in gleich welchem Mitgliedstaat in Anspruch zu nehmen, vorsehen.[460] Hierbei ist nach der Meinung der Kommission nicht erforderlich, dass die Hersteller ihre Waren in allen Mitgliedstaaten vertreiben oder niedergelassen sein müssen. Es genüge vielmehr, wenn ein System angeboten werde, das es dem Verbraucher erlaubt, die Garantie in Anspruch zu nehmen.[461]

Zur Förderung solcher Garantien sind nach Ansicht der Kommission auch die Schaffung eines Warenzeichens oder einer geschützten Bezeichnung sowie das Verbot jeglicher Bezeichnungen oder Behauptungen, die mit der „Eurogarantie“ verwechselt werden können, erforderlich.[462] Nachteilig an dieser Lösung ist allerdings wieder der Umstand, dass es zu einer effiktiven Gewährleistung dieses Anliegens bürokratischer Strukturen bedarf.

Die nunmehr in der Richtlinie getroffene Regelung verwirklicht keines dieser Konzepte vollständig. Es findet sich vielmehr nur ein Skelett der einheitlichen Reglementierungs- und der gemischten Lösung.[463] Es werden einige Bestimmungen hinsichtlich der Form der Garantie und ähnliches getroffen, diese weisen allerdings auch nur ordnungspolitischen Charakter auf. Bestimmungen zur Implementierung einer „Eurogarantie“ fehlen indessen völlig. So ist auch in Zukunft keine in allen Mitgliedstaaten einlösbare kommerzielle Garantie in Sicht.

Schon im Richtlinienvorschlag der Kommission findet sich der heutige Text zur Regelung der Garantien. In den Erwägungsgründen trifft sie das Statement, dass die Richtlinie den Bereich der kommerziellen Garantie nicht vollständig regeln, sondern lediglich zur Herstellung der Transparenz kommerzieller Garantien beitragen und ihr Verhältnis zur gesetzlichen Garantie klarstellen möchte. Hierdurch soll den kommerziellen Garantien lediglich ein Rechtsrahmen gesetzt werden. Die handelspolitische Komponente sei eng mit dem Kräftespiel des Wettbewerbs verbunden und solle den Unternehmen überlassen bleiben.[464]

Im Ergebnis sind die wenigen Vorgaben für eine Regelung kommerzieller Garantien daher auch inhaltsleer und führen nicht ansatzweise zu einer Besserstellung des Verbrauchers oder einer Harmonisierung zur Weiterentwicklung des Binnenmarktes.[465]

Die Regelung der Formvorschriften geht ins Leere. Was nützt es dem Verbraucher, wenn die gesetzliche Regelung ihm zwar garantiert, dass auch bei Formverstößen seine Garantie wirksam ist, wenn er trotzdem nicht weiß, wie er von ihr profitieren kann. Die Vorschrift trägt zwar ordnungspolitischen Charakter, aber dennoch kann der Ver-

---

[460] KOM(93) 509 endg., S. 126

[461] KOM(93) 509 endg., S. 126

[462] KOM(93) 509 endg., S. 127

[463] Verbindliche Vorgaben für kommerzielle Garantien werden mit guten Gründen von Wirtschaft und Literatur kritisiert: *Medicus*, ZIP 1996, 1925, 1929

[464] KOM(95) 520 endg., abgedruckt in: ZIP 1996, 1845, 1847

[465] a.A.: *Staudenmayer*, NJW 1999, 2393, 2396, der der Regelung für die Praxis im Verbraucherkauf einen nicht zu unterschätzenden Mehrwert unterstellt.

käufer, der seine Verpflichtungen hinsichtlich der zu erfüllenden Form nicht ernst nimmt, Vorteile hieraus erlangen, wenn der Verbraucher in Unkenntnis seiner Rechte die Geltendmachung seiner Ansprüche aus der Garantie verpasst.
Deshalb wies schon der Wirtschafts- und Sozialausschuss in seiner Stellungnahme[466] darauf hin, dass eine solche Regelung nicht ohne angemessene Sanktion auskommt, Stimmen der Literatur teilten diese Ansicht[467].
In diesem Kontext wird darauf hingewiesen, dass nach der Rechtsprechung des EuGH Art. 10 EGV die Mitgliedstaaten zur effektiven Umsetzung des Gemeinschaftsrechts verpflichte.[468] Hieraus resultiere, dass geeignete Maßnahmen ergriffen werden müssten, wenn ein gesetzgeberischer Akt keine eindeutige Sanktion für die Nichterfüllung einer getroffenen Regelung vorsieht.[469] Grundsätzlich wird unter dieser Prämisse für Sanktionen des Wettbewerbsrechts plädiert.[470] Die Kommission begnügt sich in der Begründung ihres Richtlinienvorschlages damit, den Mitgliedstaaten die Zurverfügungstellung wirksamer Instrumente zur Einhaltung der Formvorschriften aufzuerlegen.[471]
Auch der Umstand, dass eine Garantie „soweit dies mit den Vorschriften des Vertrages vereinbar ist" in einer oder mehreren Amtssprachen der Gemeinschaft abzufassen ist, hilft dem Verbraucher, dessen Sprache nicht darunter ist, gar nichts.
Höchst zweifelhaft ist indessen auch, was mit der Wendung, „soweit dies mit den Vorschriften des Vertrages vereinbar ist", gemeint ist. Aus der Begründung des Richtlinienvorschlages geht diesbezüglich nichts hervor. Die Regelungsvorschläge der Kommission hinsichtlich der kommerziellen Garantie wurden bezüglich dieser Schwächen auch im weiteren Gesetzgebungsverfahren nicht kritisiert oder geändert.[472] Nach der herkömmlichen Terminologie gemeinschaftlicher Rechtsakte liegt der Schluss nahe, dass es sich hierbei um die die Gemeinschaft konstituierenden Verträge handelt, aber dennoch bleibt die Frage, welches Hindernis sie einer Sprachregelung entgegensetzen sollten.
Vollkommen unzulänglich ist auch die Bestimmung, dass dem Verbraucher lediglich auf Wunsch eine Garantieerklärung auf einem festen Datenträger zur Verfügung zu stellen ist. Gründe, die gegen eine zwingende Verpflichtung des Verkäufers sprechen, dies zu tun sind nicht ersichtlich. Nur in dann wird es dem Verbraucher möglich sein, effektiv von seinem Garantierecht Gebrauch zu machen.
Letztendlich will die Formulierung des Art. 6 II Nr. 1 VbrKfRil nicht recht zum Leitbild des verständigen Verbrauchers passen. Einem solchen ist es nämlich durchaus zuzutrauen, dass er von der Existenz gesetzlicher Gewährleistungsrechte weiß und

---

[466] Stellungnahme vom 1.6.1994, ABl. C 295, (1994), S. 14, 16
[467] *Micklitz*, EuZW 1999, 485, 488, *m.w.N.*
[468] EuGH v. 21.09.1989, Rs. 68/88, Kommission gegen Griechenland, Pkt. 23, 24, S. 2984
[469] *Staudenmayer*, ERPL 2000, 547, 560
[470] *Kircher*, ZRP 1997, 290, 294, der auch darauf verweist, dass die Kommission auch davon ausgegangen sei.
Ehmann/ Rust, JZ 1999, 853, 864
[471] Begründung des Richtlinienvorschlages der Kommission zu Art. 5 II, abgedruckt in: ZIP 1996, 1845, 1852
[472] Stellungnahme des Europäischen Parlaments, ABl. C 104 (1998), zu Erwägungsgrund 9, Änderungsvorschläge 14 und 36

auch nicht im Unklaren darüber ist, dass diese durch die Einräumung einer freiwilligen Garantie des Herstellers oder Verkäufers nicht berührt werden.[473]

[473] so auch: *Dickie,* J.B.L. 1997, 167, 171

2. Kapitel: Sachmängelgewährleistung im belgischen Kaufrecht vor und nach Umsetzung der Verbrauchsgüterkaufrichtlinie

1. Teil: Sachmängelgewährleistung in Belgien vor Umsetzung der Verbrauchsgüterkaufrichtlinie

A. Anwendbarkeit des Rechts bezüglich der gesetzlichen Garantie für versteckte Mängel (Sachmängelgewährleistung)

Zunächst setzt die Geltendmachung der Garantie das Vorliegen eines wirksamen Kaufvertrages voraus, der die Anwendung der besonderen Regeln des Kaufrechts ermöglicht.
Gegenstand der hier vorliegenden Arbeit soll lediglich das Grundschema des kaufvertraglichen Regelungswerks des Code civil sein. Ein Einblick in Sonderformen, bedingt durch spezielle Modalitäten des Kaufs (wie z.B. Kauf auf Probe gem. Art. 1588 C.civ.) oder Besonderheiten des Kaufobjekts (wie z.B. der Kauf von Immobilien), kann im Interesse der Stringenz der hier angestrebten Untersuchungen demnach nicht geboten werden.

I. Vorliegen eines Kaufvertrages

Nach Art. 1582 C.civ. wird der Kaufvertrag als Vertragsbeziehung, in der sich die eine Partei dazu verpflichtet, Eigentum an einer Sache zu verschaffen und die andere, hierfür einen Preis zu zahlen, charakterisiert.
Die den Kaufvertrag konstituierenden Elemente sind somit die Eigentumsverschaffung und die Zahlung des Kaufpreises.
Das Fehlen einer Vereinbarung über diese Punkte oder die Anknüpfung an eine Bedingung bewirken nicht, dass nach Art. 1184 C. civ. des droit commun ein stillschweigend vorausgesetzter Rücktrittsgrund gegeben ist, sondern dass kein Kaufvertrag zustande gekommen ist.[474]
Eine fehlende Vereinbarung über Preis und Eigentumsübergang ist nicht als Bedingung zulässig, da sich eine solche generell auf ein in der Zukunft liegendes ungewisses Ereignis bezieht und deshalb nicht in Bezug auf ein konstitutives Element des Vertrages vereinbart werden kann.[475]
Der Kaufvertrag wird von Art. 1589 C.civ. als synallagmatische Vertragsbeziehung charakterisiert.[476]

1. Einigung über den Kaufpreis

Die Verpflichtung der Parteien, im Vertrag einen Kaufpreis festzulegen, ergibt sich ausdrücklich aus Art. 1591 C.civ.. Der Kaufpreis ist typsicherweise in einer Summe

---

[474] Gent, 28. März 1968, Pas., 1968, II, 184
[475] *Van Ommeslaghe,* « Examen de Jurisprudence (1968- 1973) », R.C.J.B., 1975, 597, 654
[476] Cass. 12 décembre 1991, Pas. 1992, 284, 285

von Geld zu sehen.[477] Fehlt es hieran, so ist von Beginn an kein Kaufvertrag zustande gekommen.
Um dieser Forderung gerecht zu werden, müssen die Parteien jedoch nicht zwangsläufig eine fixe Summe vereinbaren. Es genügt, wenn der Preis nach objektiven Kriterien anhand der vertraglichen Vereinbarung bestimmbar ist.[478] Dabei ist es gem. Art. 1592 C.civ. sogar zulässig, einen Dritten über den Preis entscheiden zu lassen.[479]
Eine Verletzung des Art. 1591 C.civ. und damit kein wirksamer Kaufvertrag liegt aber dann vor, wenn der Kaufpreis durch den erkennenden Richter festgelegt werden müsste.[480]
Ist ein Preis allerdings nicht bestimmbar, so ergibt sich aus Art. 1591, 1592 und 1129 C.civ. die Nichtigkeit des Vertrages.
Ebenso wird für erforderlich gehalten, dass es sich um einen ernsthaften, also einen zum Wert der Sache in irgendeinem Verhältnis stehenden Preis handelt, um den Kauf von einer Schenkung abzugrenzen.[481] Diese Forderung führt jedoch nicht soweit, das Prinzip der Privatautonomie zu umgehen. Ist der Kaufpreis lediglich für den Käufer sehr günstig, so bestehen hinsichtlich der Existenz des Vertrages keine Zweifel.[482]
Eine spezielle Regelung hat die Festsetzung von Preisen bei Verbraucherkäufen durch das Gesetz vom 14. Juli 1991 über Handelspraktiken und die Information und den Schutz des Verbrauchers (hier abgekürzt: LPC) erfahren. Es statuiert in Art. 2 die Pflicht des Verkäufers, bei einem Verkaufsangebot in schriftlicher und klarer Form den Kaufpreis anzugeben. Ebenso strikt sind gem. Art. 5 die Modalitäten von Preisreduzierungen geregelt. Vertragsklauseln, die es dem Verkäufer erlauben, nach willkürlich aufgestellten Kriterien die Preise zu verändern, sind gem. Art. 32 Nr. 2 LPC nichtig.

2. Eigentumsverschaffung

a) Kritik am Wortlaut des Art. 1582 C.civ.
Die vom Gesetzgeber gegebene Definition wird allseits als unkorrekt und unvollständig kritisiert.[483] Art. 1582 C.civ. spiegelt, so der Hauptkritikpunkt, nicht den Grundsatz wieder, dass das Eigentum an der Kaufsache mit Einigung über diese und ihren Preis „solo consensu" übergeht. Der Wortlaut der Bestimmung nennt lediglich die Pflicht des Verkäufers, die Sache an den Käufer abzuliefern. Aus dieser Formulierung ist je-

---

[477] *Simont/ De Gavre,* « Examen de Jurisprudence (1969- 1975), Les contrats spéciaux», R.C.J.B., 1976, S. 367 n° 2
[478] *Barret,* Répertoire Dalloz de droit civil, t. X, Vente, n° 462
[479] Cass., 30 juin 1966, Pas., 1966, I, 140 vgl. zu besonderen Wirksamkeitsproblemen *Meinertzhagen-Limpens,* in : *De Page,* Traité Élémentaire de Droit Civil Belge, t. IV, n° 47ff.
[480] Cass. fr., 19 janvier 1999, CCC 1999, n° 52
[481] *Meinertzhagen- Limpens,* in : *De Page,* t. IV, n° 43
[482] Bruxelles, 16 juin 1962, J.T. 1962, 480
[483] *Hamel,* in: *Planiol/ Ripert,* Traité pratique de droit civil francais, Tome X- Le contrats civils, 1ere Partie (vente), n° 2
Laurent, Principes de droit civil, Tome XXIV, n° 1, 2
Guyot, in : *Baudry- Lacantinerie,* Precis de droit civil, Tome II, L´exposé des principes, n° 733

doch nicht ersichtlich, dass dies auch die Pflicht, das Eigentum an der Sache zu übertragen, beinhaltet.[484]
Eine Anspielung auf die Pflicht zur Eigentumsübertragung ist lediglich in Art. 1583 C.civ. enthalten, der jedoch vordergründig auf den Akt der Eigentumsübertragung durch Einigung über den Kauf abzielt.[485] Das Prinzip der Eigentumsübertragung „solo consensu" ist explizit in der Regelung des Art. 1138 C.civ. verankert, der sich im allgemeinen Vertragsrecht des Code civil findet.
Art. 1582 C.civ. offenbart diesen Automatismus allerdings nicht. Er ist eher Ausdruck des Verständnisses des römischen Rechts vom Inhalt eines Kaufvertrages, der jedoch gerade nicht intendierte, solo consensu Eigentum zu übertragen.[486]
Das römische Recht ging vielmehr von zwei Akten der Eigentumsübertragung beim Kauf aus: Der Geburt der Verpflichtung zur Eigentumsübertragung und ihrer Durchführung durch die Übergabe.[487] Dieses Konstrukt war auch noch im frühen französischen Recht vorhanden, unterlag aber im Zuge der Zeit dem Wandel der Praxis, die die Übergabe zur fiktiven Voraussetzung der Eigentumsübertragung werden ließ.[488]
Als unvollständig wird der Wortlaut des Art. 1582 C.civ. auch aus dem Grunde angesehen, als dass er die Verpflichtung des Verkäufers, für Mängel der Sache zu haften oder diejenige des Käufers, die Kaufsache entgegenzunehmen nicht erwähnt.[489]
Beim Gattungskauf findet die Eigentumsübertragung erst im Zeitpunkt der Konkretisierung statt. Ebenso verschiebt sich der Moment des Eigentumserwerbs des Käufers in all den Fällen, in denen die Kaufsache aus irgendeinem Grund noch nicht existiert oder die Vertragsdurchführung durch eine Bedingung aufgeschoben wird.[490]
Dies ermöglicht auch die Installation eines Eigentumsvorbehalts, der die Eigentumsübertragung unter die aufschiebende Bedingung des Kaufpreises stellt. Der Kaufvertrag enthält jedoch sowohl eine Einigung über den Preis als auch über das Kaufobjekt und ist damit zustande gekommen.[491]
Es ist jedoch festzustellen, dass die Konstruktion des Code civil grundsätzlich auch vom Vorliegen eines Stückkaufs ausgeht.[492]

b) Vorliegen eines Kaufvertrages beim Verkauf einer fremden Sache

Zwar ist der Verkäufer zur Eigentumsverschaffung verpflichtet, jedoch könnte aus Art. 1599 C.civ. geschlossen werden, dass der Gesetzgeber es nicht als erforderlich für die Existenz eines Kaufvertrages angesehen hat, dass der Verkäufer hierzu auch wirklich fähig ist. Sei es, weil er selbst Eigentümer oder zumindest Verfügungsberechtigter ist. Diese Bestimmung geht im Gegenteil von einem existenten und wirksamen Kaufvertrag aus, solange der Käufer sich nicht auf die Unwirksamkeit beruft und den Vertrag somit anficht oder seine Rechte aus der Rechtsmängelhaftung geltend macht.[493]

---

[484] *Limpens,* Répertoire pratique du droit belge, t. XVI, La vente en droit belge, n° 13
[485] *Meinertzhagen- Limpens,* in : *De Page,* t. IV, n° 11
[486] *Meinertzhagen- Limpens,* in : *De Page,* t. IV, n° 10ff.
[487] *Malaurie/ Aynès/ Gautier,* Contrats spéciaux, n° 61
[488] *Limpens,* La vente en droit belge, n° 22
[489] *Meinertzhagen- Limpens,* in : *De Page,* t. IV, n° 11
[490] *Devos,* « Chronique de jurisprudence, Les contrats (1980- 1987), La vente », J.T. 1991, 161, 162
[491] Cass. 22 septembre 1994, J.T. 1995, 237
[492] *Van Ryn/ Heenen,* Principes de Droit Commercial, t. III, n° 647
[493] *Meinertzhagen- Limpens,* in : *De Page,* t. IV, n° 30ff.

Es handelt sich lediglich um eine relative Unwirksamkeit und keine absolute. Nur der Käufer ist berechtigt, die Nichtigkeit des Vertrages geltend zu machen.[494] Die Geltendmachung der Unwirksamkeit ist darüber hinaus auch nur vor Gericht möglich. Der Vertrag ist somit nicht von Beginn an nichtig, also rechtlich inexistent, sondern lediglich anfechtbar.[495]
Dies wird durch den Umstand gerechtfertigt, dass in dieser Frage lediglich private Interessen betroffen sind und weder der ordre public noch die guten Sitten tangiert werden, die es erfordern, jedermann die Möglichkeit zu geben, die Nichtigkeit geltend zu machen.[496] Anfechten soll vielmehr nur derjenige können, zu dessen Nachteil die Unwirksamkeit des Vertrages begründet wurde.[497]
Selbst wenn der Verkäufer gutgläubig war, ist er nicht berechtigt, die Nichtigkeit des Vertrages geltend zu machen, da ihm kein Recht, sich nach eigenem Willen von einem aufgrund seines Handelns undurchführbaren Vertrag zu lösen, zugestanden werden soll.[498]
Auch dem wahren Eigentümer wird kein Recht zugebilligt, sich auf die Nichtigkeit des Vertrages zu berufen. Das Argument, dass er besonders schutzwürdig sei, wird damit entkräftet, dass seine Interessen ausreichend durch Art. 1165 C.civ. berücksichtigt werden.[499]
In dogmatischer Hinsicht ist die Ausgestaltung dieser Vorschrift äußerst schwer nachzuvollziehen.
Umstritten ist zunächst schon die Begründung der relativen Nichtigkeit unter Einbeziehung des bösgläubigen Käufers gem. Art. 1599 C.civ..
So gibt es Stimmen in der Literatur, die vertreten, dass Auslöser der Nichtigkeit ein Irrtum über die Person des Verkäufers[500] oder über die wesentlichen Eigenschaften der Kaufsache[501] ist. Letztendlich wird die Nichtigkeit auch auf die fehlende Rechtsmacht des Verkäufers zurückgeführt.[502] Ein anderer Erklärungsansatz ist, dass der Verkauf einer fremden Sache nicht mit der Konzeption des Kaufvertrages als Mittel der Eigentumsübertragung vereinbar ist, weshalb ein anfänglicher und unbehebbarer Mangel vorliege.[503]
Aufschluss gibt nur die Analyse der Ursprünge dieser Vorschrift und der Konzeption des Kaufvertrages im neueren Recht.
Art. 1599 C.civ. weist noch deutlich auf den Kaufvertrag nach altem römischen Recht hin, der nicht darauf ausgerichtet war, durch bloße Einigung Eigentum zu übertragen. Ausdrücklich wird von der Wirksamkeit des Vertrages ausgegangen, die Unfähigkeit

---

[494] Bruxelles, 7 novembre 1945, J.T. 1947, 184
[495] vgl. auch: *Renard/ Vieujean*, Ann. Fac. dr. Liège, 1962, 243- 245ff.
[496] *Simont/ De Gavre*, « Examen », R.C.J.B., 1976, 393, n° 29
[497] *De Page*, t. I (3. Auflage), n° 54, 64
[498] *Meinertzhagen- Limpens*, in : *De Page*, t. IV, n° 32
[499] Mons, 26 mars 1985, J.T., 1985, 687
[500] *Josserand*, Cours de Droit civil positif francais, Tome II, Théorie générale des obligations, n° 1043 Cass. fr., 15 janvier 1934, D.H., 1934, 97
[501] *Huc*, Commentaire Théorique & Pratique du Code civil, t. X, 65
[502] *Hamel*, in: *Planiol/ Ripert*, t. X, n° 43
[503] *Meinertzhagen- Limpens*, in : *De Page*, t. IV, n° 31

des Verkäufers, Eigentum zu übertragen, wird als Auslöser der Gewährleistung angesehen.
Dies ist allerdings nach dem Code civil, der die Eigentumsübertragung als ein den Kaufvertrag konstituierendes Merkmal betrachtet, nicht möglich. Es liegt keine Nichterfüllung, sondern schlichtweg kein Kaufvertrag vor. Dies gilt unabhängig davon, ob der Käufer wusste, dass es sich um eine für den Verkäufer fremde Sache handelte und deutet daher auf eine absolute Unwirksamkeit hin.[504]
Das widerspricht ganz offensichtlich dem Prinzip, dass der Bösgläubige im Rechtsverkehr nicht schutzwürdig ist.
Die auf den ersten Blick systemwidrig erscheinende Einbeziehung des bösgläubigen Käufers in den Anwendungsbereich des Art. 1599 C.civ. basiert somit auf dem Charakter des Kaufvertrages als Instrument der Eigentumsverschaffung, einem Grundprinzip des Code civil.
Ungerechtfertigt erscheint aber immer noch, dass dem gutgläubigen Käufer ein Anfechtungsrecht nicht gewährt wird. Dies läge jedoch in der Natur der absoluten Unwirksamkeit.
Demzufolge lässt sich die Rechtsfolge des Art. 1599 C.civ. nur als eine am Pragmatismus des Gesetzgebers ausgerichtete Entscheidung werten: Der Verkäufer hat den Fehler begangen, eine unerfüllbare Verpflichtung einzugehen. Dieser wird weder durch seine Gutgläubigkeit noch durch die Bösgläubigkeit des Käufers revidiert.[505] Da der Käufer von der Eigentumsübertragung profitiert hätte, egal ob gut- oder bösgläubig, gebietet es die Billigkeit, ihm ein Anfechtungsrecht und Schadensersatzansprüche zuzugestehen, um ihm die Möglichkeit der Wahrung seiner Interessen zu geben.[506]
Diese Schieflage, die durch die Einbeziehung des Bösgläubigen entsteht, hat der Gesetzgeber offenbar dadurch zu mindern versucht, dass ihm keine Schadensersatzansprüche zustehen sollen.
Vor diesem Hintergrund besitzt das Argument, die Konzeption des Kaufvertrages sei mit dem Verkauf einer fremden Sache unvereinbar und statuiere daher einen anfänglichen unbehebbaren Mangel, das größte Maß an Überzeugungskraft.
Zudem entspricht es den Grundsätzen der Privatautonomie, dem Käufer die Entscheidung über die Wirksamkeit des Vertrages in die Hände zu legen.
Die Regelungstechnik des Gesetzgebers veranlasste die Rechtsprechung zu der Annahme, Art. 1599 C.civ. begründe lediglich die relative Nichtigkeit des Vertrages, ohne dies jedoch näher zu begründen.[507]
In der Literatur wird zur Begründung dieses Befundes darauf hingewiesen, dass Vergleichbarkeit mit den Fällen, in denen das Kaufobjekt noch nicht existiert oder der Verkäufer über das Eigentum anderer verfügt, besteht.[508] Gemein ist diesen Konstellationen, dass das Fehlen eines Kaufobjekts nicht gegen die guten Sitten verstößt und deshalb keine absolute Nichtigkeit nach sich zieht.

---

504 *Malaurie/ Aynès/ Gautier*, Contrats spéciaux, n° 185
505 *Devos*, J.T., 1991, n° 3
506 *Meinertzhagen- Limpens*, in : *De Page*, t. IV, n° 32, 3°
507 Mons, 26 mars 1985, J.T., 1985, 687
508 *Laurent*, t. XXIV, n° 103

Es ist anerkannt, dass der mit Einverständnis des wahren Eigentümers Verfügende einen Vertrag sui generis eingeht. Hieraus folgt demnach, dass der Anwendungsbereich des Art. 1599 C.civ. in dieser Fallkonstellation gerade nicht betroffen ist.
Gleiches gilt beim Verkauf einer Gattungssache. Weil sie vor der Konkretisierung die Kaufsache noch gar nicht existiert, kann an ihr noch kein Eigentum übertragen werden. Der betreffende Vertrag fällt erst dann in den Anwendungsbereich des Art. 1599 C.civ., wenn die Gattungssache konkretisiert ist.
In anbetracht dieser Grundsätze wäre die Willenserklärung der Kaufvertragspartei, die in Kenntnis der Unmöglichkeit der Eigentumsübertragung einen Kaufvertrag abschließen will, gem. Art. 1157 C.civ. derart auszulegen, dass kein Kaufvertrag, sondern ein unbenannter Vertrag abgeschlossen wird.
Dieser Erklärungsansatz lässt jedoch trotz allem keine dogmatisch fundierte Einordnung des Umstandes, dass eine Einbeziehung des gutgläubigen Verkäufers in den Anwendungsbereich des Art. 1599 C.civ. nicht stattfindet, zu. Auch diesem kann ein Interesse an der Anfechtung des Vertrages nicht abgesprochen werden, wenn er Willens ist, die Sache an den wahren Eigentümer zurückgelangen zu lassen.
Aus der vorangegangenen Analyse des Regelungsgehalts des Art. 1599 C.civ. lässt sich schlussfolgern, dass diese Bestimmung als reine Ausprägung des Konsensprinzips die absolute Unwirksamkeit des Vertrages nach sich ziehen müsste. Die Anwendung der Auslegungsregel des Art. 1157 C.civ. zur Herleitung der relativen Unwirksamkeit erfolgt unter Verwendung sachgerechter Argumente, eignet sich aber dennoch nicht, den vorliegenden Systembruch vollends zu überwinden oder auch nur zu kaschieren.
Darüber hinaus ist aber auch der Schadensersatzanspruch des gutgläubigen Käufers in dogmatischer Hinsicht fragwürdig. [509]
Zu begründen ist, worin dieser Anspruch seine Grundlage haben soll, wenn ein Vertrag angefochten wurde und rückwirkend alle Verpflichtungen untergegangen sind.
Zum Teil wird die Lösung in der Anwendung der Grundsätze der culpa in contrahendo gesehen.[510]
Nach anderer Meinung basieren etwaige Schadensersatzansprüche trotz der anfänglichen Nichtigkeit des Kaufvertrages auf der ursprünglichen vertraglichen Verpflichtung.[511]
Vor dem Hintergrund, dass der Vertrag solange seine Wirkungen entfaltet, bis er von dem Käufer angefochten wird, stellt sich letztere Ansicht als systematisch vorzugswürdig dar.
Es ist in Betracht zu ziehen, dass der Vertrag auch Verpflichtungen hervorgerufen hat, aus deren Nichterfüllung sich bei Vorliegen eines Schadens unabhängig von der Anfechtung weitere Ansprüche ergeben können.[512] Insbesondere die Konzeption des Co-

---

[509] vgl. etwa: Bruxelles, 29 juin 1966, Pas., 1967, II, 161,122f. wo auch der Gutgläubige Schadensersatz leisten muß

[510] so *Meinertzhagen- Limpens,* in: *De Page,* t. IV, n° 32, wobei das zitierte Urteil des Appelationsgerichts Mons, 26 mars 1985, J.T. 1985, 687 Schadensersatzansprüche aus Art. 1599 nicht ablehnt, weil es eine culpa in contrahendo bejaht, sondern lediglich deshalb, weil der Partei kein Schaden entstanden ist.

[511] *Laurent,* t. XXIV, n° 124

[512] vgl. Gand, 3 décembre 1930, Pas., 1932, II, 56

de civil, die nach Art. 1599 C.civ. lediglich die relative Unwirksamkeit des Kaufvertrags vorsieht, lässt diesen Schluss zu.
Der Verkauf einer fremden Sache nach Art. 1599 C.civ. stellt demnach kein absolutes anfängliches Wirksamkeitshindernis des Kaufvertrages dar, sondern begründet lediglich seine Anfechtbarkeit.

c) Gefahrübergang

Mit dem Übergang des Eigentums durch Vertragsschluss ist gem. Art. 1138 C.civ. auch der Übergang der Gefahr verbunden. Die Präzisierung des Wortlauts bezüglich des Übergangs durch Vertragsschluss gibt Aufschluss darüber, dass diese Vorschrift immer dann nicht anwendbar ist, wenn die Kaufsache in ihrer konkreten Gestalt noch nicht existiert, so wie es beim Gattungskauf der Fall ist.[513]
In allen anderen Fällen hat der Käufer schon ab Vertragsschluss die Gefahr des Untergangs der Sache unter weiterer Verpflichtung zur Kaufpreiszahlung zu tragen. Es ist jedoch auch möglich, vertraglich den Zeitpunkt des Gefahrübergangs zu verlagern.[514]
Liegt allerdings „force majeure“ vor, verliert der Vertrag automatisch seine Wirkungen, wenn die Nichterfüllung endgültig ist. Ist sie nur vorübergehend, werden die Wirkungen des Vertrages für diesen Zeitraum suspendiert.[515] Dieser Suspension entspricht im deutschen Leistungsstörungsrecht der Verzug.
Nach Art. 1138 Abs. 2 C.civ. findet der Gefahrübergang ebenfalls nicht statt, wenn sich der Verkäufer im Verzug befindet, dies gilt unabhängig von dem Umstand, ob ein Stückkauf oder ein Gattungskauf mit erfolgter Konkretisierung vorliegt.[516]
Befindet sich der Käufer im Verzug, ist der Verkäufer gem. Art. 1614 C.civ. ab diesem Zeitpunkt lediglich dazu verpflichtet, die Sache in dem Zustand zu erhalten, in dem sie sich befand, als sie verkauft wurde. Art. 1137 C.civ. statuiert für das Maß an Aufwand, den der Verkäufer in diesem Zusammenhang betreiben muss, dass er sich wie ein „bon père de famille“[517] um die Kaufsache zu kümmern hat.

II. Wirksamkeit des Vertrages

Die Wirksamkeit der vertraglichen Einigung richtet sich grundsätzlich nach dem droit commun. Im Bereich des Kaufrechts sind jedoch besondere Nichtigkeitsgründe zu berücksichtigen und zum Teil von der Kaufgewährleistung abzugrenzen.

1. Anfechtbarkeit wegen Irrtums

a) Abgrenzung der Irrtumsanfechtung zu anderen Rechtsbehelfen des Käufers

Ein besonderes Problem stellt sich bei der Qualifizierung, ob eine gelieferte Sache nicht vertragsgemäß oder aber Resultat eines unvermeidbaren Irrtums des Käufers über die wesentlichen Eigenschaften der Kaufsache bei Vertragsschluss ist.

---

513 Cass., 22 mai 1953, Pas., 733
514 Comm. Tournai, 13 mai 1969, J.C.B., 1970, 55
515 *Malaurie/ Aynès,* Cours de Droit Civil, Les Obligations- Volume 2, n° 827 und n° 835
516 *Limpens,* La vente en droit belge, n° 24ter., S. 40
517 dt. : Schwiegervater

Ersteres stellt eine Nichterfüllung der vertraglichen Pflichten des Verkäufers dar, letzteres begründet die anfängliche Nichtigkeit des Vertrages.[518]

Nach Art. 1582, 1604 C.civ. ist der Verkäufer verpflichtet, die gekaufte Sache zu liefern. Daraus folgt, dass die abgelieferte Sache mit der vertraglich Vereinbarten übereinstimmen muss. Genügt er diesen Anforderungen nicht, geben die Art. 1610, 1611 C.civ., die Anwendung des Art. 1184 C.civ. vor, nach dem der Käufer berechtigt ist, entweder die Erfüllung des Kaufvertrages zu erzwingen oder die Vertragsauflösung zu verlangen.

Weist die Sache einen versteckten Mangel auf, der die vertragsgemäße Nutzung der Sache beeinträchtigt, so kann der Käufer gem. Art. 1644 C.civ. vom Vertrag zurücktreten oder den Kaufpreis mindern.

Beide Störungen stellen Hindernisse der Vertragsdurchführung dar und beeinträchtigen die Wirksamkeit des Vertrages in keiner Weise.

Im Gegensatz dazu resultiert aus Art. 1110 C.civ. die Nichtigkeit des Vertrages, wenn die Einigung unter einem Mangel leidet, der einen Vertragsbestandteil betrifft, der für die irrende Partei so wesentlich war, dass ohne ihn der Vertrag nicht geschlossen worden wäre.[519]

Im Hinblick auf die essentialia negotii eines Kaufvertrages kommt es mithin darauf an, dass sich die Parteien wirklich über die wesentlichen Eigenschaften der Kaufsache geirrt haben und nicht lediglich eine mangelhafte Ausführung einer sonst fehlerfreien Einigung vorliegt.[520]

In der Rechtsprechung zeigt sich indessen eine überwiegende Tendenz, eine Entscheidung für die Annahme eines Irrtums über die vertragswesentlichen Eigenschaften der Sache zu treffen.[521]

Dies ist die Konsequenz aus der unterschiedlichen Verjährung der drei Rechtsbehelfe.

Ist durch die Abnahme die Vertragsauflösung wegen Nichterfüllung ausgeschlossen, bleiben lediglich die Irrtumsanfechtung und die Vertragsauflösung wegen Mangelhaftigkeit der Kaufsache als Rechtsbehelfe des Käufers bestehen.

Seine Gewährleistungsrechte muss der Käufer innerhalb einer kurzen Frist gem. Art. 1648 C.civ. geltend machen, die Anfechtung ist dagegen fünf Jahre möglich.

Zur Abgrenzung haben sich grundsätzlich zwei Theorien durchgesetzt. Die erste basiert auf der Spezialität des Gewährleistungsrechts bei Vorliegen eines Mangels, die zweite auf der Differenzierung eines Kaufs „in concreto“ und „in abstracto“, folglich nach der Möglichkeit der Untersuchung der Kaufsache.

b) Qualifizierung einer Störung als Irrtum

aa) Abgrenzung nach Möglichkeit der Untersuchung der Kaufsache

Ausgangspunkt der Problematik ist die Frage, was Gegenstand der vertraglichen Vereinbarung war. Entscheidend ist, ob auch Qualitätsmerkmale oder besondere Eigenschaften der Kaufsache in die Einigung aufgenommen wurden.[522]

---

[518] Bruxelles, 15 mai 1964, Pas., 1967, III, 33

[519] Cass., 3 mars 1967, Pas., 1967, I, 811

[520] vgl. Grundsatzentscheidung Cass., 6 avril 1916, Pas., 1917 I, 77

[521] Comm. Bruxelles, 22 décembre 1950, J.C.B., 1952, 117
Liège, 18 décembre 1956, Pas., 1957, II, 158
Gand, 26 mai 1983, Pas., 1983, II, 77

Besondere Bedeutung erlangt diese Problematik im Gebrauchtwagenhandel, weshalb insbesondere der handelsgerichtlichen Rechtsprechung die Entwicklung von Lösungen zukam.

So hat das Brüsseler Handelsgericht in der bereits zitierten Entscheidung vom 22.12.1950 darauf abgestellt, dass die Hervorhebung bestimmter Eigenschaften den Inhalt der vertraglichen Einigung präzisieren, die nach Vertragsschluss für den Verkäufer bestehenden Leistungspflichten jedoch nicht verändern.

Der Verkäufer eines Autos, der einen Wagen Baujahr 1946 präsentiert, verpflichtet sich lediglich zur Lieferung des Wagens Baujahr 1946, auch wenn der Käufer davon ausgeht, der Wagen sei Baujahr 1948.[523] Die Altersangabe sei keine Garantie des Verkäufers in dem Sinne, dass er seine Leistungspflicht umschreiben wolle, sondern lediglich eine genauere Aussage über die Eigenschaften der Kaufsache.[524]

Somit sei nicht die Pflicht zur konformen Lieferung bei Übergabe des Wagens Baujahr 1946 verletzt, sondern ein die vertragliche Einigung der Parteien infizierender Irrtum gegeben.[525]

In exakt entgegengesetzter Richtung entschied jedoch das Handelsgericht in Louvain, das darauf abstellte, dass der Käufer selbst dann den Vertrag geschlossen hätte, wenn er das wahre Alter des betreffenden Autos gekannt hätte, weshalb ein Irrtum über die wesentlichen Eigenschaften der Kaufsache nicht in Betracht komme.[526]

Aus dem Urteil vom 22.12.1950 hat sich eine vor allem in der handelsrechtlichen Literatur verbreitete Theorie zur Abgrenzung von Irrtumsanfechtung und der Haftung für verdeckte Mängel entwickelt.

Das Handelsgericht stellte in seiner Entscheidung primär darauf ab, dass der Käufer die Möglichkeit zur Untersuchung des Wagens hatte und dass der Verkäufer den Wagen, so wie er präsentiert wurde verkaufen wollte.[527] Es lag demnach der Schluss nahe, dass das Vorliegen eines Irrtums je nach Situation des Käufers bei Vertragsschluss verschiedene Ausgangsvoraussetzungen aufweisen müsse.

Zum Verständnis dieser Theorie ist zunächst zu berücksichtigen, ob es sich um eine Gattungssache oder ein Stückgut handelt und ob eine Abnahme vorliegt.

a) Abgrenzung beim Gattungskauf

Zunächst in der handelsrechtlichen Literatur wurde für die Abgrenzung von Irrtum, Falschlieferung und verstecktem Mangel bei Gattungssachen der Begriff der Unterscheidung zwischen der Sache „in abstracto" und „in contreto" vorgeschlagen.[528]

Danach werden die Irrtumsanfechtung und die Haftung für versteckte Mängel ab dem Zeitpunkt der Annahme der Kaufsache in Bezug auf die Möglichkeit der Überprüfung der Ware vorgenommen.[529]

---

[522] Comm. Bruxelles, 22 décembre 1950, J.C.B., 1952, 117
so auch: *Family,* CCC, 2002, Chroniques n° 7, n° 15ff.

[523] Comm. Bruxelles, 22 décembre 1950, J.C.B., 1952, 117, 119

[524] Comm. Bruxelles, 22 décembre 1950, J.C.B., 1952, 117, 119
De Page, Traité élémentaire de droit civil belge, 2. Auflage 1951, t. IV, S. 85, n °49, 50

[525] Comm. Bruxelles, 22 décembre 1950, J.C.B., 1952, 117, 119f. insgesamt zustimmend: *Debacker,* Anmerkung zum Urteil Comm. Bruxelles, 22 décembre 1950, J.C.B., 1952, 121, 123

[526] Comm. Louvain, 14 janvier 1969, J.C.B., 1971, I 91

[527] Comm. Bruxelles, 22 décembre 1950, J.C.B., 1952, 117, 119

[528] *Van Rijn/ Heenen,* Principes de droit commercial, t. III, S. 559, n° 706, a

Handelte es sich um eine Kaufsache, die der Untersuchung bei Lieferung nicht zugänglich ist („in abstracto"), kann kein Irrtum vorliegen.[530]
Eine Ausnahme wird hiervon lediglich gemacht, wenn ein außergewöhnlicher Gebrauchszweck vereinbart wurde, da nur dann, wenn eine von der üblichen Qualität und Güte abweichende Vereinbarung getroffen wird, auch ein Irrtum möglich ist.[531]
Ist die Überprüfung der Ware möglich, so liegt ein Kauf „in concreto" vor, so dass zu analysieren ist, ob der Verkäufer sich durch bestimmte Eigenschaftsangaben dazu verpflichten wollte, für deren Vorhandensein einzustehen oder ob er lediglich den Gegenstand des Vertrages präzisieren wollte. Insofern findet die Abgrenzung auf derselben Basis wie diejenige beim Stückkauf statt.

β) Abgrenzung beim Stückkauf

Vorliegend soll zudem noch der Kauf von Kunstgegenständen betrachtet werden, er ist ebenfalls besonders geeignet, die Grundsätze der Abgrenzung zwischen Irrtum und Schlechterfüllung beim Stückkauf zu veranschaulichen und trifft Aussagen zur Anwendung der Theorie durch die ordentlichen Gerichte.
Gegenstand der Betrachtungen ist in diesen Fällen zumeist die Frage, ob ein Irrtum über eine wesentliche Eigenschaft eines gekauften Bildes oder eine Nichterfüllung der Pflicht zur konformen Lieferung vorliegt, wenn das gelieferte Bild nicht von dem vertraglich vorgesehenen Maler stammt.[532]
Im Zentrum der Überlegungen steht somit die Ausgestaltung der vertraglichen Einigung: wurde in ihr ausdrücklich die Echtheit des Bildes garantiert, so handelt es sich um eine Schlechterfüllung, wenn das Bild nicht echt ist.[533]
Wurde dahingegen die Echtheit nicht ausdrücklich garantiert, aber von dem Käufer als wesentliche Eigenschaft, die Auslöser des Vertragsabschlusses war, vorausgesetzt, so handelt es sich um einen Irrtum des Käufers über die wesentlichen Eigenschaften der Kaufsache.[534] Der Vertrag ist gem. Art. 1110 C.civ. nichtig.
Dies gilt allerdings nicht, wenn aufgrund einer gelieferten Expertise gerade keine Sicherheit darüber bestehen kann, ob Authentizität besteht.[535]
In diesem Fall übernimmt der Käufer bewusst das Risiko hinsichtlich der Echtheit, so dass die Annahme eines Irrtums begrifflich wie auch rein tatsächlich ausgeschlossen ist. Dieser Schluss lässt sich aus der modernen Lehre in Bezug auf die Rechtsfolgen von vertraglichen Klauseln ziehen, die eine Haftung für die Authentizität beim Kauf von Kunstgegenständen ausschließen sollen. Sie sollen einen Zweifel an der Echtheit darstellen und dem Käufer vermitteln, dass er den Kaufvertrag bezüglich dieses Beschaffenheitsmerkmals auf eigene Gefahr eingeht.[536]

---

529 *Debacker,* Anmerkung zum Urteil Comm. Bruxelles, 22 décembre 1950, J.C.B., 1952, 121, 122
530 *Van Rijn/ Heenen,* Principes de droit commercial, t. III, S. 559, n° 706
531 auch in der neueren Literatur: *Meinertzhagen- Limpens,* R.G.D.C.B., 1993, 197, 210, n° 31
Family, CCC, 2002, Chroniques n° 7, n° 14ff.
532 Bruxelles, 5 novembre 1980, J.T., 1981, 77
533 Bruxelles, 19 février 1965, Pas., 1966, II, 50
534 Cass., 8 mai 1905, Pas., 1905, I, 214
Cass., 27 octobre 1995, J.T., 1996, 62
535 Cass. fr., 20 mars 2001, JCP 2003, II 10090
536 *Van Ommeslaghe,* « Examen », R.C.J.B., 1986, 33, 115, n° 11

bb) Abgrenzung nach dem Spezialitätsgrundsatz

Im Sinne dieser Theorie bestimmt sich die Abgrenzung des Irrtums von der Schlechterfüllung nach dem Grundsatz „specialia generalibus derogat". Hieraus resultiert, dass das Kaufrecht der Irrtumsanfechtung vorgeht, wenn der gewöhnliche Gebrauch der Sache beeinträchtigt ist, somit die Gewährleistungsvoraussetzungen vorliegen.[537]

Die Theorie geht zurück auf die Feststellung Planiols und Riperts, die Haftung für versteckte Mängel gem. Art. 1641 ff. C.civ. sei lediglich als besonderer Anwendungsfall der Irrtumsanfechtung anzusehen.[538]

Dieser These schloss sich die Cour de Cassation in ihrem Urteil vom 23.11.1939 jedoch ausdrücklich nicht an, sie vertritt demgegenüber die restriktivere Ansicht, dass Irrtumsanfechtung und Vertragsauflösung wegen versteckter Mängel über verschiedene dogmatische Grundlagen verfügen und daher nicht lediglich aus dem Blickwinkel einer absoluten Spezialität gesehen werden können.[539]

Die Spezialität des Kaufrechts im Hinblick auf die Irrtumsanfechtung sei nach Sinn und Zweck der beiden verschiedenen Rechtsbehelfe zu ermitteln.

Auch die Literatur wendet ein, dass der Spezialitätsgrundsatz nur dann zur Anwendung kommen könne, wenn beide Rechtsbehelfe denselben Anwendungsbereich haben und der eine den anderen außer Kraft setzt. Dies ist bei Irrtumsanfechtung und Mangelgewährleistung jedoch im Hinblick auf die verschiedenen Pflichtverletzungen des Verkäufers und der unterschiedlichen dogmatischen Grundlagen nicht der Fall.[540]

Die Anfechtung sei ausgeschlossen, wenn der der Sache innewohnende Mangel den gewöhnlichen Gebrauch betrifft, da dieser niemals speziell in das Bewusstsein des Käufers aufgenommen wird und ihn dazu veranlassen wird, den Kaufvertrag zu schließen. Die Anfechtung sei jedoch nicht verdrängt, wenn der Irrtum sich auf die Abwesenheit von Eigenschaften der Sache beziehe, die der Käufer bei Vertragsschluss insbesondere intendierte.[541]

Von der Literatur wird vor allem der Aspekt betont, dass das Gewährleistungsrecht somit anwendbar sei, wenn Eigenschaften fehlen, die es jedem Käufer unmöglich machen, die Sache zweckgemäß zu nutzen.[542]

In den Folgejahren wurden diese Grundsätze von der Rechtsprechung für die Abgrenzung herangezogen und präzisiert, indem darauf abgestellt wurde, ob ausdrückliche vertragliche Bestimmungen getroffen wurden, die von der normalen Art und Güte der Kaufsache abweichen.[543]

cc) Stellungnahme

Die Ansicht, die zur Abgrenzung des Irrtums vom Mangel berücksichtigt, ob die Kaufsache vom Käufer bei Abschluss des Kaufvertrages in Augenschein genommen wer-

---

537 *Renard/ Vieujean/ Hannequart,* Théorie générale des obligations, Les Novelles, Droit civil, t. IV, S. 173, n° 714

538 *Esmein,* in: *Planiol/ Ripert,* Traité pratique de droit civil, t. VI, n° 184

539 Cass., 23 novembre 1939, Pas., I, 488, 492

540 *Family,* CCC, 2002, Chroniques n° 7, n° 39

541 Cass., 23 novembre 1939, Pas., I, 488, 492

542 *Renard/ Vieujean/ Hannequart,* Théorie générale des obligations, Les Novelles, Droit civil, t. IV, S. 173, n° 715

543 vgl. etwa : Comm. Bruxelles, 5 décembre 1951, J.C.B., 1953, 308, 312f.

den konnte, verfolgt einen logischen Ansatz. Deshalb liefert sie zumindest für den Kauf „in abstracto“ ein griffiges Abgrenzungskriterium. Das gilt allerdings nicht für den Kauf „in concreto“, bei dem zur Abgrenzung wieder auf die ungleich unzuverlässigere Auslegung der vertraglichen Einigung zu rekurrieren ist. An dieser Stelle weisen beide Ansätze im Ergebnis ein erhebliches Maß an Ähnlichkeit auf. Denn auch die Ansicht, die die Abgrenzung nach dem Spezialitätsgrundsatz vornimmt, ist von so vielen teleologischen Reduktionen durchsetzt, dass sie schlussendlich ebenfalls darauf angewiesen ist, den Inhalt der vertraglichen Einigung zu analysieren.
Hierzu instrumentalisieren beide Theorien dieselbe Abgrenzungsformel, nämlich, dass ein Irrtum per se nur hinsichtlich einer besonderen Eigenschaft bestehen könne und dass hinsichtlich dieser der Wille der Vertragsparteien, vertragliche Leistungspflichten festzuschreiben, zu ermitteln sei.
Die Kriterien werden von der Rechtsprechung verwendet, ohne eine Aussage darüber zu treffen, auf welcher dogmatischen Grundlage dies geschieht. Insofern ist eine Entscheidung für eines der Modelle nicht erforderlich.

2. Besondere Nichtigkeitsgründe im Kaufrecht resultierend aus dem Charakter der Kaufsache oder der Personen der Kaufvertragsparteien

Der Code civil behandelt unter dem Titel „Wer kaufen oder verkaufen kann“ (Art. 1594- 1597 C.civ.) zunächst spezielle personenbedingte Wirksamkeitshindernisse für einen Kaufvertrag.
Im nächsten Kapitel wird der Frage nachgegangen, welche Dinge überhaupt Gegenstand eines Kaufvertrages sein können (Art. 1598- 1601 C.civ.).

a) Die Kaufvertragsparteien

Zunächst wird Art. 1594 C.civ. der Grundsatz des droit commun wiederholt, nach dem jedes Rechtssubjekt lediglich im Rahmen seiner Rechtsfähigkeit am Rechtsverkehr teilnehmen kann. Gem. Art. 1123 C.civ. kann jeder, der vom Gesetz nicht für beschränkt geschäftsfähig erklärt wird, Verträge schließen.
Zu den Spezialfällen der partiellen Geschäftsunfähigkeit im Rahmen des Kaufrechts, geregelt in Art. 1595 bis 1597 C.civ., gehört vor allem der Kauf unter Ehegatten. Abgesehen von den vier Fällen des Art. 1595 C.civ., in denen das Rechtsgeschäft wirksam ist, ergibt sich für Kaufverträge unter Ehegatten die Anfechtbarkeit des Kaufvertrages.

b) Die Kaufsache

Auch hier gelten generell die allgemeinen Bestimmungen der Art. 1126 bis 1130 C.civ. Nach allgemeinen Rechtsgrundsätzen muss also auch die Kaufsache als Gegenstand des Vertrages bestimmt oder bestimmbar sein.[544] Sie muss entweder schon existieren oder zumindest existieren können.
Dass es nicht lediglich auf den Zeitpunkt des Vertragsschlusses ankommt, sondern vielmehr die Kaufsache als Gegenstand des Vertrages bis zu dessen abschließender Durchführung im Ganzen existieren muss, wird an Art. 1601 Abs. 2 C.civ. deutlich.

---

[544] *Simont/ De Gavre/ Foriers,* « Examen de jurisprudence (1981- 1991), Contrats spéciaux », R.C.J.B., 1995, 134, n° 21

Diese Bestimmung geht nicht von der Nichtigkeit des Vertrages im Falle eines teilweisen Untergangs der Kaufsache aus, sondern lediglich von einem Wahlrecht des Käufers zwischen Rücktritt und Minderung des Kaufpreises. Die Möglichkeit des Rücktritts ist jedoch dem Gutgläubigen vorbehalten.[545]
Es mangelt auch nicht an einem Kaufobjekt, wenn sich herausstellt, dass die verkaufte Sache zu dem Zweck, für den sie gekauft wurde, nicht brauchbar ist.[546] Eine solche Sichtweise missdeutet die Bewertungsmaßstäbe im feinabgestimmten System von droit commun und kaufrechtlicher Gewährleistung.[547]
Entspricht die gelieferte Sache nicht den vertraglichen Vereinbarungen, so ist abgesehen von der Anfechtbarkeit wegen Irrtums der Rücktritt vom Vertrag wegen Nichterfüllung der Lieferungspflicht oder die Geltendmachung von kaufrechtlichen Gewährleistungsansprüchen nach Art. 1644 C.civ. möglich.
Nach der spezialgesetzlichen Bestimmung des Art. 1598 C.civ., die den Regelungsgehalt des Art. 1128 C.civ. in sich aufnimmt, kann Gegenstand eines Kaufvertrages nur eine verkehrsfähige Sache sein, deren Verkauf nicht durch andere gesetzliche Bestimmungen untersagt ist.
Verkehrsfähig sind generell nur Sachen, deren Verkauf von der Rechtsordnung toleriert wird.[548]
Ein Verstoß gegen die Vorschrift des Art. 1598 C.civ., sei es durch Verkauf einer nicht verkehrsfähigen Sache oder einer gesetzlich nicht verkäuflichen Sache, verstößt gegen den ordre public und zieht demnach die absolute Unwirksamkeit des Rechtsgeschäfts nach sich. Im Gegensatz dazu liegt lediglich relative Unwirksamkeit vor, wenn die Kaufsache noch nicht existent oder aufgrund anderer Ursachen nicht bestimmbar ist.[549]

3. Form

Der Kaufvertrag bedarf keiner bestimmten Form, er kann gem. Art. 1582 sowohl durch öffentliche Urkunde als auch privatwirtschaftlich wirksam geschlossen werden. Grund hierfür ist das Verständnis von der Bedeutung der gegenseitigen Einigung für die Wirksamkeit des Vertrages. Nach den Prinzipien der Privatautonomie reicht es aus, dass die Kaufvertragsparteien ihren freien Willen übereinstimmend ausgedrückt haben.[550] Allerdings treten im Zuge der Verbraucherschutzgesetzgebung, vor allem nach dem Gesetz vom 14. Juli 1991 zur Information und Schutz der Verbraucher, Schriftformerfordernisse in immer größerer Quantität in den Vordergrund.[551]
Eine Einschränkung dieser Formfreiheit enthalten lediglich die Gesetze über die Registereintragung. Solche Gesetze existieren im Bereich des Markenrechts, des Rechts der Grundpfandrechte und vielem mehr. Im Immobilienrecht verfolgen Vorschriften

---

[545] *Meinertzhagen- Limpens,* in: *De Page,* t. IV, n° 90
[546] so aber unzutreffenderweise: Civ. Anvers, 6 novembre 1980, Pas., 1982, 18
[547] Cass., 30 janvier 1986, Pas., 1986, I, 638
[548] *Limpens,* in: *De Page,* t. IV, n° 150
[549] *Meinertzhagen- Limpens,* in: *De Page,* t. IV, n° 94
[550] *Laurent,* Principes de droit civil, Tome XXIV, n° 7
[551] vgl. etwa: Art. 37 des Gesetzes vom 14. Juli 1991; Art. 17 des Gesetzes vom 12. Juni 1991 (Verbraucherkreditgesetz)

wie Art. 1 Loi hypothécaire die Zielsetzung, der wirksamen vertraglichen Einigung Publizität durch Übergabe einer Urkunde, die die Überschreibung des Eigentums nachweist, zu verleihen, um die aus der Einigung resultierenden Rechtspositionen auch gegenüber Dritten erstarken zu lassen.[552]
Hieraus folgt, dass der Kaufvertrag in jedem Fall formlos wirksam ist, aber nicht in jedem Fall gegenüber Jedermann durchsetzbare Rechte produziert.

B. Voraussetzungen der kaufrechtlichen Gewährleistung

I. Abgrenzung der Nichterfüllung der Lieferungspflicht und der Haftung für Mängel

1. Die zwei Säulen des Leistungsstörungsrechts im Kaufrecht

Die vertraglichen Pflichten des Verkäufers sind in Art. 1602ff. C.civ. geregelt. Ausgangspunkt der Betrachtung ist in dieser Hinsicht Art. 1603 C.civ., nach dem der Verkäufer zwei grundsätzliche Pflichten zu erfüllen hat: Die Kaufsache zu liefern und Gewähr für sie zu leisten.
Dies impliziert bereits ein differenziertes Haftungssystem auf unterschiedlicher dogmatischer Grundlage. Präzisiert wird dies durch die Vorschriften der Art. 1604 und Art. 1625 C.civ.
Demnach ist ein Unterschied zwischen der Haftung des Verkäufers für die Nichterfüllung der Lieferungspflicht und für die qualitative Übereinstimmung der gelieferten Sache mit der vertraglich vorgesehenen zu beachten.[553] Letzteres bezeichnet der Code Civil als „garantie“. Dieser Begriff birgt die Rechts- und Sachmängelhaftung in sich. Folglich basiert das Leistungsstörungsrecht im Bereich des Kaufrechts auf zwei Säulen: Der Lieferungspflicht und der Garantie, die sich in die Haftung für Rechtsmängel und für versteckte Mängel unterteilt.

2. Kritik am dualistischen System

Die Lieferungspflicht beinhaltet gem. Art. 1604 C.civ., die verkaufte Sache in den Besitz, also die Sachherrschaft des Käufers zu übertragen.[554] Hierzu gehören auch die Früchte der Sache (Art. 1614 C.civ.) und ihr Zubehör (Art. 1615 C.civ.).
Die Gewährleistung verfolgt dem entgegen die Intention, die „possession paisible“ und die „possession utile“ des Käufers herzustellen. Die durch die Lieferung der Sache eingeräumte Sachherrschaft über das Kaufobjekt soll somit ungestört und in der vom Käufer angestrebten Art und Weise ausgeübt werden können.[555]

---

[552] Cass., 21 février 1991, Pas., 1991, I, 337
[553] nach allgemeiner Kritik wird dies allerdings insbesondere von der Rechtsprechung nur in unzureichendem Maße getan, vgl. statt aller: *Larroumet*, obs. sous Cass. com., 24 avril 1980, Dalloz, Jurisprudence Général 1980,2, S. 567
[554] *Cornu*, Rev. trim. dr. civ., 1979, 807, 809
[555] *Harmel*, « Théorie générale de la vente, 1ere partie : Droit commun de vente », Rep. not., t. VII, L. I, n° 214, 215

Trotz dieser verschiedenen Zielsetzungen kommt es im Falle der Lieferung einer mangelhaften Sache zu Überschneidungen zwischen der Lieferungspflicht und der Gewährleistung für einen Mangel.[556]
Wenn der Code civil in Art. 1604 verlangt, dass die „verkaufte Sache" zu liefern ist, so bedeutet dies, dass eine vertragsgemäße Sache geliefert werden muss. Allerdings ist bei der Nichterfüllung dieser Pflicht gleichzeitig die Situation gegeben, dass eine mangelhafte Sache geliefert wird.[557]
Fraglich ist daher, wie der Begriff der „verkauften Sache" zu verstehen ist, wann also die Lieferungspflicht verletzt ist, weil ein aliud geleistet wurde und wann die Haftung für versteckte Mängel eingreift, weil ein peius vorliegt.

a) Streitstand

Die hier bereits anklingenden Abgrenzungsschwierigkeiten haben in den letzten Jahren zu vermehrter Kritik an diesem sogenannten „dualistischen System" geführt. Unter Hinweis auf die mögliche Vereinfachung der Rechtsgestaltung wird gefordert, ein monistisches System einzuführen, das an die Mangeldefinitionen des Wiener UN- Kaufrechts angelehnt ist.[558]
In unmittelbarem Zusammenhang mit der Problematik des Mangelbegriffs steht die Diskussion um die Abgrenzung der Irrtumsanfechtung, der Konformität bei Lieferung und der Haftung für versteckte Mängel.

aa) „klassische Theorie"

Die Vertreter der „klassischen Theorie" verteidigen diese Unterteilung, die unter Einbeziehung der Irrtumsanfechtung als „Dreiteilung" angesehen wird, entschieden. Sie entspreche einer mehr als 150jährigen Rechtstradition des französischen und belgischen Rechts, weshalb ihre Abschaffung rechtspolitisch nicht zu erwägen sei.
Die Begründung der Basis dieses Systems ist allerdings kryptisch: Diese Dreiteilung entspreche der Natur der Dinge.[559]
Die Vertreter dieser Theorie fassen die Unterschiede zwischen den drei Rechtsbehelfen konzeptionell auf.
Da das Vorliegen eines Irrtums, einer Falschlieferung und eines versteckten Funktionsmangels drei verschiedene Ursachen für eine Leistungsstörung seien, müsse dogmatisch korrekt auch in drei verschiedene Rechtsbehelfe unterteilt werden, wodurch ein spezielles Gleichgewicht geschaffen werde.[560]

Bloch, Rev. trim. dr. civ., 1988, 673, 675 n° 5
[556] Cass., 4 novembre 1965, J.T., 1966, 25
[557] vgl. auch: *Ghestin*, « Conformité et Garantie dans la vente », L.G.D.J., Paris, 1983, S. 198, n° 208
[558] *Glansdorff*, in : *Glansdorff/ Grégoire/ Steenenbergen/ Vander Elst/ Levy/ Henry*, La vente, 1987, 29, 46 anlässlich der Umsetzung der Verbrauchsgüterkaufrichtlinie wurde zumindest in Frankreich wieder eine Diskussion entfacht, vgl. *Viney*, JCP 2002, 1497ff.
[559] *Baudry- Lacantinerie/ Saignat*, Traité théoretique et pratique de droit civil. De la vente et de l'échange, S. 422, n° 414
[560] *Atias*, Dalloz 1993, Chronique 265, 266
Bénabent, Dalloz 1994, Chronique, 115, 116, n° 7
Dem widerspricht *Family*, CCC, 2002, Chroniques n° 7, n° 34ff., indem sie annimmt, dass es einen „cumul réel d'actions" und einen „cumul idéal d'actions" gibt, wobei im Rahmen letzterer Vermischung mehrere Rechtsbehelfe durch einen Mangel gegeben sein können.

Allerdings sind weder die Lehre noch die Rechtsprechung fähig, eindeutige und praktikable Definitionen für die drei Begriffe zu geben.[561]
Die Vertreter der klassischen Theorie sehen das Problem zwar ebenfalls, vertreten jedoch den Standpunkt, dass mit der mehr als 150jährigen Rechtstradition nicht gebrochen, sondern lediglich eine Rückbesinnung auf die eigentlichen Abgrenzungskriterien stattfinden müsse.[562]
bb) „funktionalistische Theorie"
Eine in den 1950er Jahren in Frankreich entwickelte Theorie forderte in diesem Kontext zwar nicht in radikaler Weise den Wechsel vom dualistischen zum monistischen System, wollte sich allerdings auch von der klassischen Theorie lösen.
Die Vertreter der sogenannten funktionalistischen Theorie betonten die Gleichartigkeit der drei möglichen Leistungsstörungen und zogen daraus die Konsequenz, dass es nicht erheblich sein könne, welche dieser drei Ursachen vorliege, sondern lediglich, zu welchem Zeitpunkt sie aufgetreten sei.[563] Die Unterscheidung der Rechtsbehelfe der Irrtumsanfechtung, der Falschlieferung und der Garantie für versteckte Funktionsmängel richte sich demnach danach, ob ein Fehler bei der vertraglichen Einigung, bei der körperlichen Überlassung der Sache oder danach aufgetreten sei.[564]
Unter einem anderen Aspekt gewann diese Strömung auch in der belgischen Literatur an Bedeutung zu gewinnen.
Die Cour de Cassation hatte in ihrer vielzitierten Aquacoat- Entscheidung[565] den Mangelbegriff dahingehend erweitert, dass auch Funktionsmängel hierunter fielen, die lediglich iSd Parteivereinbarung erheblich waren. Es war demnach nicht mehr erforderlich, dass der Mangel der Sache anhaftete oder innewohnte.[566]
Aus der Erweiterung des Mangelbegriffs wurde jedenfalls zum Teil der Schluss gezogen, die Haftung für versteckte Mängel stelle eine Fortsetzung der Haftung für offensichtliche Mängel dar. Diese seien identisch und nicht voneinander abgrenzbar, wenn nicht als zeitliches Abgrenzungskriterium die Abnahme herangezogen werde.[567]
Dem trat eine restriktive Literaturansicht entgegen, die sich gegen die weite Mangeldefinition aussprach und die klassische Abgrenzung der drei Rechtsbehelfe befürwortete.[568] Vielmehr stelle die Haftung für versteckte Mängel einen zusätzlichen Schutz des

---

[561] *Tournafond,* Dalloz 1989, Chronique, 237, 238, n° 9ff.
[562] *Meinertzhagen- Limpens,* R.G.D.C.B., 1993, 197, 222
[563] *Alter,* « L'obligation de délivrance dans la vente de meubles corporels », 1972, n° 138ff.
Ghéstin, « Conformité et garanties dans la vente », 1983, S. 215ff., n° 225f.
[564] *Ghéstin,* « La notion d'erreur dans le droit positif actuel », S. 341f., n° 292
Le Tourneau, Rev. trim. dr. comm. 1980, 231, 243, n° 33
a.A.: *Tournafond,* Dalloz, 1989, I, Chronique XXXVI, 237, 240, n° 29, der durch diese Sicht der Dinge den Unterschied zwischen Vertragsschluß und – durchführung aufgehoben sieht, m.w.N. zur Gegenmeinung
[565] Cass., 18 novembre 1971, Pas., 1972, I, 258
[566] Auf die Entwicklung des Begriffs des „vice fonctionnel" und seine Anerkennung wird im Weiteren noch ausführlich zurückgekommen.
[567] *Gérard,* Anmerkung zum Urteil, Cass., 18 novembre 1971, R.C.J.B., 1973, p. 612, 621, n° 12
Pothier, n° 203
[568] *Simont,* in: Hommage à R. Dekkers, S. 331ff.

Käufers gegen den bösen Willen des Verkäufers dar und sei daher nicht mit der Verpflichtung zur konformen Lieferung zu verwechseln.[569]
Gegen die Auffassung, aus der Erweiterung des Mangelbegriffs sei zwangsläufig der Schluss zu ziehen, dass non- conformité und vice caché- Haftung lediglich in zeitlicher Hinsicht abgrenzbar seien, wird auch eingewandt, dass die Verwechselung der drei möglichen Käuferrechtsbehelfe auch auf die zunehmende Tendenz der Rechtsprechung, das bref délai durch die Annahme eines Irrtums zu umgehen, zurückzuführen sei.[570]

b) Stellungnahme

Festgestellt werden kann ohne weiteres, dass sich die drei Rechtsbehelfe charakterlich sehr ähneln. Die Grenzen sind fließend und eine Differenzierung wird in Ermangelung präziser Abgrenzungskriterien nicht erleichtert.
Weiterhin besteht auch Klarheit über die Wurzel dieses Problems: Die kurze Frist des Art. 1648 C.civ. Sie erfordert eine Abgrenzung der verschiedenen Rechtsbehelfe. Durch sie erhält die Haftung für versteckte Mängel ein eigenes Gesicht, das sie aus der Ähnlichkeit zur Irrtumsanfechtung herauslöst und ihr die Qualität eines eigenen Rechtsinstituts zuschreibt.[571]
Folgeerscheinung ist allerdings die Absicht der Rechtsprechung, das für die Käufer in der Regel sehr unvorteilhafte „bref délai" zu umgehen, indem die Voraussetzungen für die Annahme eines Irrtums über wesentliche Eigenschaften der Kaufsache erheblich gelockert werden. Als Resultat ergibt sich eine Erschwerung der Abgrenzung der drei Rechtsbehelfe, die auf der fortwährenden Angleichung ihrer Voraussetzungen beruht.
Dennoch darf aus der Übereinstimmung der Voraussetzungen nicht der Schluss gezogen werden, alle drei seien zu vereinheitlichen und lediglich in chronologischer Reihenfolge anzuwenden.
Zumindest hinsichtlich der Abgrenzung der Irrtumsanfechtung von der Schlechterfüllung würde dies mit dem Prinzip der Privatautonomie nicht in Einklang zu bringen sein, das dem einzelnen garantiert, sich seinem Willen gemäß im Rechtsverkehr zu betätigen.
Eine Vereinheitlichung würde dem Aspekt nicht gerecht werden, dass zum einen der Vertragsschluss und zum anderen die Vertragsdurchführung betrachtet werden, bei denen grundsätzlich unterschiedliche Parteiinteressen vorliegen. Die Irrtumsanfechtung wird dem Interesse des Käufers gerecht, sich nur an einer vertraglichen Vereinbarung festhalten zu lassen, die er in derselben Art und Weise eingehen wollte. Dagegen betrifft die Vertragsdurchführung die wirtschaftlichen Interessen des Käufers, sein Äquivalenzinteresse.
Dagegen ist die Abgrenzung zwischen „conformité" und „vice caché" technisch kaum zu vollziehen und wirkt daher sehr künstlich. Die Erweiterung des Mangelbegriffs dahingehend, dass beides hiervon erfasst ist, wäre eine gangbare Lösung.
Dies wurde zwar bereits im Ansatz durch die Anerkennung des „vice fonctionnel" durch die Cour de Cassation ermöglicht, dennoch wurde daraus nicht die Konsequenz

[569] *Simont,* in: Hommage à R. Dekkers, S. 331f., 337, n° 8
[570] *Meinertzhagen- Limpens,* R.G.D.C.B., 1993, 197, 206, n° 24
[571] *Ghestin,* « La notion d'érreur dans le droit positif actuel », n° 275, S. 323

der Abschaffung des dualistischen Systems und die Installierung des monistsichen Systems gezogen.
Dass dies allerdings aus Gründen der Praktikabilität sachgerechter sein könnte, ist wohl auch den Befürwortern des dualistischen Systems bewusst.
Obwohl die funktionalistische Theorie sich zu der Dreiteilung bekennt, stimmt sie im Kern mit den Kritikern dieses Systems überein, die einen einheitlichen Mangelbegriff und ein monistisches Gewährleistungssystem fordern. Denn die Feststellung, die drei Ursachen für die Leistungsstörungen seien so ähnlich, dass sie nicht dem Grunde nach differenziert werden, sondern lediglich temporär eingeordnet werden müssten, beinhaltet letztendlich den Befund, dass die Abgrenzung an sich nur in künstlicher Art und Weise aufrechterhalten werden kann und demnach nicht dringend erforderlich ist.
Vorherrschend in Literatur und Rechtsprechung ist somit das Traditionsbewusstsein, das es nicht erlaubt, die dualistische Gewährleistungsstruktur für einen moderneren Mangelbegriff zu opfern. Theorie und Praxis ziehen es vielmehr vor, nach neuen und praktikableren Abgrenzungsmodi zu suchen.

3. Inhalt der Lieferungspflicht

Essentielle Tatbestandsmerkmale des Art. 1604 C.civ. sind die Einräumung der Sachherrschaft und der Begriff der gekauften Sache.
a) Einräumung der Sachherrschaftsgewalt
Seinen Ursprung hat diese spezielle Verpflichtung des Verkäufers im römischen Recht, dem frühe romanische Rechtsordnungen zunächst auch noch folgten. Danach kam der Eigentumsübergang, wie bereits oben angesprochen, nicht durch die Einigung, sondern erst durch die Übergabe der Sache zustande.[572]
Durch die Lieferung erfolgt die tatsächliche, aber nicht zwingend körperliche Effektuierung des Eigentumsübergangs.[573] Wie an Art. 1606 C.civ. ersichtlich, ist es lediglich erforderlich, dass der Käufer über sie disponieren kann.[574]
Dieser rein technische Teil der Lieferungspflicht ist somit in Bezug auf die hier verfolgte Fragestellung nicht problematisch und soll deshalb auch im Rahmen dieser Arbeit nicht weiter verfolgt werden.
b) Begriff der „verkauften Sache"
Vor dem Hintergrund der bereits erörterten Abgrenzungsproblematik ist hinsichtlich der Frage, was die „verkaufte Sache" sei, eine umfassende Auslegung der Vorschrift des Art. 1604 C.civ. und der Rechtsfolgen ihrer Verletzung unter Verwendung der Abgrenzungskriterien der klassischen und der funktionalistischen Theorie vorzunehmen.
aa) Wortlautauslegung
Art. 1604 C.civ. definiert die Ablieferung als Transport der verkauften Sache in den Besitz des Käufers.

[572] *Limpens,* La vente en droit belge, n° 189
[573] Es ist jedoch umstritten, ob Bestandteil dieser Pflicht nicht doch die Eigentumsübertragung ist, da die klare Aussage des Art. 1604 iVm Art. 1136 C.civ. nicht in Fällen gilt, in denen der Eigentumsübergang zeitlich verzögert ist, vgl. eingehend: *Bloch,* Rev. trim. dr. civ., 1988, 673ff.
[574] *Harmel,* La Théorie Générale de la Vente, Rép. not., t. VII, n° 217

Mit diesem Terminus nimmt Art. 1604 C.civ. bezug auf die vertragliche Einigung der Parteien.
Als gekauft gilt damit die Sache, die im Vertrag spezifiziert wurde.
Dies ist allerdings nur dann präzise, wenn sich der Käufer eine bestimmte Sache ausgesucht hat und der Stückkauf noch an Ort und Stelle vollzogen wird.
Schwieriger ist die vertragliche Einigung schon zu interpretieren, wenn der Stückkauf nicht sofort, sondern erst eine gewisse Zeit später durchgeführt wird und sich die Sache verändert hat.
Was unter der „verkauften Sache" bei einem Gattungskauf zu verstehen ist, bedarf ebenso einer dezidierten Auslegung der bei Vertragsschluss übereinstimmend abgegebenen Willenserklärungen.

bb) Systematische Auslegung

Die systematische Stellung der Lieferungspflicht innerhalb des Kaufrechts lässt den Schluss zu, dass es sich um eine der Haftung für die Sache selbst vorgeschaltete Verpflichtung handelt, deren Gegenstand nicht das Äquivalenzinteresse des Käufers ist. Sie stellt lediglich eine Absicherung hinsichtlich der technischen Abwicklung des Rechtsgeschäfts dar. Der Code Civil regelt die Stadien der Vertragsdurchführung in strikt chronologischer Reihenfolge. Dieser Schluss ist auch aus dem Vergleich des Regelungsgehalts der Art. 1604 und 1641 C.civ. zu ziehen.
Aus Art. 1604 C.civ. resultiert, dass die Lieferungspflicht lediglich die offenbar mangelhafte Lieferung erfassen will, indem auf eine Definition der „chose vendue" explizit verzichtet wird. Eine Konkretisierung des Begriffs findet sich lediglich in Art. 1614 C.civ., der bestimmt, dass die Sache sich bei der Lieferung in dem Zustand befinden muss, in dem sie war, als der Kaufvertrag geschlossen wurde. Diese Bestimmung gilt allerdings nur für den Stückkauf.[575]
Für den Gattungskauf bestimmt Art. 1246 C.civ., dass vorbehaltlich spezieller vertraglicher Regelungen Sachen mittlerer Art und Güte zu liefern sind. In der Phase der Vertragsdurchführung geht es demnach nur um Identität und Konformität der geleisteten Sache, wobei allerdings auch die berechtigten Erwartungen des Käufers an die Kaufsache zu berücksichtigen sind.
Art. 1641 C.civ. begründet hingegen die Verbindung des Begriffs der Konformität mit dem vertraglich angestrebten Gebrauch der Sache. Es setzt damit voraus, dass bei Lieferung der Sache keine Abweichungen existiert haben, die zu einer Zurückweisung der Sache führten und deshalb erst bei vertragsgemäßem Gebrauch offensichtlich werden.
Durch die Einigung ist der Käufer Eigentümer der vertraglich bedingten Sache geworden und die Lieferungspflicht verfolgt den Zweck, diese Rechtsposition durch Einräumung der tatsächlichen Sachherrschaft zu realisieren.[576]

cc) Teleologische Auslegung

Der Sinn, die Lieferung der gekauften Sache als eigenständige Pflicht zu kodifizieren liegt darin, die verschiedenen Stadien der Vertragsabwicklung zu präzisieren und jeweils einer eigenständigen gesetzlichen Regelung zuzuführen.

---

[575] *Foriers/ Glansdorff*, Contrats spéciaux, t. I, 1995/96, S. 74
[576] *Bloch*, Rev. trim. dr. civ., 1988, S. 675

Art. 1605- 1609 C.civ. geben den Rahmen vor, in dem sich der Verkäufer bei der Erfüllung dieser Verpflichtung zu bewegen hat. Art. 1610 und 1611 C.civ. geben Aufschluss über die Sanktionen einer Pflichtverletzung.
Die Nichterfüllung der Lieferungspflicht wird im Sinne des Droit commun, also des allgemeinen Vertragsrechts, behandelt. Sie ist somit, abgesehen von Art. 1610, 1611 C.civ., nicht Gegenstand der kaufrechtlichen Sonderregelung. [577] Diese Vorschriften beschäftigen sich dem Wortlaut nach mit den Konsequenzen der verspäteten Lieferung der Kaufsache. An den übrigen Regelungen hinsichtlich der Handhabung von Minder- und Zuviellieferung (Art. 1616ff. C.civ.) wird ebenfalls deutlich, dass die Qualität der gelieferten Sache noch gar nicht in Frage steht.
Neben der Vertragsauflösung nach Art. 1184 C.civ. kann der Käufer deshalb unter Zurückweisung der gelieferten Sache weiterhin Erfüllung und darüber hinaus auch die Kompensation der entstandenen Schäden verlangen.[578]
Die Periode dieser Art der Beseitigung von Leistungsstörungen endet nach dem Droit commun nach 30 Jahren (Art. 2262 C.civ.). Sie endet aber auch, wenn der Käufer die Sache abnimmt, sie also als vertragsgemäß akzeptiert.[579]
Durch diese zeitliche Entzerrung möglicher Leistungsstörungen bei der Durchführung des Kaufvertrages und das klare Aufzeigen von Handlungsalternativen im Rechtsverkehr wird die Kompensation von Leistungsstörungen für die Parteien vereinfacht.
Die zeitliche Komprimierung des Stadiums der Vertragsdurchführung ist auch deshalb von besonderer Bedeutung für den Käufer als dass er durch die Einigung, spätestens mit Konkretisierung, Eigentümer der Sache geworden ist und seitdem die Gefahr für ihren Untergang trägt, ohne diese auch in eigener Obhut zu haben.
Die Vertragsdurchführung wird also durch die Möglichkeit der Zurückweisung einer nicht konformen Lieferung insgesamt beschleunigt. Um diesem Telos gerecht zu werden, sind an die Konformität nicht zu hohe Anforderungen zu stellen, es genügt vielmehr, wenn die Kaufsache offensichtlich nicht den Anforderungen der vertraglichen Einigung entspricht.
Besonders die Fälle von Mengenabweichungen sind für diese Auslegung plastische Beispiele.
Im Ergebnis führen Vereinfachung und Beschleunigung der Abwicklung von Pflichtverletzungen zu mehr Rechtssicherheit.

c) Ergebnis

Es ist demnach festzuhalten, dass die gelieferte Sache immer dann nicht mehr mit der gekauften übereinstimmt, wenn ihr offenbar ein Element der vertraglichen Einigung hinsichtlich der Kaufsache fehlt. Welchen Charakter die Abweichung besitzt, ist irrelevant[580], dies ist Gegenstand der zwei anderen Säulen der kaufrechtlichen Gewährleistung, der Haftung für versteckte Mängel und für Rechtsmängel. Dieser Befund ergibt sich aus dem Abgrenzungskriterium der klassischen Theorie. Im Sinne der funktiona-

---

[577] *Ghéstin,* Conformité et Garanties dans la Vente, L.G.D.J., Paris, 1983, n° 208, S. 198
[578] Cass. Fr., 9 mars 1910, Pas., 1910, IV, 149
[579] *Gevers/ De Gavre,* « Examen de jurisprudence (1960- 1965), Les contrats spéciaux », R.C.J.B., 1965,171, 179, n° 9
[580] *Larroumet,* obs. sous Cass. com fr., 24 avril 1980, Dalloz, Jurisprudence Generale, 1980,2, S. 567

listischen Theorie ergibt sich selbiges mit der besonderen Betonung des Zeitpunkts des Auftretens der Abweichung.
Es ist aber auch noch eine weitere Schlussfolgerung zu ziehen: Aus der Existenz der Lieferverpflichtung inklusive der Rechtfolgen bei ihrer Verletzung ergibt sich, dass der Gesetzgeber im Code civil ausdrücklich die Meinung vertreten hat, dass die Erfüllung mit einer mangelhaften Sache möglich ist. Die Gewährleistungstheorie wird dadurch zum gesetzlichen Leitbild.

II. Haftung des Verkäufers für versteckte Mängel

1. Vorliegen eines Sachmangels

Ist die Kaufsache von dem Käufer abgenommen und der Anwendungsbereich des Droit commun hinsichtlich der Erfüllung der Lieferungspflicht verlassen, so haftet der Verkäufer im Rahmen der Garantie gem. Art. 1625 C.civ. für Rechts- und Sachmängel.[581]
Für die Eröffnung der Haftung für Sachmängel gem. Art. 1641ff. C.civ. ist zunächst das Vorliegen eines versteckten Mangels erforderlich.
Art. 1641 C.civ. definiert einen versteckten Sachmangel, der die Garantie auslöst, als einen solchen, der die Sache zum gewöhnlichen Gebrauch unbrauchbar macht oder diesen Gebrauch derartig einschränkt, dass der Käufer die Sache nicht angenommen hätte oder nur einen geringeren Preis für sie gezahlt hätte, wenn er den Mangel gekannt hätte.
Diese Definition enthält drei verschiedene Wesensmerkmale eines die Garantie begründenden Sachmangels: Der Mangel muss den gewöhnlichen Gebrauch unmöglich machen oder zumindest derart einschränken, dass der Käufer hierfür nur einen niedrigeren Preis gezahlt hätte.
Des Weiteren erfordert ein solcher die Unkenntnis des Mangels seitens des Käufers, woraus die Charakteristik der Haftung für versteckte Mängel resultiert.
Der Mangel muss letzten Endes bei Vertragsschluss vorgelegen haben. Das kann aus der Formulierung des Art. 1641 C.civ. über den Zeitpunkt der Kenntnis des Käufers im Imperfekt abgeleitet werden.
a) Untauglichkeit zum gewöhnlichen Gebrauch
aa) Klassischer enger Mangelbegriff
Die Definition des Art. 1641 C.civ. gibt Aufschluss über das Verhältnis zu derjenigen Konformität, die zur Erfüllung der Lieferungspflicht erforderlich ist. Der Begriff wird weiter verengt, in dem nicht jede Differenz zwischen vertraglich vereinbarter Beschaffenheit der Kaufsache und tatsächlich gelieferter Sache als Sachmangel gilt, sondern lediglich derjenige, der auch den gewöhnlichen Gebrauch der Sache beeinträchtigt.[582] Oder in dieser Hinsicht das Preisleistungsverhältnis verletzt.[583] Es handelt sich damit

[581] *Alter*, « L'obligation de délivrance dans la vente de meubles corporels », 1972, S. 233, n° 138
[582] *Meinertzhagen- Limpens*, in : *De Page*, t. IV, n° 201, S. 278f.
[583] *Levy*, Rev. trim. dr. civ. 1970, 1, 2, der hieraus jedoch ableitet, dass das Gericht die Absichten der Kaufvertragsparteien hinsichtlich der angestrebten Nutzung und dem hierfür gezahlten Preis zu erfor-

folglich um einen rein objektiven Fehlerbegriff.[584] Nach dieser Definition muss der Mangel der Sache innewohnen.[585]

Als Beschaffenheitsmerkmale werden dabei sowohl solche der Fabrikation, der stofflichen oder zum Beispiel auch chemischen Zusammensetzung der Sache angesehen.[586]

bb) Weiter funktioneller Mangelbegriff

Darüber hinaus ist jedoch nach jahrelanger Diskussion nunmehr auch anerkannt, dass die Gebrauchsbestimmung des Käufers ebenso Anlass zur Gewährleistung geben kann, wenn sie mit der Sache nicht erreichbar ist und der Verkäufer Kenntnis von dieser Bestimmung hatte.[587]

Dies wird auch als „vice fonctionnel" bezeichnet und erweitert den Sachmangelbegriff in erheblichem Maße.[588] Dogmatische Friktionen löst diese Definition unter dem Blickwinkel aus, dass die außerhalb der stofflichen Beschaffenheit der Sache liegende Gebrauchsmöglichkeit im Verhältnis zur materiellen Beschaffenheit überbewertet wird.

Der funktionelle Mangelbegriff war zunächst in der handelsrechtlichen Rechtsprechung verbreitet, wurde dann jedoch auch von den Obergerichten und weiten Teilen der Literatur generell anerkannt.[589]

Ausgangspunkt der Leitentscheidung der Cour de Cassation war ein Sachverhalt, nach dem der Käufer einer Versiegelung namens „Aquacoat" diese als an sich mangelfreies Produkt erhalten hatte, sie jedoch nicht zu dem vom Verkäufer angepriesenen Zweck tauglich war.[590] Vor diesem Hintergrund sah sich das oberste Gericht veranlasst, von dem strikt objektiven Fehlerbegriff abzugehen und in Zukunft einer gemischt objektiv-subjektiven Mangeldefinition zu folgen.

Der vom Käufer intendierte Gebrauch wird allerdings nur dann gewährleistungsrechtlich relevant, wenn er dem Verkäufer bekannt ist.[591]

Das wird als gegeben angesehen, wenn der angestrebte Gebrauch erlaubt[592], gewöhnlich[593] oder vom Verkäufer als möglich angepriesen worden ist[594]. Auf diese Weise ergibt sich die Möglichkeit, auch Werbung des Verkäufers Eingang in den Mangelbegriff finden zu lassen, was auch maßgebend für die Cour de Cassation in der „Aquacoat"- Entscheidung gewesen ist.

---

schen hat. Die Gebrauchsbestimmung also den Vertragsparteien obliegt. Dies ist keine Aussage, die in Ansehung dieses Kriteriums getroffen werden kann.

[584] *Virassamy*, Besprechung der Entscheidung Cass. Fr., 23 janvier 1990, Dalloz, 1991, I, 333, 335, n° 9

[585] *Meinertzhagen- Limpens*, in: *De Page*, t. IV, n° 201, S. 276

[586] *Foriers/ Glansdorff*, Contrats spéciaux, t. I, S. 97f.

[587] Cass., 18 novembre 1971, Pas., 1972, I, 258, 260

[588] Comm. Bruxelles, 20 mai 1958, J.C.B., 1959, 51

[589] *Gérard*, Besprechung der Entscheidung Cass., 18 novembre 1971, R.C.J.B. 1973, 612, 618, n° 9 Cass., 17 mai 1984, Pas., 1984, I, 1128

[590] Cass., 18 novembre 1971, R.C.J.B., 1973, 609, 610f.

[591] *Verheyden- Jeanmart*, « Vente et cession de créance »,CUP, Vol. XV, n° 6

[592] Comm. Bruxelles, 15 novembre 1971, J.C.B., 1972, I, 668

[593] Comm. Bruxelles, 16 février 1955, J.C.B., 1955, 124, 127

[594] Cass., 18 novembre 1971, Pas., 1972, 258
Cass.civ. fr., 18 mai 1966, Bull., I, n° 308, S. 236

Der funktionelle Mangelbegriff werde dem wachsenden Schutzbedürfnis des Verbrauchers im Rechtsverkehr in adäquater Weise gerecht.[595]
Gegen den funktionellen Mangelbegriff wurde jedoch erhebliche Kritik vorgebracht, die zum Teil sogar Grundprinzipien des Code civil als gefährdet ansah.

α) Funktioneller Mangelbegriff contra legem

Kritiker sahen diese Ausweitung als nicht mehr von Art. 1641 C.civ. gedeckt an. Dieser nehme lediglich bezug auf den normalen Gebrauch der Sache, wie er nach ihrer Beschaffenheit zu erwarten ist.[596]
Dieses Argument besticht in seiner Klarheit nur vordergründig, denn zunächst ist der Charakter des Kaufvertrages als synallagmatischer Vertrag zu berücksichtigen.
Der Grundsatz des „du et des" berücksichtigt bei der Abwicklung von Leistungsstörungen die wirtschaftliche Ausgeglichenheit der Vertragsbeziehung als übergeordnetes Prinzip.
Im Zusammenhang mit dem Mangelbegriff wirkt sich das Prinzip dahingehend aus, dass die der Kaufpreiszahlung gegenüberstehende Pflicht diejenige ist, dem Käufer Eigentum an einer diesem Wert äquivalenten Sache zu verschaffen.
Unter dieser Prämisse kann nicht nur ausschlaggebend sein, zu welchem Gebrauch die Sache normalerweise tauglich sein muss, sondern was sie für den Käufer durch ihren Gebrauch wert ist.[597]

β) Vermischung Irrtumsanfechtung und Mängelgewähr

Des Weiteren werde in unzulässiger Weise die Grenze zwischen Irrtumsanfechtung und Mängelgewähr verwischt.
In der Sache mag dieses Argument zwar zutreffend sein, jedoch erfolgt eine zunehmende Erschwerung der Abgrenzung der beiden Rechtsbehelfe nicht nur durch die Ausweitung des Mangelbegriffs, sondern auch durch diejenige des Irrtumsbegriffs.[598]
Darüber hinaus dürfte es nicht den Interessen des Käufers entsprechen, zu Gunsten des Kaufrechts zu optieren und aus einem Irrtum einen Mangel zu machen. Die Verjährung im Kaufrecht ist für den Käufer ungleich unvorteilhafter, er muß seine Rechte innerhalb einer kurzen Frist gem. Art. 1648 C.civ. geltend machen und hat nicht die Möglichkeit, gem. Art. 1304 C.civ. 10 Jahre seine Willenserklärung anzufechten.[599]
In Anbetracht einer umfassenderen Schadenskompensation ist jedoch die kaufrechtliche Gewährleistung für versteckte Mängel nach Meinung einiger Autoren durchaus der Irrtumsanfechtung vorzuziehen.[600] Im Sinne der klassischen Abrenzungstheorie wird bezweifelt, dass das Problem überhaupt mit den Voraussetzungen eines Irrtums in Verbindung zu bringen ist, denn letztendlich handele es sich bei der gelieferten Sache nicht um eine andere, irrigerweise gekaufte Sache, sondern um diejenige, die Vertragsbestandteil war, aber in einem untauglichen Zustand.[601]

---

595 *Bourgoignie,* J.T. 1976, 506, 513
596 *Foriers/ Glansdorff,* Contrats spéciaux, t. I, S. 100, n° 142
597 *Ghéstin,* « La notion d'érreur dans le droit positif actuel », n° 10, S. 18
598 *Meinertzhagen- Limpens,* R.G.D.C.B., 1993, 197, 206, n° 24
599 *Foriers/ Glansdorff,* Contrats spéciaux, t. I, S. 100ff., n° 143
600 *Gérard,* R.C.J.B. 1973, 612, 622, n° 13
601 *Tournafond,* Dalloz, 1989, I, Chronique, 237, 238, n° 9, zur Abgrenzungsproblematik vgl. bereits oben

χ) Kein erhöhtes Schutzbedürfnis des Käufers

Einige Vertreter der engen Auslegung sind sogar der Ansicht, der funktionelle Sachmangelbegriff sei schon deshalb überflüssig, weil die Abnahme dahingehend ausgelegt werden könne, dass sie nur Mängel erfasse, die ausdrücklich anerkannt wurden. Dies stellt die Geburt einer neuen Kategorie, des versteckten Konformitätsmangels („defaut de conformité occulte") dar.[602] Auf diese Weise würde der Käufer auch nach Abnahme noch durch die Vorschriften die Lieferung betreffend geschützt werden und eine Ausweitung des Sachmangelbegriffs demnach nicht notwendig sein.[603]

Auch aus diesem Blickwinkel heraus sei es für den Käufer von Vorteil, sich auf die Vorschriften bezüglich der Lieferungspflicht zu berufen anstatt auf die Haftung für versteckte Mängel, da die Fristen für die Geltendmachung von Rechtsbehelfen doch in erheblichem Maße divergieren.[604]

Dieser Kritik kann allerdings nicht gefolgt werden. Die Geltendmachung von Ansprüchen aus der Lieferpflicht ist nur solange möglich, wie keine Abnahme erfolgt ist.[605] Die Abnahme als Anerkennung der Vertragsmäßigkeit kann jedoch nicht nur auf einzelne Eigenschaften bezogen werden, denn das Wesen des versteckten Mangels liegt ja gerade darin, für den Käufer zunächst nicht erkennbar zu sein. Es kann aus einer mangelnden Aussage hinsichtlich einzelner Eigenschaften also nicht geschlossen werden, dass die Abnahme diese gerade nicht umfasste. Das würde das Verhältnis zwischen Lieferungs- und Mängelgewährleistungspflicht vollends aus den Angeln heben und zur Aufgabe des dualistischen Systems zugunsten des monistischen führen.

δ) Unmöglichkeit der klaren Abgrenzung zum Werkvertrag

Zu bedenken wurde auch gegeben, dass durch die funktionelle Mangeldefinition die Abgrenzung zwischen Kauf- und Werkvertrag verwischt werden.[606]

ε) Stellungnahme

Die genauere Analyse der gegen den funktionellen Mangelbegriff vorgebrachten Kritik zeigt, dass dieser keinen Bruch mit den dogmatischen Grundprinzipien des Code civil hervorbringt. Vielmehr lässt sich die Kritik durch Sachargumente von einigem Gewicht entkräften, was für eine weite Definition des Mangels spricht.

Zu betonen ist weiterhin, dass der funktionelle Mangelbegriff neueren soziologischen Entwicklungen Rechnung trägt, indem auch Werbung des Verkäufers in bezug auf eine mögliche Verwendung der Kaufsache seine kaufrechtliche Gewährleistungspflicht auslösen kann.

Dies ist gerade im Zusammenhang mit dem im Focus dieser Arbeit stehenden Verbraucherschutz von besonderer Bedeutung.

Der Käufer als Verbraucher ist mehr und mehr den für ihn nicht immer nachvollziehbaren Anpreisungen des Verkäufers ausgesetzt. Die Erweiterung des Mangelbegriffs

---

602 *Verheyden- Jeanmart,* « Vente et cession de créance », CUP, Vol. XV, n° 32

603 *Foriers,* R.D.C. 1987, 2, 41ff., n° 62
Foriers/ Glansdorff, Contrats spéciaux, t. I, S. 102f., n° 144, 145

604 *Foriers/ Glansdorff,* Contrats spéciaux, t. I, S. 103, n° 146

605 *Gérard,* R.C.J.B. 1973, 612, 621, n° 12

606 vgl. insbesondere: Cass., 6 mai 1977, Pas., 1977, I, 907, das *Fallon* eingehend bespricht, R.C.J.B. 1979, 162, 173f., n° 15, 16

durch die funktionelle Komponente beantwortet das gesteigerte Schutzbedürfnis des Käufers in entsprechender Weise.
Darüber hinaus findet sich die dogmatische Rechtfertigung des funktionellen Mangelbegriffs im dreisäuligen System der kaufrechtlichen Gewährleistung selbst: Es wird allgemein angenommen, dass die Haftung des Verkäufers für versteckte Mängel eine Fortführung seiner Haftung für die Erfüllung der Lieferpflicht darstellt, bzw. einen ergänzenden Schutz des Käufers beinhaltet.
Wie bereits oben festgestellt, wird das Spektrum der Gewährleistung im Bereich der versteckten Mängel jedoch im Vergleich zum Begriff der Konformität bei der Lieferung in der Hinsicht eingeschränkt, als dass die negative Abweichung der Ist- Beschaffenheit von der Soll- Beschaffenheit den gewöhnlichen Gebrauch unmöglich machen muß. Bei der Bestimmung der Konformität bei Lieferung geht es allerdings um die „chose vendue", also die privatautonom vereinbarte Sache. Dieser Bruch in der angenommenen Haftungskontinuität des Verkäufers wird durch die Anwendung des funktionellen Mangelbegriffs etwas gemildert.

ϕ) Ergebnis

Mithin verfolgt der Code civil nun nach herrschender Ansicht aufgrund einer durch die Rechtsprechung eingeleiteten Abkehr vom strikt objektiven Fehlerbegriff durch den funktionellen Mangelbegriff einen objektiv- subjektiven Fehlerbegriff.

b) versteckter Mangel

Art. 1642 C.civ. trifft die klare Aussage, dass der Verkäufer für Mängel, die bei Abschluss des Kaufvertrages, also beim Übergang des Eigentums und der Gefahr, offensichtlich waren, und für solche, von denen sich der Käufer selbst überzeugen konnte, keine Gewähr zu leisten hat. [607] Dem Verkäufer kommt dann die Fiktion, der Käufer habe sich der Rüge des Mangels und damit der Geltendmachung von Gewährleistungsansprüchen freiwillig enthalten, zugute.[608]
Der Mangel ist dann versteckt, wenn er zum Zeitpunkt der Abnahme von dem Käufer unter Anwendung der Sorgfalt in eigenen Angelegenheiten nicht entdeckt werden konnte.[609] Das ist unter anderem der Fall, wenn der Mangel solcher Natur ist, dass er sich erst beim Gebrauch der Sache zeigen kann.[610]
Eine Untersuchung muss, was die Sorgfalt und die Aufmerksamkeit der Betrachtung der Kaufsache betrifft, durchschnittlichen Anforderungen gerecht werden. Als unnötig werden chemische Untersuchungen, die Einholung von Sachverständigengutachten oder die Zerstörung der Sache zur Auffindung eines Mangels angesehen.[611]
Es gelten jedoch in Bezug auf den Käufer abgestufte Sorgfaltsanforderungen. Verfügt er über die Kaufsache betreffende Spezialkenntnisse, so erhöht sich ihm gegenüber der Sorgfaltsmaßstab.[612]

---

[607] *Limpens,* La vente en droit belge, S. 156f., n° 331ff. mit Beispielen aus der Rechtsprechung zu versteckten und offenen Mängeln.
[608] *Meinertzhagen- Limpens,* in: *De Page,* t. IV, S. 281, n° 201
[609] Cass., 29 mars 1976, Pas., 1976, I, 832
Van Ryn/ Heenen, Principes de droit commercial, t. III, n° 697
[610] Liège, 20 avril 2001, J.T. 2001, 493
[611] Bruxelles, 20 decembre 1957, J.T., 1958, 39
[612] *Devos,* J.T. 1991, 161, 170, n° 26

Des Weiteren kann sich der Käufer nicht auf einen versteckten Mangel berufen, wenn der Verkäufer ihn darauf hingewiesen hat, dass Mängel bestehen oder bestehen könnten.[613] Das bedeutet allerdings nicht, dass sich der Verkäufer beim Verkauf von Produkten zweiter Wahl von jeder Haftung für versteckte Mängel befreien kann, da sich diese Betitelung lediglich auf das Äußere der Ware bezieht, nicht jedoch auf ihre Nutzbarkeit.[614]

Generell haben Informationspflichten des Verkäufers in den letzten Jahren im Zuge der Verbraucherschutzgesetzgebung erheblich an Gewicht gewonnen.[615]

c) Vorliegen des Mangels bei Abschluss des Kaufvertrages

Mit Abschluss des Kaufvertrages geht in der Regel das Eigentum an der Kaufsache auf den Käufer über und mit ihm auch die Gefahr für den Untergang der Sache. Hat zu diesem Zeitpunkt der Mangel zumindest schon im Keim bestanden, so reicht dies für die Anwendbarkeit der Gewährleistungsvorschriften aus, auch wenn sich der Mangel erst viel später zeigt.[616]

Für das Vorliegen des Mangels bei Gefahrübergang hat die Rechtsprechung während der Gewährleistungsfrist in Umkehr der Beweislast eine Vermutung für die Fehlerhaftigkeit zugelassen, wenn es dem Käufer praktisch nicht möglich ist, diesen Beweis zu führen. Dies gelte auch beim Gebrauchtwagenhandel, sofern ein erhöhter Preis den Verkäufer zur Annahme berechtigt, die Kaufsache sei zum angestrebten Gebrauch tauglich, also der Eindruck entsteht, der Verkäufer hafte hierfür.[617]

Die Vermutung beruht auf der Wahrscheinlichkeit, dass der Mangel, sofern die Sache durch den Käufer in normaler Weise benutzt wurde, nicht durch diesen hervorgerufen wurde, sondern schon vor dem Eigentumsübergang vorgelegen hat.[618] Dies erzeugt den Anschein, dass der Mangel permanenter Natur ist, woraus die Verpflichtung des Verkäufers resultiert, einen unsachgemäßen Gebrauch durch den Käufer nachzuweisen.[619]

Liegen diese Voraussetzungen nicht vor, reicht es für den Beweis durch den Käufer zum Teil aber auch aus, wenn sich aus den Umständen ergibt, dass der Mangel bei Übergabe vorgelegen haben muss.[620]

2. Inhalt der Garantie

Liegt nach den Voraussetzungen des Art. 1641 C.civ. ein versteckter Sachmangel vor, stehen dem Käufer gem. Art. 1644 C.civ. nach eigener Wahl ein Anspruch auf Minderung oder auf Vertragsauflösung zu. Gem. Art. 1645, 1646 C.civ. besteht innerhalb der

---

[613] *Harmel,* Rep. Not. t. VII, S. 255, n° 341
[614] Mons, 6 avril 1998, J.T. 1998, 574, 575
[615] Mons, 2 novembre 1988, R.D.C., 1991, 227
[616] *Simont/ De Gavre,* « Examen », R.C.J.B., 1976, S. 415, n° 47
Cass., 7 septembre 1984, Pas., 1985, I, 35
[617] Comm. Bruxelles, 24 octobre 1951, J.T., 1952, 138
[618] *Bourgoignie,* J.T. 1976, 506, 508, n° 4.11.
[619] Comm. Bruxelles, 24 otcobre 1951, J.T., 1952, S. 138
[620] Cass. fr., 15 juillet 1999, CCC, 1999, n° 175

Rückgewähr des Kaufpreises bei der Minderung auch die Möglichkeit der Geltendmachung von Schadensersatzansprüchen.
Neben diesen Rechtsbehelfen kann der Käufer keine anderen Ansprüche mehr geltend machen. Ein Nacherfüllungsrecht in Gestalt der Nachbesserung oder Nachlieferung ist dem Code civil unbekannt.[621] Diese Rechte können lediglich privatautonom vereinbart werden. Auch kann sich der Käufer wegen vorhandener Mängel nicht auf die Einrede des nichterfüllten Vertrages berufen und die eigene Leistung verweigern.[622]
Diese Regeln sind generell auf alle Kaufverträge anwendbar, lediglich bei Zwangsversteigerungen enthält Art. 1649 C.civ. eine Ausnahme.

a) Wandelung

Begehrt der Käufer die Wandelung, so findet eine Vertragsauflösung mit rückwirkendem Charakter statt. Der Käufer hat die Kaufsache und der Verkäufer den Kaufpreis zurück zu gewähren. Soweit entspricht dieser Rechtsbehelf dem Rücktrittsrecht des Art. 1184 C.civ. des allgemeinen Rechts.
Unter Vergegenwärtigung des Umstandes, dass der Käufer gem. Art. 1645, 1646 C.civ. neben der Rückerstattung des Kaufpreises auch den Ersatz aller durch die mangelhafte Sache entstandener Schäden verlangen kann, ist jedoch auch die Schadensersatzregelung des Rücktritts nach allgemeinem Recht in diesen Vergleich miteinzubeziehen.

aa) Verhältnis der Wandelung zum Rücktritt nach Art. 1184 C.civ.

In Art. 1645, 1646 C.civ. eine Anwendung des Art. 1150 C.civ. zu sehen, würde letztendlich einer Verkennung der grundsätzlichen Unterschiede dieser Regelungen gleichkommen.[623]
Art. 1645, 1646 C.civ. treffen für die Gewährleistungspflicht des Verkäufers hinsichtlich der Kompensation etwaig entstandener Schäden eine abweichende Regelung, die die Gut- bzw. Bösgläubigkeit des Verkäufers bezüglich der Mangelhaftigkeit der Kaufsache als Ausgangspunkt hat.[624]
Nach Art. 1645 C.civ. hat der Verkäufer alle durch die mangelbehaftete Sache verursachten Schäden zu regulieren. Dies umfasst somit auch die Mangelfolgeschäden.
Kannte der Verkäufer den Mangel jedoch nicht, so hat er gem. Art. 1646 C.civ. nur die durch den Kaufvertrag direkt entstandenen Kosten zu erstatten.
Diese Unterscheidung basiert auf dem Gedanken, dass der gutgläubige Verkäufer grundsätzlich nicht Schadensersatz leisten, sondern sich seine Gewährleistungspflicht vielmehr nur auf die Kaufsache selbst beziehen soll.[625]
Eine von der Gutgläubigkeit des Schuldners abhängige Differenzierung der Schadensersatzpflicht kennt der Rücktritt nach Art. 1184 C.civ., im Rahmen dessen sich die Schadensersatzansprüche nach Art. 1150 C.civ. richten, nicht.
Art. 1150 C.civ. sieht vor, dass ohne Rücksicht auf Gut- oder Bösgläubigkeit alle diejenigen Schäden zu ersetzen sind, die angesichts des Vertragsgegenstandes vorhersehbar waren.

---

[621] *Foriers,* R.D.C., 1987, 44, n° 63
[622] *Limpens,* La vente en droit belge, n° 401
[623] *Glansdorff/ Foriers,* Contrats spéciaux, t. I, S. 109
[624] *Devos,* J.T. 1991, 161, 170, n° 28
[625] *Pothier,* Œuvres de Pothier, Tome IV, Contrat de vente, n° 212

Das wäre nur in Anbetracht des Strafcharakters des Art. 1645 C.civ., der die Arglist des Verkäufers sanktionieren soll, vertretbar. Nicht aber aus der Perspektive des gutgläubigen Verkäufers, dem die nach Art. 1150 C.civ. erforderliche Möglichkeit des Vorhersehens des Schadens aufgrund seiner Unkenntnis vom Mangel und seiner nicht vorhandenen Sachherrschaft fehlt.[626]

Doch auch das kaufrechtliche Prinzip des Zusammenhangs von Gutgläubigkeit und Pflicht zum Schadensersatz existiert in dieser Reinform nicht mehr, was zur erneuten Annäherung des Rücktritts und der Wandelung in Bezug auf die Schadensersatzansprüche führt.[627]

In Anlehnung an die Rechtsauffassung der französischen Cour de Cassation[628] hat auch die belgische Rechtsprechung in langjähriger Praxis den Begriff der „durch den Vertrag entstandenen Kosten" in Art. 1646 C.civ. derart ausgeweitet, dass nunmehr nicht nur direkt aus dem Vertragsschluss resultierende Aufwendungen erstattet werden müssen, sondern jeglicher, durch die mangelhafte Sache erlittene Nachteil bis auf den entgangenen Gewinn.[629]

Dies erfolgte lediglich aus Billigkeitsgründen, die zu verhindern versuchten, den Käufer nicht dem Risiko eines immens hohen, dem Wert der Kaufsache nicht mehr angemessenen Schadens auszusetzen.[630]

In der Folge wurde es zudem als logische Ausweitung dieser und der Rechtsprechung bezüglich der Bösgläubigkeitsvermutung zu Lasten professioneller Verkäufer angesehen, auch die Schäden Dritter, die durch die mangelhafte Sache verursacht wurden, über Art. 1646 C.civ. zu ersetzen.[631] Das resultiert aus der Rechtsauffassung der französischen Cour de Cassation, dass eine allgemeine Risikoübernahme des Verkäufers nicht aus dem Gesetz herzuleiten und auch eine Anwendung der Art. 1382, 1383 C.civ. unmöglich ist, wenn diesen kein Verschulden trifft.[632]

Diese Handhabung ist in Anbetracht der oben aufgezeigten grundsätzlichen Differenzen zwischen der Haftung nach allgemeinem Recht und Kaufrecht und dem Grundsatz der Haftungsprivilegierung zugunsten des Gutgläubigen äußerst fragwürdig.[633]

Dieser Grundsatz sollte aber nicht ausgehebelt werden, denn er trägt dem Umstand Rechnung, dass der Verkäufer nach den Art. 1645, 1646 C.civ. verschuldensunabhängig haftet, was nach den Grundsätzen des allgemeinen Rechts nicht der Fall ist. Gem. Art. 1150 C.civ. wird das Ausmaß des zu ersetzenden Schadens unter die Vorausset-

---

[626] Liège, 8 mai 1956, J.T., 1957, 7, der professionelle Verkäufer konnte den Mangel unmöglich entdecken und soll daher nicht mit dem Bösgläubigen gleichgestellt werden, er hat nur gem. Art. 1646 C.civ. Schadensersatz zu leisten.

[627] *Foriers/ Glansdorff,* Contrats spéciaux, t. I, S. 111, n° 153

[628] Cass. fr., 21 octobre 1925, D.P., 1926, I, 9

[629] *Limpens,* in: *De Page,* t. IV, n° 369f.

[630] Cass. fr., 21 octobre 1925, D.P., 1926, I, 9, 12: « Serait- il juste...? »

[631] Cass. fr., 21 octobre 1925, D.P., 1926, I, 9

a.A. : *H./ L. Mazeaud,* Rev. Trim. dr. Civ. 1959. 531, 541, n° 21, die diese Rechtsprechung als nicht mit dem Prinzip der Haftungsprivilegierung des Gutgläubigen vereinbar ansehen.

[632] Cass. fr., 21 octobre 1925, D.P., 1926, I, 9, 12

[633] *Josserand,* Cours de Droit Civil Positif Francais, Tome II, n° 1121

zung des dolosen Handelns des Verkäufers gestellt, das eine Haftung bis zur groben Fahrlässigkeit begründet.[634]
Wie die Literatur anführt, könnte eine dogmatische Grundlage wirklich nur in dem Umstand der Koexistenz der vertraglichen und quasi- deliktischen Haftung des Verkäufers auf der Grundlage der Art. 1382ff. C.civ. gesehen werden.[635]
Es ist anerkannt, dass diese verschiedenen Haftungsgründe nebeneinander vorliegen können und sich dennoch nicht vermischen, wenn der Verkäufer durch die Lieferung einer mangelhaften Sache Schadensersatzansprüchen des Käufers nach Kaufrecht und solchen eines Dritten nach den Grundsätzen der quasi- deliktischen Haftung ausgesetzt ist.[636]
Dies darf, wie auch die belgische Rechtsprechung hervorhebt, jedoch nicht innerhalb des Schadensersatzanspruchs nach Art. 1646 C.civ. vermengt werden. Vielmehr muß die Schadensersatzpflicht des Verkäufers auf der Basis zwei verschiedener Haftungsgrundlagen statuiert werden.[637]

bb) Inhalt des Wandelungsanspruchs

Auch die Frage, wie der Begriff der Bösgläubigkeit nach Art. 1645 C.civ. zu definieren ist, war Gegenstand einer Diskussion in Rechtsprechung und Literatur.
Nach dem Wortlaut des Art. 1645 C.civ. fällt hierunter zunächst nur der Verkäufer, der den Mangel der Sache bei Abschluss des Kaufvertrages gekannt hat.[638] Hierfür hat der Käufer den Beweis zu erbringen.
Im Handelsrecht ist seit langem anerkannt, den Hersteller oder spezialisierten Verkäufer dem Bösgläubigen gleichzustellen.[639] Hieraus resultiert demnach eine Beweislastumkehr zu Lasten des Verkäufers.[640]
Dies wurde auch von der Cour de Cassation aufgegriffen und auf den professionellen Verkäufer bei Kaufgeschäften nach dem Code civil übertragen.[641]
Es handelt sich hierbei um eine widerlegliche Vermutung, der der Verkäufer nur durch den Beweis, dass der Mangel für ihn unmöglich erkennbar war, entgegentreten kann.[642]

---

634 *Ferid,* Das französische Zivilrecht, Bd. I, S. 487, 2 C 21
635 *Meinertzhagen- Limpens,* in: *De Page,* t. IV, S. 298, n° 214
636 *Dalcq,* R.C.J.B. 1968, 193, 195f., n° 3
637 Cass., 12 décembre 1958, Pas., 1959, I, 383
a.A: Cass. fr., 21 octobre 1925, D.P., 1926, I, 9, 12, sieht die Bestimmungen der Art. 1382f. nicht als anwendbar an, weil aufgrund der mangelnden Sachherrschaft des Verkäufers kein Verschulden an der Schädigung des Dritten vorliegt, und spricht sich für eine extensive Auslegung des Wortlauts des Art. 1646 C.civ. aus. Der erfordere, den Käufer so zu stellen, wie er gestanden hätte, wenn der Vertrag nie geschlossen worden wäre.
638 *Devos,* J.T. 1991, 161, 170, n° 28
639 *Foriers/ Glansdorff,* Contrats spéciaux, t. I, S. 141, n° 204
640 vgl. *Van Hecke,* Anmerkung zum Urteil Cass., 3 avril 1959, R.C.J.B., 1960, 212, 214, n° 2, auch zur historischen Entwicklung der „Vermutung" in Belgien und Frankreich
641 Cass., 4 mai 1939, Pas., 1939, I, 223
642 Cass., 13 novembre 1959, Pas., 1960, I. 313
Die französische Rechtsprechung ist in dieser Hinsicht strenger, da es sich nach dieser um eine unwiderlegliche Vermutung handelt, wie die belgische Cour de Cassation in ihrem Urteil festgestellt hat: Cass., 9 octobre 1980, J.T., 1981, 70

Sie basiert auf dem Gedanken, dass derjenige, der ein aus seiner Fabrikation oder seinem spezialisierten Geschäftsbetrieb stammende Produkte in den Verkehr bringt, sich zuvor von ihrer Mangelfreiheit zu überzeugen hat.[643]

Dieser Grundsatz gilt jedoch dann nicht, wenn der Verkäufer zwar professionell handelt, jedoch nicht gleichzeitig der Unternehmer war, der die Sache eingebaut hat.[644] In diesem Fall ist die Kausalitätskette durch Einschaltung eines weiteren Unternehmers unterbrochen, die Verantwortung des Verkäufers reduziert.

Die Widerlegung dieser „Vermutung" durch den Beweis, dass der Mangel für einen allen Sorgfaltsanforderungen gerechtwerdenden Verkäufer nicht erkennbar war, lässt ihn nach herrschender Meinung von der Garantiepflicht frei werden.[645]

Hieran wurden zunächst sehr hohe Anforderungen gestellt, nämlich, dass der Mangel absolut unerkennbar sein musste.[646] Das wurde allerdings von der Rechtsprechung mittlerweile im Hinblick auf das Kriterium der Absolutheit entschärft.[647]

Auch wurde der Begriff des professionellen Verkäufers im Sinne des Gewerbetreibenden dahingehend beschränkt, dass lediglich diejenigen betroffen sind, die die Kaufsache selbst hergestellt haben oder sonst über spezielle Kenntnisse die Kaufsache betreffend verfügen.[648]

Der Begriff des „spezialisierten" Verkäufers, der denjenigen des Kaufmanns ablöste, entbehrt allerdings einer präzisen Definition.[649] Der Titel „Spezialist" ist dem Werkvertragsrecht entlehnt und wird streng von dem berufsmäßig Agierenden abgegrenzt.[650] Ob allerdings eine Auslegung des Begriffs in dem Sinne zu erfolgen hat, dass ein „Spezialist" in irgendeiner Weise mit der Herstellung des später von ihm verkauften Produkts in Verbindung steht[651] oder ob es ausreicht, gleichartige Produkte in hoher Anzahl zu verkaufen und dadurch gewisse Sonderkenntnisse über dieses zu erlangen[652], ist weiterhin unklar.

Der Beweis muß letztendlich darlegen, dass jeder sorgfältige und vorsichtige Hersteller oder spezialisierte Verkäufer in derselben Situation denselben Fehler gemacht und den Mangel nicht erkannt hätte.[653]

---

643 die Terminologie „Vermutung" ist umstritten, es wird zwar der Ausdruck „presomption" verwendet, jedoch wird hierunter eine spezielle Garantiepflicht (obligation de résultat) des betroffenen Verkäufers verstanden, mangelfreie Produkte zu liefern, vgl.: Liège, 8 mai 1956, J.T. 1957, 7, Mons, 6 avril 1998, J.T. 1998, 574, 575; z.T. wird diese Regel auch als eine Anwendung des alten handelsrechtlichen Grundsatzes „spondet peritiam artis" angesehen, vgl.; *Foriers,* R.D.C. 1987, 46, n° 64

644 Cass. fr., 6 juillet 1999, CCC, 2000, n° 23

645 *Lagasse,* R.C.J.B. 1963, 5, 37f., n° 17
Van Ryn/ Heenen, Droit commercial, S. 548, n° 700

646 Cass., 6 mai 1977, Pas. 1977, I, 907
Cass., 15 juin 1989, Pas., 1989, I, 1117

647 Cass., 7 décembre 1990, Pas., 1991, I, 346

648 *Meinertzhagen- Limpens,* in : *De Page,* t. IV, S. 285, n° 204

649 *Fallon,* R.C.J.B. 1979, 162, 1769f., n° 10

650 zum Begriff des „spécialiste" vgl.: Flamme/ Flamme, J.T. 1976, 337, 344f., n° 30, die sich auf die Rechtsprechung des Brüsseler Appellationsgerichts beziehen.

651 Cass., 6 mai 1977, R.C.J.B., 1979, 162

652 Bruxelles, 6 octobre 1975, J.T. 1975, 696f.

653 *Cornelis,* Principes du droit belge de la responsabilité extracontractuelle, l'acte illicite (1991), S. 33, n° 19, S. 37 n° 20

Zwischen Herstellern und spezialisierten Verkäufern ist jedoch ein gewisser Unterschied in bezug auf den Beweisinhalt zu machen.[654]
Generell wird der Hersteller als in technischer Hinsicht besser ausgerüstet angesehen, um den Mangel zu erkennen. Hieraus folgen höhere Anforderungen im Zusammenhang mit der Widerlegung der Verschuldensvermutung.
Andererseits hat der spezialisierte Verkäufer darzulegen, dass jeder andere spezialisierte Verkäufer den Mangel ebenfalls nicht erkennen hätte können.
Einen Vergleich zu anderen Herstellern muß dieser nicht ziehen, weshalb nicht von vornherein festgestellt werden kann, dass er sich schwerer exculpieren kann.
Angesichts eines nicht professionellen Verkäufers gilt, dass er gutgläubig ist, wenn der Mangel trotz einer Untersuchung der Sache mit adäquaten Mitteln nicht zu erkennen war.[655]

b) Minderung

Verlangt der Käufer die Minderung des Kaufpreises, so entspricht der Minderungsbetrag demjenigen Wert, um den die Kaufsache aufgrund des Mangels im Vergleich zum gezahlten Kaufpreis herabgesetzt ist. Dies soll den Kaufpreis an den Betrag annähern, den der Käufer in Anbetracht der Mangelhaftigkeit der Sache bereit gewesen wäre, zu zahlen.[656]
Aus der klaren Begrenzung der Art. 1645, 1646 C.civ. auf die Wandelung lassen sich Schlüsse hinsichtlich des Inhalts des Minderungsanspruches ziehen.
Der Käufer kann neben der Minderung keine weiteren Schadensersatzansprüche geltend machen.
Hieraus folgt wiederum, dass die Höhe des Anspruchs durch den Wert der Sache limitiert ist. Denn würde der Minderungsbetrag den Wert der Sache übersteigen, so würde dies in die Geltendmachung von Mangelfolgeschäden einmünden, die jedoch wegen des Verlangens der Minderung nicht von Art. 1644 C.civ. gedeckt sind.
Das würde nämlich auch bedeuten, dass der Käufer durch Geltendmachung der Minderung mehr erreichen könnte, als mit dem Wandelungsanspruch, der sich nach dem strikten System der Art. 1645, 1646 C.civ. richtet.[657] Dies ist unter den oben bereits erörterten Aspekten der Privilegierung des gutgläubigen Verkäufers nicht hinnehmbar.
Bei genauerer Betrachtung des Anspruchs der Minderung lässt sich jedoch feststellen, dass er eine Mischung aus Erfüllung in Natur und Schadensersatz verkörpert.[658] Denn letztendlich stellt der Minderungsbetrag die Kompensation des in der Minderwertigkeit des mangelhaften Produkts liegenden Schadens des Käufers dar.

3. Geltendmachung gegenüber Vorlieferanten

Der Käufer ist nicht auf Ansprüche gegen seinen Vertragspartner beschränkt, er kann sich auch direkt an den Verkäufer wenden, der als Vorlieferant agiert hat.[659] Voraus-

[654] *Foriers/ Glansdorff,* Contrats spéciaux, t. I, S. 150f., n° 214
[655] Liège, 8 mai 1956, J.T., 1957, 7
[656] *Pothier,* Œuvres de Pothier, Tome IV, n° 232
[657] *Foriers/ Glansdorff,* Contrats spéciaux, t. I, S. 112, n° 154
[658] *Meinertzhagen- Limpens,* in: *De Page,* t. IV, S. 297, n° 214
[659] Cass., 5 décembre 1980, Pas., 1981, I, 398

setzung dafür ist allerdings, dass der vorliegende Mangel noch denselben Charakter hat, wie bei der ersten Eigentumsübertragung und auch die Sache selbst noch identisch ist.[660]

Dies stellt mittlerweile eine gefestigte Rechtstradition im belgischen Zivilrecht dar, die jedoch nicht frei von Kontroversen ist. So war vor allem die dogmatische Begründung, als auch die Ausgestaltung dieses Rechts Gegenstand mannigfaltiger Diskussionen in Literatur und Rechtsprechung.[661]

a) Ausgestaltung des Rechts

Die „action directe" ist keine solche im technischen Sinne, denn der Käufer macht lediglich die Rechte des Verkäufers gegenüber dessen Vertragspartner geltend.[662] Deshalb gelten vertragliche Abreden der Ausgangsparteien auch für den Letzterwerber.[663] Hat also der Verkäufer des eigenen Vertragspartners seine Haftung vertraglich beschränkt, so gilt diese Beschränkung auch im Verhältnis zum späteren Käufer.[664] Dies setzt sich im übrigen durch die ganze Vertragskette fort, die getroffenen Haftungsbeschränkungen im ersten Vertragsverhältnis haften der Sache kontinuierlich an.[665]

Hieraus resultieren die zwei verschiedenen Charakterzüge des Rückgriffsrechts. Zum einen hat der Käufer den Vorteil, nicht auf die Solvenz seines Verkäufers angewiesen zu sein, sondern auf einen weiteren Schuldner zurückgreifen zu können. Zum anderen könnten die ihm im Rahmen des Rückgriffsrechts zustehenden Rechte aber auch stärker beschränkt sein, als es in der Vertragsbeziehung zu seinem eigenen Verkäufer der Fall ist.

b) Basis des Rückgriffsrechts

Die dogmatischen Grundlagen des Rückgriffsrechts des Letzten in der Vertragskette wurde zunächst im Bereich des Werkrechts erörtert und später im Stellvertretungsrecht wie auch im Kaufrecht thematisiert.

In Frankreich ging der gemeinsame Senat der Cour de cassation zunächst davon aus, dass ein direkter Rückgriff des Bestellers gegenüber dem Subunternehmer auf der Grundlage der Theorie von der „groupe de contrats" oder der „chaînes de contrats" gegen die Relativität der Schuldverhältnisse, kodifiziert in Art. 1165 C.civ., verstoße und deshalb nicht zulässig sei.[666]

---

[660] *Meinertzhagen- Limpens,* Anmerkung zum Urteil Cass. 22 octobre 1993, R.C.J.B., 1996, 43, 46f., n° 7

[661] vgl. Überblick von *Dieux,* in: Les obligations en droit francais et en droit belge, Convergences et divergences, 1994, 108, 126ff. zu den verschiedenen Thesen bezüglich der dogmatischen Grundlage des Rechts

Herbots, Anmerkung zum Urteil Cass., 15 septembre 1989, R.C.J.B., 1992, 512ff. zu den verschiedenen Theorien hinsichtlich des Verbleibs von Gewährleistungsrechten beim Verkäufer

[662] *Foriers/ Glansdorff,* Contrats spéciaux, t. I, S. 116, n° 161

[663] Bruxelles, 6 octobre 1975, J.T. 1975, 696

Montero, in : *Fontaine/ Viney,* Les sanctions de l'inexecution des obligations contractuelles, 2001, 393, 433, n° 48, weist darauf hin, dass dies die einzige Fallgestaltung sei, in der vertragliche Haftungsbeschränkungen auch Dritten entgegengehalten werden könnten.

[664] Cass., 26 octobre 1990, R.C.J.B. 1992, 497

[665] *Herbots,* R.C.J.B., 1992, S. 512, 544, n° 41

[666] Cass. Ass. Plén. fr., 12 juillet 1991, Dalloz, 1991, 549

Hieraus resultierte jedoch mit der Zeit eine Immunität dieser Unternehmer, was dem Wirtschaftsleben nicht zuträglich sein konnte.[667] Aus dem Grund wurde die Figur „groupe de contrats“ reinstrumentalisiert und der Subunternehmer in die vertragliche Beziehung zwischen Besteller und Werkunternehmer einbezogen, wenn dies ein unmittelbares und unanfechtbares Interesse des Bestellers darstellte.[668]
Dem wollte man sich unter der Kritik, dass diese Konzeption jeglicher rechtlicher Grundlage entbehre, in Belgien jedoch nicht anschließen.[669]
Nach hier immer noch herrschender Meinung resultiert die „action directe“ aus der Bestimmung des Art. 1615 C.civ., der die Obligation des Verkäufers, die Kaufsache mit ihren Früchten und dem Zubehör zu liefern, statuiert.[670] Das Recht, gegen den Vertragspartner des Verkäufers vorzugehen, um Gewährleistungsansprüche geltend zu machen, wird im übertragenen Sinne als Zubehör der Kaufsache mitgeliefert.[671]
Es gab jedoch auch Meinungen, die im Sinne des Art. 1121 C.civ. eine stillschweigende vertragliche Vereinbarung im Sinne einer Garantie annahmen, die dem folgenden Käufer Gewährleistungsrechte gegen den Verkäufer seines Verkäufers einräumen sollte.[672]
Andere sahen eine implizite Abtretung der Gewährleistungsrechte des Verkäufers gegen seinen Verkäufer zugunsten des Käufers als gegeben an.[673]
Des Weiteren wurde angenommen, die Rechtsposition des Letztempfängers resultiere aus einer vertraglichen Vereinbarung der Vertragsparteien im Sinne von Art. 1122 C.civ.[674]
Diese Meinungen konnten sich aber nicht gegen den so einfachen wie auch logischen Ansatz des Art. 1615 C.civ. durchsetzen. Vor allem, weil dieser Erklärungsansatz im Bereich der Rechtsmängelhaftung ebenfalls vertreten wird.[675]
Im Focus der Rechtswissenschaft stand jedoch ebenso die Frage, wie es möglich ist, dem Verkäufer, der seinem Käufer das Recht, gegen seinen eigenen Vertragspartner vorzugehen mitgeliefert hat, dennoch dieselben Gewährleistungsrechte zustehen.
In wenig überzeugender Art und Weise wird dieses Phänomen mit Hilfe einer präzisen Auslegung des Begriffs „Zubehör“ zu klären versucht.[676] Die Eignung dieses Ansatzes steht allein deshalb schon in Frage, weil letztendlich von entscheidender Bedeutung

[667] *Dieux,* « Les obligations en droit francais et en droit belge,… », 1992, 108, 129
[668] *Remy,* Rev. trim. dr. civ., 1987, 361, 362
[669] *Glansdorff,* Anmerkung zum Urteil Bruxelles, 28 octrobre 1987, J.T., 1988, 668, 668, n° 2
Zur Kritik in Frankreich vgl. *Ghéstin,* Anmerkung zum Urteil Cass. Ass. Plén. fr., 12 juillet 1991, Dalloz, 1991, 549ff. m.w.N.
[670] So schon *Pothier,* Œuvres de Pothier, Tome IV, n° 216
[671] Bruxelles, 15 février 1988, R.G.D.C., 1990, 315
Limpens, La vente en droit belge, S. 150, n° 314
[672] *Flamme,* Entr. et dr., 1991, 9, 28, n° 38
[673] *Rodière,* Anmerkung zum Urteil Aix, 5 octobre 1954, J.C.P., 1955, II, 8548
[674] *Rigaux,* Anmerkung zum Urteil Bruxelles, 15 février 1988, Entr. et Dr., 1992, 74, 76 ;
ders. : J.T., 1993, 471 mit einer kurzen Darstellung des Meinungsstreits
[675] Cass., 5 décembre 1980, Pas., 1981, I, 398
[676] *Ghéstin,* Anmerkung zum Urteil Cass. Ass. Plén., 12 juillet 1991, Dalloz, 1991, Jurisprudence, 549, 554ff.

ist, ob die Gewährleistungsrechte vollständig übergehen oder ob ebenfalls Rechtsmacht bei dem Verkäufer verbleibt.
Dies weist auf ein Spannungsverhältnis zwischen der einerseits herrschenden Meinung, es handele sich nicht um eine „action directe" im technischen Sinne, der Käufer mache lediglich die Rechte seines Verkäufers geltend, und der andererseits ebenfalls von der Mehrheit vertretenen These, dass das Recht des Letzterwerbers als Zubehör gem. Art. 1615 C.civ. übergeht, hin.
Von einem großen Teil der Literatur wird Art. 1251 III C.civ. zur Hilfe genommen und argumentiert, dass der Erstempfänger die Rechte des Letztempfängers wahrnimmt, wenn er zugunsten des Letztempfängers zur Gewährleistung verurteilt wurde und sich dann gegen seinen Verkäufer wendet.[677]
Das gibt der Auffassung Ausdruck, dass die dem Eigentumsrecht anhaftenden Gewährleistungsrechte als Ganzes auf den Letzterwerber übergehen und seinem Verkäufer somit keinerlei Rechtsposition, die hinsichtlich der Kaufsache schon vorher entstanden ist, verbleibt. Hieraus folgt ein Widerspruch zum bereits aufgezeigten Charakter des Rückgriffsrechts, das sich auf die Geltendmachung der Rechte des Mittelsmannes durch den Letzterwerber beschränkt, statt ihm einen direkten Regress zuzugestehen.[678]

4. Geltendmachung der Ansprüche

a) Entscheidung des Richters über Vorliegen eines Mangels, der einen Rechtsbehelf rechtfertigt

Art. 1644 C.civ. gibt dem Käufer die Möglichkeit, selbst zu entscheiden, ob er die Wandelung verlangt, die Sache also zurückgibt und dafür den Kaufpreis zurückerstattet bekommt, oder ob er mindert, sie also behält.
Somit ist der Richter nur kompetent zur Entscheidung über die Voraussetzungen der Garantie, wie sie hier bereits aufgezeigt wurden. Besondere Bedeutung nimmt dabei die Einschätzung der Schwere des Mangels ein. Ist sie nicht gegeben, so sind weder Wandelung noch Minderung statthaft.[679]
Der Richter kann deshalb auch nicht eigenmächtig über die Wahl des Klägers hinweggehen und statt einer Wandelung einfach einen Minderungsanspruch zusprechen.[680]
Da Wandelung wie auch Minderung denselben Voraussetzungen unterliegen und in der Regel bei der Feststellung, dass der Mangel nicht schwer genug ist, um eine Vertragsauflösung zu begründen, auch die Minderung nicht in Betracht kommt, dürfte dies jedoch auch nur theoretisch von Belang sein.[681]

---

677 *Glansdorff,* Anmerkung zum Urteil Bruxelles, 28 octobre 1987, J.T. 1988, 668, 669, n° 5f.
Simont/ de Gavre/ Foriers, « Examen », R.C.J.B., 1995, 163, n° 46 mit dem Hinweis, dass dies nur funktioniert, wenn der Mittelsmann, seine Gewährleistungspflicht gegenüber dem Letztempfänger bereits erfüllt hat. Außerdem wird empfohlen, klare vertragliche Abreden zu treffen
a.A.: *Meinertzhagen- Limpens,* La vente en droit belge, S. 301, n° 215 m.w.N.
678 *Herbots,* R.C.J.B., 1992, 512, 545, n° 41 auch zu weiteren technischen Mängeln dieser Theorie
679 Cass. fr., 4 juillet 2001, CCC, 2001, n° 172
680 *Simont/ de Gavre/ Foriers,* « Examen », R.C.J.B., 1995, 196, n° 54
681 *Ghestin,* Conformité et garanties dans la vente, n° 203

b) Möglichkeit der Antragsänderung hinsichtlich des gewählten Anspruchs

Grundsätzlich steht dem Kläger die Möglichkeit offen, auch noch während des Prozesses den Klageantrag zu ändern. Er kann statt der Wandelung die Minderung verlangen und umgekehrt.[682]

Allerdings hat nach Schluss der Verhandlung die Zurückweisung des Wandelungsbegehrens auch Rechtskraft für eine Entscheidung über eine stattdessen verlangte Minderung, wenn der Rechtsbehelf wegen Fehlens der Garantievoraussetzungen nicht zugelassen wurde.[683]

Der Antrag kann aber auch dann nicht mehr geändert werden, wenn der Käufer nicht mehr in der Lage ist, die Sache in ihrem ursprünglichen Zustand zurückzugewähren, etwa, weil er sie belastet oder veräußert hat.

III. Ausschlussgründe

1. Gesetzliche Ausschlussgründe

a) Kenntnis des Käufers

Kennt der Käufer bei Abschluss des Kaufvertrages den Mangel, so wird er behandelt, als habe er die Sache dennoch abgenommen, als sei der Mangel offenbar gewesen.[684]

Im Kontext der Gleichstellung des Herstellers oder spezialisierten Verkäufers mit demjenigen Verkäufer, der den Mangel der Sache gekannt hat, ist jedoch kein Raum für eine Übertragung der vorgenannten Grundsätze auf den professionellen Käufer.[685]

Das ergibt sich schon aus dem Ansatz der herrschenden Meinung, die Bösgläubigkeit der betroffenen Verkäufergruppe nicht als Vermutung, sondern die Vergewisserung, dass die gelieferten Produkte fehlerfrei sind, als eine Garantiepflicht anzusehen.

b) Untergang der Sache

Die Wandelung, die auf die Rückabwicklung des Kaufvertrages unter Rückgabe der empfangenen Leistungen abzielt, ist dann ausgeschlossen, wenn die Sache untergegangen ist.

Art. 1647 Abs. 1 C.civ. regelt den Fall, dass die Sache aufgrund ihres Mangels untergegangen ist. Der Verkäufer bleibt in dem Fall dennoch verpflichtet, dem Käufer den Kaufpreis zu erstatten und im übrigen Schadensersatz nach Art. 1645, 1646 C.civ. zu leisten.

In diesem Zusammenhang ist jedoch von Bedeutung, dass der Untergang der Sache schon vor Geltendmachung des Wandelungsanspruchs stattgefunden hat und der Käufer beweist, dass diese im Zeitpunkt des Gefahrübergangs schon mit einem Mangel behaftet war.[686]

---

682 Mons, 15 février 1994, J.L.M.B., 1995, 909

683 Bruxelles, 20 décembre 1957, Pas., 1959, II, 26

684 *Laurent*, t. XXIV, n° 285

685 *Foriers/ Glansdorff*, Contrats spéciaux, t. I, S. 148, n° 212

686 Cass., 29 octobre 1863, Pas., 1864, 134

Lediglich dann, wenn der Untergang der mangelhaften Sache auf einem zufälligen Ereignis beruht, hat der Käufer gem. Art. 1647 Abs. 2 C.civ. die Folgen zu tragen, kann also nicht mehr wandeln.[687]

Diese Handhabung entspricht nicht der „Théorie des risques", ist aber deshalb sinnvoll, weil im Falle des Untergangs der Sache der Beweis des Vorliegens des Mangels bei Vertragsschluss nicht einfach ist.[688]

Unter Anwendung der Prinzipien dieser Theorie hat der Käufer ab Übergang des Eigentums die Gefahr für die Sache zu tragen, deshalb würde der Untergang der Sache hier zu seinen Lasten geschehen. Das ist jedoch nicht der Fall, wenn der Schuldner wegen eines zufälligen Ereignisses von der Leistungspflicht frei wird.

Eine Privilegierung des Verkäufers ist hier jedoch aus dem Grunde angebracht, als dass mit dem Untergang der Sache in der Regel auch derjenige des Beweismaterials verbunden ist.[689]

Dem Umstand gleichzusetzen, dass eine Sache aufgrund eines zufälligen Ereignisses untergeht, auch wenn sie mit einem Mangel behaftet war, ist die Verarbeitung oder Umgestaltung der Sache durch den Käufer. Auch hier ist dieser nicht mehr imstande, die Kaufsache in ihrer ursprünglichen Form zurückzuerstatten, wobei es sich nicht um ein in der Sphäre des Verkäufers liegendes Ereignis handelt.[690]

c) Kurze Frist des Art. 1648 C.civ.

Eine Gewährleistungs- oder Verjährungsfrist von exakt begrenzter Dauer gibt es nach dem Code civil nicht. Art. 1648 C.civ. bestimmt lediglich, dass Ansprüche wegen eines versteckten Mangels innerhalb einer kurzen Frist geltend gemacht werden müssen. Es wurde also ausdrücklich nicht auf die Verjährungsfristen des Droit commun zurückgegriffen, das zum Beispiel für die Irrtumsanfechtung eine Frist von 10 Jahren seit Entdeckung des Irrtums vorsieht.[691]

Dies spiegelt die Maxime des Kaufrechts, schnell Rechtssicherheit zwischen den Kaufvertragsparteien zu gewährleisten, wieder. Die Abwicklung der aufgetretenen Leistungsstörungen soll so schnell als möglich vonstatten gehen, um einen adäquaten Ausgleich der sich gegenüberstehenden Interessen zu gewährleisten.

Aufgrund des Umstandes, dass sich mit Ablauf der Zeit die Feststellung, ob ein Mangel schon bei Abschluss des Kaufvertrages, bzw. bei späterem Übergang des Eigentums vorgelegen hat, immer schwieriger gestaltet, ist die Wahrung der beiderseitigen Interessen nur durch eine zügige Abwicklung möglich.

Hieraus folgt weiterhin, dass der Käufer schnell zu seinem Recht kommt und der Verkäufer die Gewissheit hat, nicht mehr haften zu müssen.

---

687 Mons, 6 avril 1998, J.T. 1998, 574, 576, wo darauf hingewiesen wird, dass die Kaufsache durch ihren Mangel vollkommen wertlos geworden und der Verlust deshalb dem Verkäufer zuzuweisen ist, wenn dieser nicht darlegt, dass dies nicht auf den Mangel, sondern auf ein zufälliges Ereignis zurückzuführen ist.

688 *Harmel,* Rep. not. t. VII, n° 361

689 *Foriers/ Glansdorff,* Contrats spéciaux, t. I, S. 116, n° 160

690 *Meinertzhagen- Limpens,* in: *De Page,* t. IV, S. 304, n° 216

691 *Meinertzhagen- Limpens,* in: *De Page,* t. IV, S. 289f., n° 207

Auf der anderen Seite sind die Rechte des Verkäufers gegenüber seinem eigenen Verkäufer mit in Betracht zu ziehen. Auch er muss die Möglichkeit haben, bei diesem Regress zu nehmen, ohne auf die Verjährung seiner Ansprüche verwiesen zu werden.[692]

aa) Charakter der Frist

Die Frist ist zur Geltendmachung der Ansprüche vor Gericht eingeräumt. Somit handelt es sich hier nicht um eine materielle Ausschlussfrist, sondern um eine echte Verjährungsregelung, denn es ist zur Wahrung der Rechte mehr als eine Mängelrüge erforderlich.[693]

bb) Bestimmung der „kurzen Frist“

Welcher Zeitraum unter den Begriff der kurzen Frist zu fassen ist, wird in die autonome Auslegung des Gerichts gestellt.

Der Richter hat im Rahmen einer Einzelfallentscheidung unter Einbeziehung verschiedener Faktoren über die Zulässigkeit des Rechtsmittels des Klägers zu entscheiden.

Dabei ist er kompetent zur Bestimmung der Dauer an sich, aber auch zum Beginn der Frist.[694]

Erwägungsgründe sind dabei die Qualität der verkauften Sache wie auch des ihr anhaftenden Mangels, etwaige örtlicher Bräuche, das Auftreten der Parteien und ihre Bereitschaft, sich außergerichtlich zu einigen, sowie der Zeitpunkt des Auftretens des Mangels.[695] Vor allem der Versuch, durch Verhandlungen oder Handlungen tatsächlicher Art eine Einigung in der Sache vor Inanspruchnahme der Gerichte herbeizuführen, verlängert den Zeitraum der „kurzen Frist“.[696]

Die Anforderung, Ansprüche gerichtlich geltend zu machen, wird jedoch auch hierdurch nicht beseitigt, denn oberstes Gebot ist die schnelle Lösung des bestehenden Konflikts. Es ist nicht hinnehmbar, dass durch eine Stagnation der Verhandlungen die Rechtsfindung immer weiter verzögert oder sogar verhindert wird. Der Käufer darf somit nicht nur auf eine gütliche Einigung hoffen, sondern muß auch dann innerhalb einer kurzen Frist agieren, wenn absehbar ist, dass es außerhalb einer gerichtlichen Klärung nicht zu einer schnellen Abwicklung kommen wird.[697] Gleiches gilt, wenn er die gütliche Einigung als unzureichend und ungeeignet ablehnt.[698]

Die Kompetenz des erkennenden Richters, auch über den Zeitpunkt des Fristbeginns zu entscheiden, ist letztendlich Ergebnis einer Kontroverse in Literatur und Rechtsprechung zum Ausgangspunkt der kurzen Frist.

Unklar war, ob die Entdeckung des Mangels oder die Ablieferung der Kaufsache, mithin die Einräumung der abstrakten Möglichkeit der Kenntnisnahme vom Mangel, entscheidend sein sollte.

---

[692] *Simont/ De Gavre/ Foriers,* « Examen », R.C.J.B., 1995, 107 , 202, n° 55

[693] Mons, 30 septembre 1986, J.T., 1987, 23

[694] Mons, 6 avril 1998, J.T. 1998, 574

[695] Mons, 11 mars 1994, J.L.M.B., 1994, 1294, 1297f.
Cass. fr., 2 février 1999, CCC, 1999, n° 71

[696] Cass., 29 janvier 1987, Pas., 1987, I, 624, 626

[697] Mons, 27 septembre 1983, Pas., 1984, II, 9,10

[698] Liège, 11 février 1993, J.T. 1993, 556

Die Vertreter der Meinung, dass die kurze Frist erst mit Entdeckung des Mangels beginnen sollte, beriefen sich vor allem darauf, dass die Verjährung nicht gegen den Käufer laufen solle, der noch nichts von der Mangelhaftigkeit der Sache wisse.[699]
Andererseits sprach für die andere Meinung das bereits dargestellte Anliegen des Kaufrechts, schnellstmöglich für die Abwicklung von Leistungsstörungen zu sorgen.[700]
Letztendlich wurde der Rechtsauffassung der Cour de Cassation[701], den erkennenden Richter im Rahmen einer Einzelfallentscheidung tätig werden zu lassen, der Vorzug gegeben.
Dies ist in dogmatischer Hinsicht auch nicht von der Hand zu weisen.
Zunächst entspricht diese Handhabung dem Wortlaut des Art. 1648 C.civ., der die kurze Frist in Relation zur Natur des Mangels und den Bräuchen des Orts des Vertragsschlusses setzt. Daraus folgt, dass alle Umstände des Einzelfalls in Betracht gezogen werden sollen und eine Fixation nicht angezeigt ist.
Außerdem würde ein Abstellen auf die Lieferung einen Widerspruch zu den Grundsätzen der Sachmängelhaftung begründen, da ihr immanent ist, dem Käufer gerade dann zuzustehen, wenn der Mangel bei der Ablieferung eben nicht offensichtlich war.[702]
Da somit nicht nur auf das Auftreten des Mangels zur Berechnung der Frist abgestellt wird, sondern alle Umstände des Einzelfalls in Betracht gezogen werden, kommt es zu einer erheblichen Variation zwischen den Auslegungen des Begriffs „kurze Frist". [703]
Die Rechtsprechung hat sich somit ein in erheblichem Maße flexibles Instrument geschaffen, um über die Zulässigkeit kaufrechtlicher Rechtsbehelfe zu entscheiden.

cc) Auswirkungen der flexiblen Handhabung der kurzen Frist

Die flexible Handhabung der Verjährungsfrist des Art. 1648 C.civ. hat dazu geführt, dass die Zeit für die Geltendmachung von Gewährleistungsansprüchen stark variiert[704] und für den Bürger sicherlich nicht immer überschaubar ist.
Letztendlich öffnet der Code civil an dieser Stelle dem „Case Law" Tür und Tor.
Anhaltspunkte sind nur die örtlichen Bräuche, hierzu gehören nicht nur etwaige Geschäftspraktiken, sondern auch die Rechtsprechung der örtlichen Gerichte, und die Qualität des Mangels.
Als Faustregel gilt in bezug auf die Qualität des Mangels, dass die Frist mit Ablieferung beginnt, wenn es sich um einen Mangel handelt, der sich normalerweise beim üblichen Gebrauch der Sache zeigen sollte.[705] Dies gilt jedoch dann nicht, wenn der Mangel seiner Natur nach erst später erkannt werden konnte.[706]

---

699 *Laurent*, t. XXIV, n° 302
Bruxelles, 20 mars 1900, Pas., 1901, II, 232
700 *Planiol/ Ripert/ Boulanger*, t. II, n° 1466
Bruxelles, 10 novembre 1888, Pas., 1889, II, 92
701 wie von der Cour de Cassation schon lange vorher entschieden, vgl.: Cass., 14 janvier 1841, Pas., I, 135
702 *Limpens*, La vente en droit belge, S. 176, n° 407
703 Civ. Bruxelles, 3 décembre 1980, Entr. et dr., 1981, 257
704 vgl. Beispiele bei: *Devos*, J.T. 1991, 161,171, n° 30
705 *Simont/ De Gavre*, « Examen », R.C.J.B., 1969, 553, 566
Bruxelles, 22 janvier 1965, Pas., 1966, II, 24, 26
706 Bruxelles, 15 février 1988, R.G.D.C. 1990, 309, 310f.

Aber auch die örtlichen Bräuche haben nur eingeschränkten Aussagecharakter, denn die Gerichte sind nicht an die Entscheidungen anderer Gerichte gebunden.[707] Des Weiteren obliegt es dem Kläger, die Existenz und den Inhalt eines bestimmten, ihm vorteilhaften örtlichen Brauchs darzulegen.[708]

Diese Verunsicherung der beteiligten Verkehrskreise hat zur Folge, dass die Vertragsparteien durch Klauseln eine Präzisierung des Art. 1648 C.civ. vornehmen, sei es, indem sie die Länge oder auch nur den Beginn der Frist festlegen. Solche Klauseln sind jedoch nicht als Abbedingung der Gewährleistung zu verstehen,[709] sondern als zeitliche Begrenzung, ihre Wirksamkeit ist nach den Grundsätzen des Art. 32 Nr. 13 des Gesetzes vom 14. Juli 1991 (LPC) zu beurteilen.

Im Übrigen ist anzumerken, dass insbesondere die neueren Verbraucherschutzgesetze zeitlich festgelegte Verjährungsfristen aufweisen.[710]

dd) Umgehungsversuche

In der Rechtsprechung zeichnet sich in erheblichem Maße die Tendenz ab, die kurze Frist des Art. 1648 C.civ. zu umgehen, indem nicht das Vorliegen eines versteckten Mangels angenommen wird, sondern die Lieferung eines aliuds, die sich nach dem Droit commun richtet und daher in zehn Jahren verjährt.[711]

Dies wurde jedoch stark kritisiert, weil es dem Grundsatz widerspricht, dass diese beiden Domänen strikt getrennt sind und ihre Voraussetzungen deshalb niemals gleichzeitig vorliegen können.[712]

Mittlerweile ist die französische Rechtsprechung hier jedoch zu einer restriktiven Handhabung übergegangen, indem sie als Nichterfüllung der Lieferungspflicht nunmehr nur noch echte aluid- Lieferungen und Mengenabweichungen anerkennt.[713]

Zum Teil sollte die kurze Frist des Art. 1648 C.civ. auch dadurch vermieden werden, den Fehler nicht bei der Ausführung, sondern schon bei der Eingehung der kaufrechtlichen Verpflichtung zu erblicken. In der Lieferung einer mangelhaften Sache wurde ein Irrtum über die wesentlichen Eigenschaften der Kaufsache gesehen. Für die Irrtumsanfechtung gilt die 10jährige Verjährung nach Art. 1110 C.civ.[714]

---

[707] *Limpens,* La vente en droit belge, S. 175, n° 403

[708] Cass., 17 décembre 1982, Pas., 1983, I, 476, 477

[709] *Foriers/ Glansdorff,* Contrats spéciaux, t. I, S. 115, n° 158

[710] vgl. etwa das Produkthaftungsgesetz : Loi du 25 février 1991 relative à la responsabilité du fait des produits défectueux Art. 12, § 1er, , hier gilt eine Verjährungsfrist von 10 Jahren, die mit dem Zeitpunkt des Inverkehrbringens des Produktes durch den Hersteller beginnt.

[711] *Bénabent,* Anmerkung zu: Cass., 5 mai 1993, Dalloz, 1993, I, Jurisprudence, 506, 507

[712] Cass., 6 avril 1916, Pas., 1917, 77, Abnahme statuiert die implizite Enthaltung von der Geltendmachung von Ansprüchen offenbare Mängel betreffend; Grundsatzentscheidung der französischen Cour de Cassation: Cass., civ., 5 mai 1993, Dalloz 1993, jurisprudence, 506
so auch: *Ghéstin,* Conformité et garanties dans la vente, L.G.D.J., 1983, S. 208f., n° 217

[713] Cass. fr., 14 mai 1996, Bull. civ., 1996,1, Première Partie, S. 148 n° 213

[714] zu dieser Abgrenzung siehe bereits oben.

2. Vertragliche Ausschlussgründe

Die Haftung des Verkäufers kann auch durch vertragliche Regelungen beschränkt werden. Hier kommen einfache vertragliche Klauseln, vor allem aber auch AGB des Verkäufers in Betracht.
Grundsätzlich sind jegliche Haftungsausschlüsse oder –beschränkungen nach dem Grundsatz der Privatautonomie und wegen des dispositiven Charakters der gesetzlichen Bestimmungen zur vertraglichen Haftung wirksam.[715] Für das Kaufrecht ist dieser Grundsatz in Art. 1643 C.civ. angedeutet und auch Art. 1602 Abs. 2 C.civ. erklärt jegliche unklare Vertragsklausel zunächst für wirksam, im Zweifel zuungunsten des Verkäufers.[716]
Dies findet seine Grenze lediglich im „ordre public" und speziellen gesetzlichen Regelungen.[717]
Dem „ordre public" gehört eine Regelung dann an, wenn sie die ureigenen Interessen des Staates oder der Gesellschaft betrifft oder im Privatrecht die rechtlichen Grundlagen, auf denen die wirtschaftliche und moralische Ordnung der Gesellschaft beruhen.[718]
Gesetzliche Regelungen mit zwingendem Charakter sind dagegen lediglich darauf ausgerichtet, das private Interesse des Adressaten zu schützen.
Auch im Bereich der außervertraglichen Haftung von Art. 1382 und 1383 C.civ. können deshalb abweichende Bestimmungen getroffen werden. Diese Regelungen haben nicht die Zielsetzung, ausschließlich die Allgemeinheit zu schützen, sondern vielmehr das Individualinteresse. Aus diesem Grunde werden sie nicht als Teil des „ordre public" angesehen und sind folglich abdingbar.[719]
Diesem Prinzip unterliegen sowohl einfache vertragliche Klauseln als auch AGB. Verschiedenen gesetzlichen Bestimmungen werden sie nur dann unterworfen, wenn die Kaufvertragsparteien oder die Kaufsache in besonderer Art und Weise qualifiziert sind und deshalb der Anwendungsbereich von Sondergesetzen eröffnet ist.
So gelten für Kaufverträge unter Kaufleuten die Anforderungen des Art. 25 Abs. 2 des Code de commerce. Für Kaufverträge, an denen ein Verbraucher beteiligt ist, dem ein in gewerblicher Hinsicht tätiger Verkäufer gegenübersteht, gilt der Maßstab des Gesetzes vom 14. Juli 1991 über die Handelspraktiken sowie die Aufklärung und den Schutz der Verbraucher (LPC) als Maßstab für die Wirksamkeit vertraglicher Klauseln. Seine aktuelle Fassung erhielt das Gesetz durch die Modifikationen der Gesetze vom 7. Dezember 1998 und vom 25. Mai 1999.

---

715 Bruxelles, 10 avril 1986, Dr. Inform., 1986, 232
Stijns/ Van Gerven/ Wéry, J.T., 1996, 732, n° 122
716 Cass., 17 octobre 1988, Pas., 1989, I, 158 nennt das Prinzip, dass unklare Vertragsklauseln zum Nachteil desjenigen ausgelegt werden, den sie bevorteilen.
717 *Delvaux*, Act. Dr., 1992, 373, 374
718 Cass., 9 décembre 1948, Pas., 1948, I, 699
719 Cass., 15 février 1993, Pas., 1993, I, 171
im Gegensatz hierzu steht die französische Rechtsprechung und Literatur, vgl.: *Mazeaud*, « Les clauses limitatives de réparation », in: Les obligations en droit francais et en droit belge. Convergences et divergences, Bruxells- Paris, Bruylant- Dalloz, 1994, 150, n° 15f., 166

Das Produkthaftungsgesetz vom 25. Februar 1991 trifft dem entgegen Sonderregelungen im Zusammenhang mit dem Kauf gefährlicher Sachen.
Für alle anderen Vertragsbeziehungen gelten, egal welcher Natur die Klauseln sind, die Bestimmungen des allgemeinen Vertragsrechts.[720]
Die Wirksamkeit nicht von den Parteien ausgehandelter Klauseln (AGB)[721] hängt jedoch davon ab, dass der Vertragspartner von ihnen Kenntnis erlangen konnte und seine Zustimmung gegeben hat, andernfalls finden sie gar keinen Eingang in den Vertrag.[722]
Die Folge der Nichtigkeit einer Klausel mit der Zielsetzung der vertraglichen Haftungsbeschränkung ist nicht die Nichtigkeit des gesamten Vertrages, sondern lediglich dieser Vertragsklausel.[723] Ob wiederum die gesamte Klausel unwirksam ist, entscheidet der erkennende Richter in Ansehung der Intention des Schuldners. Bezweckte dieser die unrechtmäßige Freizeichnung, so ist die ganze Klausel von der Nichtigkeit infiziert.[724]
a) Wirksamkeit von Haftungsbeschränkungen des Verkäufers nach dem Code civil
aa) Zulässiges Ausmaß der Haftungsbegrenzung
Der Schuldner kann seine Haftung nur soweit beschränken, wie die Charakterzüge des vorliegenden Vertragstyps nicht aufgegeben werden. Geht eine Vertragsklausel soweit, ihn von jeglicher Verpflichtung, die vertraglich geschuldete Leistung zu erbringen, zu befreien, so wird das Vertragsgleichgewicht außer Kraft gesetzt und selbiger ohne jeglichen Inhalt.[725] Solche Klauseln sind daher nichtig.[726] Dies gilt allerdings nicht, wenn lediglich Nebenpflichten betroffen sind, die der Schuldner nicht zwangsläufig hätte übernehmen müssen.[727]
Die Einschätzung, ob der Charakter des Vertrages durch die in Frage stehende Klausel zerstört wird, obliegt dem erkennenden Richter, der die Natur des Vertrages und damit Haupt- und Nebenpflichten zu evaluieren hat, um festzustellen, an welcher Stelle die Klausel Einschnitte vornimmt.

---

720 *Stijns/ Van Gerven/ Wéry,* « Chronique », J.T., 1996, S. 732, n° 122
721 vgl. *Phillippe,* D.A.O.R. 1992, 45ff. zur Wirksamkeit von einzelnen AGB in Kaufverträgen.
722 Bruxelles, 11 février 1994, J.L.M.B. 1994, 1052
Moreau- Margrève, « Les conditions générales de vente », in : Renaissance du phénomène contractuel, 1971, 259, 279 zur Einbeziehung von AGB im Allgemeinen, die allerdings identischen Grundsätzen unterliegt wie im deutschen Recht.
723 *Grégoire,* « Les conditions générales en matière de vente », in : La vente, 1987, 63, 81ff. zu Folgen der Unwirksamkeit von AGB
724 *Renard,* Ann. Dr. Liège, 1959, 441, 455
725 *Mazeaud/ Mazeaud/ Chabas,* Lecons de droit civil, Tome II, 1ère volume, Obligations , Théorie générale, 1991, n° 634
vgl. Nachweise zu den zahlreichen Wendungen: *Stijns/ Van Gerven/ Wéry,* J.T., 1996, 689, 733f., n° 128
726 Liège, 19 octobre 1993, R.D.C., 1994, 702, dies wird jedoch nicht immer so strikt gehandhabt, z.T. reichte es auch aus, wenn eine Klausel einen guten Teil der vertraglichen Verpflichtung abbedingte, vgl.: Bruxelles, 27 novembre 1992,
J.L.M.B., 1994, 1001
727 Liège, 8 mars 1978, J.L. 1978, 36

bb) Arglist und grobes Verschulden

Einigkeit besteht darüber, dass im Falle der Arglist des Verkäufers vertragliche Haftungserleichterungen zu seinen Gunsten nicht wirksam sind.[728] Nach herrschender Meinung ist es als rechtsmissbräuchlich und gegen die guten Sitten verstoßend zu beurteilen, wenn sich der arglistige Verkäufer auf die vertragliche Haftungsbeschränkung beruft.[729]

Unter den Begriff der Arglist fällt nach umstrittener Ansicht vorsätzliches Handeln in dem Bewusstsein, hierdurch einen Schaden provozieren zu können.[730] Hiervon zu unterscheiden ist das grobe Verschulden, das sich im Grad der Vorwerfbarkeit dadurch von der Arglist unterscheidet, dass ihm das Bewusstsein, einen Schaden zu verursachen nicht immanent ist.[731]

Die „faute lourde“ wird als derart grobe Außerachtlassung der nach den Umständen erforderlichen Sorgfalt eingestuft, dass sie nicht mehr entschuldbar ist.[732] Die grobe Fahrlässigkeit wird allerdings nur im Rahmen des Art. 1150 C.civ. dem vorsätzlichen Handeln gleichgestellt.[733]

Die Cour des Cassation hat sich aufgrund dieser psychologischen Abweichung dagegen ausgesprochen, diese beiden Begriffe in bezug auf die Wirksamkeit vertraglicher Haftungsbeschränkungen gleich zu behandeln, dies aber unter die Bedingung gestellt, dass eine Beschränkung der Haftung für grobes Verschulden ausdrücklich im Vertrag festgelegt sein muß.[734]

Dies ist möglich, weil es sich bei der Gewährleistungspflicht um eine vertragliche Verpflichtung handelt, die der Privatautonomie der Parteien unterliegt und darüber hinaus auch der ordre public nicht betroffen ist, weil lediglich Individualinteressen in Frage stehen.[735]

cc) Haftungsbeschränkung für das Verschulden von Erfüllungsgehilfen

Nach herrschender Rechtsprechung kann sich der Schuldner für jegliches Verschulden, sogar die Arglist der von ihm eingesetzten Erfüllungsgehilfen freizeichnen.[736]

---

[728] Cass., 22 février 1990, Pas., 1990, I, 159
Cass., 25 mai 1989, J.T. 1989, 620

[729] Mons, 11 janvier 1995, R.R.D., 1996, 41
vgl. zum Streitstand m.w.N.: *Montero,* in : *Fontaine/ Viney,* Les sanctions de l'inexecution des obligations contractuelles, 2001, 393, 410, n° 24

[730] Bruxelles, 18 octobre 1955, Pas., 1956, II, 77
Cass., 27 janvier 1995, Pas., 1995, 92, danach handelt jedenfalls derjenige, der den Schadenseintritt hätte vorhersehen können, noch nicht arglistig.
vgl. zu den verschiedenen Definitionen des Arglistbegriffes: *Fagnart,* Anmerkung zum Urteil Cass., 28 février 1980, R.C.J.B. 1983, 254ff., n° 44ff. Es wird deutlich, dass man sich nicht recht klar darüber ist, ob allein vorsätzliches Handeln ausreicht oder ob noch eine böse Absicht hinzukommen muß.

[731] *Montero,* in : *Fontaine/ Viney,* (Hrsg.), Les sanctions de l'inexecution des obligations contractuelles, 393, 414, n° 30

[732] *Cornelis,* J.T., 1981, 513ff. zu den mannigfaltigen Definitionen der faute lourde.

[733] De Page, t. II, S. 560, n° 591

[734] Cass., 22 mars 1979, Pas., 1979, I, 863, 866
Cass., 27 janvier 1995, Pas., 1995, 92

[735] *Dabin,* Anmerkung zum Urteil Cass., 25 septembre 1959, R.C.J.B., 1960, 5, 15

[736] Cass., 25 septembre 1959, R.C.J.B., 1960, 5

Dies basiert auf dem Grundsatz der Rechtsprechung, dass die Verantwortlichkeit von Erfüllungsgehilfen nicht als unbeeinflussbare Einwirkung auf die Erfüllungsbemühungen des Schuldners im Falle der Unmöglichkeit der Leistung geltend gemacht werden kann und somit nicht zu dessen Befreiung führt.[737]
Es wird jedoch darauf hingewiesen, dass die Verantwortlichkeit des Schuldners abgeschwächt sei, weil dieser in einer nunmehr entfernteren Beziehung zur Leistungserbringung steht.[738] Nicht er hat vorsätzlich oder arglistig gehandelt, sondern Dritte.
Diese Rechtsprechung stellt eine erhebliche Divergenz zu oben genannten Grundsätzen dar, die es dem Schuldner nicht ermöglichen, sich von seiner Haftung für Arglist freizuzeichnen.
Dies begegnet zum Teil harscher Kritik in der Literatur.[739]
Argumentiert wird, dass die Haftung für Dritte auf der Basis von Art. 1147 C.civ. eine andere Lösung des Problems aufzeigt. Sie geht, wie oben bereits gesehen, davon aus, dass der Geschäftsherr für seine Gehilfen zu haften hat, als habe er selbst gehandelt.[740]
Der Schuldner kann allerdings seine Haftung für Arglist und grobes Verschulden nicht vertraglich abbedingen (s.o.).
Auch das Argument, solche Haftungsbeschränkungen seien nach dem Grundsatz der Privatautonomie zulässig, wird mit dem Argument entkräftet, dass eine solche Praxis letztendlich dazu führt, dass der Schuldner die eingegangene Verpflichtung an sich abbedingt.[741] Dies übersteigt nach oben genannten Prinzipien aber das zulässige Ausmaß von Haftungsbeschränkungen. Letztendlich müsse die persönliche Haftung des Schuldners und die für seine Erfüllungsgehilfen symmetrisch sein.[742]
Ebenso wird in Frage gestellt, ob das Prinzip der Unterscheidung von vertraglicher und quasi- deliktischer Haftung überhaupt noch dem heutigen Rechtsverständnis entspricht. Unter diesem Aspekt sei die Differenzierung der Cour de Cassation zwischen materiellen und Körperschäden durch ein Verschulden bei Vertragsdurchführung nicht zu rechtfertigen.[743]
Im Ergebnis stellt die Ansicht der Literatur, der Schuldner könne seine Haftung für die Arglist seiner Erfüllungsgehilfen nicht ausschließen somit die dogmatisch fundiertere Lösung des Problems dar.
Zum selben Ergebnis kommt neuerdings vereinzelt auch die Rechtsprechung, indem sie präzisiert, dass es rechtsmissbräuchlich sei, sich auf eine die Haftung beschränkende Klausel zu berufen. Das Appellationsgericht Gent urteilte, dass für den Fall, dass Erfüllungsgehilfen unter der Kontrolle des Geschäftsherrn stünden, Anlass zur Zurechnung der Arglist gegeben sei.[744]

Cass., 28 juin 1928, Pas., 1928, I, 211

[737] Cass., 8 septembre 1993, Pas., 1993, I, 663, vgl. auch oben

[738] *Tunc,* in : *Mazeaud/ Tunc,* Traité théorique et pratique de la responsabilité civile, Delictuelle et contractuelle, t. I, n° 992

[739] *Dabin,* R.C.J.B., 1960, 5, 26

[740] *Van Ommeslaghe,* « Les obligations (examen de jurisprudence…), R.C.J.B., 1986, 211ff.

[741] *Dabin,* R.C.J.B., 1960, 5, 30

[742] *Dubuisson,* « Questions choisies en droit de la responsabilité contractuelle », in : La théorie générale des obligations, CUP, Vol. XXVII, 95, 151, n° 64

[743] *Dalcq,* Anmerkung zum Urteil Cass., 26 octobre 1990, R.C.J.B., 1992, 503, 506f.

[744] Gand, 4 juin 1986, Dr. Inform., 1987/1, 58

Ob diese Entscheidung Signalwirkung für eine Rechtsprechungswende in dieser Frage haben wird, bleibt allerdings abzuwarten.

dd) Haftungsbegrenzungen von Herstellern und spezialisierten Verkäufern

Die bisher dargestellten Grundsätze haben auch im Kaufrecht ihren Niederschlag gefunden. So ist durch Art. 1645 C.civ. explizit regelt, dass der Bösgläubige seine Schadensersatzhaftung nicht abbedingen kann.

Dahinter verbirgt sich das Prinzip, dass derjenige, der die Mängel der Sache kannte, seine Haftung hierfür nicht vertraglich beschränken kann.[745] Ein derartiges Verhalten verstößt gegen die guten Sitten, denn der Bösgläubige soll sich keinesfalls sanktionslos im Rechtsverkehr bewegen können.[746] Es ist darüber hinaus anerkannt, dass dies auch für den Hersteller des verkauften Produkts oder für den spezialisierten Verkäufer gilt.[747] Eine Ausnahme gilt für letztere nur dann, wenn es ihnen gelingt, zu beweisen, dass der Mangel unter keinen Umständen zu entdecken gewesen ist (s.o.), in dem Fall ist ihnen ebenfalls die Möglichkeit eröffnet, vertraglich ihre Haftung zu limitieren.[748]

b) Sonderregelungen nach dem Gesetz vom 14. Juli 1991 (LPC)

aa) Aufbau des Gesetzes in bezug auf missbräuchliche Vertragsklauseln

Das Gesetz vom 14. Juli 1991 schützt in Kapitel 5 den Verbraucher vor missbräuchlichen Vertragsklauseln in vorgefertigten und individuell ausgehandelten Verträgen.

Es verfolgt zum einen den Zweck, eine moderate Konkurrenz im Rahmen von geschäftlichen Transaktionen zu gewährleisten und zum anderen eine Maximierung der Information des Verbrauchers zu erreichen. Diese Zweigleisigkeit divergiert unter dem Aspekt nicht, dass hierdurch ein Ausgleich der gegenseitigen Interessen geschaffen wird.[749]

Seit der Modifikation des Gesetzes durch Gesetz vom 7. Dezember 1998 enthält es darüber hinaus in Art. 32 LPC eine „schwarze Liste“ mit Klauseln, die von Amts wegen nichtig sind, ohne einer vorherigen Begutachtung zu bedürfen.

Art. 32 LPC ist somit als abschließende Liste von Verbotstatbeständen aufzufassen.[750]

Eine gewisse Einschätzungsprärogative kommt dem erkennenden Richter lediglich im Bereich der Auslegung der Generalklausel des Art. 31 LPC zu, wobei auch hier die Wertungen des Art. 32 LPC neben den Vorgaben des § 3 eine gewichtige Auslegungshilfe darstellen.

Art. 33 LPC enthält die neben dem allgemeinen Recht möglichen Rechtsfolgen im Falle eines Verstoßes gegen die Verbote der Art. 31 und 32 LPC.

Klauseln im Sinne des Art. 32 LPC sind gem. Art. 33, § 2 LPC generell als unwirksam zu qualifizieren, solche nach Art. 31 LPC können gem. Art. 33, § 1 LPC für nichtig

---

745 Cass., 3 avril 1959, Pas., 1959, I, 773

746 *Dabin*, R.C.J.B., 1960, 5, 17

747 siehe bereits oben

748 Mons, 10 mai 1988, J.L.M.B., 1988, 1407

749 *Wolfcarius*, in : *Fanart/ de Caluwé/ de Brouwer/ Domont- Naert/ Balate/ Styck/ Bernard/ Wolfcarius*, Les pratiques du commerce et la protéction et l'information du consommateur depuis la loi du 14 juillet 1991, 1991, 259, 311f.

750 *Montero*, in : *Fontaine/ Viney*, (Hrsg.), Les sanctions de l'inexecution des obligations contractuelles, 393, 426, n° 40

erklärt werden, wenn der Richter das Vorliegen eines missbräuchlichen Ungleichgewichts zwischen den Parteien aufgrund der Klausel feststellt.
Dem Richter wird ein am allgemeinen Recht ausgerichteter Entscheidungsspielraum zuerkannt.[751]
Ob die Erfüllung des Tatbestandes die absolute Nichtigkeit der betreffenden Klausel iSd Art. 33 LPC begründet und damit eine Vorschrift des ordre public ist, ist umstritten.[752]
Der Streit thematisiert grundsätzlich die Frage, ob die Nichtigkeit von der Allgemeinheit geltend gemacht werden kann, weil sie den ordre public verletzt oder ob nur die Parteien sich hierauf berufen können.
Die absolute Nichtigkeit einer Klausel befugt den Richter, auch ohne Antrag der Parteien, über die Wirksamkeit der Klausel zu entscheiden, während die relative Nichtigkeit nur von den Parteien geltend gemacht und auch geheilt werden kann.[753]
Bezüglich der Rechtsfolgen von Klauseln iSd Art. 31, 32 LPC herrscht deshalb Konfusion, weil das LPC grundsätzlich zwar Indivualinteressen regelt, darüber hinaus aber auch in Sphären des Wirtschaftsrechts, nämlich der lauteren Wettbewerbs, hineinreicht, dessen Regeln dem ordre public zuzurechnen sind.[754]
Die hM spricht sich für eine „relative Unwirksamkeit" der Klauseln aus, da sie keine Interessen des ordre public, sondern lediglich Privatinteressen beeinträchtigen.[755]
Es wird jedoch in letzter Zeit im Hinblick auf die Umsetzung von EU- Verbraucherschutzrichtlinien bezweifelt, ob einer der beiden Begriffe zur Umsetzung des gängigen Wortlauts der Richtlinien „binden den Verbraucher nicht" überhaupt tauglich ist.[756]
Deshalb wird zur Effektuierung eines angemessenen Schutzes des Verbrauchers eine Durchbrechung des Begriffs der relativen Unwirksamkeit dahingehend toleriert, dass auch der Richter sie von Amts wegen feststellen kann.[757]
Diese Kompromisslösung hat der EuGH ebenfalls in seiner Entscheidung in der Sache „Océano Grupo"[758], die die Auslegung des Begriffs der Nichtigkeit von Vertragsklauseln im Sinne der Richtlinie 93/ 13/ EG zum Gegenstand hatte, vertreten.

bb) Auslegung der Generalklausel des Art. 31 LPC

Um zu konstatieren, ob die sich gegenüberstehenden Verpflichtungen nach dem Grundsatz des Guten Glaubens ein Gleichgewicht bilden, werden sie ins Verhältnis

---

[751] *Evrard,* J.T. 1992, 681, 689, n° 43
[752] vgl. zum Streitstand m.w.N.: *Schamp/ Van den Abbeele,* J.T. 1992, 585, 587f.
[753] *Wolfcarius,* in : *Fanart/ de Caluwé/ de Brouwer/ Domont- Naert/ Balate/ Styck/ Bernard/ Wolfcarius,* Les pratiques du commerce et la protéction et l'information du consommateur depuis la loi du 14 juillet 1991, 1991259, 322f.
[754] *Meinertzhagen- Limpens,* in : *De Page,* t. IV, n° 343
[755] *Stijns,* Liber amicorum Yvette Merchiers, 2001, n°s 20- 30
a.A. : *Wolfcarius,* in : *Fanart/ de Caluwé/ de Brouwer/ Domont- Naert/ Balate/ Styck/ Bernard/ Wolfcarius,* Les pratiques du commerce et la protéction et l'information du consommateur depuis la loi du 14 juillet 1991, 1991259, 320ff., der bei Klauseln iSv Art. 32 LPC die absolute Nichtigkeit als gegeben ansieht.
[756] *Stijns/ Samoy,* R.G.D.C., 2003, 2, 23f., n° 78
[757] *Meinertzhagen- Limpens,* in : De Page, t. IV, n° 222, 343
[758] EuGH, Urt. v. 27.06.2000, C-240/98 und C- 244/98, Slg. 2000-6, I- 4941ff.

zueinander gesetzt.[759] Hierzu sind ebenfalls alle Umstände des Zustandekommens des Vertrages zu berücksichtigen.[760] Diesbezüglich legt Art. 31, § 3, Abs. 2 LPC sogar fest, dass lediglich der Umstand, dass sich der ökonomische Wert der erbrachten Leistungen nicht entspricht, nicht allein ausschlaggebend sein kann.

cc) „Schwarze Liste" des Art. 32 LPC im Hinblick auf die Gewährleistung des Verkäufers

Die in Art. 32 LPC geregelten Fälle sollen Ausdruck des in Art. 31 LPC geforderten groben Ungleichgewichts des Vertrages sein und ziehen Haftungsbeschränkungen seitens des Verkäufers enge Grenzen.[761] Einzugehen ist in diesem Kontext insbesondere auf die Bestimmungen des Art. 32 Nr. 11, 12, 22a und 27 LPC.

Nach Art. 32 Nr. 11 LPC kann der Verkäufer unabhängig davon, ob er selbst seine vertragliche Verpflichtung durchgeführt hat oder ein Bediensteter oder Bevollmächtigter, nicht durch vertragliche Klausel seine Haftung für Arglist oder grobes Verschulden ausschließen. Hier wird allerdings nicht auf die bloße Haftungsbeschränkung eingegangen, auch wird statt des Begriffs des Erfüllungsgehilfen derjenige des Vertreters benutzt.

Des Weiteren kodifiziert dieser Artikel auch die Rechtsprechungsgrundsätze zur Weite der Haftungsbeschränkung. Es ist explizit festgestellt, dass Vertragsklauseln, die darauf abzielen, den Verkäufer von der Erbringung der vertraglichen Leistung zu befreien, nichtig sind.

Art. 32 Nr. 12 LPC verbietet jegliche Abbedingung oder Beschränkung der kaufvertraglichen Garantie nach den Bestimmungen der Art. 1641 bis 1649 C.civ. Die Möglichkeit des Herstellers oder professionellen Verkäufers, sich hinsichtlich der vermuteten Kenntnis des Mangels zu entlasten, ist hier somit nicht eröffnet.[762]

Der 1998 eingefügte Art. 32 Nr. 22a LPC erklärt Klauseln für nichtig, die die Intention verfolgen, die gesetzliche Haftung des Verkäufers im Falle des durch ihn verursachten Todes oder Körperverletzung des Verbrauchers auszuschließen oder zu beschränken. Dies tritt im Bereich des Kaufrechts in Konkurrenz zum Produkthaftungsgesetz.[763]

Von besonderer Bedeutung für die kaufrechtliche Gewährleistung ist jedoch die ebenfalls neu eingefügte Bestimmung des Art. 32 Nr. 27 LPC. Die Klausel verbietet die nicht ausgehandelte Abbedingung gesetzlicher Rechte des Verbrauchers gegenüber seinem Verkäufer im Falle der vollständigen oder teilweisen Nichterfüllung oder Schlechterfüllung einer vertraglichen Pflicht des Verkäufers.

Durch diese Bestimmung wird der durch Art. 32 Nr. 11 LPC installierte Basisschutz des Verbrauchers komplettiert. Art. 32 Nr. 11 LPC intendiert den Erhalt der Hauptleis-

---

759 *Bourgoignie,* « La protection des intérêts économiques des consommateurs. Les clauses abusives », Guide juridique de l'entreprise, 2e éd., Livre 109.1, Kluwer, 1999, 19

760 *Wolfcarius,* , in : *Fanart/ de Caluwé/ de Brouwer/ Domont- Naert/ Balate/ Styck/ Bernard/ Wolfcarius,* Les pratiques du commerce et la protéction et l'information du consommateur depuis la loi du 14 juillet 1991, 1991259, 320

761 *Wolfcarius,* , in : *Fanart/ de Caluwé/ de Brouwer/ Domont- Naert/ Balate/ Styck/ Bernard/ Wolfcarius,* Les pratiques du commerce et la protéction et l'information du consommateur depuis la loi du 14 juillet 1991, 1991259, 323

762 *Stijns/ Van Gerven/ Wéry,* J.T., 1996, 689, 733, n° 126

763 zwischen Kaufrecht und Produkthaftungsgesetz besteht eine echte Anspruchskonkurrenz, vgl.: *Meinertzhagen- Limpens,* in: *De Page,* t. IV, S. 314, n° 225

tungspflichten im Vertrag. Art. 32 Nr. 27 LPC ist weitergehend darauf gerichtet, die aus der Verletzung dieser Pflichten resultierenden Rechte zu schützen.
Es ergibt sich aber ein gewisser Widerspruch zur Regelung des Art. 32 Nr. 11 LPC. Der Regelungsgehalt des Art. 32 Nr. 27 LPC geht über denjenigen des Art. 32 Nr. 11 LPC hinaus, der sich lediglich auf die vertraglichen Hauptpflichten des Verkäufers bezieht. Art. 32 Nr. 27 LPC gilt ebenfalls für die Rechte des Verkäufers resultierend aus Nebenpflichten des Verkäufers.
In Gleichklang sind die Bestimmungen daher nur unter der Prämisse zu bringen, dass Art. 32 Nr. 27 LPC Haftungsbegrenzungen unter der Voraussetzung zulässt, dass diese von den Vertragsparteien ausdrücklich in den Vertrag eingefügt wurden.

C. Kommerzielle Garantien

Außer der gesetzlichen Garantie gibt es auch die kommerzielle Garantie, die Verkäufer in Verbrauchergeschäften aus Marketingaspekten vermehrt anbieten. Sie enthält zumeist eine für den Verbraucher auf den ersten Blick vorteilhafte Abweichung von der gesetzlichen Garantie.
Klauseln sind aber dennoch genau auf ihre Vorteilhaftigkeit zu untersuchen, da die Kehrseite eines gegebenen Zugeständnisses gleichzeitig die Beschränkung der gesetzlichen Regelung enthalten kann.
Zu berücksichtigen ist auch der Aspekt, dass die Gewährung kommerzieller Garantien zu einem gemeinsamen Eintreten aller Käufer bei Auftreten eines Schadens führt, da der Verkäufer Mehrkosten einer kommerziellen Garantie in seiner Preiskalkulation berücksichtigt.[764]

I. Ausgestaltung

Die häufigsten Ausgestaltungen modifizieren die Haftungsvoraussetzungen des Verkäufers hinsichtlich der Gewährleistungsfrist und des Mangelbegriffs.[765]

1. Bestimmungen in Bezug auf die Gewährleistungsfrist

In Allgemeinen Geschäftsbedingungen finden sich sehr häufig Bestimmungen, die die Gewährleistung des Verkäufers auf eine bestimmte Zeitspanne beschränken.
Solche Klauseln stellen nach streitiger Auffassung keine Konkretisierung des Begriffs der „kurzen Frist“ des Art. 1648 C.civ. dar, sondern eine materielle Ausschlussfrist.[766]
Dies ergibt sich aus der Überlegung, dass Art. 1648 C.civ. den Charakter einer Verjäh-

[764] *Antonmattei/ Raynard,* Droit civil, Contrats spéciaux, n° 213 sprechen daher von einer „Kollektivierung des Schadens“
[765] *Antonmattei/ Raynard,* Droit civil, Contrats spéciaux, n° 215
[766] vgl. hierzu m.w.N.: *Ancel,* Rev. trim. dr. Com., 1979, 203, 207ff., n° 8, 9
Cass. fr., 6 juillet 1999, CCC, 1999, n° 174
a.A.: Bruxelles, 4 mars 1988, J.T., 1988, 624, das von der Wirksamkeit der Klausel ausgeht, wenn sie keine Einschränkung der Gewährleistung, sondern vielmehr nur eine Präzisierung der kurzen Frist bezweckt.

rungsfrist besitzt. Dem entgegen stellt das Erfordernis, innerhalb einer bestimmten Frist Gewährleistungsansprüche beim Verkäufer geltend zu machen eine Anspruchsvoraussetzung dar, deren Fehlen zum Anspruchsausschluss führt.[767]
Von der Rechtsprechung wird vielmehr davon ausgegangen, dass sich die Grundsätze des „bref délai“ auf die Geltendmachung der kommerziellen Garantie unter dem Aspekt auswirken, dass Mängelrechte auch bei einer noch längeren Gewährleistungsfrist sofort geltend gemacht werden müssen.[768]

2. Bestimmungen in Bezug auf die von der Garantie erfassten Mängel

Die gesetzliche Garantie versteht unter einem die Gewährleistungspflicht des Verkäufers iSd Art. 1641 C.civ. auslösenden Mangel einen solchen, der bereits bei Vertragsschluss vorhanden, nicht offenbar und von einer hinreichenden Schwere ist.
Die gängigen AGB sehen einige Erleichterungen von dieser Bestimmung vor, indem in der Regel vermutet wird, dass der Mangel bereits bei Vertragsschluss bestanden hat und auch eine besondere Schwere des Mangels nicht verlangt wird.
Was den bei der gesetzlichen Garantie erforderlichen Beweis des bei Vertragsschluss vorliegenden Mangels betrifft, so wird der Käufer hiervon unter dem Aspekt befreit, dass bei einem trotz bestimmungsgemäßen Gebrauch der Sache auftretenden Mangel die hohe Wahrscheinlichkeit gegeben ist, dass der Mangel der Sache von Beginn an anhaftete.
Diese Vermutung kann der Verkäufer allerdings durch den Beweis einer unsachgemäßen Verwendung der Sache durch den Käufer widerlegen und sich der Gewährleistungsverpflichtung entziehen.[769]
Ausgeschlossen sind die Ansprüche des Käufers allerdings dann, wenn er versucht hat, die Sache selbst zu reparieren und hierfür andere Teile als die original vom Verkäufer gelieferten verwendet hat. Dann spricht zugunsten des Verkäufers eine vielfach ebenfalls durch AGB eingefügte Gegen- Vermutung, dass die Untauglichkeit zum vertraglich bestimmten Gebrauch durch die vorgenommenen Veränderungen hervorgerufen wurde.[770]
Bezüglich der von der Garantie abgedeckten Mängel werden typischerweise Regelungen getroffen, die nicht nach Schweregrad differenzieren, sondern vielmehr jede Mangelhaftigkeit erfassen.[771]

II. Wirksamkeit

Grundsätzlich ist die Vereinbarung einer kommerziellen Garantie im Vertrag nach dem Grundsatz der Privatautonomie, verankert in Art. 1134 C.civ., zulässig.

---

[767] *Thunis/ Montero,* « La vente », in: Guide Juridique de l'entreprise, L. 32, n° 770
[768] Comm. Hasselt, 1 décembre 2000, R.G.D.C., 2003, 248
[769] *Thunis/ Montero,* in : Guide juridique de l'entreprise, Titre III, Livre 32, n° 750
[770] *Ancel,* Rev. trim. dr. Com., 1979, S. 203, 211 n° 13
[771] *Bourgoignie,* J.T., 1976, 505, 508 n° 4.12
Antonmattei/ Raynard, Droit civil, Contrats spéciaux, n° 215

Die Wirksamkeit der einzelnen Klauseln ist, wie bereits oben erörtert, nach den Bestimmungen des LPC, insbesondere den Art. 31 und 32 zu beurteilen.

III. Inhalt des Garantieanspruchs

Während die gesetzliche Garantie dem Käufer die Wahl zwischen Rücktritt, Minderung und Wandelung inklusive Schadensersatzansprüchen bietet, sind AGB in der Regel darauf gerichtet, den einmal erreichten vertraglichen Status quo zu erhalten.
Sie verfolgen im Allgemeinen die Zielsetzung, das defekte Kaufobjekt beim Käufer zu belassen und ihm auf andere Weise als durch die Rückabwicklung der Vertragsbeziehung Befriedung zu verschaffen.[772]
Dies wird mit Hilfe der Installierung von Nacherfüllungsrechten des Verkäufers im Vertrag erreicht.
Ist das verkaufte Objekt mangelhaft, so steht dem Verkäufer zunächst das Recht zu, eine mangelfreie Sache nachzuliefern oder die defekte nachzubessern.
Wird einer solchen begründeten Forderung des Käufers nicht nachgekommen oder sind die Bemühungen des Verkäufers nicht erfolgreich, so stehen dem Käufer des Weiteren die Rechte des allgemeinen Schuldrechts aus der Nichterfüllung zu.[773]

IV. Geltendmachung

Im Gegensatz zur gesetzlichen Garantie ist eine Geltendmachung der Ansprüche vor Gericht nicht erforderlich. Ausreichend ist, den Verkäufer von der Mangelhaftigkeit der Sache in Kenntnis zu setzen und damit seine Ansprüche geltend zu machen.[774] Hieraus resultiert auch der Umstand, dass getroffene Bestimmungen hinsichtlich der Gewährleistungsfrist, materielle Ausschlussfristen statuieren, wie bereits oben angesprochen.

V. Verhältnis zur gesetzlichen Garantie

1. Komplementäre Beziehungen zwischen gesetzlicher und kommerzieller Garantie

Nach überwiegender Ansicht kann die kommerzielle Garantie lediglich einen komplementären Charakter neben der gesetzlichen haben.[775] Dies bedeutet, dass dem Käufer immer noch seine gesetzlichen Rechte zur Verfügung stehen müssen, wenn er die kommerzielle Garantie nicht in Anspruch nehmen kann. Die Vereinbarung einer kommerziellen Garantie darf den Käufer in diesem Sinne nicht schlechter stellen, als denjenigen, der lediglich seine gesetzlichen Rechte beanspruchen kann.[776]
Dies gilt sogar dann, wenn der Verkäufer in seinen AGB jegliche Haftung nach der gesetzlichen Gewährleistung ausgeschlossen hat, denn solche Klauseln sind in jedem

[772] *Ancel*, Rev. trim. dr. Com., 1979, 203, 226, n° 32
[773] *Van Ryn/ Heenen*, Principes de droit commercial, n° 703
[774] *Ancel*, Rev. trim. dr. com., 1979, 203, 226, n° 32
[775] *Jassogne*, Ann. Dr. Liège, 1988, 438, 447f.
[776] *Ancel*, Rev. trim. dr. Com., 1979, 203, 222f., n° 27

Fall gem. Art. 1643 C.civ. nichtig, wenn der Verkäufer den Mangel gekannt hat. Da zumeist Personen, die mit dem Bösgläubigen gleichgesetzt werden (s.o.), kommerzielle Garantien anbieten, sind derlei Haftungsausschlüsse demnach unwirksam.[777]
Zur kommerziellen Garantie ist die gesetzliche dann komplementär, wenn zwar Ansprüche aus ersterer geltend gemacht werden, der Käufer sich aber auch noch auf seine gesetzlichen Rechte beruft.
Nach dem Grundsatz, dass die kommerzielle Garantie den Käufer nicht schlechter stellen darf als nach gesetzlicher Ausgangslage, sind Ansprüche nach Gewährleistungsrecht zusätzlich möglich, wenn die kommerzielle Garantie den Schaden des Käufers nicht zu kompensieren vermag. Dies ist regelmäßig der Fall, wenn der Käufer einen über die Mangelhaftigkeit der Kaufsache hinausgehenden Schaden erlitten hat und iSd Art. 1645 C.civ. beweisen kann, dass der Verkäufer bösgläubig war oder einem solchen gleichzustellen ist.[778] Hier kommt ihm dann die herrschende Rechtsprechung, die eine dahingehende Vermutung installiert, zugute.

2. Subsidiarität der gesetzlichen Garantie

Dem steht jedoch die Annahme der Subsidiarität der gesetzlichen Garantie in Bezug auf die kommerzielle Garantie nicht im Wege.
Wie bereits erwähnt, ist für den Verkäufer ein Nacherfüllungsrecht ökonomisch sinnvoller als die sofortige Vertragsauflösung oder die Minderung des Kaufpreises. Aus dem Blickwinkel heraus, dass auch für den Käufer von Vorteil ist, wenn er die gewählte Sache nachträglich mangelfrei erhält, entspricht es der Billigkeit, das Erfordernis der vorherigen Geltendmachung der kommerziellen Garantie zu statuieren, bevor die gesetzliche Garantie in Anspruch genommen werden kann.[779]
Bleibt die Sache jedoch trotz Nacherfüllungsversuchs unbrauchbar, dann ist der Weg frei für die Geltendmachung der gesetzlichen Mangelansprüche.
Zum Teil wird aus dieser Handhabung der Schluss gezogen, der Mangel sei vorher nicht als derart schwerwiegend anzusehen, dass er die Gewährleistung gem. Art. 1644 C.civ. auslösen könne, wenn die Sache reparabel sei.[780]
Dass es hierauf jedoch nicht ankommen kann, zeigt ein Blick auf die Situation bei Lieferung der Sache: Ist der Mangel offensichtlich, so kann der Nichterfüllung der Lieferungspflicht nicht durch eine Reparatur der Sache abgeholfen werden, die Sache ist und bleibt nicht konform.
Gleiches gilt dann auch im Stadium der Haftung für verborgene Mängel. Beeinträchtigt ein solcher einmal die Kaufsache, kann eine mögliche Reparatur die Rechtsfolgen der Art. 1644 C.civ. auch nicht mehr ausschließen.
Die Subsidiarität der gesetzlichen Garantie zur Kommerziellen hat sich auch auf die Festlegung der „kurzen Frist“ des Art. 1648 C.civ. ausgewirkt. Resultierend aus dem Umstand, dass der Käufer, der erst einmal versucht, aus seiner kommerziellen Garantie

[777] *Simont/ De Gavre/ Foriers,* « Examen », R.C.J.B., 1995, 107,205 n° 56
[778] *Ancel,* Rev. trim. dr. Com., 1979, 203, 225, n° 30
[779] *Ancel,* Rev. trim. dr. Com., 1979, 203, 213n° 15
a.A. : *Thunis/ Montero,* in : Guide juridique de l'entreprise, Titre III, Livre 32, n° 760
[780] Cass. fr., 16 novembre 1976, Gaz. Pal., 1977, 1er sem. Somm. 43

gegen seinen Verkäufer vorzugehen und Gefahr läuft, wegen Fristablaufs seine gesetzlichen Rechte zu verlieren, werden Versuche einer außergerichtlichen Einigung vom erkennenden Richter mit in die Festsetzung der Frist einbezogen.[781]

2. Teil: Die Sachmängelgewährleistung im belgischen Kaufrecht nach dem Gesetz zum Schutz der Verbraucher beim Verbrauchsgüterkauf vom 1. September 2004[782]

Zur Umsetzung der Verbrauchsgüterkaufrichtlinie, deren Umsetzungsfrist am 01.01.2002 abgelaufen war, hat sich der belgische Gesetzgeber für die Minimallösung, also die 1:1- Umsetzung ohne gleichzeitige Reformierung des allgemeinen Kaufrechts entschieden. Am 01.01.2005 trat das Gesetz zum Schutz des Verbrauchers beim Verbrauchsgüterkauf in Kraft.

A. Diskussion um den Umfang der Umsetzung

Während in Deutschland die Umsetzungspflicht bezüglich der Verbrauchsgüterkaufrichtlinie zum Anlass genommen wurde, das Schuldrecht des BGB umfassend zu reformieren, fand in Belgien wie auch in Frankreich eine allenfalls zaghafte Diskussion über den Umfang der erheblich verspäteten Umsetzung statt.[783] Auffallend ist, dass die Umsetzung dieser Richtlinie nicht als Chance, sondern als Last empfunden wurde.
Zentrales Problem in diesen beiden Ländern ist der Umgang mit dem Fehlerbegriff der Richtlinie und die sich daraus ergebenden Effekte für die gesamte Struktur des kaufrechtlichen Gewährleistungssystems.
Das so genannte „dualistische System“ des Code civil basiert auf dem Gedanken, dass Leistungsstörungen bei der Durchführung eines Kaufvertrages chronologisch behandelt werden sollten und differenziert daher hinsichtlich der Haftung des Verkäufers für Mängel der Sache bei Lieferung oder für versteckte Mängel.[784]
Die Richtlinie veranlasst die Gesetzgeber erneut, über die Aufgabe des dualistischen und die Einführung des monistischen Gewährleistungssystems, dem die Richtlinie, das Wiener UN-Kaufrecht und das deutsche Recht folgen, nachzudenken.
Befürworter der letzten Alternative, also der Maximallösung sahen in der Umsetzungspflicht die Gelegenheit, das veraltete und komplizierte dualistische Gewährleis-

---

[781] *Devos*, J.T. 1991, 161, 171 n° 30
Comm. Hasselt, 1 décembre 2000, R.G.D.C., 2003, 248

[782] Moniteur Belge, 21 Septembre 2004, p. 68384; vorangegangen waren das avant projet der Chambre des Représentants de Belgique vom 19.02.03 und das projet de loi der Chambre des Représentants de Belgique vom 31.03.04, das die Stellungnahme des Conseil d´Etat berücksichtigte.

[783] Daraus resultierend können an dieser Stelle lediglich einige Einzelmeinungen wiedergegeben und reflektiert werden, um das Problem, vor dem die Gesetzgeber dieser Länder standen, zu skizzieren.
Vgl. aber eingehend zur Umsetzung in Österreich, Griechenland, Finnland, Italien, Spanien und dem Vereinigten Königreich *Mansel*, AcP 204 (2004), 396ff.

[784] Vgl. ebenfalls kurze Darstellung in der Begründung des Gesetzentwurfs, DOC 51 0982/001, S. 6

tungssystem zu überwinden[785] und eine Angleichung an die europäischen Nachbarn und internationale Kodifikationen zu erreichen[786].
Die entgegen gesetzte Ansicht sah sich jedoch in der Tradition des alten römischen Rechts, die nicht aufgegeben werden dürfe.[787] Der Code civil habe ein System geschaffen, das ein funktionelles Gleichgewicht zwischen Käufer und Verkäufer herstelle und das durch eine gefestigte Rechtsprechung konsolidiert werde. Es gebe keinen Grund dafür, dieses aufzugeben.[788]
Ein solches Erfordernis ergebe sich auch nicht aus der Richtlinie, die den Fehlerbegriff lediglich im Sinne von „Defekten“ der Sache im Sinne der vice caché- Haftung verwende. Es sei daher nicht nachvollziehbar, warum die traditionelle Unterscheidung zwischen Conformité und vice caché durcheinander gebracht werden müsse.[789]
Nach dieser Ansicht sollte die Richtlinie nur im Code de la consommation umgesetzt werden und nicht im Code civil. Ein solches Vorgehen wäre statthaft gewesen, da die Richtlinie nicht vorgebe, mit welchen Mitteln, ihre Regelungen in das nationale Recht transformiert werden sollen. [790] Darüber hinaus entspricht dies der bisherigen Praxis bei der Umsetzung von Verbraucherschutzrichtlinien.[791]
Ein Mittelweg zwischen Maximal- und Minimallösung wurde in der Integrierung der Richtlinienregelungen in den Code de la consommation unter gleichzeitiger punktueller Reformierung der gesetzlichen Garantie der Art. 1641ff. C.civ. gesehen.[792]
Dies werde der Bedeutung der Richtlinie gerecht, die lediglich einen Mindestsockel an Rechten für den Verbraucher gewährleisten wolle und daher nicht zur vollständigen Reform des allgemeinen Kaufrechts Anlass gebe. Auch der europäische Gesetzgeber habe sich lediglich auf Kompetenzen des Verbraucherschutzes gestützt, eine Angleichung der nationalen allgemeinen Kaufrechte sei nicht intendiert gewesen.[793]
Der belgische Gesetzgeber hat sich mit dem vorliegenden Gesetz offensichtlich für eine Kompromisslösung entschieden: das Gesetz zur Umsetzung der Richtlinie findet sich zwar im Code civil, jedoch als isolierte Sektion, die das allgemeine Kaufrecht des Code civil unberührt lässt.

---

[785] *Viney*, JCP, 2002, 1497,1499, n° 7, 10
vorsichtig: *Grynbaum*, CCC, 2000, Chronique n° 7, S. 8, der zwar harsche Kritik an der Richtlinie übt, sich aber positive Impulse durch die Umsetzung bezüglich einer Reform des allgemeinen Rechts erhofft.

[786] *Glansdorff*, in : *Glansdorff/ Grégoire/ Steenenbergen/ Vander Elst/ Levy/ Henry*, La vente, 28, 46f. *Viney*, J.C.P. 2002, I, 1497ff.

[787] *Tournafond*, D. 2000, chron., 159, 162, n° 13

[788] *Meinertzhagen- Limpens*, R.G.D.C.B., 1993, 197, 222

[789] *Tournafond*, D. 2000, chron., 159, 160, n° 4

[790] *Paisant/ Leveneur*, JCP, 2002, 923, 924, n° 6

[791] vgl. etwa: « Loi du 25 février 1991 relative à la responsabilité du fait des produits défectueux » ; « Loi du 14 juillet 1991 sur les pratiques du commerce et la protection du consommateur » ; « Loi du 12 juin 1991 sur le crédit à la consommation », die im Code de Commerce im Kapitel II betreffend Einzelgesetze aufgenommen sind

[792] *Tournafond*, D. 2000, chron., 159, 160, n° 5, der die Reform des Code civil allerdings nur auf das « bref délai » gem. Art. 1648 C.civ. bezogen wissen will.

[793] *Paisant/ Leveneur*, JCP, 2002, 923, 924f., n° 10ff. Erwägungsgründe 5 und 6 der Richtlinie, NJW 1999, 2421, 2421

Die Verfechter der Minimallösung haben sich demnach durchgesetzt und eine Reformierung des alten Kaufrechts des Code civil bis auf weiteres verhindert.

B. Das Gesetz zum Verbrauchsgüterkauf im Einzelnen

I. Modifizierung des Art. 1604 C.civ.

Nach Art. 2 des Gesetzes wird die Regelung des art. 1604 C.civ. um einen Absatz ergänzt werden, nach dem der Verkäufer verpflichtet ist, dem Käufer eine vertragsgemäße Sache zu liefern.

Die Aufnahme dieser Ergänzung geschah wohl unter dem Eindruck, dass sich der Begriff der Vertragsgemäßheit zum Schlüsselwort der Richtlinie entwickelt hatte und der Gesetzgeber es für erforderlich hielt, dem in dem Gesetz Rechnung zu tragen, da dem Code civil diese Terminologie nicht bekannt ist.[794]

Allerdings ist in gesetzestechnischer Hinsicht nicht nachvollziehbar, warum diese Regelung erfolgt ist.

Dies zum einen, weil die Bestimmung des Art. 1604 C.civ. sich mit dem Fehlerbegriff des Verbrauchsgüterkaufs überschneidet. Zum anderen, weil der Gesetzgeber selbst die strikte Trennung des allgemeinen Kaufrechts vom Verbrauchsgüterkauf intendierte und im Rahmen der 1:1- Umsetzung nicht die Notwendigkeit sah, vom dualistischen Gewährleistungssystem zum monistischen überzugehen.

1. Anwendung des Begriffs „vertragsgemäße Sache“ im doppelten Sinne?

Die Verpflichtung des Verkäufers zur vertragskonformen Lieferung der Sache existierte schon im alten belgischen Kaufrecht. Dabei handelte es sich im dualistischen kaufrechtlichen Gewährleistungssystem um die der Haftung für versteckte Mängel vorgeschaltete Haftung für offensichtliche Mängel. Ein bei der Ablieferung vorliegender offensichtlicher Mangel führte zu dem Urteil, dass die Kaufsache im Sinne von Art. 1604 C.civ. nicht vertragsgemäß erbracht worden sei.[795]

Die Definition der Vertragsgemäßheit im Sinne der Richtlinie ist jedoch eine ganz andere. Sie umfasst jegliche Abweichung der gelieferten Sache von der vertraglich vereinbarten, was sowohl offensichtliche wie auch versteckte Funktionsmängel umfasst.[796]

Die Einfügung dieses Begriffs erfolgt jedoch gerade in die Regelung des allgemeinen Kaufrechts, die sich lediglich mit der Haftung für offensichtliche Mängel beschäftigt.

Die Frage, wie der Begriff der vertragsgemäßen Lieferung in Art. 1604 C.civ. denn nun auszulegen sei, scheint der Gesetzgeber dahingehend beantworten zu wollen, dass er eine zweifache Bedeutung habe, je nachdem, ob ein Verbrauchsgüter- oder ein allgemeiner Kauf vorliege.[797]

---

[794] Begründung des Gesetzentwurfs, DOC 51 0982/001 S. 7f.
Limpens, Chronique de législation, J.T. 2005, 425, 427

[795] *Larroumet,* obs. sous Cass. Com., 24 avril 1980, Dalloz, Jurisprudence Générale 1980, 2, S. 567

[796] *Vanwijk-Alexandre,* J.T. 2004, 314, 315

[797] *Stijns/ Samoy,* R.G.D.C., 2003, 2, 14, n° 44

Folge dessen ist, dass das dualistische Gewährleistungssystem nicht nur nicht aufgegeben, sondern das monistische zusätzlich installiert wird.
Eine Auslegung des Begriffs in Art. 1604ff. C.civ. im doppelten Sinne ist aber nicht möglich, da die Bestimmungen im Verbrauchsgüterkauf gar nicht anwendbar sein sollen. Dies resultiert zum einen, wie bereits veranschaulicht, aus dem Fehlerbegriff, der jegliche Vertragsverletzungen umfasst. Zum anderen aber auch aus dem Umstand, dass die Verbrauchsgüterkauf- Richtlinie ein abgeschlossenes System der verschuldensunabhängigen kaufrechtlichen Gewährleistung installieren will und ein Abweichen von dem durch sie gewährten Schutzniveau nicht erlaubt (Art. 7 VerbrGüKRL).
Angesichts der Einfügung eines neuen Titels zum Verbrauchsgüterkauf in Art. 1649bis ff. C.civ., der den neuen Fehlerbegriff beinhaltet, erscheint die Ergänzung des Art. 1604 C.civ. überflüssig, da die zusätzlichen Bestimmungen Ausdruck des Anliegens des Gesetzgebers sind, das dualistische System aufrecht zu erhalten. Gleichzeitig wird jedoch die Anwendung dieses weiten Mangelbegriffs der „Vertragsgemäßheit" auf Kaufverträge, die nicht den Art. 1649bis ff. C.civ. unterfallen, durch den Wortlaut des Art. 1604 C.civ. nicht verhindert.
Der zusätzliche Absatz erscheint daher als Möglichkeit, unter Überwindung des dualistischen Systems eine Zuwendung des Code civil zum monistischen zu erreichen.

2. Probleme einer strikten Trennung von allgemeinem Kaufrecht und Verbrauchsgüterkauf

Der belgische Gesetzgeber hat das Ansinnen verfolgt, in sich abgeschlossene und isoliert anwendbare Systeme für den allgemeinen und für den Verbrauchsgüterkauf zu schaffen. Diese Konsequenz ist zumindest aus der bloßen Einfügung eines Titels zum Verbrauchsgüterkauf unter Verwendung der Richtlinie identischen Regelungen zu ziehen. Durch die Modifikation des Art. 1604 C.civ. stellt nach dem Willen des Gesetzgebers daher eine Verbindung von Regelungskomplexen her, die gar nicht bestehen sollte und widerspricht sich demnach selbst.
Die Trennung der Systeme ist allerdings auch nur lückenhaft gelungen. Zwar statuiert die Regelung des Art. 1649quater § 5 C.civ. die Unanwendbarkeit der Vorschriften der Haftung für versteckte Mängel, demnach der Art. 1641- 1649 C.civ vor Ablauf der materiellen Ausschlussfrist von zwei Jahren i.S.v. Art. 1649quater § 1 C.civ.. Jedoch wurde eine äquivalente Regelung für die Haftung für offensichtliche Mängel im Sinne der Art. 1604 C.civ. ff. nicht erwogen.
Dies bewirkt demnach an dieser Stelle, dass bei Vorliegen eines Verbrauchsgüterkaufs der sachlich definierte Anwendungsbereich der Art. 1649bis ff. C.civ. als auch der zeitlich definierte der Haftung für offensichtliche Mängel gem. Art. 1604ff. C.civ.. [798] eröffnet ist.
Dies wird eine erhebliche Unsicherheit in der Rechtsanwendung hervorrufen. Zusätzlich könnte aber auch an der Richtlinienkonformität der Regelung gezweifelt werden.

[798] Die Begründung des Gesetzentwurfs DOC 50 2319/001 beinhaltet keinerlei Reflektion hinsichtlich der Auswirkungen der Vorschrift des Art. 1649quater § 5, auch die Stellungnahme des Conseil d'Etat vom 27.01.2003 geht auf diesen Punkt nicht ein. Ebenso wird in DOC 51 0982/001 hierzu nicht Stellung genommen.

Der europäische Gesetzgeber wollte durch die verbindliche Vorgabe einiger Käuferrechte und der inhaltlichen Ausgestaltung ihrer Voraussetzungen einen Mindestsockel an Rechtssicherheit im Bereich des Kaufrechts und daraus resultierend wirtschaftliche Bewegungsfreiheit in der Europäischen Union schaffen.[799]
Der in den Regelungen der Richtlinie enthaltene Schutz für den Verbraucher wird jedoch möglicherweise sogar umgangen, wenn das nationale Recht, das aus ihr hervorgeht, die Möglichkeit bietet, auch andere, ein niedrigeres Schutzniveau verfolgende Vorschriften anzuwenden.
So liegt es auch bei der Anwendbarkeit der Vorschriften aus Art. 1604ff. C.civ. Innerhalb dieses Regimes kann der Käufer nicht von einer Vermutung der mangelnden Vertragsgemäßheit bei Vertragsschluss profitieren, wenn sich dies innerhalb der ersten sechs Monate nach Ablieferung der Sache offenbart. Auch stellen die dann anwendbaren Regeln des droit commun kein Minderungsrecht zur Verfügung.
Im Ergebnis ist die Modifizierung einer Bestimmung des allgemeinen Kaufrechts im Sinne der Richtlinienregelung weder erforderlich noch praktikabel.

II. Einfügung eines neuen Titels zum Verbrauchsgüterkauf in das Kaufrecht

1. Sachlicher Anwendungsbereich des Titels zum Verbrauchsgüterkauf

Der sachliche Anwendungsbereich der neuen Sektion ist in Art. 1649bis C.civ. geregelt.
Art. 1649bis § 2 C.civ. enthält die für die Anwendung der Sektion notwendigen Begriffsbestimmungen, die wortgleich die Bestimmung des Art. 1 VbrKfRil wiedergeben.[800] Es findet sich lediglich eine minimale Abweichung was die Definition der Garantie in § 2 e) anbetrifft.
Nach dem Richtlinienentwurf sind nur Garantien erfasst, die ohne Aufpreis vom Verkäufer gewährt werden (Art. 1 II e) VbrKfRil). Das belgische Gesetz enthält diesen Zusatz nicht. Es war vielmehr Wille des Gesetzgebers, als Garantie jede, auch entgeltliche Zusage des Verkäufers anzusehen, für die Mängel der Sache in einer bestimmten Weise einzustehen.[801] Das erweitert den Schutz des Verbrauchers nach den in den Art. 1649septies C.civ. enthaltenen Regelungen erheblich und ist somit richtlinienkonform.
Art. 1649bis § 3 C.civ. bezieht nunmehr korrespondierend zur Regelung der „IKEA"-Klausel auch Werklieferungsverträge in die kaufrechtliche Sphäre ein, wie es Art. 1 IV VbrKfRil vorsieht.

2. Fehlerbegriff

Der für den Verbrauchsgüterkauf zu verwendende Begriff der mangelnden Konformität wird in Art. 1649ter C.civ. definiert. Auch seine vier Paragraphen geben die Richtlinienregelung des Art. 2 wörtlich wieder. Art. 1649ter C.civ. führt demnach den monistischen, weiten Mangelbegriff, wie er in den meisten Mitgliedstaaten und auch in

[799] vgl. 2. Erwägungsgrund der Richtlinie
[800] vgl. zum Regelungsbereich der Richtlinie ausführlich 1. Kapitel Teil 2 dieser Arbeit
[801] Begründung des Gesetzentwurfs, DOC 51 0982/001, S. 10

internationalen Regelungen wie dem Wiener UN- Kaufrecht verwendet wird, in den Code Civil ein.
In Art. 1649ter 1° C.civ. befinden sich die Anforderungen an die Kaufsache hinsichtlich der vertraglich vorgesehenen subjektiven und objektiven Beschaffenheitsbestimmungen.
Trotz der andersartigen Auffassung des Code civil von einem Mangel, finden sich einige dieser Aspekte auch schon im alten Recht.
Das Erfordernis, dass die Sache mit den Beschreibungen des Käufers übereinstimmen muss oder die Prinzipien des Kaufs auf Probe sind dem allgemeinen Kaufrecht ebenfalls immanent.[802]
Dass das Verbrauchsgut der üblichen Art und Güte entsprechen muss, war auch schon in dem Grundsatz des Art. 1246 C.civ. enthalten, der dem Schuldner gebietet, seine Schuld mit einer Sache mittlerer Qualität zu erfüllen.[803]
Art. 1649ter 2° C.civ. enthält die Einstandspflicht des Verkäufers für öffentliche Erklärungen über die Beschaffenheit der Sache. Der Gesetzgeber war sich der Wirkung dieser Bestimmung, die die kommerzielle Werbung mehr in den Focus gesetzlicher Regelungen stellt, bewusst und begrüßte dieses.[804]
Art. 1649ter 3° C.civ. schließt die Existenz des Mangels aus, wenn der Käufer diesen bei Vertragsschluss gekannt oder fahrlässigerweise nicht gekannt hat. Schlussendlich findet sich in Art. 1649ter 4° C.civ. die allseits als IKEA- Klausel[805] betitelte Regelung für die Einstandspflicht des Verkäufers für den von ihm veranlassten mangelhaften Zusammenbau einer Sache oder eine mangelhafte Aufbauanleitung.
Des Weiteren ist jedoch auch anzumerken, dass durch die Erweiterung des belgischen Fehlerbegriffs durch den Begriff des „vice fonctionnel" bereits einigen Aspekten des Mangelbegriffs der Richtlinie vorgegriffen wurde.[806] Dies gilt insbesondere für Art. 2 II VbrKfRil.
Durch diese nunmehr für eine Vielzahl von Kaufverträgen geltende Regelung wird der monistische Begriff von der Vertragswidrigkeit in die belgische Zivilrechtsordnung eingeführt. Entgegen den allgemeinen Bestimmungen für Kaufverträge wird nicht unterschieden in Konformität bei Lieferung und Haftung für versteckte Mängel.

3. Rechte des Käufers

Auch die Regelung der Rechte des Käufers bei Vorliegen eines Mangels und die Modalitäten ihrer Ausübung entsprechen der Richtlinien- Regelung nahezu vollständig.
a) Rechtsbehelfe des Käufers
Art. 1649quinquies § 1 C.civ. stellt eine Generalklausel bezüglich der dem Käufer im Rahmen eines Verbrauchsgüterkaufs zustehenden Rechte dar.
So bestimmt Art. 1649quinquies § 1 C.civ., dass der Käufer neben etwaigen, in dieser Sektion jedoch nicht geregelten Schadensersatzansprüchen, auch die Reparatur oder

[802] Begründung des Gesetzentwurfs, DOC 51 0982/001, S. 12
[803] Begründung des Gesetzentwurfs, DOC 51 0982/001, S. 12
[804] Begründung des Gesetzentwurfs, DOC 51 0982/001, S. 12
[805] vgl. zum Regelungsbereich der Richtlinie Kapitel 1, Teil 2 dieser Arbeit
[806] Begründung des Gesetzentwurfs, DOC 51 0982/001, S. 13

Nachlieferung der Sache sowie eine Minderung des Kaufpreises oder den Rücktritt vom Vertrag verlangen kann.[807]

Die Sektion über den Verbrauchsgüterkauf stellt dem Verbraucher demnach zusätzlich ein dem belgischen Kaufrecht bisher unbekanntes Recht der Nacherfüllung zur Verfügung, welches durch Nachbesserung oder Nacherfüllung ausgeübt werden kann.[808]

aa) Probleme bei der Ausübung des Minderungs- und des Rücktrittsrechts

Fraglich ist allerdings, wie die Ausübung von Minderung und Rücktritt von statten gehen soll, denn nach Art. 1649quater § 5 C.civ. sind die Regelungen der vice-caché-Haftung, Art. 1641- 1649 C.civ., bei Vorliegen eines Verbrauchsgüterkaufs bis zum Ablauf der materiellen Ausschlussfrist von zwei Jahren gem. Art. 1649quater § 1 C.civ. ausgeschlossen. Rücktritt wie auch Minderung müssten sich nach Vorschriften des allgemeinen Schuldrechts richten, da die neue Sektion zum Verbrauchsgüterkauf diesbezüglich keine Bestimmungen zur konkreten Ausgestaltung trifft. Dies wird vom Gesetzgeber für den Rücktritt auch explizit in der Gesetzesbegründung erwogen.[809]

Dies ist aber in Bezug auf die Minderung schlechterdings nicht möglich. Sie stellt einen originären Anspruch des Kaufrechts dar, der im übrigen Leistungsstörungsrecht keine Entsprechung hat. Dem Käufer wird im Verbrauchsgüterkauf somit formal ein Recht zugestanden, das materiell nicht existiert. Dies ist nicht richtlinienkonform.

Beim Rücktritt erreicht die Problematik nicht dieselbe Dimension, aber dennoch ist auch hier eine Vertragsauflösung nach allgemeinem Schuldrecht erforderlich, die nachteilig für die Parteien ist.

Der Rücktritt gem. Art. 1184 C.civ., der sich als Konsequenz einer Nichterfüllung von Vertragspflichten ergibt, unterliegt im Falle der gerichtlichen Geltendmachung sowohl hinsichtlich seiner Tatbestandsvoraussetzungen als auch seiner Rechtsfolgen einem erheblichen Beurteilungs- und Gestaltungsspielraum des erkennenden Richters.[810]

Daher könnte sich eine gerichtliche Geltendmachung der Vertragsauflösung als Hindernis für die belgische Wirtschaft darstellen. Es ist nicht auszuschließen, dass die Wettbewerbsfähigkeit der belgischen Wirtschaft unter hieraus resultierenden Rechtsunsicherheiten sowohl auf Anbieter- als auch auf Konsumentenseite leiden könnte.

bb) Probleme bei der Geltendmachung von Schadensersatzansprüchen

Zweifel an seiner Stringenz weckt die neue Regelung zudem durch die ausdrückliche Erwähnung zusätzlicher Schadensersatzansprüche des Käufers.

Schadensersatzansprüche werden offensichtlich in der Sektion zum Verbrauchsgüterkauf nicht geregelt, was durch die grundsätzlich wörtliche Umsetzung der Richtlinienregelung bedingt ist, die die Regelung von Schadensersatzansprüchen den Mitgliedstaaten überlassen und lediglich die klassischen Gewährleistungsrechte des Käufers zur Verfügung stellen wollte.[811]

Verwirrung erzeugt das Gesetz dahingehend, dass unklar bleibt, aus welchem Grund der Käufer auf zusätzlich bestehende Schadensersatzansprüche zurückgreifen können sollte. Gem. Art. 1649quater § 5 C.civ. sind die Regelungen der Haftung für versteckte

---

[807] *Limpens*, J.T. 2005, 425, 428

[808] Begründung des Gesetzentwurfs, DOC 51 0982/001, S. 17

[809] Begründung des Gesetzentwurfs DOC 51 0982/001, S. 19

[810] *Malaurie/ Aynès*, Cour de droit civil, Les obligations, Vol. 2n° 481

[811] vgl. 6. Erwägungsgrund der Richtlinie, NJW 1999, 2421

Mängel bei Anwendbarkeit der Vorschriften der Sektion 4 ausgeschlossen, mithin vor Ablauf der zweijährigen Frist auch Schadensersatzansprüche nach Art. 1645, 1646 C.civ. Als Konsequenz dieser Regelung ergibt sich lediglich die Anwendung des allgemeinen Schuldrechts, mithin Ansprüche aus Art. 1149ff. C.civ.
Für Schadensersatzansprüche gilt im allgemeinen Schuldrecht das Prinzip, dass gem. Art. 1149ff. C.civ. lediglich vorhersehbare Schäden ersetzt werden.[812] Der Verkäufer kann sich gem. Art. 1150 C.civ. darauf berufen, den Mangel nicht gekannt und den Schaden nicht vorhergesehen zu haben. Das Verschulden des Verkäufers ist vom Käufer zu beweisen.[813]
Auch die Vermutung der Richtlinie hinsichtlich der Vertragswidrigkeit der Sache vor Ablauf von sechs Monaten verbessert seine rechtliche Situation nicht, denn sie bezieht sich lediglich auf das Eingreifen des Art. 1649quinquies § 1 C.civ. selbst.
Im allgemeinen Kaufrecht wird die Bösgläubigkeit nach der belgischen Rechtsprechung unter Anwendung der Art. 1645, 1646 C.civ. dagegen zugunsten des Käufers, der bei einem professionellen Verkäufer gekauft hatte, widerleglich vermutet.[814]
Die Anwendung der Vorschrift des Art. 1649quater § 5 C.civ. führt somit zu einer Schlechterstellung des Käufers im Vergleich zum allgemeinen Kaufrecht und ist folglich nicht richtlinienkonform.

b) Maxime des Vorteilsausgleichs

Die Rechte des Käufers, die in der Generalklausel des Art. 1649quinquies § 1 C.civ. erwähnt werden, werden im Sinne des 15. Erwägungsgrundes der Richtlinie unter den Grundsatz des Vorteilsausgleichs gestellt: Die dem Verbraucher zu leistende Erstattung ist zu mindern, um der Benutzung der Ware Rechnung zu tragen, die durch den Verbraucher seit ihrer Lieferung erfolgt ist.
In konsequenter Fortführung dieses Grundsatzes wird auch gem. Art. 1649quinquies § 3 al. 3 C.civ. konkret hinsichtlich der Geltendmachung der Minderung und des Rücktritts der Minderwert der gelieferten Sache berücksichtigt. Der Gesetzgeber sieht darin das Prinzip des allgemeinen Schuldrechts verankert, dass auch das Opfer einer Vertragsverletzung alle Anstrengungen zu unternehmen hat, um eine Verstärkung des eingetretenen Schadens zu verhindern.[815]

c) Subsidiaritätsverhältnis der einzelnen Rechte

Das Subsidiaritätsverhältnis der Rechte des Käufers bei Vorliegen einer Vertragswidrigkeit ist in den §§ 2, 3 des Gesetzes wortgleich geregelt wie in Art. 3 Abs. 3- 5 VbrKfRil. § 2 übernimmt die Regelung des Art. 3 III VbrKfRil zu den Voraussetzungen des Ausschlusses der Nacherfüllung wegen Unmöglichkeit oder Unzumutbarkeit sowie der Bestimmung der Kostenlosigkeit für den Käufer.
Ebenso wie in Art. 3 V VbrKfRil findet die Subsidiarität der Minderung und des Rücktritts gegenüber der Nacherfüllung auch in Art. 1649quinquies § 3 C.civ. Niederschlag.

[812] Cass., 11 avril 1986, Pas., 1986, I, 986
[813] Cass., 15 décembre 1995, J.L.M.B., 1996, 780
[814] Comm., 27 novembre 1973, JCP 1974. II. 17887
[815] Begründung des Gesetzentwurfs, DOC 51 0982/001, S. 18

d) Erheblichkeitsschwelle

Gem. Art. 1649quinquies § 3 al. 2 C.civ. ist nunmehr nur der Rücktritt an eine Erheblichkeitsschwelle gekoppelt. Wie auch in der Richtlinie ist, in Abweichung zum allgemeinen Kaufrecht, für die Minderung nicht mehr erforderlich, dass der Mangel einen gewissen Grad aufweist.

4. Anspruchsausschluss

In Art. 1649quater C.civ. sind Gründe für den Ausschluss der Verbraucherrechte geregelt, die gesetzlicher oder vertraglicher Natur sein können. Gegenstand der Regelung ist allerdings nur der Anspruchsausschluss bedingt durch ein zeitliches Kriterium.
Die Einführung einer starren Frist ist vor dem Hintergrund der Regelung des « bref délai » des Art. 1648 C.civ. im allgemeinen Kaufrecht vom Gesetzgeber zu Recht als radikale Erneuerung bezeichnet worden.[816]

a) Verjährung

Die Richtlinie umschreibt die zeitliche Begrenzung der Möglichkeit der Geltendmachung der Käuferrechte in Art. 5 mit dem Begriff „Fristen", somit bleibt den nationalen Gesetzgebern die Möglichkeit, sowohl materielle Ausschlussfristen als auch echte Verjährungsfristen festzulegen.[817]
Das belgische Gesetz entscheidet sich in Art. 1649quater C.civ. für eine Koppelung von materieller Ausschlussfrist für alle bestehenden Mängel der Kaufsache und der Verjährung der Ansprüche des Käufers hinsichtlich eines bestimmten, bereits angezeigten Mangels der Sache.
Somit erlöschen grundsätzlich alle Mangelansprüche innerhalb von zwei Jahren ab Übergabe, wenn sie dem Verkäufer nicht angezeigt werden.
Die Anzeige eines bestimmten Mangels erhält diejenigen Ansprüche, die sich hieraus ergeben über die zwei- Jahres- Frist hinaus. Sie sind allerdings nach einem Jahr nicht mehr durchsetzbar, da dem Verkäufer nach dieser Frist ein Leistungsverweigerungsrecht zusteht. An die Stelle der Ansprüche gem. Art. 1649quinquies § 1 C.civ. treten gem. Art. 1649quater § 5 C.civ. dann diejenigen des allgemeinen Kaufrechts, wenn der erkennende Richter die „kurze Frist" des Art. 1648 C.civ. noch als eingehalten ansieht.

aa) materielle Ausschlussfrist

α) Einführung einer fixen Frist

Nach Art. 1649quater § 1, 1° C.civ. hat der Verkäufer für alle Mängel der Sache einzustehen, die sich innerhalb einer Frist von zwei Jahren offenbaren.
Der Fristablauf beginnt mit Ablieferung der Kaufsache.
Hiervon abweichend wird in § 1, 3° C.civ. im Sinne der in Art. 7 I 2 VbrKfRil erwähnten Möglichkeit der Verkürzung der Frist für gebrauchte Güter, den Parteien die Möglichkeit gegeben, die Haftung des Verkäufers auf mindestens ein Jahr zu begrenzen.
Die Einführung fixer Fristen stellt innerhalb des belgischen Kaufrechts ein absolut neues Phänomen dar.

---

[816] Begründung des Gesetzentwurfs, DOC 51 0982/001, S. 14
[817] *Schmidt- Räntsch,* ZIP 1998, 849, 852

Bisher oblag es dem Richter, selbständig über die Einhaltung einer kurzen Frist zur gerichtlichen Geltendmachung durch den Käufer zu entscheiden. Wie bereits ausgeführt, war die Auslegung dieses Begriffs von vielerlei Faktoren abhängig und barg aufgrund dessen ein erhebliches Maß an Rechtsunsicherheit, insofern ist die Einführung einer expliziten Frist nur zu begrüßen.

Allerdings wurde die Länge der Frist kritisiert. Zwei Jahre seien bei langlebigen und wertvollen Produkten einfach zu kurz.[818] Es wurde darauf hingewiesen, dass dies eine wesentlich strengere Regelung im Bereich des Verbraucherschutzrechts als im allgemeinen Kaufrecht bedinge, nach dessen Grundsätzen bei der Berechnung der kurzen Frist auch die Natur der verkauften Sache und der Charakter des Mangels zu berücksichtigen sei.[819]

Nach anderer Ansicht sollte auf eine Verjährungsfrist verzichtet und stattdessen eine Rügeobliegenheit eingeführt werden, nach deren Einhaltung die Rechte des Käufers nicht mehr verjähren können.[820]

Dies bemängelte auch der Conseil d'Etat in seiner Stellungnahme und erbat vom Gesetzgeber eine dezidierte Begründung dieser Bestimmung hinsichtlich der Frage, ob der Gesetzentwurf gegen Art. 10 und 11 der Verfassung verstoße, da diese die Benachteiligung der Verbraucher verbiete.[821]

Der Gesetzgeber führte dazu aus, dass das Recht zum Verbrauchsgüterkauf keine ungerechtfertigte Benachteiligung beinhalte, da durch die Festlegung expliziter Fristen den Interessen der Verbraucher an Rechtssicherheit im Bereich der Sachmängelgewährleistung entspreche.[822]

Die Begründung stützt sich auf die hier bereits ausgeführten Schwierigkeiten hinsichtlich der Ermittlung des „bref délai", die durch die Festlegung einer starren Frist entfielen.[823]

Diese Diskussion ist nunmehr allerdings durch die Ergänzung des Art. 1649quater § 5 C.civ. um die 2- Jahres- Frist iSv Art. 1649quater § 1er C.civ., die erstmals im Gesetzentwurf vom 31.03.04 vorgenommen wurde, obsolet werden. Die Änderung bewirkt, dass nach Ablauf von zwei Jahren wieder das Sachmangelgewährleistungsrecht der Art. 1641ff. C.civ. gilt, auf das die kurze Frist des Art. 1648 C.civ. Anwendung findet.

β) Hemmung der Frist

Die materielle Ausschlussfrist wird gehemmt, wenn zwischen den Parteien Verhandlungen zur gütlichen Einigung hinsichtlich der aufgetretenen Leistungsstörung stattfinden. Dies entspricht dem 18. Erwägungsgrund der Richtlinie und ist demnach richtlinienkonform.

---

[818] mit Blick auf die Annäherung an das Wiener UN- Kaufrecht : *Meinertzhagen- Limpens,* R.G.D.C., 1993, 197, 221f.
Grynbaum, CCC, 2000, Chronique n° 7, S. 8

[819] *Stijns/ Samoy,* R.G.D.C., 2003, 1, 20

[820] *Grynbaum,* CCC, 2000, Chronique n° 7, S. 8

[821] Stellungnahme des Conseil d'Etat n° 34,517/2, DOC 50 2319/001, S. 34

[822] Begründung des avant- projets, DOC 50 2319/001, S. 16. Die Begründung des Gesetzentwurfs äußert sich hierzu nicht mehr explizit, vgl. DOC 51 0982/001

[823] Begründung des avant- projets, DOC 50 2319/001, S. 16

Aus Verbraucherschutzgesichtspunkten wird die Einführung der Hemmungsregelung kritisiert. Für den Verbraucher wäre eine Unterbrechung der Verjährung während der Reparatur oder Nachlieferung der Kaufsache jedenfalls vorteilhafter.[824] Allerdings sollte im Rahmen dieser Argumentation auch berücksichtigt werden, dass durch die Anzeige des Mangels, aufgrund dessen die Verhandlungen zwischen den Parteien geführt werden, die Ansprüche des Käufers für ein weiteres Jahr gem. Art. 1649quater § 3 C.civ. perpetuiert werden (siehe auch unten). Dadurch wird das Interesse des Verkäufers an baldiger Rechssicherheit hintangestellt.

Im Ergebnis ist die Installierung einer bloßen Hemmungsmöglichkeit daher wohl als sachgerechter Kompromiss zwischen Verbraucherschutz- und Käuferinteressen zu werten.

bb) Verjährungsfrist

Ansprüche aus bestimmten, dem Verkäufer angezeigten Mängeln, unterliegen der einjährigen Verjährung gem. Art. 1649quater § 3 C.civ.. Die Verjährungsfrist beginnt demnach mit der Anzeige des Mangels beim Verkäufer, sie unterliegt allerdings der Einschränkung, dass die zweijährige materielle Ausschlussfrist insgesamt nicht unterschritten werden darf.

Demnach hat der Käufer in jedem Fall zwei Jahre Zeit, seine Mängelrechte geltend zu machen. Andererseits ist jedoch auch eine Verlängerung der materiellen Ausschlussfrist durch die Verjährung möglich, da eine gegenteilige Bestimmung, die besagt, dass die Frist des Art. 1649quater § 3 C.civ. nicht zur Überschreitung der materiellen Ausschlussfrist des Art. 1649quater § 1 C.civ. führen darf, nicht existiert. Ein solcher Fall wird dann gegeben sein, wenn ein Mangel kurz vor Ende der materiellen zwei- Jahres-Frist angezeigt wird.

Hieraus resultiert denn auch eine gewisse Verfehlung des Zwecks der Regelung, das Interesse des Verkäufers an Rechtsklarheit bei der Befriedigung des Käufers zu berücksichtigen.

Denn einerseits wird dem Verkäufer durch die einjährige Verjährung die Sicherheit gegeben, nach Ablauf dieser Frist dem Begehren des Käufers nicht mehr nachkommen zu müssen. Andererseits führt die Abwesenheit einer zu Art. 1649quater § 3 letzter HS C.civ. diametral ausgerichteten Vorschrift zu einer Schlechterstellung des Verkäufers im Vergleich zur Regelung des Art. 1649quater § 1 C.civ., wenn der Käufer einen Mangel erst kurze Zeit vor Ablauf der materiellen Ausschlussfrist anzeigt.

Aufgrund der unterschiedlichen Funktionen einer materiellen Ausschluss- und einer Verjährungsfrist, ist eine derartige diametrale Regelung jedoch auch gar nicht möglich, denn die Rückausnahme des Art. 1649quater § 3 C.civ. ist gerade darauf ausgerichtet, entgegen der Ausschlussregelung des Art. 1649quater § 1 C.civ. durch die Mängelanzeige perpetuierte Rechte wieder für den Käufer undurchsetzbar werden zu lassen, dies ist mit einer materiellen Ausschlussklausel im entgegen gesetzten Fall nicht mehr zu erreichen.

Dem Wortlaut der Bestimmung nach ist eine Unterbrechung oder Hemmung der Verjährung nicht vorgesehen. Die Möglichkeit der Hemmung ergibt sich indirekt jedoch aus dem Regelungszusammenhang der Art. 1649quater § 1 und § 3 C.civ.. Da die Ver-

---

[824] *Stijns/ Samoy,* R.G.D.C., 2003, 2, 20, n° 68

jährungsfrist die materielle Ausschlussfrist schließlich nicht unterschreiten darf, gilt die Hemmungsmöglichkeit des Art. 1649 quater § 1, al. 2 C.civ., ebenfalls hinsichtlich der Verjährung, denn der Anspruchsuntergang wird ja durch die Hemmung verzögert.[825]

cc) Anwendbarkeit der Bestimmungen der vice caché- Haftung gem. Art. 1641ff. C.civ. nach Ablauf von zwei Jahren

Art. 1649quater § 5 C.civ. bestimmt, dass die Vorschriften der vice caché- Haftung des allgemeinen Kaufrechts nach Ablauf der zweijährigen Frist gem. Art. 1649quater § 1 C.civ. anwendbar sein sollen.

Dies benachteiligt die Anbieterseite erheblich. Die mit der Bestimmung einer materiellen Ausschlussfrist bezweckte Schaffung von Rechtssicherheit für die Verkäufer wird revidiert und erneut unter die Einschätzung des Richters gestellt. Nach der Gesetzesbegründung soll dies gewährleisten, dass der Verbraucher gegenüber dem Verkäufer nicht rechtlos gestellt wird. Die Verschiedenartigkeit von Verbrauchsgütern soll berücksichtigt werden können, insbesondere bei solchen von besonderer Langlebigkeit.[826]

Der Gesetzgeber räumt dem Richter somit nach Ablauf der Ausschlussfrist von zwei Jahren die Möglichkeit ein, darüber zu entscheiden, ob die Verpflichtung des Verkäufers zur Gewährleistung noch besteht.[827]

Dies hat wohl unter der kritischen Würdigung des Begriffes des „bref délai“ gem. Art. 1648 C.civ. zu erfolgen. Diese Bestimmung dürfte aber nur bei der Auslegung, dass die Frist des Art. 1649quater § 1 C.civ. ohne Verschulden wegen Unauffindbarkeit des Mangels versäumt wurde, Raum für die Anwendung der Art. 1641ff. C.civ. lassen.

b) Anzeigeobliegenheit

Das Gesetz eröffnet den Vertragsparteien in Art. 1649quater § 2 C.civ. die Möglichkeit, vertraglich eine Anzeigeobliegenheit des Käufers mit einer Frist von mindestens zwei Monaten ab Auftreten des Mangels zu vereinbaren. Dies entspricht der Regelung, die Art. 5 II VbrKfRil trifft. Eine Rechtsfolge der Verletzung dieser Obliegenheit ist zwar nicht ausdrücklich geregelt, jedoch ist sie wohl, gerade in Anbetracht der systematischen Stellung der Vorschrift im Zusammenhang mit der Ausschlussregelung des Art. 1649quater § 1 C.civ. in dem Ausschluss der Gewährleistungsansprüche des Käufers zu sehen. Es steht ferner zu vermuten, dass die Vereinbarung einer Anzeigeobliegenheit sich erheblicher Beliebtheit im Geschäftsverkehr erfreuen wird. Hinsichtlich der Modalitäten der Anzeigeobliegenheit besteht allerdings noch Regelungsbedarf.

Die Rechtmäßigkeit dieser einschneidenden Konsequenz der Obliegenheitsverletzung für den Käufer lässt sich mangels eindeutiger gesetzlicher Voraussetzungen aktuell wohl nur anhand der Bestimmungen des Art. 32 ff. LPC beurteilen.

c) Vermutung für die mangelnde Vertragskonformität

In Anlehnung an die Richtlinienregelung installiert auch der belgische Gesetzentwurf innerhalb der Regelung der Fristen die Vermutung für die mangelnde Vertragskonformität innerhalb der ersten sechs Monate nach Ablieferung der Sache. Gem. Art. 1649quater § 4 C.civ. obliegt dem Verkäufer die Beweislast für die mangelfreie Leis-

[825] Begründung des Gesetzentwurfs, DOC 51 0982/001, S. 16
[826] Begründung des Gesetzentwurfs, DOC 51 0982/001, S. 15
[827] Begründung des Gesetzentwurfs, DOC 51 0982/001, S. 15

tungserbringung innerhalb der ersten sechs Monate, es sei denn, die Natur der Kaufsache oder des Mangels schließt eine derartige Vermutung aus.
In diesem Zusammenhang ist auch zu berücksichtigen, ob die Sache neu oder gebraucht war.[828]
Dies entspricht der Regelung des Art. 5 III VbrKfRil.
Zweifelhaft ist allerdings die systematische Stellung dieser Bestimmung. In Anlehnung an Art. 5 VbrKfRil regelt Art. 1649quater C.civ. systematisch korrekt die für den Verbrauchsgüterkauf relevanten Fristen.
Sachgerechter wäre es gewesen, die Regelung in die Bestimmung des Art. 1649quinquies C.civ. einzufügen, der die Voraussetzungen der einzelnen Ansprüche des Käufers zum Inhalt hat.
Die Vermutung ersetzt zunächst eine Voraussetzung des Anspruchs des Käufers: Den Beweis des Vorliegens des Mangels bei Übergabe der Sache. Art. 1649quater § 4 C.civ. kodifiziert damit eine seit langer Zeit in Belgien praktizierten Rechtsprechung. Die Neuregelung trägt allerdings zur Verbesserung der Rechtslage des Käufers im Vergleich zu dieser Rechtsprechung bei, da sie die Beweislast zu seinen Gunsten regelt. Die alte Rechtsprechung verlangte dagegen, dass der Käufer darlegen und beweisen konnte, dass der Gebrauch der Sache nur aufgrund des Vorliegens des Mangels eingeschränkt war und außer Streit stehen musste, dass der Käufer die Sache lediglich in gewöhnlicher Art und Weise gebraucht hatte.

5. Rückgriff des Verkäufers auf seinen Lieferanten bei Eingreifen des Regimes des Verbrauchsgüterkaufs

Eine Verbesserung der rechtlichen Ausgangslage des Verkäufers gegenüber seinem Lieferanten bei einem Regress stellt die Regelung des Art. 1649sexies C.civ. dar. Zwar ist in der belgischen Rechtsprechung seit langem anerkannt, dass die Gewährleistungsrechte im Sinne von Zubehör gem. Art. 1615 C.civ. der Kaufsache folgen, so dass der Endverbraucher sogar berechtigt ist, die Gewährleistungsrechte des Verkäufers gegenüber seinem Lieferanten geltend zu machen.[829] Neu ist jedoch, dass der Verkäufer gegenüber seinem Lieferanten ebenfalls unter den Schutz der Sektion zum Verbrauchsgüterkauf gestellt wird. Dies hat zur Folge, dass ihm vertragliche Ausschlussklauseln nicht entgegengehalten werden können, wenn er wegen einer Leistungsstörung gegen seinen Lieferanten vorgeht. Voraussetzung dafür ist allerdings, dass er selbst seiner Gewährleistungspflicht nachgekommen ist.

6. Kommerzielle Garantien

Das Gesetz vom 01.09.04 verwendet auch die Vorschriften zur kommerziellen Garantie, die sich in Art. 6 VbrKfRil finden, in Art. 1649septies §§ 1- 4 C.civ. wörtlich. Damit werden kommerzielle Garantien zum ersten Mal gesetzlich kodifiziert, jeden-

---

[828] dies fand erst in der letzten und verabschiedeten Fassung vom 01.09.04 Eingang in den Gesetzestext, M.B., 21 septembre 2004, p. 68384
[829] Cass., 5 décembre 1980, Pas., 1981, I, 398
Foriers/ Glansdorf, Contrats spéciaux, t. I, S. 116 n° 161

falls im Anwendungsbereich der Sektion über den Verbrauchsgüterkauf. Durch die Umsetzung der Richtlinienregelung wird zwar nicht der Inhalt der kommerziellen Garantie geregelt, aber dennoch wird ein erhebliches Maß an Rechtsicherheit dadurch geschaffen, dass Wirksamkeitsvoraussetzungen unter dem Aspekt der Ausgestaltung der Rechtsfolgen und der Form aufgestellt werden.

a) Wirksamkeit kommerzieller Garantien unter dem Aspekt der Ausgestaltung ihrer Rechtsfolgen

Art. 1649septies § 1 C.civ. enthält den Grundsatz, dass der Verkäufer, der eine kommerzielle Garantie anbietet, an diese gebunden ist, auch unter Einschluss etwa getätigter Werbung.

Art. 1649septies § 2 C.civ. enthält die Bestimmung, des Art. 6 II VbrKfRil, die besagt, dass die Garantieerklärung offenbaren muss, dass der Käufer weiterhin auch über seine gesetzlichen Gewährleistungsrechte verfügt.[830]

Dies entspricht dem bisher im Regime der kommerziellen Garantien auch schon vorherrschenden Grundsatz von der Subsidiarität der gesetzlichen Garantie im Verhältnis zur kommerziellen Garantie und dem komplementären Charakter der kommerziellen Garantie.

Nach bisheriger Rechtsauffassung durfte der Garantienehmer durch Abschluss einer kommerziellen Garantie in bezug auf seine Mängelrechte nicht schlechter stehen als ohne kommerzielle Garantie.[831]

Diesem Prinzip entspricht das Erfordernis, dass der Verbraucher darauf hinzuweisen ist, dass er jedenfalls seine gesetzlichen Rechte der Art. 1649bis ff. C.civ. geltend machen kann.

Der Grundsatz der Subsidiarität der gesetzlichen Gewährleistung im Verhältnis zur kommerziellen Garantie hat allerdings durch die Umsetzung der Richtlinie in Art. 1649bis ff. C.civ. seine Bedeutung verloren.

Unter dem Regime der Sektion zum Verbrauchsgüterkauf stehen die Minderung und die Vertragsauflösung grundsätzlich in einem Subsidiaritätsverhältnis zum neu geschaffenen Recht auf Nacherfüllung. Es besteht somit keinerlei Veranlassung mehr, dem Verkäufer, der eine kommerzielle Garantie versprochen hat, durch die Subsidiarität der gesetzlichen Garantie ein vorrangiges Nacherfüllungsrecht aus der kommerziellen Garantie zuzugestehen.

Weitere Anforderung an die Garantieerklärung ist, dass sie in einfachen und verständlichen Worten abgefasst sein und alle essentiellen Elemente wie die Konditionen der Geltendmachung, der Dauer, etc, enthalten muss.

b) Wirksamkeitsvoraussetzungen im Hinblick auf die einzuhaltende Form

In Art. 1649septies § 3 C.civ. wird das Recht des Käufers, die Garantieerklärung in Schriftform zu verlangen, niedergelegt.

Im letzten Paragraphen der Vorschrift, Art. 1649septies § 4 al. 1 C.civ., ist endlich die Bestimmung enthalten, dass die Wirksamkeit der Garantie nicht durch die Nichteinhaltung der Erfordernisse der Art. 1649septies §§ 2, 3 C.civ. beeinträchtigt wird.

---

[830] dass dies bisher nicht der Fall war, wurde zum Teil in der Literatur kritisiert: *Antonmattei/ Raynard*, Droit civil, Contrats spéciaux, n° 215

[831] *Ancel*, Rev. trim. dr. com., 1979, 203, 222f. n° 27

In Art. 1649septies § 4 al. 2 C.civ. ist weiterhin der Zusatz enthalten, dass der Grundsatz, dass die Garantie auch dann wirksam bleibt, wenn die vorgeschriebenen Formvorschriften nicht eingehalten wurden, ebenfalls anwendbar ist, wenn die Voraussetzungen des Art. 13 al. 1 LPC nicht eingehalten worden sind.
Eine Sprachregelung iSd Art. 6 IV VbrKfRil existiert ebenfalls schon in Art. 13 LPC, der vorsieht, dass alle Garantieerklärungen zumindest in der Sprache der Region abzufassen sind, in der die betreffenden Produkte auf den Markt gebracht werden.[832]

7. Unabdingbarkeit der Bestimmungen des Titels

Für die gesetzliche wie auch für die kommerzielle Garantie gilt das in Art. 1649octies al. 1 C.civ. ausgesprochene Verbot, die Haftung des Verkäufers für Sachmängel vertraglich vor Entdeckung und Anzeige des Mangels durch den Käufer abzubedingen oder in irgendeiner Art und Weise zu beschränken. Diese Regelung entspricht voll und ganz Art. 7 I 1 VbrKfRil.
Im Vergleich zum alten Recht, das jetzt außerhalb des Verbrauchsgüterkaufs unverändert Anwendung findet, stellt dies eine erhebliche Verschärfung der Verkäuferhaftung dar. Das resultiert aus dem Umstand, dass hinsichtlich der Ausschlussmöglichkeit nicht mehr danach differenziert wird, ob der Verkäufer bös- oder gutgläubig war, denn Art. 1649octies al. 1 C.civ. statuiert ein generelles Verbot. Diese Rigidität wird erst gemildert, wenn der Mangel dem Verkäufer angezeigt worden ist.
Das ist aufgrund des Umstandes sachgerecht, dass der Käufer im konkreten Fall eher eine Vorstellung davon gewinnt, welche Auswirkungen eine Zustimmung zu einer Haftungsbegrenzung oder einem Haftungsausschluss für ihn hat, als direkt bei Vertragsschluss.
Berücksichtigt wird die Unabdingbarkeit der Vorschriften auch im LPC. Gem. Art. 5b) des Gesetzes vom 1. September 2004 wird in Art. 32 des LPC der Passus aufgenommen, dass auch Modifikationen der Haftung des Verkäufers, die die Abbedingung oder Begrenzung der Vorschriften der Art. 1649bis bis Art. 1649octies C.civ. zum Inhalt haben, unwirksam sind. Es wird in der Literatur darauf hingewiesen, dass hier auch reelle Einschränkungen erfasst sind, da der Gesetzestext von „actes et pratiques" spreche.[833]
Fraglich bleibt indes, wie der Begriff der Nichtigkeit auszulegen ist. In Betracht kommt, dass derartige Klauseln absolut oder relativ unwirksam sind.
Betrifft der Inhalt einer Vertragsklausel auch das öffentliche Interesse der Rechtsgemeinschaft, etwa durch die Verletzung von Normen des zwingenden Rechts, ist sie als absolut unwirksam zu qualifizieren und kann daher von Jedermann geltend gemacht werden.[834]

---

[832] Begründung des Gesetzentwurfs, DOC 51 0982/001, S. 20
[833] *Puttemans,* in: Chronique de legislation, Bicentenaire du Code civil 1804- 2004, J.T. 2005, 445, 445
[834] Cass., 12 octobre 2000, R.C.J.B., 2003, 74

Die relative Unwirksamkeit hingegen begründet lediglich ein Anfechtungsrecht des in seinem Rechtskreis Betroffenen. Die Auslegung des Begriffs der „Nullité“ war auch schon im allgemeinen Kaufrecht umstritten.[835]

Die herrschende Meinung ging zum Beispiel bei der Auslegung des Art. 33 § 2 LPC davon aus, dass es sich lediglich um eine relative Unwirksamkeit handele.[836]

Auch zur Neuregelung durch das Gesetz vom 01.09.04 wird vertreten, dass es sich um eine relative Unwirksamkeit handele, die den Käufer in die Lage versetze, in Kenntnis der Sachlage zu entscheiden, ob er sich auf seine Rechte berufen will.[837]

Der Gesetzgeber hat diesbezüglich aber auch die Rechtsprechung des EuGH in der Sache „Océano Grupo“ vom 27.06.00[838] berücksichtigt, in der der Europäische Gerichtshof entschied, dass der Schutz der Richtlinie 93/13/ EG bezüglich missbräuchlicher Vertragsklauseln in Verbraucherverträgen voraussetze, dass der nationale Richter die Nichtigkeit der Klauseln von Amts wegen untersuchen könne. Hieraus wird der Schluss gezogen, dass diese Wertung auch im Verbrauchsgüterkauf zu übernehmen sein könnte, so dass zwar eine relative Unwirksamkeit vorliege, diese aber auch von Amts wegen vom Gericht festgestellt werden könne.[839]

Aus dem Schutzzweck des Titels über den Verbrauchsgüterkauf ergibt sich ferner, dass die Nichtigkeit der Klausel die Wirksamkeit des gesamten Vertrages nicht beeinträchtigen darf. Würde die Nichtigkeit einer Klausel die Nichtigkeit des Kaufvertrages insgesamt zur Konsequenz haben, so würde dies gerade bewirken, dass gar keine Schutzmechanismen eingreifen können.

8. Verstärkung des durch den Titel zum Verbrauchsgüterkauf eingeführten Verbraucherschutzes durch Aktivlegitimation von Verbraucherschutzorganisationen

Gem. Art. 4 des Gesetzes vom 01.09.04 wird Verbraucherschutzorganisationen die Aktivlegitimation in Unterlassungsprozessen aufgrund der Verletzung von Vorschriften des Titels zum Verbrauchsgüterkauf zugesprochen.

Voraussetzung hierfür ist die Beeinträchtigung kollektiver Verbraucherinteressen durch den Verstoß gegen die Art. 1649bis ff. C.civ. Durch die Verschärfung der Regelung mittels Einbeziehung reeller Geschäftspraktiken könnte die Unterlassungsklage in Zukunft eine größere Rolle zwischen den Vertragsparteien spielen.[840]

Möglich ist eine derartige Unterlassungsklage unter denselben Voraussetzungen auch bei außerhalb des belgischen Königreiches auftretenden Verletzungen, die ihren Ursprung in Belgien haben.

Art. 4 erklärt die Bestimmungen über die Erhebung einer Unterlassungsklage, Art. 95-100 LPC sowie Art. 18- 20 und 22- 24 des Gesetzes über irreführende Werbung für anwendbar.

---

[835] vgl. zum Streitstand m.w.N.: *Schamp/ Van den Abbeele*, J.T. 1992, 585, 587f.

[836] *Stijns*, in: Liber amicorum Yvette Merchiers, 921, 931ff., n° 20ff.

[837] *Stijns/ Samoy*, R.G.D.C., 2003, 2, 24, n° 81

[838] EuGH, 27. Juni 2000, Océano Grupo, C-240/98- C- 244/98, EuGH- Slg. 2000-6, I- 494ff.

[839] Begründung des Gesetzentwurfs, DOC 50 2319/001, S. 22f.
Limpens, J.T. 2004, 425, 428

[840] *Puttemans*, J.T. 2004, 445, 445

Art. 6 und 7 des Gesetzentwurfs erklären durch die Anwendung der Bestimmungen der Art. 587 und 589 Code judiciaire auf diese Unterlassungsklagen die Handelsgerichte und Zivilgerichte erster Instanz für zuständig.

C. Abstimmung der Regelungsbereiche des allgemeinen Schuldrechts, des allgemeinen Kaufrechts und des Verbrauchsgüterkaufs

Eine Schwäche des Gesetzes ergibt sich als Konsequenz aus dem Ansinnen des belgischen Gesetzgebers, im Zuge der 1:1- Umsetzung der Richtlinie das allgemeine Kaufrecht des Code civil unverändert zu lassen und statt dessen lediglich einen isolierten Titel zum Verbrauchsgüterkauf einzufügen, um seiner Umsetzungsverpflichtung nachzukommen.

Wegen der lückenhaften Regelung der Richtlinie in bezug auf die Käuferrechte einerseits und der Kollision des monistischen und dualistischen Gewährleistungssystems andererseits, war diese Intention kaum nicht in die Realität umzusetzen. Es kommt vielmehr zu den bereits aufgezeigten Systembrüchen, die das Funktionieren des Gesetzes in Frage stellen.

Die Lösung dieses Problems könnte lediglich in der teleologischen Reduktion der Vorschrift des Art. 1649quater § 5 C.civ. liegen.

Die ratio legis des Art. 1649 quater § 5 C.civ. ist darauf gerichtet, für Verbrauchsgüterkäufe das System der Richtlinie ohne Einschränkungen zu installieren, um dasjenige der Art. 1641ff. C.civ. nicht antasten zu müssen. Die Regelung will aber auch die Funktion der neuen Sektion nicht vereiteln.

Art. 1649quater § 5 C.civ. fehlt eine Ausnahmeklausel, die bestimmt, dass die Vorschriften der Art. 1649bis ff. C.civ. zwingend und ausschließlich anwendbar sind, soweit sie den vorliegenden Sachverhalt abschließend regeln. Dies würde eine ergänzende Anwendbarkeit des allgemeinen Kaufrechts eröffnen, mit der Folge, dass die Modalitäten der einzelnen Käuferrechte sich nach den allgemeinen Vorschriften richten, wie es die Richtlinie vorsieht. Darüber hinaus könnten aber auch die Wertungen der Richtlinie im nationalen Gesetz vollständig ihre Wirkung entfalten.

Deshalb muss die Vorschrift in dem Maße teleologisch reduziert werden, als sie die Funktion der Sektion zum Verbrauchsgüterkauf verhindert.

Dies ist zunächst hinsichtlich der Minderung der Fall. Der Ausschluss der Anwendbarkeit der Vorschrift des Art. 1644 C.civ. in Bezug auf die Minderung des Preises geht zu weit. Die Minderung stellt einen originären Anspruch des Kaufrechts dar, ist somit ohne Anwendung des Art. 1644 C.civ. nicht durchführbar.

Fraglich ist allerdings, ob eine teleologische Reduktion auch hinsichtlich des Rücktritts und eventueller Schadensersatzansprüche erwogen werden kann. Grundsätzlich sind Schadensersatzansprüche des Käufers von der Richtlinien- Regelung und somit auch von Art. 1649quater § 5 C.civ. nicht erfasst. Allerdings besteht im belgischen allgemeinen Kaufrecht eine enge Verknüpfung des Rücktritts mit Schadensersatzansprüchen des Käufers. Gem. Art. 1645, 1646 C.civ. werden Schadensersatzansprüche bei Vertragsauflösung zusätzlich zugesprochen. Insofern hat vorliegend die Problematik einer teleologischen Reduktion auch auf Schadensersatzansprüche des Käufers Einfluss.

Gegen eine Nichtanwendung des Art. 1649quater § 5 C.civ. auf Art. 1645, 1646 C.civ. spricht, dass der Gesetzgeber sich in der Gesetzesbegründung ausdrücklich für die Anwendung des droit commun auf den Rücktritt ausgesprochen hat. Eine teleologische Reduktion des Art. 1649quater § 5 C.civ. würde somit dem historischen Willen des Gesetzgebers widersprechen.
Dennoch stellt sie die einzig verbleibende Möglichkeit dar, eine Absenkung des Schutzniveaus des Verbrauchers durch Umsetzung der Verbrauchsgüterkauf- Richtlinie in belgisches Recht zu verhindern.
Es sei an dieser Stelle wohl erlaubt, dem belgischen Gesetzgeber ebenfalls den Willen zu unterstellen, richtlinienkonform Recht zu setzen, auch wenn sich dieser nicht wörtlich aus dem Text der Gesetzesbegründung ergibt.
Im Ergebnis wird somit eine teleologische Reduktion der Vorschrift des Art. 1649quater § 5 C.civ. dahingehend befürwortet, dass die Ausübung der Minderung und des Rücktritts unter Einschluss eventueller zusätzlicher Schadensersatzansprüche unter Anwendung der Art. 1644, 1645, 1646 C.civ. und Berücksichtigung der Rechtsprechung zum allgemeinen Kaufrecht stattfindet.
Spiegelbildlich zu einer teleologischen Reduktion des Art. 1649quater § 5 C.civ. in bezug auf die Vorschriften der Art. 1644, 1645, 1646 C.civ. sollte eine analoge Anwendung dieser Vorschrift auf Art. 1604 C.civ. erwogen werden.
Wie bereits veranschaulicht, eröffnet die Neugestaltung des Art. 1604 C.civ. die Anwendbarkeit der Vorschriften der Art. 1611ff. C.civ.. Da auch diese Vorschriften eine Reduzierung des Schutzniveaus des Käufers beinhalten, sollte Art. 1649quater § 5 C.civ. dahingehend ausgelegt werden, dass diese Bestimmungen bei Anwendbarkeit der Art. 1649bis. ff. C.civ. ebenfalls nicht gelten.
Es bleibt nunmehr abzuwarten, wie sich die belgische Rechtsprechung diesem Problem nähern wird. Erfahrungswerte gibt es diesbezüglich noch nicht, da das Gesetz erst zum 1.1.05 in Kraft getreten ist.

3. Kapitel: Deutsches Sachmängelgewährleistungsrecht vor und nach Umsetzung der Verbrauchsgüterkaufrichtlinie

In Deutschland wurde seit Jahrzehnten das Anliegen verfolgt, das Schuldrecht zu reformieren. Anlässlich der Umsetzungsverpflichtung der Bundesrepublik hinsichtlich der Verbrauchsgüterkauf- Richtlinie 99/ 44/ EG, die zur Vereinheitlichung des Kaufrechts in Europa- zumindest im verbraucherschutzrechtlichen Bereich beitragen soll, wurde nunmehr die Gelegenheit ergriffen, die Richtlinie nicht nur im Rahmen einer Minimallösung in einem isolierten Verbraucherschutzgesetz umzusetzen, sondern auch die Neukodifikation des Kaufrechts am Leitbild des Verbrauchsgüterkaufs auszurichten.

Im Wesentlichen wird damit der heutigen Bedeutung von Verbraucherverträgen im Wirtschaftsleben Rechnung getragen.

Leitmotiv der Reform war der Vereinheitlichungsgedanke. Der Wille des Gesetzgebers, Vereinfachung durch Vereinheitlichung zu bewirken, hatte die Abschaffung genuin kaufrechtlichen Leistungsstörungsrechts zur Folge. Von den speziellen kaufrechtlichen Gewährleistungsrechten des Käufers ist lediglich die Minderung erhalten geblieben. Wandelung und Schadensersatzhaftung für arglistiges Verhalten oder die Zusicherung einer Eigenschaft gehen in Rechtsbehelfen des allgemeinen Leistungsstörungsrechts und seinen Wertungen auf.

Die vorliegende Arbeit fokussiert die Rechte des Käufers bei Auftreten eines Sachmangels. Die einzelnen Voraussetzungen, die erforderlich sind, um diese zu erlangen und geltend zu machen werden daher lediglich einer kursorischen Darstellung zugeführt.

Der Schwerpunkt liegt auf der durch die Umsetzung der Richtlinie neu eingeführten Nacherfüllung gem. § 439 BGB.

Die sich durch die Schuldrechtsreform aktuell eröffnenden Problematiken des Schadensersatzes sollen jedoch, obwohl die Richtlinie ausdrückliche keine Vorgaben hinsichtlich kaufrechtlicher Schadensersatzansprüche trifft, ebenfalls nicht unreflektiert bleiben.

Diejenigen Rechtsbehelfe, wie Schadensersatzanspruch und Rücktrittsrecht, die ihre Wurzeln im allgemeinen Leistungsstörungsrecht haben, sind lediglich unter kaufrechtlichen Gesichtspunkten dargestellt.

1. Teil: Deutsches Sachmängelgewährleistungsrecht vor Umsetzung der Richtlinie

A. Anwendbarkeit des Gewährleistungsrechts

Das Mängelgewährleistungsrecht war nur anwendbar, wenn ein wirksamer Kaufvertrag geschlossen wurde und der Verkäufer seine Verkäuferpflichten erfüllt hatte.

Gem. § 433 I BGB a.F. war er dazu verpflichtet, dem Käufer das Eigentum und den Besitz an der Sache zu verschaffen.

I. Konkurrenz zwischen § 307 BGB a.F. und Kaufrecht gem. §§ 459ff. BGB a.F.

Streitig war an dieser Stelle, ob dem Kaufvertrag das Wirksamkeitshindernis des § 306 BGB a.F. entgegensteht, wenn der Verkäufer dem Käufer zur Erfüllung des Vertrages eine mangelhafte Sache angeboten hatte. § 433 I BGB a.F. traf hierzu keine Aussage. Zur Lösung dieses Problems wurden die Gewährleistungs-[841]- und die Erfüllungstheorie[842] vertreten.

Die herrschende Meinung folgte der Gewährleistungstheorie, nach der die Verkäuferpflichten auch mit einer mangelhaften Sache erfüllt werden konnten. Dem Käufer stehen dann die Ansprüche aus §§ 459ff. BGB a.F. zu. Der Wirksamkeit des Vertrages stand nichts im Wege. Dafür sprach, dass die Mängelgewährleistung als sachnähere Regelung eine gerechtere Lösung für den Käufer darstellte als §§ 306, 307 BGB a.F. [843]

II. Begriff des Sachmangels

Ein Mangel im Sinne des § 459 I BGB a.F. lag vor, wenn die Ist- Beschaffenheit der Sache negativ von der vertraglichen Soll- Beschaffenheit abwich.[844]

Wie letztendlich zu bestimmen ist, ob die gelieferte Sache iSd § 459 I 1 BGB a.F. mangelhaft ist, war ebenfalls umstritten. Vertreten wurden der objektive[845], der subjektive[846] und der gemischt objektiv-subjektive Fehlerbegriff[847].

Die herrschende Meinung folgte hier der subjektiven Theorie, die einen Sachmangel dann annahm, wenn die verkaufte Sache nicht zum vertraglich bestimmten Gebrauch geeignet war.[848] Erst, wenn dies nicht ermittelbar war, wurden objektive Kriterien zur Hilfe genommen, wonach ein Sachmangel vorlag, wenn die verkaufte Sache eine Abweichung von ihrer gewöhnlichen Beschaffenheit aufwies.

Durch den Sachmangel musste gem. § 459 I 1 BGB a.F. weiterhin auch der Wert oder die Gebrauchstauglichkeit der Sache gemindert oder aufgehoben werden. Eine nur unerhebliche Gebrauchs- oder Wertminderung kam dabei gem. § 459 I 2 BGB a.F. nicht in Betracht.[849]

Die Sachmängelhaftung des Verkäufers war gem. § 459 II BGB a.F. überdies auch gegeben, wenn der Kaufsache eine zugesicherte Eigenschaft fehlte.

Abzugrenzen war der Sachmangel letztendlich auch vom Rechtsmangel iSd § 434 BGB a.F., für welchen der Verkäufer gem. § 440 iVm §§ 320ff. BGB a.F. die Gewähr trug. Gem. § 437 I BGB a.F. haftete der Verkäufer für die Verität aber nicht die Boni-

---

[841] BGHZ 54, 236, 238
[842] RGZ 52, 352, 355
[843] *Larenz,* Lehrbuch des Schuldrechts, Bd. 2, Besonderer Teil, § 41 IIe
[844] *Westermann,* in: MüKo, BGB, zu § 459 Rn. 8
[845] RGZ 67, 86, 87
[846] BGHZ 98, 100, 104
[847] *Putzo,* in: Palandt, BGB, zu § 459 Rn. 8
[848] *Huber,* in: Soergel, BGB, vor § 459 Rn. 39ff.
[849] KG NJW- RR 89, 972

tät des Rechts.[850] Ein Rechtsmangel lag immer dann vor, wenn der Käufer weniger an Rechten erhielt, als ihm zustand.

III. Zeitpunkt des Vorliegens des Mangels

Gem. §§ 446, 447 BGB a.F. musste die Kaufsache im Zeitpunkt des Übergangs der Gefahr mangelhaft gewesen sein, zumindest musste ein solcher Mangel schon im Keim vorhanden gewesen sein. Ausnahmsweise konnte der Käufer seine Gewährleistungsansprüche aber schon vor Gefahrübergang geltend machen, wenn der Fehler bereits vor Gefahrübergang bestanden hatte und nicht mehr behebbar war.[851]

IV. Haftungsausschluss

Die Haftung des Verkäufers konnte gesetzlich oder vertraglich ausgeschlossen sein.
Als gesetzliche Ausschlussgründe kamen §§ 460, 464, 439 BGB a.F. und § 377 HGB in Betracht.
Aufgrund ihres Charakters als dispositives Recht, konnte die Sachmängelgewähr gem. § 459ff. BGB a.F. dem Gedanken der Privatautonomie folgend, von den Vertragsparteien abbedungen werden. Seine Grenze fand dies gem. § 476 BGB a.F. allerdings, wenn der Verkäufer einen Mangel arglistig verschwiegen hatte. Des Weiteren steckte das AGBG dem vertraglichen Ausschluss der Gewährleistung einen engen Rahmen.
Als einen Verzicht des Käufers auf seine Gewährleistungsrechte sah das Gesetz es an, wenn der Käufer die Sache in Kenntnis oder in grobfahrlässiger Unkenntnis des Mangels annahm (§§ 439, 460, 464 BGB a.F.), es sei denn, der Verkäufer hatte die Abwesenheit des Mangels zugesichert oder den Fehler arglistig verschwiegen.
Gleiches galt gem. §§ 377, 378 HGB für das Unterlassen der Untersuchung und unverzügliche Rüge der abgelieferten Ware im Handelskauf. Eine allgemeine Untersuchungspflicht, wie sie durch das HGB für beiderseitige Handelsgeschäfte statuiert wird, bestand im allgemeinen Kaufrecht des BGB jedoch nicht.[852]

V. Verjährung

Die Verjährung der Gewährleistungsansprüche begann gem. § 477 I BGB a.F. mit der Ablieferung oder Übergabe der Kaufsache und war bei Mobilien nach sechs und bei Immobilien nach 12 Monaten vollendet.
Die Verjährung war nach Maßgabe der §§ 225, 477 I 2 BGB a.F. indisponibel, jedenfalls hinsichtlich einer Erschwerung oder eines Ausschlusses der Gewährleistung. Auch eine Verkürzung durch AGB war gem. § 11 Nr. 10f. AGBG nicht ohne weiteres möglich.[853]

---

[850] BGH NJW 1963, 1971f.
[851] BGHZ 34, 32, 34f.
Medicus, Bürgerliches Recht, Rn. 346
[852] *Westermann*, in: MüKo, BGB, zu § 477 Rn. 23
[853] BGH NJW 1992, 1236, 1236f.
Peters, JZ 1991, 385, 390

Verlängern konnte sich die Frist jedoch durch Einräumung einer unselbständigen Garantie des Verkäufers, durch die die Verjährungsfrist regelmäßig erst ab Entdeckung des Mangels zu laufen begann.[854]
Die Mängeleinrede wurde allerdings perpetuiert, wenn der Käufer gem. § 478 BGB a.F. vor Vollendung der Verjährung eine Mängelanzeige an den Verkäufer erstattet hat. Dies hatte zur Folge, dass der Käufer, obwohl ihm keine Gewährleistungsrechte mehr zustehen, eine Einrede gegen die Zahlung des Kaufpreises erheben konnte.[855]
Die Verjährungsfrist des § 477 I BGB a.F. galt jedoch nicht im Falle des arglistigen Verschweigens eines Mangels durch den Verkäufer. In diesem Fall galt die 30-Jahres-Frist des § 195 BGB a.F.[856]

B. Die einzelnen Gewährleistungsansprüche des Käufers beim Stückkauf

I. Wandelung und Minderung gem. § 462 BGB a.F.

1. Wandelung

Gem. § 462 BGB a.F. berechtigte das Vorliegen eines Sachmangels iSv § 459 BGB a.F. den Käufer zur Rückgängigmachung des Vertrages. Diese richtete sich gem. § 467 BGB a.F. nach den Regeln des Rücktritts, §§ 346ff. BGB a.F. Die mangelhafte Kaufsache musste Zug um Zug gegen den Kaufpreis zurückgewährt werden (§§ 346, 348 BGB a.F.). Gem. § 347 S. 3 BGB a.F. musste der Verkäufer den erhaltenen Kaufpreis auch verzinsen, der Rücktritt konnte nach den §§ 350ff. BGB a.F. ausgeschlossen sein. Des Weiteren konnte der Käufer gem. § 467 S. 2 BGB a.F. die aufgewendeten Vertragskosten ersetzt verlangen.
Trotz der charakterlichen Übereinstimmung der Wandelung mit dem Rücktritt, handelte es sich bei dieser nicht um ein Gestaltungsrecht, sondern um einen Anspruch.[857]
Geltend gemacht wurde dieser Anspruch gem. § 465 BGB a.F., wobei streitig war, ob der Verkäufer dem Wandelungsbegehren des Käufers wirklich zustimmen musste, also eine Art Wandelungsvertrag geschlossen wurde.[858] Die konträre Meinung sah dies nicht als erforderlich an.[859]
Die Rechtsprechung und auch die herrschende Meinung sahen über diesen Theorienstreit hinweg und sprach dem Käufer das Recht zu, direkt auf Rückzahlung des Kaufpreises zu klagen, wobei die Einverständniserklärung des Verkäufers bei Begründetheit der Klage gem. § 894 ZPO durch den Richter ersetzt wurde.[860]
Die Wandelung konnte gem. § 466 BGB a.F. nach Verstreichen einer vom Verkäufer erklärten angemessenen Frist ausgeschlossen sein.

---

854 BGH WM 1983, 1391, 1391
855 *Putzo*, in: Palandt, BGB, zu § 478 Rn. 7
856 *Medicus*, Schuldrecht II, Besonderer Teil, Rn. 60
857 *Westermann*, in: MüKo, BGB, zu § 462 Rn. 4
858 so die früher vertretene Vertragstheorie, vgl. *Putzo*, in: Palandt, BGB, zu § 465 Rn. 3
859 so die Herstellungstheorie vgl. *Huber*, in: Soergel, BGB, zu § 462 Rn. 44
860 Theorie vom richterlichen Gestaltungsakt, vgl. *Larenz*, Lehrbuch des Schuldrechts, § 41 II a;

2. Minderung

Die Minderung, der zweite von § 462 BGB a.F. begründetete Gewährleistungsanspruch, war darauf gerichtet, die ausgetauschten Leistungen bei den Vertragsparteien zu belassen, den Kaufpreis jedoch um den Betrag in dem Verhältnis zu mindern, in welchem der Wert der Sache zur Zeit des Kaufs in mangelfreiem Zustand zum wirklichen Wert gestanden hätte (§ 472 I BGB a.F.). Um diesen Betrag wurde eine einseitige Rückzahlungsverpflichtung des Verkäufers gem. § 346 S. 1 BGB a.F. iVm § 467 S. 1 BGB a.F. analog begründet, wenn der Kaufpreis schon vollständig bezahlt worden war. Andernfalls minderte sich der Anspruch des Verkäufers aus. § 433 II BGB a.F. um den Minderungsbetrag.

II. Schadensersatz wegen Nichterfüllung gem. § 463 BGB a.F.

Alternativ zur Wandelung oder Minderung konnte der Käufer Schadensersatz wegen Nichterfüllung gem. § 463 BGB a.F. verlangen. Dies setzte voraus, dass der verkauften Sache zur Zeit des Vertragsschlusses eine zugesicherte Eigenschaft fehlte (§ 463 S. 1 BGB a.F.) oder der Verkäufer einen Sachmangel arglistig verschwiegen hatte (§ 463 S. 2 BGB a.F.).

Als Rechtsfolgen dieses Schadensersatzanspruches sind der „kleine" und der „große" Schadensersatz zu nennen.[861]

Ersterer führte dazu, dass die ausgetauschten Leistungen bei den Vertragsparteien verblieben und der Käufer im übrigen so gestellt wurde, als sei ordnungsgemäß erfüllt worden.[862]

Bei dem großen Schadensersatz handelte es sich hingegen technisch um die Rückgängigmachung des Vertrages und die Kompensation des Schadens, der dem Käufer dadurch entstanden war, dass der Vertrag nicht ordnungsgemäß durch den Verkäufer erfüllt wurde.[863]

Abzugrenzen war, inwiefern der Verkäufer verschuldensunabhängig nach Kaufrecht für entstandene Schäden zu haften hatte und wo die verschuldensabhängige Haftung nach den Regeln der pVV begann.

Nach herrschender Meinung waren über § 463 BGB a.F. auch alle Mangelfolgeschäden zu ersetzen, auf die sich die Zusicherung bezog.[864] Im Übrigen fand die Kompensation nach den Regeln des Instituts der positiven Forderungsverletzung statt.[865]

C. Die Gewährleistungsansprüche des Käufers beim Gattungskauf

Beim Kauf einer nur der Gattung nach bestimmten Sache, standen dem Käufer gem. § 480 BGB a.F. dieselben Gewährleistungsrechte zu wie beim Stückkauf. Problematisch war hier allein, zu bestimmen, ob ein peius oder ein aliud geliefert wurde. Nur im ers-

---

[861] *Schlechtriem,* Schuldrecht Besonderer Teil, Rn. 113
[862] *Westermann,* in: MüKo, BGB, zu § 463 Rn. 28
[863] BGHZ 29, 148, 149
[864] BGH NJW 1973, 843, 845
[865] *Grunewald,* in: *Erman,* BGB, Vor. § 459, Rn. 32

teren Fall griff die Sachmängelgewährleistung des Kaufrechts ein.[866] Lag eine Falschlieferung oder die Lieferung einer Sache von nicht mittlerer Art und Güte vor, hatte der Verkäufer seine Verkäuferpflichten noch nicht erfüllt und dem Käufer stand die Einrede nach § 320 BGB a.F. zu.[867]
Zur Abgrenzung wurde eine Parallele zum Handelskauf gem. § 378 HGB gezogen. Eine Falschlieferung lag demnach vor, wenn die gelieferte Sache derart von der vertraglich vorgesehenen abwich, dass der Verkäufer nach Treu und Glauben nicht mehr mit einer Genehmigung seitens des Käufers rechnen konnte. Hieraus folgte, dass durch die Entscheidung, die Sache als die Kaufsache zu akzeptieren, dem Käufer die Konkretisierung gem. § 243 II BGB a.F. und damit auch der Übergang zur kaufrechtlichen Gewährleistung in die Hände gelegt wurde.[868]

2. Teil: Das deutsche Sachmängelgewährleistungsrecht nach der Umsetzung der Verbrauchsgüterkaufrichtlinie 99/44/EG

A. Voraussetzungen der Anwendbarkeit des Gewährleistungsrechts

I. Mangelbegriff

1. Implikationen des einheitlichen subjektiven Mangelbegriffs

Gem. § 433 I BGB ist der Verkäufer verpflichtet, dem Käufer Eigentum und Besitz an einer sach- und rechtsmängelfreien Sache zu verschaffen. Aus diesem den Dualismus von Fehler und Fehlen zugesicherter Eigenschaften aufgebenden Gesetzeswortlaut resultieren zwei entscheidende Klarstellungen.
Zum ersten werden Mängelgewährleistungsansprüche nach dieser Regelung nun auch durch vorhandene Rechtsmängel ausgelöst.[869] Das alte Problem, zwischen Sach- und Rechtsmängeln zu unterscheiden, weil sich an ihr Vorliegen verschiedene Rechtsfolgen knüpfen (s.o.), ist demnach entschärft.
Zum zweiten bezieht die Neuregelung klar Position zugunsten der Erfüllungstheorie.[870] Dies nähert den Stück- dem Gattungskauf an, hinsichtlich dessen auch bisher schon Übereinstimmung bestand, dass der Verkäufer zur Lieferung mangelfreier Ware verpflichtet ist.[871] Hiermit wird vor allem dem Ziel der Schuldrechtsreform, das Leistungsstörungsrecht systematisch zu vereinheitlichen, entsprochen. Darüber hinaus wird ein „gespaltener Fehlerbegriff" im allgemeinen Zivilrecht und im Verbraucherkauf vermieden.[872]

---

[866] *Medicus,* Schuldrecht II, Besonderer Teil, Rn. 79
Schultz, NJW 1980, 2172, 2172
[867] *Huber,* in: *Soergel,* BGB, zu § 480 Rn. 16ff.
[868] BGH NJW 1967, 33
[869] *Westermann,* JZ 2001, 530, 531
[870] *Brüggemeier,* JZ 2000, 529, 531
[871] *Grigoleit/ Herresthal,* JZ 2003, 118, 119
[872] BT- Drucks. 14/ 6040, S. 211
Schellhammer, MDR 2002, 241, 243 spricht abweichend davon, dass der Mangelbegriff der Richtlinie dem gesamten Kaufrecht der Einfachheit halber „aufgeproft" worden sei.

Wie auch § 459 BGB a.F. folgt die neue Regelung des § 434 BGB dem Gedanken des subjektiven Fehlerbegriffs.[873]

Gem. § 434 I S. 1 BGB ist zunächst die Beschaffenheit ausschlaggebend, die von den Parteien vereinbart wurde. Dies umfasst nun auch die Eigenschaftszusicherung aus § 459 BGB a.F., die in § 434 BGB keine Erwähnung mehr findet.[874] Die Streichung konnte erfolgen, da gem. § 437 Nr. 3 iVm §§ 440, 280ff. BGB nunmehr für jede Art von Mangel Schadensersatz geschuldet wird und daher besondere Rechtsfolgen an die Eigenschaftszusicherung nicht mehr geknüpft werden.[875]

Erst in zweiter Linie gelten objektive Kriterien, die in § 434 I 2 BGB aufgeführt sind. Diese, wie auch der Tatbestand des § 434 I 3 BGB, stellen jedoch keine Verobjektivierung des Sachmangelbegriffs dar, sondern sind als gesetzlich typisierte Fälle einer konkludenten Beschaffenheitsvereinbarung aufzufassen.[876] Sie haben vor allem den Sinn, die Sollbeschaffenheit gebrauchter Sachen zu definieren.[877]

Diese abgestufte Regelung veranschaulicht in weit deutlicherem Maß als § 459 BGB a.F. den Vorrang der Parteiabrede.

2. Regelungsstruktur des § 434 BGB

Zunächst ist gem. § 434 I 2 Nr. 1 BGB demnach von Bedeutung, ob sich die Sache für die nach dem Vertrag vorausgesetzte Verwendung eignet. Ist das Herausfiltern einer vorausgesetzten Verwendung nicht möglich, ist § 434 I 2 Nr. 2 BGB heranzuziehen[878], der gleichsam eine Hierarchie der Mangelkriterien anordnet.

In diesem Sinne ist die Sache frei von Sachmängeln, wenn sie sich für die gewöhnliche Verwendung eignet und eine Beschaffenheit aufweist, die bei Sachen gleicher Art üblich ist und die der Käufer nach Art der Sache erwarten kann.

Durch die Installierung einer Hierarchie wird eine Vereinbarung zwischen den Parteien möglich, die eine Leistung unterhalb normaler Qualitätsstandards ermöglicht, ohne dem Verkäufer die Gewährleistungspflicht aufzuerlegen.[879] Dies entspricht jedoch nicht der Richtlinien- Regelung in Art. 2 II, die von einer Kumulation der Kriterien ausgeht.

Ob eine Kumulation zur umfassenden Wahrung der Käuferinteressen tatsächlich erforderlich ist, erscheint jedoch zweifelhaft, da nicht außer Betracht gelassen werden darf, dass bei einem Weiterverkauf die konkrete Sache Gegenstand der Vertragsverhandlungen ist und auch Unterschiede in der Gewährleistung für gebrauchte Sachen bestehen können.[880]

---

[873] *Jorden/ Lehmann*, JZ 2001, 952, 953

[874] *Haas*, BB 2001, 1313, 1314

[875] *Schellhammer*, MDR 2002, 241, 243
Saenger, HK- BGB, zu § 434 Rn. 10

[876] *Schlechtriem*, in: *Ernst/ Zimmermann*, Zivilrechtswissenschaft und Schuldrechtsreform, 205, 215

[877] *Ball*, ZGS 2002, 49,49

[878] BT- Drucks. 14/ 6040, S. 213

[879] a.A.: *Grigoleit/ Herresthal*, JZ 2003, 233, 235, der § 434 I Nr. 2 als allein auf die Bestimmung der konkludent vereinbarten Sollbeschaffenheit gerichtet ansieht, wodurch der Maßstab der Normalbeschaffenheit in den Vertrag eingeführt werde.

[880] a.A. für den Weiterverkauf von Sachen: *Pfeiffer*, , ZGS 2002, 94, 95

Diese Bestimmung, die zwei Tatbestände der Verbrauchsgüterkaufrichtlinie zusammenfasst, wird im Übrigen als zu kompliziert und daher unklar kritisiert.[881]
Zu erwähnen ist letztendlich, dass die Bagatellgrenze des § 459 I 2 BGB a.F. in dogmatisch überzeugenderer Weise auf die Rechtsfolgenseite verlagert worden ist.[882]
Als von erheblicher Bedeutung kann allerdings die entscheidende Erweiterung des Fehlerbegriffs durch § 434 I S. 3 BGB eingestuft werden.
Der Verkäufer hat demnach auch für öffentliche Äußerungen seinerseits, eines Gehilfen[883] oder des Herstellers zu haften. Im Ergebnis bedeutet dies, dass, abhängig vom Empfängerhorizont eines verständigen Durchschnittsverbrauchers, auch Werbeaussagen über Eigenschaften eines bestimmten Produkts zur vertraglich vereinbarten Beschaffenheit avancieren können.[884]
Voraussetzung dürfte aber sein, dass es sich nicht lediglich um unbestimmte reklamehafte Anpreisungen handelt, sondern um Angaben über konkrete Sacheigenschaften.[885]
Abzugrenzen ist auch die Produktwerbung von der Preiswerbung.[886]
Eine Ausnahme besteht zum Teil aufgrund mangelnder Kausalität und zum Teil wegen der erheblichen Ausweitung des Haftungsrisikos des Verkäufers. Dies ist lediglich dann zu bejahen, wenn der Verkäufer keine Kenntnis von diesen Aussagen hatte und diese auch nicht haben musste, eine solche Aussage in gleichwertiger Weise berichtigt wurde oder die betreffende Aussage die Kaufentscheidung nicht beeinflussen konnte.[887] Zu Beachten ist in diesem Zusammenhang die Diskrepanz zwischen den Wertungen des Schuldrechts und denen des Wettbewerbsrechts. Obwohl im Einzelfall ein Verstoß gegen das Irreführungsgebot des § 3 UWG konstatiert werden kann, scheide in diesem Fall ein den Rechtskreis des Käufers verletzender Sachmangel aus.[888]
Der Entschluss des Gesetzgebers, den rechtlichen Auswirkungen „kommerzieller Kommunikation“ nun auch im Gesetz Rechnung zu tragen, ist zwar begrüßenswert, jedoch im Ergebnis hinsichtlich der wirtschaftlichen Belastung der beteiligten Wirtschaftssubjekte nicht ausgewogen.
Zu bedenken bleibt, dass der Letztverkäufer zwar durch die erweiterte Einstandspflicht für öffentliche Äußerungen des Herstellers höher belastet wird, ihm aber kein Ausgleich in Form eines direkten Regressanspruchs gegen den Hersteller zugestanden wird.[889]
Zur Rechtssicherheit beitragende Ergänzungen zum Fehlerbegriff enthalten auch § 434 Abs. 2 und 3 BGB.

---

[881] *Boerner*, ZIP 2001, 2264, 2266
[882] *Grigoleit/ Herresthal*, JZ 2003, 118, 120
[883] genauer zur Begrifflichkeit in diesem Zusammenhang: *Berger*, in: *Jauernig*, BGB, zu § 434 Rn. 16
[884] *Lehmann*, JZ 2000, 280, 284
[885] *Lehmann*, „Die Haftung für Werbeangaben nach neuem Schuldrecht“, DB 2002, 1090, 1092
[886] *Bernreuther*, „Sachmangelhaftung und Werbung“, MDR 2003, 63, 66
[887] *Beurskens*, Grundriss Schuldrecht, Rn. 321
[888] *Bernreuther*, MDR 2003, 63, 67f.
[889] *Brüggemeier*, JZ 2000, 529, 532ff.
a.A.: *Ernst/ Gsell*, ZIP 2000, 1410, 1423ff.,
Saenger, HK- BGB, zu § 434 Rn. 15, der auf den Aspekt abstellt, dass der Verkäufer vorwiegend von Werbung profitiere und daher das Haftungsrisiko vollständig übernehmen solle.

Nach § 434 II BGB ist die Kaufsache auch dann mangelhaft, wenn deren vereinbarte Montage durch den Verkäufer oder einen Erfüllungsgehilfen unsachgemäß war, was eigentlich Elemente des Werkvertragsrechts mit in das Kaufrecht zieht.[890]
Die Neuregelung erübrigt eine Qualifizierung einer Montageverpflichtung als bedeutsam oder unbedeutsam, was vor der Reform für die Beantwortung der Frage, ob Werkrecht anwendbar war oder eine positive Vertragsverletzung vorlag, von Relevanz war.[891]
Vielmehr wird nun auf den Umstand abgestellt, dass Gehilfen der Sphäre des Verkäufers zuzuordnen sind und ein fehlerhafter Zusammenbau der Sache durch sie als ein Annex zur Lieferung der fehlerfreien Kaufsache gesehen werden muss, der diese Pflicht verletzt. Gleiches gilt für die fehlerhafte Montageanleitung.[892]
In dem Fall liegt ein Sachmangel vor, wenn der Kaufsache, die vom Endverbraucher selbst zu montieren ist, eine fehlerhafte Montageanleitung beigefügt wird, die ihrerseits einen fehlerhaften Zusammenbau der Sache begründet. Da es sich jedoch nur um einen Annex handelt und nicht um einen eigenständigen Bestandteil der Kaufsache, liegt ein Mangel nur dann vor, wenn sich die Montageanleitung zwangsläufig im fehlerhaften Zusammenbau der Sache realisiert.[893] Diese Regelung des § 434 II 2 BGB wird auch kurz „IKEA- Klausel" genannt.[894]
§ 434 III BGB löst endlich die Problematik der aliud- Lieferung und der Quantitätsabweichung, sie sind jetzt auch als Sachmängel zu qualifizieren.[895]
Wichtigste Konsequenz dieser Neuerung dürfte sein, dass nunmehr auch die Leistung eines aliuds die Anwendbarkeit der Regeln des besonderen Schuldrechts bedingt und damit auch die Verjährung des § 438 BGB und nicht die Regelverjährung eingreift.[896]

II. Zeitpunkt der Mangelhaftigkeit der Sache

Auch gem. § 434 I S. 1 BGB kommt es für das Vorliegen des Mangels auf den Zeitpunkt des Gefahrübergangs an.[897] Dies steht im Widerspruch zum Wortlaut der Richtlinie, die als Zeitpunkt der Mangelhaftigkeit die Übergabe der Kaufsache ansieht. Allerdings ist die Regelung im Sinne des 14. Erwägungsgrunds der Richtlinie, wonach Bestimmungen der Mitgliedstaaten bezüglich des Gefahrübergangs explizit nicht beeinflusst werden sollen, richtlinienkonform.[898]

---

[890] *Westermann,* JZ 2001, 530, 533
[891] *Köhler,* in: Staudinger, BGB, Vorbem. zu §§ 433ff. Rn. 70
[892] *Büdenbender,* AnwKomm, BGB, zu § 434 Rn. 17
[893] *Büdenbender,* AnwKomm, BGB, zu § 434 Rn. 17
[894] vgl. eingehend zur Problematik: *Brand,* ZGS 2003, S. 96ff.
Kritisch: *Honsell,* JZ 2001, 278, 280
[895] Zur neu entstandenen Problematik der Unmöglichkeit der Nacherfüllung gem. § 275 BGB durch die Gleichsetzung in § 434 III BGB vgl. Ausführungen im Rahmen des Nacherfüllungsanspruchs vgl. eingehend zum Erfordernis, § 434 III BGB auf den Gattungskauf zu beschränken: *Musielak,* NJW 2003, 89ff.
[896] *Lorenz,* JuS 2003, 36, 37
[897] *Olzen/ Wank,* Die Schuldrechtsreform, Rn. 342
[898] Vgl. schon Ausführungen hierzu auf S. 82

III. Ausschlussgründe

Gründe für einen Haftungsausschluss können gesetzlicher oder vertraglicher Natur sein.
Als gesetzliche Haftungsausschlussgründe kommen der bereits im Teil zum alten Recht erwähnte handelsrechtliche Haftungsausschluss gem. §§ 377, 378 HGB und darüber hinaus der Ausschlussgrund des § 442 BGB in Betracht.

1. Gesetzliche Ausschlussgründe

§ 442 I 1 BGB schließt die Gewährleistungsansprüche des Käufers aus, wenn dieser den Mangel bei Vertragsschluss gekannt hat.
Gem. § 442 I 2 BGB ist eine Gewährleistungspflicht des Verkäufers bei grober Fahrlässigkeit nur dann gegeben, wenn dieser den Mangel arglistig verschwiegen oder eine Garantie für die Beschaffenheit der Kaufsache übernommen hat. Die Beschaffenheitsgarantie tritt an die Stelle der Eigenschaftszusicherung, insofern entspricht die Regelung voll und ganz § 460 S. 2 BGB aF.[899]
Von § 442 BGB werden Sach- und Rechtsmängel nunmehr in gleicher Weise behandelt, was unter dem Aspekt der Möglichkeit der Untersuchbarkeit der Sache als Grund für die Differenzierung von Sach- und Rechtsmängeln hinsichtlich des Ausschlusses der Gewährleistung angemessen ist. Unter der Prämisse, dass viele Produkte heutzutage hochkompliziert konstruiert sind und daher eine hohe Wahrscheinlichkeit besteht, dass auch ein Sachmangel nicht mit Hilfe einer Untersuchung der Sache aufgefunden werden kann, ist eine Differenzierung von Sach- und Rechtsmängeln aus diesem Grund nicht weiter erforderlich.[900]
Auf den Gattungskauf ist die Vorschrift nur unter der Voraussetzung anwendbar, dass die gesamte Gattung fehlerhaft ist.[901]
Die Regelung des § 442 BGB soll für alle Kaufverträge einheitlich gelten, weshalb auch keine verschiedenen Anforderungen an den Sorgfaltsmaßstab des Käufers im Bereich des allgemeinen Kaufrechts und des Verbrauchsgüterkaufs zu stellen sind. Es gilt gleichermaßen, dass grobe Fahrlässigkeit vorliegt, wenn der Käufer aus seinen Wahrnehmungen entgegen jeglicher Vernunft nicht auf die offensichtliche Existenz eines Mangels schließt.[902]
Die Vorschrift ist im Ergebnis mangels anderer gesetzgeberischer Wertungen als spezialgesetzliche Ausprägung des Verbots des „venire contra factum proprium“ aufzufassen.[903] Dieser Grundsatz hatte seinen Niederschlag bereits in § 11 Nr. 11 AGBG gefunden und sollte nunmehr auch im BGB kodifiziert sein.

---

[899] *Ernst/ Gsell,* ZIP 2000, 1410, 1416
Büdenbender, AnwKomm, BGB, zu § 442 Rn. 3
[900] *Haas,* in: *Haas/ Medicus/ Rolland/ Schäfer/ Wendtland,* Das neue Schuldrecht, 5. Kapitel, Rn. 275
[901] *Berger,* in: *Jauernig,* BGB, zu § 442 Rn. 2
[902] *Schellhammer,* MDR 2002, 301, 307, der ergänzend darauf hinweist, dass der Käufer nicht die Pflicht trifft, die Sache selbst oder durch einen Fachmann zu untersuchen.
Haas, in: *Haas/ Medicus/ Rolland/ Schäfer/ Wendtland,* Das neue Schuldrecht, 5. Kapitel, Rn. 279
[903] *Büdenbender,* AnwKom, BGB, zu § 442 Rn. 1

Als Rechtsfolge des § 442 I BGB ergibt sich im Gegensatz zur alten Rechtslage nunmehr klar der Ausschluss jeglicher Rechte des Käufers hinsichtlich aller Mängel der Sache, was demnach auch für die Pflicht des Verkäufers, die Sache frei von Sach- und Rechtsmängeln zu verschaffen, gelten müsste.[904] Die Regelung ist darüber hinaus abschließend, der Rechtsverlust des Käufers kann nicht über eine Anwendung des § 254 oder § 311 II BGB beschränkt oder vermieden werden.[905]
Nach der Ausnahmevorschrift des § 442 II BGB schadet die Kenntnis eines Rechtsmangels, der in einem im Grundbuch eingetragenen Recht liegt, nicht. Die Bestimmung gilt für alle im Grundbuch eingetragenen Rechte, wie auch die Vormerkung.[906]

2. Vertragliche Ausschlussgründe

a) Begrenzung des Haftungsausschlusses gem. § 444 BGB
Vertragliche Regelungen hinsichtlich eines Haftungsausschlusses finden ihre Grenze in § 444 BGB, also in dem Fall, dass der Verkäufer den Mangel arglistig verschwiegen hat oder eine Garantie für die Beschaffenheit der Sache übernommen hat. § 444 BGB statuiert eine partielle Unwirksamkeitsregel als Sonderregel gegenüber § 139 BGB, die gleichzeitig jedoch auch die Aufrechterhaltung des Vertrages zur Konsequenz hat.[907]
Der Ausschlußtatbestand des § 444, 1. Alt. BGB bereitet in seiner Auslegung keine Probleme, da er den bisher bewährten kaufrechtlichen Grundsätzen der Arglisthaftung des Verkäufers entspricht.
Fraglich ist nach dem Wortlaut der Vorschrift allerdings, ob basierend auf dieser Regelung derjenige, der eine Garantie gibt, privatautonom nicht über die Rechtsfolgen seiner Garantie entscheiden kann, weil § 444, 2. Alt. BGB ihm die Möglichkeit nimmt, seine Haftung zu begrenzen.
Besondere Bedeutung erhält diese Problematik im Unternehmenskauf, der in der Vergangenheit mangels gesetzlicher Kodifizierung mit dem Grundsatz der Privatautonomie als Leitmotiv quasi-gewährleistungsrechtliche Regelungen durch die Ausgestaltung von Garantien erhalten hat.
Diese Problematik soll allerdings noch nicht an dieser Stelle, sondern im systematischen Zusammenhang mit den Ausführungen zu kommerziellen Garantien am Ende dieses Kapitels eingehend erörtert werden.
b) weitere Grenzen des vertraglichen Haftungsausschlusses
Gem. § 445 BGB gilt dieselbe Regelung wie in § 444 BGB bei Verkauf einer Sache im Rahmen einer öffentlichen Versteigerung auf Grund eines Pfandrechts unter Bezeichnung als Pfand.
Dies soll dem Umstand Rechnung tragen, dass der Pfandverkäufer im Vergleich zu anderen Verkäufern lediglich eine gelockerte Sachherrschaftsbeziehung besitzt und

---

[904] *Oetker/ Maultzsch,* Vertragliche Schuldverhältnisse, S. 53
[905] *Putzo,* in: *Palandt,* BGB, zu § 442 Rn. 5
Schellhammer, MDR 2002, 301, 307
[906] *Buck,* in: *Westermann,* Das Schuldrecht 2002, S. 158
Saenger, HK- BGB, zu § 442 Rn. 9
[907] *Graf v. Westphalen,* in: *Henssler/ Graf v. Westphalen,* Praxis der Schuldrechtsreform, zu § 444 Rn. 20

daher auch eine Untersuchung der Sache nicht ohne weiteres durchführen kann, im Ergebnis demnach keine gesicherten Kenntnisse über den Zustand der Sache erlangen kann.[908] Auf Verbrauchsgüterkäufe findet die Vorschrift gem. § 475 II BGB allerdings keine Anwendung.
Der vertragliche Haftungsausschluss erfährt letztendlich auch erhebliche Einschränkungen durch §§ 305- 310 BGB, in denen sich die Regelungen des Verbraucherschutzgesetzes über Allgemeine Geschäftsbedingungen wiederfinden.[909]

IV. Verjährung

Die Verjährung der Mängelansprüche richtet sich nach § 438 BGB und stellt damit eine Sondervorschrift zur Regelverjährung nach § 195 BGB dar.

1. Fristensystematik des § 438 BGB[910]

Gem. § 438 I Nr. 1 BGB verjähren Ansprüche wegen eines Rechtsmangels nach 30 Jahren, wenn der Mangel aus einem dinglichen Herausgabeanspruch eines Dritten resultiert oder in einem sonstigen Recht, das im Grundbuch eingetragen ist, besteht.
§ 438 I Nr. 2 BGB bestimmt, dass Mängelansprüche erst nach fünf Jahren verjähren, wenn die Kaufsache ein Bauwerk oder eine für ein Bauwerk verwendete Sache ist.
In allen übrigen Fällen verjähren die Ansprüche des Käufers gem. § 438 I Nr. 3 BGB in zwei Jahren.

2. Fristauslösendes Ereignis

Die Verjährung beginnt gem. § 438 II BGB bei Grundstücken mit der Übergabe, ansonsten mit der Ablieferung der Sache.
Die regelmäßige Verjährung der §§ 195, 199 BGB ist jedoch gegeben, wenn die Voraussetzungen des § 438 III BGB erfüllt sind, der Verkäufer den Mangel also arglistig verschwiegen hat.
Daraus folgt, dass die dreijährige Verjährung erst am Ende des Jahres beginnt, in dem der Käufer Kenntnis vom Mangel der Kaufsache erhält oder ohne grobe Fahrlässigkeit erlangen konnte.[911]
Die kurze kaufrechtliche Verjährung unterscheidet sich demnach in einem wesentlichen Punkt von der Regelverjährung: Während diese an einen subjektiven Verjährungsbeginn anknüpft[912], wird für die Verjährung der Ansprüche des Käufers wegen Mängeln auf ein objektives System gesetzt.[913]

---

[908] *Putzo,* in: *Palandt,* BGB, zu § 445 Rn. 2
Saenger, HK- BGB, zu § 445 Rn. 1
[909] *Dauner- Lieb,* JZ 2001, 8, 15
[910] zu den einzelnen Fristtatbeständen vgl.: *Mansel/ Budzikiewicz,* Das neue Verjährungsrecht, Rn. 47ff.
[911] Kritisch zur neuen Regelverjährung: *Honsell,* JZ 2001, 18, 19ff.
[912] *Mansel,* AnwKomm, BGB, zu § 195 Rn. 3,4
[913] *Beurskens,* Grundriss Schuldrecht, Rn. 350

3. Verjährung der einzelnen Rechtsbehelfe des § 437 BGB

Gegenstand der Verjährung können nur Ansprüche iSv § 194 BGB sein. Die Anwendbarkeit des § 438 BGB auf den Nacherfüllungs- und den Schadensersatzanspruch des Käufers ergibt sich demnach direkt aus § 437 Nr. 1 und 3 BGB.

a) Schadensersatzansprüche

Die Einbeziehung aller vertraglichen Schadensersatzansprüche wegen eines Mangels in den Regelungsbereich des § 438 BGB, insbesondere der nach alter Terminologie so genannten Mangelfolgeschäden, war allerdings wegen des grundsätzlichen Schutzes des Schuldners durch das Verschuldenserfordernis des Schadensersatzanspruchs umstritten.[914] Sie wird auch nach Verabschiedung der Novelle noch als Irrweg empfunden und in erheblichem Maße kritisiert.[915]

Fraglich ist, welchem verjährungsrechtlichen Regime der Anspruch auf das stellvertretende commodum gem. § 285 BGB unterfallen soll. Dieser ist von der Regelung der §§ 437, 438 I BGB nicht direkt erfasst.

Hieraus wird zum Teil gefolgert, die Regelverjährung nach §§ 195, 199 BGB sei anwendbar, was mit der These gestützt wird, dass der Anspruch auf das stellvertretende commodum die Abschöpfung eines zusätzlichen Vermögensvorteils beim Verkäufer bezwecke und daher nicht mit dem ihm durch die Regelung des § 438 BGB zu Teil werdenden Schutz vereinbar sei.[916]

Dem kann jedoch unter der Prämisse, dass grundsätzlich ein Anspruch derselben Verjährungsregelung unterfällt wie der Anspruch, den er ersetzt, nicht gefolgt werden.[917] Der Anspruch aus § 285 BGB ersetzt einen Sekundäranspruch iSd § 437 Nr. 1, 439 BGB. Als Konsequenz ergibt sich für ihn die Anwendbarkeit der kurzen Verjährung nach § 438 BGB.[918]

b) Nacherfüllungsanspruch

Des Weiteren ist im Zusammenhang mit der Verjährung des Nacherfüllungsanspruchs über die Konsequenzen des Fehlschlagens der Nacherfüllung und der hieraus resultierenden Ansprüche des Käufers nachzudenken. Zu beantworten ist die Frage, ob die kurze Verjährung nach § 438 BGB bei einer Nachbesserung oder Neulieferung neu beginnt und damit eine so genannte „Kettengewährleistung" in Gang setzt. Dies wird zum einen unter dem Aspekt, dass zumindest durch die Nachlieferung einer Sache das fristauslösende Ereignis des § 438 II BGB erneut verwirklicht werde, positiv beantwortet. Es sei bei der Nachlieferung zu berücksichtigen, dass der Kaufvertrag vollständig rückabgewickelt werde und dem Verkäufer daher ein Neubeginn der Verjäh-

---

[914] vgl. zum Streitstand insbesondere während des Gesetzgebungsprozesses: *Zimmermann/ Leenen/ Mansel/ Ernst*, JZ 2001, 684, 689f.
bejahend: *Arnold*, ZGS 2002, 438, 440 *m.w.N.*

[915] *Canaris*, ZRP 2001, 329, 335f., der die Einbeziehung von anderen als Mangelschäden in die Sonderverjährung des § 438 BGB nicht legitimiert sieht, da dies eine nicht gerechtfertigte Privilegierung des Verkäufers gegenüber sonstigen Fällen der Schadensersatzhaftung darstelle.

[916] *Von Olshausen*, ZGS 2002, 194, 197f.

[917] *Schulze*, HK- BGB, zu § 285 Rn. 9
Mansel/ Budzikiewicz, Jura 2003, 1, 10

[918] *Vollkommer*, in: *Jauernig*, BGB, zu § 285 rn. 12
Mansel/ Budzikiewicz, Das neue Verjährungsrecht, 2002, § 3 Rn. 89

rung zuzumuten sei. Außerdem müsse dem Käufer auch Zeit gegeben werden, sich von der Mangelfreiheit der Sache zu überzeugen.[919]
Zum anderen wird zusätzlich darauf abgestellt, dass in der Neulieferung der Sache ein Anerkenntnis des Verkäufers hinsichtlich des Bestehens seiner vertraglichen Erfüllungspflicht iSv § 212 I Nr. 1 BGB zu erkennen sei, das den Neubeginn der Verjährungsfrist nach sich ziehe.[920]
Einschränkend entgegen gesetzt werden könnte dem jedoch ein anderer Ansatz: Ausgehend von dem Umstand, dass die Leistung des Verkäufers zeitlich gebunden ist, könnte zu berücksichtigen sein, dass die Nacherfüllung im Kontext der Verpflichtung des Verkäufers zur mangelfreien Lieferung der Sache gem. § 434 BGB schon von Vertragsschluß an geschuldet und mithin bei Lieferung der mangelhaften Sache fällig ist. Aus dieser Perspektive heraus stellt die Nachlieferung einer Sache keine neue Lieferung, die die Rechtsfolge des § 438 II BGB auslöst, dar. Vielmehr wird durch sie die Erfüllung des Verkäufers nur vollendet.[921] Eine andere Wertung ist im Hinblick auf die Lage bei der Nachbesserung nur schwerlich vertretbar, da diesbezüglich eindeutig zu Tage tritt, dass ein fristenauslösendes Ereignis iSv § 438 II BGB ausbleibt. Demnach verbleibt lediglich die Lösung über das Anerkenntnis iSv § 212 I Nr. 1 BGB, das auch aus dem Einverständnis zur Durchführung der Nachbesserung gefolgert werden kann.
In engem Zusammenhang damit steht auch die Problematik, die daraus resultiert, dass der Käufer dem Verkäufer eine Frist zur Nacherfüllung setzt, diese jedoch aufgrund des Erfordernisses der Angemessenheit der Frist erst ausläuft, wenn bereits Verjährung eingetreten ist. Ein Lösungsansatz über den Grundsatz von Treu und Glauben nach § 242 BGB ist unabhängig von der Reaktion des Verkäufers auf das Nacherfüllungsbegehren innerhalb der Verjährungsfrist, nicht zu erwägen, da aufgrund der Ausdehnung des Hemmungstatbestandes des § 203 BGB hierfür kein Raum mehr verbleibt. Es kann letztlich nur auf die allgemeinen Rechtsinstitute des Verjährungsrechts zurückgegriffen werden.[922]
Der Käufer kann somit dem Verlust seiner Gewährleistungsrechte nur durch die Ergreifung von Hemmungsmaßnahmen nach § 204 I Nr. 1 bzw. Nr. 8 BGB vorbeugen.[923] Wird dies verpasst, sind die Rechte und Ansprüche des Käufers aus § 437 BGB nur dann noch durchsetzbar, wenn das Verhalten des Verkäufers in Reaktion auf die Mängelanzeige vor Eintritt der Verjährung als Anerkenntnis (§ 212 I BGB), Stillhalteabkommen oder Verhandlungsaufnahme (§ 203 BGB), nach Eintritt der Verjährung als Verzicht iSd § 202 II BGB zu qualifizieren ist.[924] Die Vorschrift des § 203 BGB ent-

---

[919] *Arnold,* ZGS 2002, 438, 440, 441
a.A.: *Roth,* JZ 2001, 475, 489
[920] *Graf von Westphalen,* ZGS 2002, 19, 21 für die Ansicht *Reinkings* in ZGS 2002, 140, 144f., diesen Schluss ziehe v. Westphalen unzulässigerweise aus einer individualvertraglich vereinbarten Rückabwicklung des Vertrages, ergeben sich dahingegen aus den Ausführungen des Kritisierten keine Anhaltspunkte. Der Ablehnung eines Neubeginns der Verjährung gem. § 212 I Nr. 1 BGB kann auf der Grundlage dieser These daher nicht gefolgt werden.
[921] stellt diese These im Zusammenhang mit der Pflicht des Käufers zum Ersatz von Nutzungsausfall bei der Rückabwicklung eines Kaufvertrages auf: *Gsell,* NJW 2003, 1967, 1970
[922] *Ritzmann,* MDR 2003, 430, 433
[923] *Mansel/ Budzikiewicz,* „Einführung in das neue Verjährungsrecht", Jura 2003, 1, 9
[924] *Ritzmann,* MDR 2003, 430, 433

spricht bis auf die Anordnung der Ablaufhemmung dem § 852 II BGB a.F.[925] Die Auslegung wird sich nach den Grundsätzen des durch die Reform abgeschafften § 639 II BGB richten.[926]

c) Rücktritt und Minderung

Rücktritts- wie auch Minderungsrecht des Käufers sind dahingegen nur als Gestaltungsrechte angelegt, weshalb die Anwendbarkeit der Verjährung dieser Rechte nach den Grundsätzen des § 438 BGB explizit durch § 438 IV und V BGB angeordnet wurde.[927] Sie statuieren gem. § 218 BGB das Recht des Verkäufers, nach Verjährung des Erfüllungsanspruches dem Käufer auch den Rücktritt und die Minderung zu verweigern. Dieses Recht wird durch seine der Verjährung gleichartigen Einredekonzeption zu dieser in einen Kontext gesetzt.[928]

Wie auch im alten Recht ist bezüglich der Verjährung aber zwischen Recht auf Minderung bzw. Rücktritt und Anspruch aus Minderung bzw. Rücktritt zu differenzieren. Angesichts des Anspruches aus Minderung bzw. Rücktritt besteht Uneinigkeit, welchem verjährungsrechtlichen Regime er zu unterwerfen ist.

Zum Teil wird vertreten, auf den Anspruch auf Rückgewähr der empfangenen Leistung im Falle eines Rücktritts sei nicht § 438 BGB, sondern die regelmäßige Verjährung gem. §§ 195, 199 BGB anzuwenden, da § 438 I Nr. 3 BGB die beiden Gestaltungsrechte nicht erfasse.[929]

Hier gegen wird eingewendet, dass der gesetzestechnische Umweg des Gesetzgebers über die Regeln des allgemeinen Verjährungsrechts und die damit einhergehende Instrumentalisierung des § 218 BGB im Hinblick auf die Durchsetzbarkeit der Gestaltungsrechte der Minderung und des Rücktritts nicht als derart weitgehend aufzufassen sei.[930]

Vielmehr sei offensichtlich, dass insbesondere die Gleichstellung der Ansprüche und der Rechte des Käufers bezüglich ihrer Durchsetzbarkeit erreicht werden sollte und keine verjährungsrechtliche Privilegierung des Rücktritts und der Minderung.[931]

Dieser Ansicht ist in Anbetracht der Bestrebungen des Reformgesetzgebers, Brüche in der Verjährung der Sachmängelansprüche des Käufers zu beseitigen zu folgen.[932]

Dies bestätigt sich im Übrigen auch bei einer Auslegung des Wortlauts der Vorschrift des § 218 BGB. Er stellt die Durchsetzbarkeit der Gestaltungsrechte in Abhängigkeit zur Durchsetzbarkeit des Erfüllunganspruchs. Dieser Gedanke würde nicht vollständig umgesetzt, wenn der Käufer sein Recht auf Rücktritt oder Minderung zwar innerhalb

---

[925] *Jauernig*, in: *Jauernig*, BGB, zu § 203 Rn. 1
[926] BT- Drucks. 14/ 6040 S. 111 zu § 203
[927] *Gsell*, JZ 2001, 65, 71
[928] *Heinrichs*, in: *Palandt*, BGB, zu § 218 Rn. 1
Mansel/ Budzikiewicz, Jura 2003, 1,8
[929] *Reinking*, ZGS 2002, 140, 141
Hager, in: AnwKom, BGB, zu § 346 Rn. 25
Putzo, in: *Palandt*, BGB, zu § 438 Rn. 20
[930] *Wagner*, ZIP 2002, 789, 790f.
Mansel/ Budzikiewicz, Jura 2003, 1,9
[931] *Wagner*, ZIP 2002, 789, 792
Mansel/ Budzikiewicz, Jura 2003, 1, 9
[932] *Wagner*, ZIP 2002, 789, 791

der kurzen Frist des § 438 BGB durchsetzen, sich dann aber mit der tatsächlichen Effektivierung des Rechts nochmals 3 Jahre Zeit lassen könnte. Rechtsfrieden kann durch eine derartige Handhabung nicht geschaffen werden.
Insofern tritt nicht die regelmäßige Verjährung ein, sondern die Fristen des § 438 BGB.

4. Vereinbarungen über die Verjährung

Nach den Grundsätzen der Privatautonomie können die Vertragsparteien auch Vereinbarungen über die Verjährungsfristen treffen.
Diese Freiheit wird jedoch durch vielfältige Regelungen eingeschränkt; so zum Beispiel beim Kauf neuer Sachen. Gem. § 309 Nr. 8 lit. b ff. BGB dürfen Mängelansprüche hinsichtlich dieser Güter nicht vor einem Jahr verjähren. Im übrigen sind derlei Vereinbarungen lediglich unter den Voraussetzungen der §§ 305ff. BGB wirksam.

B. Rechte des Käufers im einzelnen

Das neue Recht der Leistungsstörungen enthält nur noch mit dem Nacherfüllungsanspruch und der Minderung spezielle kaufrechtliche Gewährleistungsrechte. Im übrigen ist nicht mehr primär das Vorliegen eines Mangels Ausgangspunkt der Rechte des Käufers, sondern dieser geht im Begriff der Pflichtwidrigkeit des allgemeinen Leistungsstörungsrechts auf und begründet Rücktrittsrechte und Schadensersatzansprüche.

I. Anspruch auf (Nach-) Erfüllung

Das Vorliegen eines wirksamen Kaufvertrages begründet den Erfüllungsanspruch des Käufers gem. § 433 I 2 BGB. Die Vorschrift verlangt explizit, dass die Sache frei von Sach- und Rechtsmängeln iSv §§ 434f. BGB verschafft werden muss.

1. Charakter des Nacherfüllungsanspruchs und Regelungsstruktur des § 439 BGB

a) Nacherfüllungsanspruch als modifizierter Erfüllungsanspruch
Der Nacherfüllungsanspruch resultiert aus der durch mangelhafte Leistungserbringung des Verkäufers bedingten Verwandlung des ursprünglichen Erfüllungsanspruchs bei Gefahrübergang.[933] Der Anspruch gem. §§ 437 Nr. 1, 439 I BGB befindet sich zwar immer noch auf der Primärebene, stellt aber schon einen modifizierten Anspruch dar, der sich tendenziell zur Sekundärebene bewegt.[934] Er realisiert den Erfüllungsanspruch auf Mangelfreiheit.[935]

---

[933] *Haas*, in: *Haas/ Medicus/ Rolland/ Schäfer/ Wendtland*, Das neue Schuldrecht, 5. Kapitel, Rn. 145
[934] *Huber*, NJW 2002, 1004, 1005
Putzo, in: *Palandt*, BGB, zu § 439 Rn. 1
[935] *Canaris*, JZ 2003, 831, 836
Haas, BB 2001 , S. 1315

Zu erwägen ist letztendlich, ob angesichts der Ausgestaltung der Mängelgewährleistungsrechte Rücktritt und Minderung als Gestaltungsrechte auch der Nacherfüllungsanspruch einen solchen Charakter haben sollte.
Hierfür wird in der Literatur zum Teil mit Hilfe des § 263 I BGB, der die Wahlschuld regelt, argumentiert.[936] Demnach wäre die Geltendmachung des Schuldners einer Art der Nacherfüllung unwiderruflich, sein Wahlrecht beseitigt.
Der Nutzen dieser Rechtsfigur liege vor allem darin, dem Verkäufer die Gelegenheit zu geben, den Schwebezustand nach Ablauf der Nachfrist zu beenden, indem er dem Käufer eine Gegenfrist gem. § 264 II BGB setzt. Dies hätte zur Folge, dass für den Fall, dass der Käufer sich nicht rechtszeitig auf die Geltendmachung eines Rechts festlegt, das Wahlrecht nach Ablauf der Frist auf den Verkäufer übergeht.[937]
Dessen bedarf es jedoch nicht, da es rein hypothetisch ist, anzunehmen, der Käufer würde über längere Zeit sein Wahlrecht nicht ausüben. Darüber hinaus wird auch nicht recht deutlich, welchen eklatanten Nachteil der Verkäufer hierdurch erleiden soll. Entweder bleibt er weiterhin zur Leistung des vertraglich Versprochenen verpflichtet oder er wickelt den Vertrag im Rahmen der Rechte des § 437 BGB ab. Auf dieses Leistungsprogramm musste sich der Verkäufer seit Vertragsschluss einstellen.
Außerdem widerspricht diese Ansicht ganz offensichtlich dem Telos des § 439 BGB, der ausdrücklich ein Wahlrecht des Käufers statuiert, das ausgeübt werden kann, bis der Verkäufer beide Arten der Nacherfüllung verweigert hat.[938]
Dem entsprechend ist davon auszugehen, dass dem Käufer solange ein ius variandi zusteht, bis über die Erfüllung oder den Ausschluss des Nacherfüllungsanspruchs durch den Verkäufer entschieden ist.[939] Es liegt ein Fall der elektiven Konkurrenz vor.[940]
Die Formulierung, des Art. 3 Abs. 5 VbrKfRil, der Verbraucher könne dann die sekundären Rechtsbehelfe verlangen, wenn der Verkäufer nicht innerhalb angemessener Frist oder ohne erhebliche Unannehmlichkeiten Abhilfe geschaffen hat, eröffnet dem Käufer demnach kein doppeltes Liquidationsrecht, dergestalt, dass nach einer nicht fristgemäß erfolgten Nachbesserung trotz Herstellung des vertragsgemäßen Zustandes noch Schadensersatz oder Minderung verlangt werden kann.[941]
Eine Ablehnungsandrohung nach dem Muster des § 326 BGB a.F. ist nicht mehr erforderlich und auch nur dann wirksam, wenn der Schuldner während des Laufs der Frist keinerlei Erfüllungsanstrengungen unternimmt.[942]

b) Zeitpunkt des Entstehens des Anspruchs

Fraglich ist, wann der originäre Erfüllungsanspruch sich in den Nacherfüllungsanspruch verwandelt, mithin, ob der Käufer diesen Anspruch bei offensichtlicher Man-

---

[936] *Jorden/ Lehmann*, JZ 2001, 952, 958 Fn. 56
[937] *Schwab*, JR 2003, 133, 134f.
[938] *Jacobs*, in: *Dauner- Lieb/ Konzen/ Schmidt*, S. 376
[939] eingehend zum Zeitpunkt des Untergangs des Nacherfüllungsanspruchs im Falle der Schadensersatzforderung m.w.N.: *Gsell*, „Der Schadensersatz statt der Leistung nach dem neuen Schuldrecht", in: Jahrbuch Junger Zivilrechtswissenschaftler 2001, 105, 114
[940] *Jacobs*, in: *Dauner- Lieb/ Konzen/ Schmidt*, S. 377
[941] *Jud*, in: Jahrbuch Junger Zivilrechtswissenschaftler 2001, 205, 219
Putzo, in: *Palandt*, BGB, zu § 439 Rn. 22
[942] *Derleder/ Zänker*, NJW 2003, 2777, 2781

gelhaftigkeit der Kaufsache schon vor Gefahrübergang geltend machen kann. Es könnte zu erwägen sein, ob der Anspruch schon dann entsteht, wenn der Käufer ihn geltend macht.

Einer solchen Auslegung widerspricht allerdings der Charakter des Nacherfüllungsanspruchs als Gewährleistungsrecht. Die Regelung des § 434 I 1 BGB bindet die Anwendbarkeit des Gewährleistungsrechts an den Gefahrübergang. Somit entsteht der Nacherfüllungsanspruch erst mit dem Gefahrübergang.[943]

c) Fälligkeit des Anspruchs

Die Fälligkeit des Nacherfüllungsanspruchs kann dogmatisch einerseits an die Fälligkeit des Erfüllungsanspruchs[944] andererseits aber auch die Geltendmachung des Anspruchs[945] geknüpft werden. Beides dürfte allerdings abzulehnen sein, da im ersteren Fall die Ablehnung der mangelhaften Kaufsache oder Forderung der Nachbesserung nicht in einem Kontext zur Regelung des § 439 I BGB steht und im letzteren Fall nicht mit dem Zeitpunkt zu verwechseln ist, zu dem der Käufer berechtigt ist, die Leistung zu fordern.

Vorzuziehen ist daher die Anwendung des § 271 BGB, der das Entstehen des Anspruchs als gleichzeitigen Zeitpunkt der Fälligkeit bezeichnet.[946] Dies entspricht allgemeinen Regeln, von denen abzuweichen keine Notwendigkeit besteht.

d) Regelungstechnik des § 439 BGB

Im Sinne der Vorschrift des § 439 BGB beinhaltet der Anspruch auf Nacherfüllung gem. Absatz 1 die Nachbesserung und die Nachlieferung. Absatz 2 präzisiert ergänzend, dass diese zusätzliche Leistung des Verkäufers selbstverständlich für den Käufer kostenneutral zu erbringen ist.

Hierzu gehören in Anlehnung an § 476a BGB a.F. insbesondere Transport-, Wege-, Arbeits- und Materialkosten. Erhöhte Aufwendungen, die durch den Käufer z.B. durch Verbringen der Sache an einen anderen Ort verursacht werden, sind ebenfalls vom Verkäufer zu tragen.[947] Dies enthält gleichzeitig eine Aussage zum Leistungsort, der nicht der Belegenheitsort der Sache, sondern der ursprüngliche Leistungsort des Erfüllungsanspruchs ist.[948]

Die Grenze bildet der Einredetatbestand des § 439 III BGB[949], worauf im folgenden zurückzukommen sein wird.

Dies betont die Charakteristik des Nacherfüllungsanspruchs als modifizierter Erfüllungsanspruch, dessen Konzeption intendiert, das von den Parteien geschaffene Äquivalenzverhältnis zu effektuieren.

Von der Zielsetzung, das Vertragsgleichgewicht trotz Vorliegens einer Leistungsstörung nicht vollständig zu beseitigen, zeugt auch § 439 III BGB, der als spezialgesetzli-

---

[943] *Berger*, in: *Jauernig*, BGB, zu § 439 Rn. 3

[944] *Huber*, NJW 2002, 1004, 1005 Fn. 8

[945] *Schubel*, JuS 2002, 316
Putzo, in: *Palandt*, BGB, zu § 439 Rn. 3a

[946] *Jacobs*, in: *Dauner- Lieb/ Konzen/ Schmidt*, Das neue Schuldrecht in der Praxis, 371, 374

[947] *Boerner*, ZIP 2001, 2264, 2268
Saenger, HK- BGB, zu § 439 Rn. 3

[948] *Jacobs*, in: *Dauner- Lieb/ Konzen/ Schmidt*, S. 374
a.A.: *Huber*, NJW 2002, 1005, 1006

[949] *Putzo*, in: *Palandt*, BGB, zu § 439 Rn. 13

che Ausprägung des § 242 BGB angesehen werden kann.[950] Er unterstellt den Nacherfüllungsanspruch des Käufers einer Verhältnismäßigkeitsprüfung hinsichtlich der entstehenden Kosten.

Wie bereits im Rahmen der Analyse des Regelungsbereichs der Richtlinie erörtert, wird dem Käufer ein Wahlrecht bezüglich der Maßnahmen der Mangelbeseitigung zugebilligt und nicht dem Verkäufer.[951]

Die Interessenabwägung ist demnach unter dem Aspekt der Verhinderung unsachgemäßer Ergebnisse zu sehen.

Durch das Verweigerungsrecht soll eine Korrektur unangemessener Belastungen des Verkäufers, begründet durch die unzweckmäßige Auswahl der Art der Mängelbeseitigung des sachunkundigen Käufers, herbeigeführt werden.[952]

Unter dieser Prämisse ist denn wohl auch der Umstand zu werten, dass das Kaufrecht dem Käufer ein Selbstvornahmerecht, wie es im Werkvertragsrecht existiert, nicht gewährt.[953]

2. Voraussetzungen und Beschränkungen des Anspruchs

a) Voraussetzungen

Voraussetzung für das Vorliegen dieses Anspruchs ist, dass die Gefahr gem. §§ 446, 447 BGB auf den Käufer übergegangen ist und dass ein Mangel iSv § 434 oder § 435 BGB gegeben ist.

Ausgeschlossen oder eingeschränkt ist ein Anspruch auf Nacherfüllung allerdings, wenn eine der in § 439 III BGB normierten Konstellationen vorliegt.

b) Beschränkung des Anspruchs

Die dem Käufer eine Einrede gewährende Regelung des § 439 III BGB weist dabei eine der Komplexität der Materie gerecht werdende übersichtliche Systematik auf.

§ 439 III 1 BGB definiert die Einredetatbestände als unverhältnismäßige Kosten und Unmöglichkeit der Nacherfüllung. Dem folgend trifft § 439 III 2 BGB Aussagen zu den Modalitäten der Feststellung, ob eine Einrede des Verkäufers begründet ist. Die Rechtsfolge der Einrede findet sich letztendlich in § 439 III 3 BGB. Er gibt dem Verkäufer die Berechtigung, die Nacherfüllung vollständig oder zum Teil zu verweigern.

aa) Einredetatbestände im Einzelnen

α) Ausschluss der Pflicht zur Nacherfüllung gem. § 275 I BGB

Da es sich bei dem Nacherfüllungsanspruch um den modifizierten Erfüllungsanspruch handelt, sind auf ihn natürlich auch die Ausschlussgründe des allgemeinen Leistungsstörungsrechts anwendbar.

Deshalb ist zunächst die Möglichkeit in Betracht zu ziehen, dass der Verkäufer von der Pflicht zur Nacherfüllung gem. § 275 I BGB frei geworden sein kann, wenn ihm die Nacherfüllung unmöglich ist.

---

[950] *Büdenbender*, in: *Dauner- Lieb/ Heidel/ Lepa/ Ring*, Das neue Schuldrecht, 2001, S. 234, Rn. 26
[951] zur Kritik hieran vgl. oben 1. Kapitel, 2. Teil, B.II 1b), S. 87ff.
[952] *Schubel*, JuS 2002, 313, 316
[953] vgl. BT- Dr 14/6040, S. 95
a.A.: *Berger*, in: *Jauernig*, BGB, zu § 439 Rn. 8, der zwar darauf hinweist, dass ein solches nicht ausdrücklich geregelt ist, aber dennoch für seine Gewährung nach Fristablauf eintritt.

Dies ist insbesondere bei einem Spezieskauf von Interesse.
Fraglich ist, ob hier die Nacherfüllung, in der Ausprägung der Nachbesserung oder der Nachlieferung, grundsätzlich als unmöglich anzusehen ist.
Dem steht die These entgegen, die Regelung des § 439 I BGB lasse eine Differenzierung zwischen Spezies- und Gattungskauf nunmehr entbehrlich werden, indem sie von „einer" zu liefernden mangelfreien Sache spreche und § 439 III BGB verdeutliche, dass lediglich im Einzelfall die Erfüllung unmöglich sein könne.[954]
Eines der zentralen Anliegen der Reform war, die Bedeutung dieser Differenzierung im früheren Recht zu eliminieren, da sie in dogmatischer Hinsicht zwar erforderlich, in der Praxis aber schwer durchführbar war, deshalb sei die Vorschrift des § 439 I BGB nunmehr auch auf den Stückkauf anzuwenden.[955]
Im Rahmen dieser Thematik sind Aspekte der realen, wie auch der abstrahierten, dogmatischen Besonderheiten des Spezieskaufs zu berücksichtigen, um voreilige Verallgemeinerungen zu vermeiden.
Zunächst ist in Betracht zu ziehen, dass dem Leitgedanken des Spezieskaufs eine Nacherfüllung in tatsächlicher Hinsicht häufig widerspricht: Eine nur einmal in dieser Form existierende Sache ist nicht nachlieferbar. Sie ist in vielen Fällen (vor allem bei Antiquitäten) auch nicht reparabel.[956]
Dennoch erfordert eine umfassende Analyse dieser Fragestellung ebenfalls, den Gepflogenheiten des heutigen Wirtschaftsverkehrs Rechnung zu tragen. Generell dürfte die Annahme zutreffen, dass der überwiegende Teil der heute abgeschlossenen Kaufgeschäfte als Stückkäufe über vertretbare Sache zu werten ist. Hier stehen weder der Nachbesserung noch der Nachlieferung grundsätzlich unüberwindliche Hindernisse entgegen.[957]
Das lässt das Resumée zu, dass das neue Kaufrecht grundsätzlich dem Leitbild des Gattungskaufs folgt, indem die Nacherfüllung vom Gesetzgeber in § 439 I BGB als generell möglich und vom Verkäufer geschuldet behandelt wird.[958]
Ob hieraus allerdings auch die These, die Unterscheidung zwischen Stück- und Gattungskauf sei nunmehr vollkommen entbehrlich, Berechtigung erhält, ist fraglich.
Unter dem Eindruck der Gesetzesbegründung wie auch dem Regelungsgehalt der VbrKfRil wird zum Teil angenommen, § 439 I BGB sei auch auf den Stückkauf anwendbar. Der Verkäufer sei verpflichtet, eine andere Sache zu liefern als die geschuldete, da im Wege der Auslegung eine Gattungsschuld anzunehmen sei, wenn eine vertretbare Sache gegeben sei.[959]

---

[954] vgl. *Putzo,* in: *Palandt,* BGB, zu § 439 Rn. 1
Bitter/ Meidt, „Nacherfüllungsrecht und Nacherfüllungspflicht des Verkäufers im neuen Schuldrecht", ZIP 2001, 2114, 2116
Westermann, in: *Schulze/ Schulte- Nölke,* Die Schuldrechtsreform vor dem Hintergrund des Gemeinschaftsrechts, Kapitel „Kaufrecht im Wandel", 109, 112
Haas, in: *Haas/ Medicus/ Rolland/ Schäfer/ Wendtland,* Das neue Schuldrecht, 5. Kapitel , Rn. 84
[955] OLG Braunschweig, Beschl. v. 4.2.2003, NJW 2003, 1053, 1053f.
[956] *Büdenbender,* in: *Dauner- Lieb/ Heidel/ Lepa/ Ring,* Das neue Schuldrecht, 2001, S. 233f., Rn. 24
[957] *Bitter/ Meidt,* ZIP 2001, 2114, 2119
[958] BT- Drucks. 14/6040, S. 216
[959] *Bitter/ Meidt,* ZIP 2001, 2114, 2119

Vermittelnd wird schon erwogen, dass ein Anspruch auf Nacherfüllung dann gegeben ist, wenn es sich funktionell und wirtschaftlich betrachtet um einen ähnlichen Vertrag wie einen Gattungskauf handelt und die Ersatzsache als derselben Gattung zugehörig und dabei als von mittlerer Art und Güte iSv § 243 I anzusehen ist, sie im Ergebnis „ersetzbar" ist.[960] Auf die Vertretbarkeit der Sache soll es dabei nicht ankommen.[961]
Eine andere Ansicht erwägt die Anwendbarkeit des § 439 I BGB auf die Speziesschuld ggf. unter konkludenter Beschränkung oder Ausschluss der Nacherfüllung.[962]
Der Wortlaut des § 439 BGB gibt keine Antwort auf die vorliegende Problematik, da Unterschiede zwischen Gattungs- und Stückkauf überhaupt keinerlei Erwähnung finden.
Den Umstand, dass diese nach wie vor existent sind, gesteht die Regelung lediglich dort zu, wo es aufgrund der Eigenarten des Leistungsgegenstandes erforderlich ist, Abweichungen von der Nacherfüllungspflicht des Verkäufers zuzulassen.
Angesichts dieses Regel- Ausnahme- Verhältnisses bestätigt sich die These, dass der kaufvertraglichen Gewährleistung nach der Neuregelung das Modell des Gattungskaufs zugrunde liegt.[963]
Dass eine Differenzierung aber nicht mehr erforderlich ist, kann daraus nicht geschlussfolgert werden.[964]
Aufschluss kann hier die Analyse der bereits angesprochenen dogmatischen Besonderheiten des Spezieskaufs geben.
Ausgehend von dem Umstand, dass der Verkäufer einer Speziessache sich lediglich zur Übergabe und Übereignung der vertraglich bestimmten Sache verpflichten wollte, begründet die These, § 439 I BGB beseitige die Differenzierung von Spezies- und Gattungskauf einen ganz erheblichen Eingriff in die Vertragsfreiheit der Parteien.[965] Andernfalls würde jeden Speziesverkäufer, der nicht damit rechnet, die Pflicht treffen, über die von ihm avisierte Sache hinaus leisten zu müssen, wenn er nicht im Vertrag schon verdeutlicht, dass er lediglich mit der fraglichen Sache erfüllen wird.[966] Dem Verkäufer wird folglich eine Beschaffungsschuld (§§ 276 S. 1, 279 BGB aF) oktroyiert, wenn das Kaufobjekt eine vertretbare Sache ist.[967] Hierauf war sein Rechtsbindungswille bei Vertragsschluss jedoch gerade nicht gerichtet.

---

960 *Canaris*, JZ 2003, 831, 838
961 *Canaris*, JZ 2003, 831, 838
a.A.: *Pammler*, NJW 2003, 1992, 1994
962 *Berger*, in: *Jauernig*, BGB, zu § 439 Rn. 13
963 *Brüggemeier*, JZ 2000, 529, 531
a.A.: *Lettl*, JuS 2002, 866, 869, der die Ansicht vertritt, die Pflicht, zur mängelfreien Lieferung bestehe sowohl beim Gattungs- als auch beim Stückkauf, außerdem könne ein Anspruch auf Nacherfüllung ebenfalls bei beiden begründet sein.
964 So auch: *Ackermann*, JZ 2002, 378, 381, der indirekt eine Neudefinition des Begriffs des Gattungskaufs fordert, der objektiv austauschbare bewegliche Sachen zum Gegenstand haben soll, widerspricht sich damit selbst, indem er nicht mehr auf die Parteivereinbarung, sondern die Eigenart der Kaufsache abstellt.
965 *Huber*, NJW 2002, 1004, 1006, der überzeugend die Unterscheidung von „Qualifikations"- und „Identitäts"- Aliud zu Veranschaulichung der Problematik verwendet.
966 *Ackermann*, JZ 2002, 378, 379f., spricht ausdrücklich von einer „Haftungsfalle" für den Stückverkäufer
967 *Jansen*, ZIP 2002, 877, 878

Deshalb kann es nicht darauf ankommen, ob es sich bei der mangelhaften Kaufsache um eine vertretbare Sache handelt oder nicht. Allein die vertraglich eingegangene Bindung der Kaufvertragsparteien ist entscheidend.

Das bedeutet, dass nicht das Gesetz die Unterscheidung von Spezies- und Gattungskauf vornimmt, sondern die Parteien selbst.[968] Die Differenzierung ist mithin nicht entbehrlich geworden, sondern besteht unabhängig von der Terminologie des Gesetzes kraft Natur der Sache fort. Dies offenbart auch die Gesetzessystematik in § 439 BGB.

In letzter Konsequenz lässt sich somit nur den Aussagen der Parteien entnehmen, wie weit die Verpflichtung des Verkäufers und gleichzeitig die Bereitschaft des Käufers zur Akzeptanz einer anderen Sache geht. Lässt sich den Vereinbarungen diesbezüglich allerdings nichts entnehmen, sollte der Grundsatz der Privatautonomie gewahrt werden und § 439 I BGB nicht auf die Speziesschuld angewandt werden.

β) Ausschluss der Pflicht zur Nacherfüllung gem. § 275 II und III BGB

Gem. § 439 III 1 BGB ist neben den Einreden des § 275 Abs.2 und 3 BGB aber auch die Verweigerung der Nacherfüllung wegen eines unverhältnismäßigen Kostenaufwandes möglich.

Die Erwähnung dieser beiden Vorschriften und die Implementierung eines in seinen Anforderungen weniger rigiden Ausschlussgrundes, lässt die Schlussfolgerung zu, dass die im kaufrechtlichen Bereich in Betracht zu ziehenden Parteiinteressen eine andere Wertigkeit besitzen als bei der Feststellung einer von der Leistung befreienden Unmöglichkeit. Gleichzeitig reduziert dies jedoch die Bedeutung der Einrede des groben Missverhältnisses gem. § 275 II BGB und der Unzumutbarkeit gem. § 275 III BGB, deren Voraussetzungen durch § 439 III 2 BGB unterlaufen werden.[969]

In Anbetracht dieser Sachlage sollen diese Unmöglichkeitstatbestände im Rahmen der vorliegenden Arbeit aus Gründen der Stringenz nicht weiter verfolgt werden.

χ) Ausschluss der Pflicht zur Nacherfüllung gem. § 439 III BGB

Zunächst ist ein Ausschluss der Nacherfüllungspflicht des Verkäufers iSv § 439 III BGB nur dann gegeben, wenn sowohl die eine wie auch die andere Nacherfüllungsvariante unverhältnismäßige Kosten hervorruft. Andernfalls beschränkt sich der Nacherfüllungsanspruch des Käufers lediglich auf die für den Verkäufer nicht unverhältnismäßige Alternative der Nacherfüllung.

§ 439 III 2 BGB gibt die Kriterien vor, deren Abwägung zu der Einschätzung führen können, dass die gewählte Art der Nacherfüllung als unverhältnismäßig in Anbetracht des vorliegenden Mangels zu qualifizieren ist. In diesem Zusammenhang werden die zwei Varianten sowohl isoliert betrachtet, als auch im Verhältnis zu einander.

Systematisch sinnvoll ist es, die beiden Nacherfüllungsvarianten nach § 439 III 2 BGB vorrangig einzeln auf ihre Verhältnismäßigkeit zu überprüfen. Ausdrücklich wird vom Gesetzgeber der objektive Wert als Bezugspunkt vorgegeben.[970]

Dem liegt die sachgerechte Erwägung zu Grunde, dass das zwischen den Parteien bestehende Äquivalenzverhältnis durch die Nacherfüllung nicht berührt werden soll,

---

[968] *Huber*, in: *Huber/ Faust*, Schuldrechtsmodernisierung, Kapitel 13, Rn. 20, S. 322

[969] *Graf v. Westphalen*, in: *Henssler/ Graf v. Westphalen*, Praxis der Schuldrechtsreform, zu § 439 Rn. 23

[970] BT- Drucks. 14/ 6040, S. 232

denn durch diese Gestaltung bleibt der durch das Geschäft erzielte wirtschaftliche Effekt für die Parteien bestehen.[971]

Bedenkenswert erscheint auch der Ansatz, im Falle der Unzumutbarkeit einer Nacherfüllungsalternative höhere Anforderungen an die Unzumutbarkeit der verbleibenden Möglichkeit zu stellen. Hintergrund dieses Gedankens ist der Umstand, dass in diesem Zusammenhang entschieden wird, ob der Käufer die vertraglich geschuldete Leistung erhält oder auf Sekundärrechte zurückgreifen muß.[972]

Fraglich ist allerdings, wann im konkreten Fall die Verhältnismäßigkeitsgrenze überschritten sein soll.

Die Beantwortung dieser Frage wird mit hoher Wahrscheinlichkeit vorrangig den Gerichten im Rahmen von Einzelfallentscheidungen zukommen.

Zwischenzeitlich können aber Rechtsgebiete Lösungsansätze bieten, die ebenfalls den Interessenkonflikt der Beteiligten in Ansehung ihrer wirtschaftlichen Bedürfnisse zu lösen haben.

(1) Unverhältnismäßigkeit der Nacherfüllung in der Terminologie des Werkrechts

In Betracht kommt hier an erster Stelle das alte Werkvertragsrecht des BGB, das ebenfalls einen Nachbesserungsanspruch, verankert in § 633 BGB a.F. kannte und diesen gem. § 633 II 2 BGB bei Unzumutbarkeit der Nachbesserungsleistung ausschloss.[973]

Die nahe Verwandtschaft dieser beiden Regelungen ist unverkennbar. Dennoch sind sie nicht vollkommen kongruent. Der Unterschied zwischen diesen Regelungen wird darin erblickt, dass der „unverhältnismäßige Aufwand" in § 439 III 1 BGB auf die vom Käufer gewählte Art der Nacherfüllung bezogen sei, bei § 633 II 3 a.F. BGB jedoch auf die Beseitigung des Mangels. Dem Schuldner könne daher mehr Aufwand zugemutet werden, wenn es darum gehe, ob das Erfüllungsinteresse des Gläubigers überhaupt befriedigt wird, als wenn nur in Frage stehe, auf welche Weise dies geschieht.[974]

Der Umfang der Nacherfüllungspflicht richtet sich demnach im Kaufrecht nicht primär nach dem Gläubigerinteresse, wie es im Werkrecht der Fall ist.

Hieraus lässt sich aber auch die These herleiten, dass mit wachsender Schwere des Mangels höhere Kosten zur Beseitigung aufgewandt werden müssen, denn letztendlich wächst damit auch der durch die Verbesserung erzielbare Erfolg.[975]

Darüber hinaus bezweckt § 439 III BGB, dem Verkäufer die Einrede der Unverhältnismäßigkeit im Vergleich zu § 275 II BGB zu erleichtern. Hieraus könnte geschlossen werden, dass sich die Unverhältnismäßigkeit auch aus dem Vergleich des Vorteils aus dem Vertrag für den Käufer zu den Kosten der Nacherfüllung ergeben kann.

Diese Auslegung widerspricht aber sogar der Rechtsprechung zu § 633 II 3 BGB, obwohl dem Werkunternehmer hinsichtlich der Nacherfüllung noch höhere Anforderungen gesetzt werden, als dem Verkäufer. Das Verhältnis der Kosten der Nacherfüllung zum vereinbarten Werklohn ist danach außer Betracht zu lassen.[976]

---

[971] OLG Braunschweig, Beschl. v. 4.2.2003, NJW 2003, 1053, 1054

[972] *Haas*, in: *Haas/ Medicus/ Rolland/ Schäfer/ Wendtland,* Das neue Schuldrecht, 5. Kapitel, Rn. 164

[973] *Gruber*, in: Jahrbuch junger Zivilrechtswissenschaftler 2001, 187, 192

[974] *Haas*, in: *Haas/ Medicus/ Rolland/ Schäfer/ Wendtland,* Das neue Schuldrecht, 5. Kapitel, Rn. 157

[975] *Jud*, in: Jahrbuch Junger Zivilrechtswissenschaftler 2001, 205, 212

[976] *Huber*, in: *Huber/ Faust,* Schuldrechtsmodernisierung, Kapitel 13 Rn. 40

Übertragen auf den Kauf bedeutet dies, dass das Verhältnis zwischen Nacherfüllungskosten und objektivem Wert der mangelfreien Sache zu betrachten ist.[977]

Nach dem hier gesagten ist also davon auszugehen, dass für die Unverhältnismäßigkeit der Nacherfüllungspflicht geringere Anforderungen gelten als dies für § 633 II 3 BGB a.F. galt.

In Anlehnung an die Rechtsprechung zu § 633 II 3 BGB a.F. ist wohl auch das Verschulden des Verkäufers in die Verhältnismäßigkeitsprüfung des § 439 III BGB einzubeziehen, der als spezielle Ausprägung des § 275 II BGB anzusehen ist.[978]

(2) Anwendung der Grundsätze des Schadensrechts

Denkbar ist allerdings auch, eine Parallele zum Schadensrecht zu ziehen.

Ausgangspunkt könnte § 251 II 1 BGB sein, der die Pflicht des Schuldners zur Naturalrestitution ausschließt, wenn eine solche nur unter unverhältnismäßigem Aufwand zu bewerkstelligen ist.[979]

Vertreter dieser Ansicht verweisen darauf, dass die Vorschrift des § 439 III BGB dem § 251 II BGB insofern nachgebildet sei, als dass auf die Unverhältnismäßigkeit der Anforderungen und nicht, wie in der Richtlinie, der Kosten des Verkäufers abgestellt werde.[980]

Dagegen spricht jedoch der Umstand, dass der Geschädigte im Falle des Vorliegens der Unzumutbarkeit gem. § 251 II 1 BGB in jedem Fall einen den objektiven Wert der beschädigten Sache abdeckenden Schadensersatzanspruch zugebilligt bekommt. Die Intention des Schadenseratzrechts, das Integritätsinteresse des Geschädigten wieder herzustellen, wird demnach erreicht.

Im Kaufrecht findet sich jedoch eine hiervon erheblich abweichende Rechtslage.

Aus der Ablehnung des Nachbesserungsanspruchs ergibt sich gem. § 440 S. 1 BGB die Konsequenz, dass dem Käufer nunmehr die Ansprüche der Sekundärebene zustehen. Er ist demnach zum Rücktritt und gem. § 441 I iVm § 440 S. 1 BGB zur Minderung berechtigt.

Für den Fall, dass der Käufer den Rücktritt wählt, wird er jedoch nicht in die Position versetzt, sein Vertragsinteresse ersetzt zu erhalten, denn alles, was er erstattet bekommt, ist der von ihm gezahlte Kaufpreis.[981]

Das eröffnet den Blick auf die in dogmatischer Hinsicht bestehenden Zweifel dieses Ansatzes.

Zunächst ist zu berücksichtigen, dass die Ermittlung eines Schadens dann erfolgt, wenn die Verletzung des Integritätsinteresses eines Rechtssubjekts schuldhaft iSd § 276 BGB verursacht wurde.

Die kaufrechtliche Gewährleistung ist jedoch gerade durch ihre Verschuldensunabhängigkeit geprägt.

Es ist somit zu diagnostizieren, dass zwei vollkommen unterschiedliche Ausgangslagen bestehen. Nämlich einerseits das Anliegen, ein zurechenbares Unrecht zu sanktio-

---

[977] OLG Braunschweig, Beschl. v. 4.2.2003, NJW 2003, 1053

[978] *Gruber*, in: Jahrbuch Junger Zivilrechtswissenschaftler 2001, 187, 197
Berger, in: *Jauernig*, BGB, zu § 439 Rn. 15

[979] *Westermann*, in: *Schulze/ Schulte- Nölke*, S. 125

[980] *Westermann*, in: *Schulze/ Schulte- Nölke*, S. 125

[981] *Bitter/ Meidt*, ZIP 2001, 2114, 2121

nieren und andererseits dasjenige der Erzwingung einer privatautonom eingegangenen Verpflichtung.[982]

Das Schadensrecht ist repressiv ausgerichtet und versucht daher vor dem Hintergrund eines bereits existierenden Schadens Kriterien festzulegen, nach denen dieser in seiner konkreten Gestalt zu erfassen und auf welche Art er vom Schädiger zu kompensieren ist. Die Frage der Unzumutbarkeit betrifft dementsprechend in diesem Zusammenhang lediglich den Anspruch des Gläubigers auf die Herstellung in Natur.

Der Nacherfüllungsanspruch des Käufers sichert jedoch dessen vertraglichen Erfüllungsanspruch ab. Es ist zwar bereits eine Störung des vertraglichen Leistungsgefüges eingetreten, diese wird jedoch vom Gesetz als noch nicht endgültig angesehen. Der Nacherfüllungsanspruch wirkt demnach präventiv.

Die Unzumutbarkeit der Nacherfüllung begründet folglich erst das Vorliegen einer Vertragsverletzung und damit einen Schaden des Käufers.

Somit ist die Auslegung des Terminus geeignet, im Interesse aller Beteiligten zur Verhinderung von endgültigen Leistungsstörungen beizutragen und besitzt daher im Kaufrecht eine ganz andere Qualität.

Da die Konsequenzen der Definition des Begriffs der Zumutbarkeit demnach grundsätzlich verschieden sind, erscheint es unter dieser Prämisse verfehlt, eine Auslegung des Begriffs der „Unzumutbarkeit" aus § 439 III BGB in Anlehnung an § 251 II 1 BGB zu erwägen. Die 130%- Grenze, die für KfZ- Schäden entwickelt wurde, sollte vielmehr nicht schematisch angewandt werden.[983]

(3) Ergebnis

Nach den hier getätigten Ausführungen ist es folglich sachgerecht, die zur Unzumutbarkeit der Nachbesserung im Rahmen des § 633 II 3 BGB a.F. entwickelten Kriterien zur Anwendung gelangen zu lassen.[984] Dies gilt sowohl für die isolierte Betrachtung der Nacherfüllungsalternativen als auch für ihren direkten Vergleich.

Demzufolge ist „Unzumutbarkeit" anzunehmen, wenn die Mängelbeseitigung vom Unternehmer so viel Aufwand erfordert, dass dieser in keinem vernünftigen Verhältnis mehr zu dem mit der Beseitigung des Mangels erzielbaren Erfolg steht.[985]

(4) Methoden zur konkreten Berechnung der Verhältnismäßigkeitsgrenze

In der Literatur wird zum Teil eine zweistufige Prüfung der Unverhältnismäßigkeit, die zunächst die absolute Grenze der Unverhältnismäßigkeit ermittelt und anschließend einen internen Kostenvergleich der Nacherfüllungsvarianten vornimmt, erwogen.[986]

Nach dieser Methode soll der Verkäufer zu einer 50%igen Mehrinvestition in bezug auf den Wert der Kaufsache verpflichtet werden können. Unter Berücksichtigung des Tatbestandsmerkmals der „Bedeutung des Mangels" soll jedoch ein Korrektiv instal-

---

[982] so wohl auch *Huber*, NJW 2002, 1004, 1008, der die zu § 251 II BGB entwickelte 130%- Grenze nur auf den schuldhaft handelnden Verkäufer angewendet wissen will.

[983] vgl. auch *Heinrichs*, in: Palandt, BGB, zu § 251 Rn. 7

[984] So auch *Boerner*, ZIP 2001, 2264, 2269

[985] BGHZ 59, 365

[986] *Bitter/ Meidt*, ZIP 2001, 2114, 2121f.

liert werden, das die Unzumutbarkeit der Nacherfüllung begründet, wenn die Nachbesserungskosten 200% des Mangelunwertes übersteigen.[987]
Der interne Kostenvergleich ergibt die Unverhältnismäßigkeit einer der Nacherfüllungsalternativen, wenn eine Kostendifferenz iHv 10% gegeben ist. Allerdings wird auch dieses Ergebnis korrigiert, wenn dem Käufer durch die verbleibende Nacherfüllungsmaßnahme größere Unannehmlichkeiten iSv § 439 III 2 aE BGB entstehen.[988]
Der Vorteil des hier dargestellten 2- Stufen- Modells liegt in der gewissenhaften Einbeziehung aller möglichen, ein Missverhältnis begründenden Umstände in die Betrachtung. Des weiteren entspricht er auch den in § 439 III 2 BGB enthaltenen Anforderungen an die Feststellung des Vorliegens der Unzumutbarkeit der Nacherfüllung.[989]
Ob sie allerdings auch in der Praxis handhabbar ist und den Erfordernissen des Rechtsverkehrs gerecht zu werden vermag, wird sich in Zukunft noch herausstellen müssen.
Kritisch ist dieser Ansatz jedoch unter der Prämisse zu beurteilen, dass der Verkäufer im Bereich des kaufrechtlichen Nacherfüllungsanspruchs verschuldensunabhängig für die Mangelhaftigkeit der Sache zu haften hat und die Grenze von 150% für den schuldlosen Verkäufer zu hoch angesetzt erscheint.
Es könnte die Gefahr bestehen, einen verschuldensunabhängigen Schadenersatzanspruch zu konstruieren.[990] Woraus die These resultieren könnte, nur eine Haftung des Verkäufers bis zu 100% des Werts der mangelfreien Sache sei angemessen, was einen Gleichlauf zu seiner ursprünglichen vertraglichen Verpflichtung herstellen würde. Der schuldhaft handelnde Verkäufer soll dagegen bis zu der im Rahmen des § 251 II BGB entwickelten 130%- Grenze haften.[991]
Nach anderer Ansicht soll die Höhe des Minderungsbetrages die Grenze der Nacherfüllungspflicht des Verkäufers darstellen.[992]
In der Gesetzesbegründung finde sich die Feststellung, dass § 439 III 1 BGB in seinen Anforderungen an das Vorliegen einer Einrede gegenüber § 275 II BGB zurückbleibe. Daher sei davon auszugehen, dass die die Unzumutbarkeit iSd § 275 II BGB auslösenden Umstände die Obergrenze dessen, was für § 439 III 1 BGB erforderlich ist, bilden. Aufschluss hierüber gebe ein Rechtsfolgenvergleich der Regelungen § 275 I BGB und § 275 II BGB.
Die Unmöglichkeit gem. § 275 I BGB bewirke, dass der Verkäufer unter Umständen maximal den Kaufpreisanspruch einbüßt. Um Wertungswidersprüche zu vermeiden, müsse demnach die Regelung des § 275 II BGB ebenfalls dahingehend gedeutet werden, denn sonst würde derjenige, der auf unüberwindliche Leistungshindernisse stößt möglicherweise in geringerem Maße haften als der derjenige, dem überwindliche entgegenstehen.

---

[987] *Bitter/ Meidt,* ZIP 2001, 2114 , 2121
[988] *Bitter/ Meidt,* ZIP 2001, 2114, 2122
[989] zustimmend auch: *Haas,* in: *Haas/ Medicus/ Rolland/ Schäfer/ Wendtland,* Das neue Schuldrecht, 5. Kapitel, Rn. 161
[990] *Huber,* NJW 2002, 1004, 1008
[991] *Huber,* NJW 2002, 1004, 1008
[992] *Ackermann,* JZ 2002, 378, 382ff.

Unter Zugrundelegung dieser Erwägung ergebe sich für das Kaufrecht eine Begrenzung der Nacherfüllungspflicht auf den Minderungsbetrag. Die Lieferung der mangelhaften Sache sei als teilweise Realisation der Gefahr zu werten, weshalb auch der Kaufpreisanspruch nur zum Teil entfalle. Der auf den Mangel entfallende Teil des Kaufpreises sei derjenige, den der Verkäufer einbüße, er sei letztendlich in dem Minderungsbetrag verkörpert.

Hiergegen dürfte jedoch sprechen, dass es sich bei der Lieferung einer mangelhaften Sache um eine unvollständige Leistungserbringung handelt.

Zu Teilleistungen ist der Schuldner jedoch gem. § 266 BGB grundsätzlich nicht berechtigt, was den Käufer in die Lage versetzt, die Annahme zu verweigern, ohne in Annahmeverzug zu geraten (§294 BGB).[993]

Ginge die Sache während dessen unter, so hätte der Verkäufer den ganzen Verlust allein zu tragen, da der Gefahrübergang noch nicht stattgefunden hat. Das Gesetz trifft dem gemäß eine andere Wertung hinsichtlich der Haftung des Verkäufers, der eine mangelhafte Sache liefert.

Vor diesem Hintergrund mutet diese Theorie mehr als Gedankengerüst an, denn als dogmatisch fundierte Begründung eines als opportun empfundenen Ergebnisses. Ihrer Anwendung begegnen daher erhebliche Bedenken.

Im Ergebnis ist deshalb den Ansichten in der Literatur zuzustimmen, die eine Berechnung des erforderlichen Aufwands für die Nacherfüllung unter Berücksichtigung des Verschuldens des Verkäufers vorschlagen, da dies die größte Kongruenz zwischen Interessen der Vertragspartner und den Maximen des Leistungsstörungsrechts herzustellen vermag.

bb) Konsequenzen des Einredecharakters des § 439 III BGB

Die Beschränkung oder der Ausschluss des Nacherfüllungsanspruchs des Käufers gem. § 439 III BGB ist als Einrede ausgestaltet. Hieraus folgt, dass der Untergang des Anspruchs nicht ipso iure bei Vorliegen der Unzumutbarkeit vonstatten geht, sondern nur dann, wenn der Verkäufer diese Einrede erhebt.

Die Einrede stellt eine formlose empfangsbedürftige Willenserklärung dar, sie ist bindungsfeindlich und nach Zugang unwiderruflich.[994]

3. Geltendmachung des Anspruchs

Für die Nacherfüllungsleistung selbst ist der Käufer nicht verpflichtet, eine Frist zu setzen. Dies ergibt sich lediglich mittelbar aus §§ 323 I, 437 Nr. 2, 281 I 1 BGB.[995] Vorsorglich kann diese Frist hinsichtlich beider Nacherfüllungsalternativen gleichzeitig gesetzt werden.[996] Insofern ist die Fristsetzung auch nach der Maßgabe des § 440 BGB in bezug auf den Rücktritt oder die Forderung von Schadensersatz entbehrlich.[997]

---

[993] *Heinrichs*, in: *Palandt*, BGB, zu § 266 Rn. 10
Büdenbender, in: *Dauner- Lieb/ Heidel/ Lepa/ Ring*, Das neue Schuldrecht in der anwaltlichen Praxis, § 8 Rn. 21

[994] *Putzo*, in: *Palandt*, BGB, zu § 439 Rn. 16

[995] *Putzo*, in: *Palandt*, BGB, zu § 439 Rn. 7

[996] *Haas*, in: *Haas/ Medicus/ Rolland/ Schäfer/ Wendtland*, Das neue Schuldrecht, 5. Kapitel , Rn. 165

[997] *Laws*, MDR 2002, 320, 323

4. Rechtsfolgen

Als Rechtsfolgen ergeben sich entweder ein Anspruch auf Nachbesserung oder Nachlieferung, die Beschränkung oder der vollständige Ausschluss beider Nacherfüllungsalternativen.
Wie der Verkäufer den verbleibenden Anspruch des Käufers erfüllt, ist in sein Belieben gestellt und hängt von seinem Sachverstand ab. Das Wahlrecht des Käufers beinhaltet kein Direktionsrecht hinsichtlich der Anspruchserfüllung.[998]

a) Schlechterfüllung des Nacherfüllungsanspruchs

Erfüllt der Verkäufer einen bestehenden Nacherfüllungsanspruch verspätet, so steht dem Käufer ein Anspruch auf Ersatz des Verzögerungsschadens nach den Voraussetzungen der §§ 280 II, 286 BGB zu.
Im Falle der mangelhaften Nachbesserung liegt ein Fehlschlag gem. § 440 S. 2 BGB vor, wenn auch der zweite Versuch der Nachbesserung des Verkäufers scheitert. Der Käufer hat dann die Möglichkeit, ohne Fristsetzung zurückzutreten oder Schadensersatz zu verlangen.[999]

b) Rechtsfolgen der Nachlieferung

aa) Rückgewähr der empfangenen Schlechtleistung

Gem. § 439 IV BGB kann der Verkäufer nach erfolgter Nachlieferung die zunächst gelieferte mangelhafte Sache nach der Maßgabe der §§ 346ff. BGB herausverlangen. Da sich die Verweisung allerdings nicht auf die Vorschrift des § 349 BGB bezieht, ist eine Gestaltungserklärung des Verkäufers nicht erforderlich. Vielmehr ist schon das Vorliegen der in § 439 IV BGB genannten Voraussetzungen anspruchsbegründend.
Der Käufer ist aufgrund des Verweises ebenfalls zum Wertersatz gem. § 346 II BGB verpflichtet, wenn ihm die Rückgewähr der mangelhaften Kaufsache nicht mehr möglich ist. Die Höhe des Wertersatzanspruchs ist im Sinne der Regelung des § 349 BGB zu begrenzen. Dieser bezweckt, das zwischen den Parteien statuierte Äquivalenzverhältnis trotz der aufgetretenen Leistungsstörung zu erhalten. Folglich ist Bezugspunkt der Haftung des Käufers der vereinbarte Kaufpreis und nicht der objektive Wert der Kaufsache.[1000]

bb) Verpflichtung des Käufers zum Ersatz der gezogenen Nutzungen ?

Fraglich ist allerdings, ob der Käufer darüber hinaus auch zum Nutzungsersatz verpflichtet ist.
Dagegen spricht die Überlegung, dass dem Käufer schließlich durch die Lieferung einer mangelhaften Kaufsache die durch die Kaufpreiszahlung abgedeckte Nutzung des fehlerfreien Kaufgegenstandes vorenthalten wird.[1001] Zu beachten ist ferner, dass dem Verkäufer durch die bereits erfolgte Kaufpreiszahlung ebenfalls ein geldwerter Vorteil zugeflossen ist.[1002]

---

[998] *Jacobs*, in: *Dauner- Lieb/ Konzen/ Schmidt*, S. 377
[999] das ist nicht der Fall, wenn nur widerholt bei einer Service- Hotline angerufen wurde und Serviceleistungen gefordert wurden: OLG Köln, Beschl. V. 1.9.03- 19 U 80/03, in: ZGS 2003, 392ff.
[1000] *Jacobs*, in: *Dauner- Lieb/ Konzen/ Schmidt*, S. 392
[1001] *Büdenbender*, in: AnwKom, BGB, zu § 439 Rn. 16
[1002] *Roth*, JZ 2001, 475, 489

Eine Verpflichtung des Käufers zum Nutzungsersatz würde den Verkäufer dafür, dass er die ihm obliegende Leistung mangelhaft erbracht hat, demnach sogar noch belohnen.[1003]

Des Weiteren ist auch zu erwägen, dass der Käufer, der eine mangelhafte Sache geliefert bekommt, zur Nutzung schließlich berechtigt ist und diese Berechtigung auch nicht, wie beim Rücktritt, nachträglich entfällt.[1004]

Nach dem hier wiedergegebenen Argumentationsstand wird überwiegend gefordert, die Verweisung des § 349 IV BGB zumindest teleologisch zu reduzieren. Sie soll die Verpflichtung zum Ersatz der gezogenen Nutzungen ausdrücklich ausnehmen.[1005]

Durch die Verpflichtung des Käufers zur Zahlung von Nutzungsersatz wird darüber hinaus der Grundsatz der Unentgeltlichkeit der Nacherfüllung beeinträchtigt.

Zum Teil wird gerade unter diesem Aspekt vertreten, Nutzungsersatz sei nur außerhalb des Verbrauchsgüterkaufs mit der Verbrauchsgüterkauf- Richtlinie vereinbar.[1006]

Ob diese Argumentation eine teleologische Reduktion der Vorschrift, mit der der Gesetzgeber ausdrücklich auf die Regelung des § 346 II BGB verwiesen hat, trägt, begegnet jedoch Zweifeln.

In der Sache würde eine Befreiung des Käufers von der Pflicht zum Nutzungsersatz letztendlich die gesetzgeberische Entscheidung, das Nacherfüllungsrecht des Käufers für diesen kostenfrei zu gestalten, überdehnen. Hätte der Verkäufer mangelfrei geleistet, hätte sich die Abnutzung der Kaufsache von der ersten Ingebrauchnahme an unmittelbar auf das Vermögen des Käufers ausgewirkt.[1007]

Beachtlich ist in dogmatischer Hinsicht auch, dass die Nachteile, die dem Käufer aus der verzögerten Erfüllung seines Anspruchs aus §§ 433 I BGB erwachsen, einen Verzugsschaden darstellen und einzig unter den Voraussetzungen des Schuldnerverzugs zu ersetzen sind. Ein Selbsthilferecht in Form der Zurückbehaltung der gezogenen Nutzungen steht dem Käufer dagegen nicht zu.[1008]

Darüber hinaus ergibt sich aus dem 15. Erwägungsgrund der Verbrauchsgüterkauf-Richtlinie, dass die Mitgliedstaaten berechtigt sind, solche Regelungen zu treffen. Ein Verstoß gegen die Richtlinie der zumindest für die Regelungen des Verbrauchsgüterkaufs von erheblicher Bedeutung wäre, liegt durch diese Regelung also nicht vor.[1009]

Ferner geht der Ansatz der Befürworter einer teleologischen Reduktion von der Prämisse aus, dass die vollständige Anwendung der in § 349 IV BGB enthaltenen Verweisung einer zeitlich begrenzten Rückabwicklung des Vertrages gleichkommt, da die erbrachte Leistung nicht als die geschuldete Leistung, sondern als Nichtleistung angesehen wird.[1010] Die Nacherfüllung wird folglich als die geschuldete Leistung betrach-

---

1003 *Schwab,* JuS 2002, 630, 636

1004 *Hoffmann,* ZRP 2001, 347, 349

1005 *Schwab,* JuS 2002, 630, 636
Roth, JZ 2001, 475, 489
Büdenbender, AnwKomm, BGB, zu § 439 Rn. 16

1006 *Roth,* JZ 2001, 475, 489

1007 *Jacobs,* in: *Dauner- Lieb/ Konzen/ Schmidt,* S. 393

1008 *Oetker/ Maultzsch,* Vertragliche Schuldverhältnisse, § 2 E., S. 90

1009 *Westermann,* JZ 2001, 530, 537
a. A.: *Roth,* JZ 2001, 475, 489

1010 *Gsell,* NW 2003, 1969, 1970

tet, was allerdings auch bedeutet, dass die mangelhafte vorherige Leistung rechtsgrundlos erbracht worden ist.
Dies widerspricht aber dem Grundsatz der zeitlichen Bindung der Leistung und lässt unberücksichtigt, dass der Käufer auch durch die mangelhafte Lieferung Gebrauchsvorteile erhalten hat, die er nach dem Kaufvertrag erwarten durfte.[1011]
Durch die Nacherfüllung wird die Erfüllung der Verkäuferpflichten erst vollendet. Insofern ist eine Zuordnung der vor Nacherfüllung gezogenen Nutzungen zum Verkäufer dogmatisch nicht vertretbar.[1012] Für eine Ablehnung der teleologischen Reduktion des § 439 IV BGB spricht letztendlich auch, dass auch für den Nacherfüllungsanspruch nach Art. 84 II CISG und für § 480 I 2 BGB a.F entsprechende Regelungen getroffen wurden.
Als weitergehende Lösung ist erwogen worden, Nutzungsausfall in Anlehnung an den im Schadensrecht praktizierten Grundsatz „neu für alt" zu gewähren.[1013] Es verbleibe lediglich die Möglichkeit, dem Verkäufer Nutzungsersatz für die Zukunft zu gewähren, der sich durch die verlängerte Gebrauchsfähigkeit der Kaufsache rechtfertige.[1014]
Dass die Grundsätze des Schadensrechts auf gewährleistungsrechtliche Ansprüche übertragbar sind, zeige sich deutlich daran, dass sie vor der Reform auch schon im Bereich des Werkvertragsrechts angewandt wurden.[1015]
Auch die Rechtsprechung berechnet die Nutzungsentschädigung bei Abwicklung eines Kaufvertrages im Hinblick auf die in Zukunft noch erzielbaren Gebrauchsvorteile. Sie setzt die zu erwartende Gesamtfahrleistung eines KFZ in Bezug zum Bruttoverkaufspreis und den bereits gefahrenen Kilometern.[1016]
Eine Übertragung dieser bereits bewährten Grundsätze auf kaufrechtliche Problematiken seitens der Praxis ist demnach wahrscheinlich.

II. Rücktritt

1. Ausgestaltung des Rücktrittsrechts

§ 437 Nr. 2 BGB bestimmt, dass der Käufer bei Mangelhaftigkeit der Kaufsache gem. §§ 440, 323, 326 V BGB vom Vertrag zurücktreten kann.
Der Rücktritt ersetzt somit den ädilizischen Anspruch der Wandelung. Genau wie die Wandelung ist der Rücktritt darauf gerichtet, das zugrunde liegende Schuldverhältnis ex nunc in ein Rückabwicklungsverhältnis umzuwandeln.[1017]
Für den Käufer ergeben sich drei Beweggründe für einen Rücktritt: Es liegt eine Schlechtleistung vor (§ 323 BGB), es ist ein Leistungshindernis iSv § 275 BGB gegeben (§ 326 V BGB) oder er ist in einem, seinem sonstigen Vermögen zugehörigen

---

[1011] *Schwab,* JuS 2002, 630, 636
Gsell, NW 2003, 1969, 1970
[1012] *Schwab,* JuS 2002, 630, 636
[1013] *Gsell,* NW 2003, 1969, 1971ff.
[1014] so auch: *Schwab,* JuS 2002, 630, 637
[1015] *Gsell,* NW 2003, 1969, 1971f.
[1016] OLG Karlsruhe, NJW 2003, 1950f.
[1017] *Honsell,* JZ 2001, 278, 281

Recht beeinträchtigt (§ 324 BGB).[1018] Von Interesse ist vorliegend im Rahmen der Sachmangelgewährleistung lediglich der Rücktritt gem. § 323 BGB wegen des Vorliegens einer Schlechtleistung.

a) Der Rücktritt als Gestaltungsrecht

Der Rücktritt ist nunmehr als Gestaltungsrecht formuliert. Dies hat weit reichende Konsequenzen sowohl was die Ausübung des Rechts als auch seine Verjährung anbelangt.

Zunächst werden die zur Geltendmachung der Wandelung vertretenen Theorien wie die Vertrags- oder die Herstellungstheorie obsolet.[1019] Der Käufer kann sein Rücktrittsrecht vielmehr durch einseitige, empfangsbedürftige Willenserklärung ausüben.[1020]

Es bedarf somit keines Einverständnisses des Verkäufers mehr, um den Vertrag rückabzuwickeln. Dies stellt eine erhebliche Erleichterung im Rechtsverkehr dar.

Als Gestaltungsrecht ist der Rücktritt aber bedingungsfeindlich und unwiderruflich.

Insbesondere die Unwiderruflichkeit hat einschneidende Konsequenzen für die Rechtsposition des Käufers. Durch die Erklärung des Rücktritts wird das Rechtsverhältnis zwischen Käufer und Verkäufer grundsätzlich in ein Rückgewährschuldverhältnis umgestaltet, was zur verbindlichen Beseitigung des ius variandi des Käufers führt.[1021]

Darüber hinaus besteht die Notwendigkeit, die Verjährung des Rücktritts besonders zu regeln, was bereits erörtert wurde.

b) Konsequenzen aus dem Gestaltungsrechtscharakter

Ausdrücklich regelt § 325 BGB die Möglichkeit der parallelen Geltendmachung des Rücktritts und eines Schadensersatzanspruches. Dies scheint auf den ersten Blick dem Willen des Gesetzgebers zu widersprechen, sowohl Minderung als auch Rücktritt als Gestaltungsrechte auszugestalten, denn deren gestaltende Wirkung ist mit der späteren Geltendmachung eines Schadensersatzanspruches nicht vereinbar.[1022]

Außerdem ist eine Alternativität zwischen dem Rücktritt und dem kleinen Schadensersatz als auch zwischen der Minderung und dem großen Schadensersatz zwingend erforderlich, da es auf ein venire contra factum proprium hinausliefe, Ansprüche geltend zu machen, die einerseits das Behalten der mangelhaften Kaufsache, andererseits aber deren Rückgabe voraussetzen.

Ohne an dieser Stelle zu tief in das allgemeine Leistungsstörungsrecht vordringen zu wollen, ist demnach der Frage nachzugehen, wie weit § 325 BGB auszulegen ist, um einen Rückschluss auf das Fortbestehen des ius variandi des Käufers aus § 437 Nr. 2 und 3 BGB ziehen zu können.

[1018] vgl. ausführlich: *Canaris*, JZ 2001, 499, 509

[1019] *Westermann*, JZ 2001, 530, 538, der allerdings nicht auf die Problematik der Auslegung de § 325 BGB stösst.

[1020] *Teichmann*, in : *Jauernig*, BGB, Vor §§ 346- 354 Rn. 3
Looschelders, Schuldrecht Allgemeiner Teil, Rn. 828

[1021] *Boerner*, ZIP 2001, 2264, 2270 zwischen Rücktritt und Minderung differenzierend, dogmatisch aber nicht überzeugend: *Westermann*, in: *Schulte/ Schulze- Nölke*, S. 127

[1022] *Wilmowsky*, JuS 2002, Beilage zu Heft 1, S. 29 bezeichnet die Formulierung des § 325 BGB als missverständlich gewählt. Er beziehe sich auf den Ersatz für Mangelfolgeschäden und Verzögerungsschäden, also solche, die nicht weiterhin das Bestehen des Kaufvertrages erforderten.

Vor der Schuldrechtsreform wurde dem Käufer ein begrenztes Maß an Flexibilität dadurch eingeräumt, dass der Verkäufer sowohl seinem Wandelungs- als auch seinem Minderungsbegehren zustimmen musste oder eine solche Erklärung durch das zuständige Gericht zu ersetzen war. Bis der Verkäufer sich auf das Käuferbegehren eingestellt hatte, konnte der Käufer zwischen diesen ihm zustehenden Rechten wählen.[1023]
Diese Möglichkeit besteht aufgrund des nunmehr gestaltenden Charakters des Rücktritts und der Minderung eigentlich nicht mehr.
Fraglich ist aber, ob der Gesetzgeber diese Konsequenz mit der Umgestaltung der Rechte des Käufers anstrebte.
Die ausdrückliche Abweichung des § 325 BGB vom Gestaltungsrechtcharakter lässt Gegenteiliges vermuten.[1024]
Der Käufer soll vielmehr beim Vorliegen von Leistungsstörungen auch späteren Veränderungen im Vertragsverhältnis Rechnung tragen können.[1025] Er soll vor den Rechtsfolgen eines voreilig erklärten Rücktritts geschützt werden.[1026] Hieraus kann nur resultieren, dass der Rücktritt als nicht erfolgt betrachtet wird, wenn der Käufer später trotzdem Schadensersatz verlangt.[1027]
Gleiches hat entsprechend für die Minderung hinsichtlich eines späteren Schadensersatzbegehrens zu gelten.[1028]
Um ein oben bereits erwähntes venire contra factum proprium zu verhindern, ist § 325 BGB allerdings teleologisch zu reduzieren.
In sachlicher Hinsicht ist das Wahlrecht des Käufers dahingehend einzuschränken, dass diesem nicht die Möglichkeit eröffnet wird, den Wert der Leistung des Schuldners zu liquidieren, ohne die eigene Gegenleistung zu erbringen.[1029]
Hieraus folgt, dass dem Käufer nur dann ein Schadensersatzanspruch neben dem Rücktritt zusteht, wenn er nach der Differenztheorie berechnet wird,[1030] Denn in dem Fall ist der Wegfall der Gegenleistungspflicht aufgrund des Rücktritts im Rahmen der Schadensberechnung zu berücksichtigen.[1031] Diese Handhabung stellt sicher, dass der Charakter des Rücktritts und auch der Minderung als Gestaltungsrechte grundsätzlich beachtet wird.[1032]
Gleichzeitig wird aber auch vermieden, dem Gläubiger Rechte zuzugestehen, die sich widersprechen.[1033] In letzter Konsequenz wird auch der schadensrechtliche Grundsatz

---

1023 *Westermann*, in: MüKo, BGB, zu § 465 Rn. 6, 11

1024 *Heinrichs*, in: *Palandt*, BGB, zu § 325 Rn. 1

1025 *Derleder*, „Das ius variandi des Käufers bei Sach- und Rechtsmängeln", in: Dauner- Lieb/ Konzen/ Schmidt, Das neue Schuldrecht in der Praxis, 411, 421

1026 *Medicus*, in: *Haas/ Medicus/ Rolland/ Schäfer/ Wendtland*, Das neue Schuldrecht, Kapitel 3 Rn. 79

1027 *Derleder*, in: *Dauner- Lieb/ Konzen/ Schmidt*, S. 421
a.A.: *Boerner*, ZIP 2001, 2264, 2270 nimmt den Verlust des Wahlrechts duch die Rücktrittserklärung an

1028 *Vollkommer*, in: *Jauernig*, BGB, zu § 325 Rn. 2

1029 *Canaris*, JZ 2001, 499, 514

1030 statt aller: *Vollkommer*, in: *Jauernig*, BGB, zu § 325 Rn. 3

1031 *Lorenz/ Riehm*, Lehrbuch zum neuen Schuldrecht, Rn. 237

1032 *Derleder*, NJW 2003, 998, 1000f.
Lorenz/ Riehm, Lehrbuch zum neuen Schuldrecht, Rn. 214

1033 iE ebenso: *Gsell*, „Der Schadensersatz statt der Leistung nach dem neuen Schuldrecht", in: Jahrbuch Junger Zivilrechtswissenschaftler 2001, 105, 126f., die darauf hinweist, dass sich Rücktritt und

des Bereicherungsverbots beachtet, da der Käufer nicht in den Genuss des Ersatzes sich entsprechender Positionen aus einem Schadensersatzanspruch und aus Rücktritt kommt.[1034]
Es könnte auch eine zeitliche Begrenzung erwogen werden, die angesichts eines angemessenen Interessenausgleichs zwischen den Käufer- und den Verkäuferinteressen herbeizuführen wäre.
Auf Käuferseite wäre vorrangig zu berücksichtigen, dass dieser nicht in seinem Vertrauen auf die Umsetzungsbereitschaft des Verkäufers verletzt wird. Auf Verkäuferseite dagegen, dass der Verkäufer sich auf das Käuferbegehren eingestellt und diesbezüglich bereits Dispositionen getroffen hat. Als Konsequenz würde ein durch § 325 BGB zugelassenes ius variandi des Käufers nur solange bestehen, bis der Verkäufer Anstalten trifft, dem Käuferbegehren nachzukommen.[1035]
Ob es dieser zeitlichen Grenze bedarf, ist allerdings unter dem Aspekt, dass der Käufer während der Nacherfüllungsphase Zeit gehabt hat, sich über das weitere Vorgehen und vor allem die finanzielle Situation seines Schuldners klar zu werden, eher fraglich.[1036]
Jedenfalls ist § 325 BGB bei zunächst durch den Käufer erklärtem Rücktritt in der Weise auszulegen, dass der kleine Schadensersatzanspruch von der Wirkung des § 325 BGB ausgeschlossen ist.
Im Falle des Minderungsbegehrens des Käufers ist die analoge Anwendung des § 325 BGB folgerichtig auf den kleinen Schadensersatzanspruch begrenzt.
Eine analoge Anwendung des § 325 BGB auf das Verhältnis zwischen Rücktritt und Minderung ist aufgrund der vorliegenden elektiven Konkurrenz nicht ohne Preisgabe der Gestaltungswirkung der beiden Rechtsbehelfe denkbar und kommt daher nicht in Betracht.[1037]

c) Verschuldensunabhängigkeit des Rücktritts

Der Rücktritt vom Vertrag ist nunmehr nicht mehr abhängig davon, ob der Schuldner den vorliegenden Rücktrittsgrund zu vertreten hat. Ein solches Verschulden findet Beachtung auf der Rechtsfolgenseite, schließt den Rücktritt aber nicht mehr aus.[1038]
Vor der Schuldrechtsreform war der Rücktritt in den §§ 325f. BGB als Alternative zum Schadensersatz installiert und infolge dessen auch an subjektive Voraussetzungen der Person des Schuldners geknüpft.[1039] Dies widerspricht jedoch den Grundsätzen der

---

kleiner Schadensersatz nur kumuliert werden können, wenn der Verkäufer davor geschützt wird, auch Schadensersatz für den Wert der mangelhaften Leistung zahlen zu müssen.

[1034] *Schulze,* HK- BGB, zu § 325 Rn. 2

[1035] *Derleder,* in: Dauner- Lieb/ Konzen/ Schmidt, S. 423
a.A.; *Schwab,* JR 03, 133, 135 geht vom Vorliegen einer Wahlschuld mit der Folge, dass der Schuldner dem Gläubiger eine Frist zur Wahl zwischen Erfüllung und Schadensersatzanspruch setzen und ihm wörtlich diese Rechte anbieten kann. Durch Setzung dieser Gegenfrist könne er den Schwebezustand nach Ablauf der Nachfrist beenden.

[1036] BT- Drucks. 14/ 6040, S. 221

[1037] *Derleder,* NJW 2003, 998, 1002, der seine Ansicht, die er in Dauner- Lieb/ Konzen/ Schmidt, S. 425 vertreten hat, dahingehend aufgibt.
Westermann, „Kaufrecht im Wandel“, in: *Schulte/ Schulze- Nölke,* 109, 127, der die gestaltende Wirkung des Rücktritts in den Vordergrund stellt.

[1038] *Looschelders,* Schuldrecht AT, Rn. 834

[1039] *Canaris,* ZRP 2001, 329, 332

Vertragsgerechtigkeit und der Vertragsbindung, da der schuldlose, aber nicht leistungsbereite Schuldner, gegenüber dem Gläubiger einen Vorteil erlangt.[1040]
Darüber hinaus erlangt das Aufgehen der verschuldensunabhängigen Wandelung im Rücktritt durch den Verzicht auf das Verschuldensmoment eine zusätzliche dogmatische Rechtfertigung.[1041]

2. Voraussetzungen des Rücktritts

a) Erforderlichkeit der Nachfristsetzung
Leidet die vom Verkäufer erbrachte Leistung an einem erheblichen (§ 323 V BGB), aber behebbaren Mangel so kann der Käufer gem. § 323 I BGB vom Vertrag zurücktreten. Weiterhin ist erforderlich, dass der Käufer dem Verkäufer eine angemessene Frist zur Nacherfüllung gesetzt hat, wobei nunmehr aber keine Ablehnungsandrohung mehr ergehen muß.[1042]
Der Käufer muß dem Verkäufer eine angemessene Frist zur Nacherfüllung setzen. Die Angemessenheit richtet sich dabei nach den allgemeinen Regeln, die erfordern, dass dem Schuldner die Möglichkeit der Leistungserbringung, aber nicht erst zu ihrer Vorbereitung gegeben wird.[1043] Eine unangemessen kurze Frist ist nicht unwirksam, sondern setzt eine angemessene Frist in Gang.[1044]
Die Frist muß nach § 323 I BGB entweder fruchtlos verstrichen oder gem. § 323 II oder § 440 BGB entbehrlich sein. Bei technischer Unmöglichkeit einer Fristsetzung, hat gem. § 323 III BGB eine Abmahnung zu erfolgen.
Insgesamt sind sechs Tatbestände der Entbehrlichkeit der Nachfristsetzung zu differenzieren: Jeweils drei aus § 323 II BGB und drei aus § 440 BGB.
Zu beachten ist hierbei, dass § 440 BGB ergänzend zu § 323 II BGB kaufrechtliche Modifikationen des Rücktrittsrechts enthält. Dies offenbart die unvollständige Integration des Kaufrechts in das allgemeine Leistungsstörungsrecht.[1045]
Gegenstand der hier angestellten Betrachtungen sollen primär die kaufrechtlichen Sondertatbestände sein, auf die Tatbestände des § 323 II BGB wird daher lediglich kursorisch eingegangen.
Gem. § 323 II Nr. 1 BGB ist eine Fristsetzung entbehrlich, wenn der Schuldner ernsthaft und endgültig die Erfüllung verweigert. Dies kodifiziert einen allgemein anerkannten Grundsatz[1046], ist jedoch nur unter strengen Voraussetzungen anzunehmen[1047].
§ 323 II Nr. 2 begründet die Entbehrlichkeit der Fristsetzung für das einfache Fixgeschäft, die Regelung tritt damit an die Stelle des § 361 BGB a.F.[1048] § 323 II Nr. 3 er-

[1040] *Canaris,* ZRP 2001, 329, 332
[1041] *Canaris,* ZRP 2001, 329, 332
[1042] zur Problematik der Ablehnungsandrohung: *Westermann,* JZ 2001, 530, 537
[1043] vgl. zur Rechtsprechung zu § 326 BGB aF: OLG Düsseldorf, NJW- RR 1992, 951
[1044] *Schellhammer,* Schuldrecht nach Anspruchsgrundlagen, Rn. 62
[1045] *Huber,* in: *Huber/ Faust,* Kapitel 13 Rn. 58
[1046] BGHZ 2, 312
[1047] BGHZ 104, 6, 13
[1048] *Graf v. Westphalen,* in: *Henssler/ Graf v. Westphalen,* Praxis der Schuldrechtsreform, zu § 323 Rn. 14, der darauf hinweist, dass die Auslegungsregel des § 361 BGB a.F. „im Zweifel" jedoch ausdrücklich nicht übernommen wurde.

öffnet dem Gericht durch den generalklauselartigen Charakter des Wortlauts die Abwägung der beiderseitigen Interessen, insbesondere sind hier die Fälle des § 326 II BGB a.F. in das Blickfeld des Gesetzgebers geraten.[1049]
§ 440 BGB basiert demgegenüber auf der speziellen Schutzfunktion des Fristsetzungserfordernisses zur Wahrung des Subsidiaritätsverhältnisses zwischen den Käuferrechten und bewertet die Entbehrlichkeit vor dem Hintergrund dieses Schutzzwecks.
So ist gem. § 440 S. 1, 1. Alt. BGB eine Fristsetzung entbehrlich, wenn der Verkäufer beide Arten der Nacherfüllung gem. § 439 III BGB verweigert.
Dies ist gem. § 440 S. 1, 2. Alt. BGB auch dann der Fall, wenn die Nacherfüllung fehlgeschlagen ist.
Die Fallkonstellation des Fehlschlags wurde in die Regelung eingefügt, weil diese Möglichkeit in der allgemeinen Vorschrift des § 323 II BGB nicht explizit enthalten ist, sie könnte höchstens aus § 323 II Nr. 3 BGB abgeleitet werden.
Der Terminus des „Fehlschlags" wurde vom Gesetzgeber bewusst gewählt, um die Rechtsprechung zu § 11 Nr. 10 lit. b) AGBG für die Auslegung des § 440 S. 1, 2. Alt. BGB instrumentalisieren zu können.[1050]
§ 440 S. 2 BGB enthält bezüglich des Vorliegens des Fehlschlags der Nachbesserung eine widerlegliche Vermutung. Die Nachbesserung gilt als fehlgeschlagen, wenn der Verkäufer nicht das Gegenteil beweisen kann. Anhaltspunkte hierfür liefert § 440 S. 2 BGB. Letztendlich intendiert die Vorschrift allerdings auch nur die Vorgabe einer Richtgröße, weshalb zusätzlich in nicht abschließender Form die Art der Sache oder des Mangels aufgezählt werden.[1051]
Fraglich ist, ob hieraus geschlossen werden kann, dass auch im Falle der Ersatzlieferung zwei mangelhafte Versuche zu einem Fehlschlag führen. Der Wortlaut des § 440 S. 2 BGB erwähnt ausdrücklich nur die Nachbesserung, weshalb ein derartiger Schluss wohl nur contra legem gezogen werden könnte.
Vielmehr dürfte nach tatsächlichen Gesichtspunkten wohl die These zutreffen, dass im Falle der Nachlieferung einer unter demselben oder einem anderen Mangel leidenden Kaufsache der Schluss nahe liegt, dass der dem Verkäufer verfügbare gesamte Bestand mangelhaft ist und eine Nacherfüllung daher nicht zum Erfolg führen kann.
Im Gegensatz dazu bedarf das dem Käufer zumutbare Maß an Nachbesserungsversuchen seitens des Verkäufers aufgrund der Uferlosigkeit des Begriffs der Nachbesserung einer klaren gesetzlichen Begrenzung.
Demnach ist die Vermutung lediglich auf die Nachbesserung zu beziehen. Die Ersatzlieferung ist hingegen schon dann fehlgeschlagen, wenn die zunächst nachgelieferte Kaufsache denselben oder einen anderen Mangel aufweist.[1052]
Letztendlich ist eine Fristsetzung auch dann entbehrlich, wenn dem Käufer die Nacherfüllung unzumutbar iSd § 440 S. 1, 3. Alt. BGB ist.
Dieses Kriterium ist jedoch restriktiv zu handhaben, da es grundsätzlich geeignet ist, das Recht auf zweite Andienung zu Lasten des Verkäufers auszuhöhlen.[1053]

[1049] *Dauner- Lieb*, AnwKomm, BGB, zu § 323 Rn. 18
BT- Drucks. 14/6040, S. 140
[1050] *Huber*, in: *Huber/ Faust*, Kapitel 13, Rn. 70
[1051] *Saenger*, HK- BGB, zu § 440 Rn. 2
[1052] *Putzo*, in: *Palandt*, BGB, zu § 440 Rn. 7

Ausnahmsweise ist ein Rücktritt nach § 323 IV BGB schon vor Fälligkeit der Leistung möglich, wenn offensichtlich ist, dass die Voraussetzungen des Rücktritts gegeben sein werden.[1054]
Hieran wird deutlich, dass Nacherfüllungsanspruch und Rücktritt wegen Schlechtleistung in einem Subsidiaritätsverhältnis stehen. Es ist grundsätzlich zunächst immer die Nacherfüllung zu verlangen.
Ist die Frist zur Nacherfüllung fruchtlos verstrichen, führt dies nicht zu einem Erlöschen des Nacherfüllungsanspruchs, sondern zu einer Egalisierung der dem Käufer zustehenden Rechte.[1055] Die zusätzlichen Käuferrechte stehen zum modifizierten Erfüllungsanspruch in elektiver Konkurrenz.[1056] Das Wahlrecht des Käufers erlischt erst, wenn er auf seinen Erfüllungsanspruch verzichtet und sekundäre Rechte geltend macht, was § 281 IV BGB explizit statuiert.[1057] Hierzu jedoch später.
b) Grenzen der Gleichstellung von Zuwenig- Lieferung und Sachmangel
Fraglich ist, wie die Konkurrenz von § 323 V S. 1 und S. 2 BGB aufzulösen ist, wenn eine Zuwenig- Lieferung vorliegt.
Die Beantwortung dieser Frage hängt davon ab, ob dem Kaufrecht der Vorzug gegeben wird, wonach gem. § 434 III BGB ein Sachmangel gegeben ist, oder ob eine solche Leistung als Teilleistung im Sinne des allgemeinen Schuldrechts angesehen wird.
Eine Teilleistung begründet gem. §§ 323 V 1 BGB nur bei vollständigem Interessenfortfall des Schuldners einen Rücktritt vom gesamten Vertrag.
Der Rücktritt wegen eines Sachmangels unterliegt hingegen lediglich der Erheblichkeitsschwelle des § 323 V 2 BGB.
Fraglich ist daher, ob die Gleichstellung in § 434 III BGB vollständig in der Hinsicht erfolgen sollte, dass die Teilleistung als eine nicht vertragsgemäß erbrachte Leistung gewertet werden soll.
Dies würde bedeuten, dass bei einer im Rahmen der Abwicklung eines Kaufvertrages auftretenden Leistungsstörung generell eine nicht vertragsgemäße Leistung vorläge und die Regelung des § 323 V 1 BGB im Kaufrecht schlichtweg ihres Anwendungsbereichs enthoben würde.[1058]
Befürwortet wird dies mit dem Argument, dass durch die Gleichstellung in § 434 III BGB auch Fälle gelöst werden sollten, in denen es nicht im Interesse des Käufers liegt, lediglich eine geringere als die vertragsgemäße Menge zu erhalten.[1059]

[1053] *Berger*, in: *Jauernig*, BGB, zu § 440 Rn. 5
[1054] *Schellhammer*, MDR 2002, 301, 303
[1055] *Gursky*, Schuldrecht Besonderer Teil, S. 25
Schubel, JuS 2002, 313, 317
[1056] *Heinrichs*, in: *Palandt*, BGB, zu § 281 Rn. 50
a.A.: *Schwab*, JR 2003, 133, 135
[1057] *Haas*, in: *Haas/ Medicus/ Rolland/ Schäfer/ Wendtland*, Kap. 5, Rn. 244
a.A.: *Schwab*, JR 2003, 133, 135, der von der Prämisse ausgeht, dass dieser Sachverhalt nicht mit § 325 BGB vereinbar sei, da es etwas anderes für den Verkäufer sei, entweder Rücktritt oder Schadensersatz leisten zu müssen, wobei dieser gravierende Unterschied nicht erkennbar wird.
[1058] *Lorenz/ Riehm*, Lehrbuch zum neuen Schuldrecht, Rn. 219
hierauf hinauslaufend: *Schulze*, HK- BGB, zu § 323 Rn. 13, 14
[1059] *Faust*, in: *Huber/ Faust*, Kapitel 3, Rn. 164

Insbesondere die Konsequenz der Relativierung der Bedeutung des § 323 V 1 BGB begründet schon Zweifel an der Richtigkeit des Ansatzes.
In Betracht zu ziehen ist allerdings auch, die Gleichstellung in § 434 III BGB lediglich auf die Anwendung der speziellen kaufrechtlichen Vorschriften und nicht auf diejenigen des allgemeinen Leistungsstörungsrechts zu beziehen.[1060] Hieraus würde resultieren, die Zuwenig- oder die Aliud- Lieferung im Rahmen des § 323 V BGB dem Sachmangel nicht gleichzustellen, also nicht in den Anwendungsbereich des § 323 V 2 BGB fallen zu lassen, sondern sie nach wie vor als Teilleistung iSv § 323 V 1 BGB zu behandeln.
Welcher dieser beiden Alternativen im Falle einer Schlechtleistung, die in manchen Fällen auch eine ordnungsgemäße Teilleistung beinhaltet, der Vorzug zu geben ist, ist dem Wortlaut der Vorschrift des § 434 III BGB nicht zu entnehmen.
Das noch vor der Schuldrechtsreform vertretbare Argument, die Regelungen des Kaufrechts gingen dem allgemeinen Schuldrecht als lex specialis vor, trägt unter dem Aspekt der Eingliederung des Kaufrechts in das allgemeine Leistungsstörungsrecht, die einen der zentralen Schwerpunkte der Reform bildet, nicht mehr.
Vielmehr ist festzustellen, dass für den Rücktritt das Kaufrecht mit Ausnahme der Bestimmung des § 440 BGB keine Sonderregelungen mehr trifft, sondern gerade über die Verweisung des § 437 BGB die Problematik in das allgemeine Leistungsstörungsrecht verlagert wird.
Insofern besteht für den lex- specialis- Grundsatz allein aufgrund der Tatsache, dass eigenständige Regelungen vom Kaufrecht nicht getroffen werden, von vornherein kein Raum.[1061]
In systematischer Hinsicht spricht gegen eine vollständige Gleichstellung, dass dadurch erhebliche Wertungswidersprüche zwischen Kauf, Tausch sowie Werklieferungsvertrag und allen anderen Verträgen hervorgerufen werden.[1062]
Tendenziell bewegt sich die Auslegung des § 434 III BGB daher in die Richtung, die dort enthaltene Gleichstellung nicht als vollständig zu betrachten. Fraglich ist, ob dies auch durch eine teleologische Auslegung gestützt werden kann.
Eine solche erfordert zunächst, den Sinn und Zweck einerseits der Differenzierung der Teilleistung und der Schlechtleistung in § 323 V BGB, andererseits der Gleichstellung der mangelhaften Lieferung mit der Lieferung eines Qualifikations- aliuds in § 434 III BGB zu ergründen. Das eröffnet die Möglichkeit einer angemessenen Lösung, basierend auf einer Abwägung der sich entgegenstehenden gesetzgeberischen Interessen.
Die Differenzierung in § 323 V BGB verfolgt die Zielsetzung, den ökonomischen Interessen der Vertragsparteien im Falle des Vorliegens einer Leistungsstörung Rechnung zu tragen.[1063] Der Rücktritt vom gesamten Vertrag soll nur unter Berücksichtigung der Teilbarkeit bzw. Unteilbarkeit des Leistungsinteresses des Schuldners und damit einhergehend der adäquaten Befriedigung seiner Interessen zulässig sein. In diesem Sinne

[1060] Beschlussempfehlung des Rechtsausschusses, BT- Drucks. 14/ 7052, S. 278
[1061] *Grigoleit/ Riehm,* ZGS 2002, 115, 117
[1062] *Canaris,* ZRP 2001, 329, 335
Looschelders, Schuldrecht AT, Rn. 629
[1063] *Grigoleit/ Riehm,* ZGS 2002, 115, 117

wird das Leistungsinteresse des Gläubigers im Falle einer Teilleistung als teilbar, generell im Falle der Schlechtleistung als unteilbar angesehen.[1064]
Dieser Zweck kann durch die vollkommene Gleichstellung von Sachmangel und Teilleistung nicht erreicht werden, da dem Verkäufer grundsätzlich das Risiko aufgebürdet wird, den Kaufpreis zurück zu erstatten und dafür eine wertgeminderte Kaufsache zu erhalten.
Die Gleichstellung in § 434 III BGB entspricht der Intention, Abgrenzungsschwierigkeiten, die bei Vorliegen einer mangelhaften und einer Aliud- Lieferung entstehen können, zu vermeiden.[1065]
Eine solche Abgrenzung ist jedoch beim Vorliegen einer Teilleistung gar nicht ausschlaggebend.
Letztendlich sollen einheitliche Rechtsfolgen für Leistungsstörungen bei der Leistungserbringung des Verkäufers die Rechtsanwendung vereinfachen.[1066] Allerdings wird dieses Ergebnis auch im Rahmen der eingeschränkten Gleichstellung erreicht, da die Anwendbarkeit der §§ 437ff. BGB auf Zuwenig- Lieferung sowie Aliud ja gerade durch § 434 III BGB gewährleistet werden soll.
Im Ergebnis spricht demnach auch eine teleologische Auslegung der Gleichstellung des Sachmangels und der Zuwenig- Lieferung in § 434 III BGB für die Lösung der obigen Problematik nach den Regeln des allgemeinen Leistungsstörungsrechts.
Das Argument, es sei letztendlich für die rechtlichen Interessen des Käufers irrelevant, ob eine gewisse Menge gar nicht oder mangelhaft geliefert worden sei[1067], erweist sich demnach als in dogmatischer Hinsicht nicht tragfähig.
Bewirkt eine mangelhafte Lieferung des Verkäufers im Ergebnis das Vorliegen einer ordnungsgemäßen Teilleistung, so richtet sich der Rücktritt nach § 323 V 1 BGB und ist nur hinsichtlich des gesamten Vertrages zulässig, wenn der Käufer kein Interesse an der Teilleistung hat.[1068]
Stellt die mangelhafte Lieferung allerdings eine nicht ordnungsgemäße Leistung des Verkäufers dar, so ist der Käufer gem. § 323 V 2 BGB zum Rücktritt vom gesamten Vertrag befugt, wenn die Pflichtverletzung nicht unerheblich ist.[1069]

c) Ausschlussgründe

Das Rücktrittsrecht ist ausgeschlossen, wenn die Pflichtverletzung lediglich iSv § 323 V 2 BGB als unerheblich gewertet werden kann und gem. § 323 VI BGB, wenn der Käufer für diese überwiegend verantwortlich ist oder er sich im Annahmeverzug befindet.

1064 *Grigoleit/ Riehm,* ZGS 2002, 115 118
1065 *Looschelders,* Schuldrecht AT, Rn. 629
Canaris, ZRP 2001, 329, 335
1066 *Grigoleit/ Riehm,* ZGS 2002, 115, 120
1067 BT- Drucks. 14/6040, S. 186f.
1068 *Haas,* in: *Haas/ Medicus/ Rolland/ Schäfer/ Wendtland,* Kap. 5, Rn. 173
1069 im Ansatz nicht nachvollziehbar stellt *Vollkommer,* in: *Jauernig,* BGB, zu § 281 Rn. 26 darauf ab, ob mit der erbrachten Leistung vollständig erfüllt werden sollte (dann § 281 I 3/ § 323 V 2) oder eine ausdrückliche Teilerfüllung (dann §281I 2/ § 323 V 1) vorliegt.

3. Rechtsfolgen

Als Rechtsfolge der Erklärung des Rücktritts entsteht ein Rückgewährschuldverhältnis, das den Regeln der §§ 346ff. BGB folgt. Die Gründe für den Ausschluss des Rücktritts nach §§ 350ff. BGB aF sind mit der Neuregelung entfallen. § 346 II BGB regelt nun, wann Wertersatz für die Kaufsache zu leisten ist, zieht aber nicht mehr die Konsequenz eines Ausschlusses des Rücktritts.

III. Minderung

Die Minderung als verhältnismäßige Herabsetzung des Kaufpreises zur Herstellung des gestörten Äquivalenzverhältnisses zwischen dem vereinbarten Kaufpreis und dem Wert der Kaufsache, stellt nunmehr den einzig verbliebenen genuin kaufrechtlichen Anspruch des Käufers bei Vorliegen eines Sachmangels dar.[1070]
Sie ist als eine schnelle und einfache Anpassung des Vertrages an die durch die Mangelhaftigkeit der Leistung veränderten Umstände aufzufassen und steht in keiner Beziehung zu einem eventuellen Schadensersatzanspruch des Gläubigers im Falle seines Verschuldens.[1071] Auch deshalb findet sie im übrigen Leistungsstörungsrecht keine Entsprechung.[1072]

1. Minderung als Gestaltungsrecht

Wie auch nach altem Recht, tritt die Minderung nicht kraft Gesetzes bei Vorliegen eines Mangels ein, sondern unterliegt der Rechtsgestaltung des Käufers.[1073]
Hierzu ist nun nicht mehr das Einverständnis des Verkäufers erforderlich, denn die Neuausrichtung der Minderung iSe Gestaltungsrechts, eröffnet dem Käufer die Möglichkeit, durch einseitige, empfangsbedürftige Willenserklärung den geschuldeten Kaufpreis unmittelbar zu mindern.[1074]
Gem. § 441 II BGB kann die Minderung im Falle des Bestehens einer Personenmehrheit auf Verkäufer- oder Käuferseite die Minderung lediglich von allen oder gegen alle Beteiligten erklärt werden. Diese Parallelregelung zu § 351 S. 1 BGB stellt eine Abkehr von der Regelung des § 474 BGB a.F. dar. Wegen des Gestaltungswirkung der Minderung ist eine Geltendmachung gegenüber einer einzelnen Person der Gruppe nicht mehr möglich.[1075]

1070 *Lorenz,* NJW 2002, 2497, 2499
1071 *Schlechtriem,* in: Jahrbuch Junger Zivilrechtswissenschaftler 2001, 9, 28
1072 *Berger,* in: *Jauernig,* BGB, zu § 441 Rn. 1
1073 *Huber,* in: Huber/ *Faust,* Schuldrechtsmodernisierung, Kap. 13 Rn. 88
Hoffmann, ZRP 2001, 346, 350 hält dies für inkompatibel mit der Richtlinienregelung, die eine Minderung ipso iure vorsehe.
1074 *Brox/ Walker,* Besonderes Schuldrecht, § 4 Rn. 73
Haas, in: *Haas/ Medicus/ Rolland/ Schäfer/ Wendtland,* Kap. 5, Rn. 212
1075 *Jauernig,* in : *Jauernig,* BGB, zu § 351 Rn. 1
Gursky, Schuldrecht BT, S. 28

2. Voraussetzungen der Minderung

Gem. § 441 I 1 BGB besteht das Minderungsrecht „statt" dem Rücktrittsrecht, die Voraussetzungen der Minderung stimmen also mit denjenigen des Rücktritts überein, weshalb an dieser Stelle auf die dortigen Ausführungen, insbesondere zum Fristsetzungerfordernis verwiesen werden soll.
Zu bemerken ist allerdings noch, dass im Rahmen der Anwendung des Ausschlussgrundes gem. § 323 VI BGB bei sonstigem, nicht überwiegendem Mitverschulden des Käufers § 254 BGB analog anzuwenden und der Minderungsbetrag dementsprechend herabzusetzen ist.[1076]
Abweichend von der Regelung des Rücktritts wird das Minderungsrecht allerdings gem. § 441 I 2 BGB nicht durch die Bagatellgrenze des § 323 V 2 BGB begrenzt.[1077]
Das Minderungsrecht entsteht grundsätzlich zur Zeit des Gefahrübergangs. Klagt der Verkäufer allerdings noch vor Übergabe auf Kaufpreiszahlung, so kann der Käufer die Kaufsache trotz des Mangels als Erfüllung akzeptieren und schon vor Übergabe die Minderung einredeweise geltend machen.[1078]
Aufgrund des Vorrangs des Nacherfüllungsrechts des Käufers besteht ein Minderungsrecht in Übereinstimmung mit dem Rücktritt auch erst, wenn die Nacherfüllung ausgeschlossen ist. Mit Geltendmachung der Minderung erlischt der Nacherfüllungsanspruch des Käufers.[1079]

3. Rechtsfolgen der Minderung

a) Berechnung der Minderung

Die Minderung begründet einen Anspruch des Käufers auf Herabsetzung des Kaufpreises um den Betrag, um den der Mangel den Wert der Kaufsache mindert. Die Berechnung des Minderungsbetrages findet immer noch nach der Berechnungsmethode des § 472 BGB a.F. statt.[1080]
Entgegen anders gerichteter Erwägungen während der parlamentarischen Beratungen zum Schuldrechtsmodernisierungsgesetz[1081], wird auch zukünftig für den Wert der mangelfreien Sache der Kaufpreis angesetzt und für den Wert der mangelhaften Sache die Nachbesserungskosten.[1082] Dies ist in der Sache auch zu befürworten, da der Ansatz des Fraktionsentwurfs, der zum Ausgangspunkt der Berechnung den Kaufpreis verwenden wollte, bewirkt, dass das vertraglich ausgehandelte Preis- Wert- Gefälle

---

[1076] BT- Drucks. 14/ 6040, S. 235
[1077] *Buck*, in: *Westermann*, Das Schuldrecht 2002, S. 147
[1078] *Lorenz/ Riehm*, Lehrbuch zum neuen Schuldrecht, Rn. 567
[1079] *Lorenz/ Riehm*, Lehrbuch zum neuen Schuldrecht, Rn. 529
[1080] *Putzo*, in: *Palandt*, BGB, zu § 441 Rn. 2
[1081] vgl. § 441 III in der Fassung des Regierungsentwurfs
[1082] *Gaier*, ZRP 2001, 336ff. mit ausführlicher Diskussion der Vor- und Nachteile der Berechnungsarten
a.A.: *Putzo*, in: *Palandt*, BGB, zu § 441 Rn. 15, der den Minderwert nicht in den Reparaturkosten sieht, da diese unter Umständen hohe Kosten verursache, die jedoch nicht der Minderung der Sache im Geschäftsverkehr oder im Gebrauch entsprechen.

beseitigt würde.[1083] Demgegenüber bewirkt das Prinzip der proportionalen Preisreduzierung nunmehr die Wahrung des von den Parteien durch den Vertrag erreichten wirtschaftlichen Ergebnisses.[1084]

Neu eingeführt wurde allerdings die Möglichkeit der freien Schätzung der einzelnen Posten gem. § 441 III BGB. Dies hat ein geringeres Beweismaß für tatsächlich wertbildende Umstände zur Konsequenz und ermöglicht eine ungefähre Bemessung des Geldbetrages bei Berücksichtigung aller erheblichen Umstände. Dies wurde im Prozess bisher bereits iSd § 287 II ZPO gehandhabt[1085], obwohl es eigentlich gem. § 287 I ZPO als nicht zulässig angesehen wurde.[1086]

Wurde ein Kaufvertrag über eine Sachgesamtheit zu einem Gesamtpreis geschlossen, so ist generell die Einzelminderung vorzunehmen. Dies dürfte allein sachgerecht sein, da hierdurch der Vorteil, der durch einen eventuell günstigen Gesamtpreis erzielt wurde, erhalten bleibt, weil der verkehrsübliche Kaufpreis der Sache als Ausgangspunkt der Minderung gewählt wird.

Resultiert aus dem Mangel die vollständige Wertlosigkeit der Sache, so bewirkt die Minderung den Wegfall des Kaufpreisanspruchs des Verkäufers.[1087]

b) Erstattungsanspruch des Käufers nach § 441 IV 1 BGB

Bei dem Erstattungsanspruch des Käufers gem. § 441 IV 1 BGB handelt es sich um einen eigenständigen Rückgewähranspruch des Käufers und nicht etwa einen Bereicherungsanspruch.[1088]

Durch die Verweisung in § 347 I BGB steht ihm auch ein Anspruch auf Ersatz der gezogenen Nutzungen zu.

c) kein Ausschluss eines Schadensersatzbegehrens durch Geltendmachung der Minderung

Wie bereits oben erörtert, folgt aus der prinzipiell parallelen Behandlung von Rücktritt und Minderung in §§ 437 Nr. 2, 438 V BGB, dass § 325 BGB analog auf die Minderung anzuwenden ist, und aufgrund dessen ein etwaiges Schadensersatzbegehren durch die Minderung nicht ausgeschlossen ist.[1089] Zu den Grenzen der Kumulationsmöglichkeit soll hier auf die Ausführungen zum Rücktritt verwiesen werden.

4. Verjährung

Im Zusammenhang mit der Verjährung der Minderung ist zu differenzieren zwischen der Verjährung des Minderungsanspruchs an sich und derjenigen des Rückgewähranspruchs gem. § 441 IV 1 BGB.

Der Anspruch auf Minderung verjährt nach den Regeln des § 438 BGB. Dies wurde bereits erörtert. Übereinstimmend zur Parallelproblematik beim Rücktritt wird aller-

[1083] *Gaier*, ZRP 2001, 336, 339

[1084] *Boerner*, ZIP 2001, 2264, 2271
vgl. auch Beispielsfall bei *Brox/ Walker*, Besonderes Schuldrecht, § 4 Rn. 71

[1085] *Putzo*, in: *Palandt*, BGB, zu § 441 Rn. 18

[1086] BGH, WM 1971, 1382, 1383

[1087] *Berger*, in: *Jauernig*, BGB, zu § 441 Rn. 6

[1088] *Putzo*, in: *Palandt*, BGB, zu § 441 Rn. 20

[1089] *Büdenbender*, in: AnwKom, BGB, zu § 441 Rn. 9

dings vertreten, für den Erstattungsanspruch gelte das nicht, denn dieser stelle kein Gewährleistungsrecht des Käufers, sondern einen Anspruch iSv § 194 BGB dar, der nach den Regeln der §§ 195, 199 BGB verjähre.[1090]
Dem kann allerdings auf der Grundlage der zum Rücktritt geführten Argumentation nicht gefolgt werden.
Auch greift eine Regelverjährung des Anspruchs auf Rückgewähr des zuviel gezahlten Kaufpreises nicht nach den Grundsätzen des Bereicherungsrechts ein.
Im Gegensatz zum mietrechtlichen Minderungsrecht[1091] greift das kaufrechtliche nicht qua Gesetzes mit der Folge der Rechtsgrundlosigkeit der Leistung ein, sondern durch Abgabe einer Willenserklärung des Käufers, die den vertraglichen Anspruch des § 441 IV BGB begründet. Hinter diesem treten die §§ 812ff. BGB zurück, die Modalitäten der Rückgewähr richten sind nach §§ 346 I, 347 I BGB.[1092]
Der Anspruch aus § 441 IV BGB verjährt demgemäß auch nach §§ 438, 218 I BGB.
Ist nach Maßgabe der §§ 438, 218 BGB Verjährung des Minderungsanspruchs eingetreten, so kann der Käufer immer noch gem. § 438 V, IV 2 BGB die Kaufpreiszahlung einredeweise verweigern.[1093]

IV. Anspruch auf Schadensersatz

Vor dem Hintergrund der Begrenzung der vorliegenden Arbeit auf die Sachmängelgewährleistung des Käufers sollen hinsichtlich der dem Käufer zustehenden Schadensersatzansprüche lediglich einige kaufrechtlich spezifische Aspekte behandelt werden.

1. Grundvoraussetzungen für das Vorliegen eines Schadensersatzanspruchs

Erweist sich die vom Verkäufer gelieferte Sache als mangelhaft, stehen dem Käufer gem. §§ 437 Nr. 3, 440 BGB die Schadensersatzansprüche aus § 280, 281, 283 und 311 a BGB zu, wenn der Verkäufer diese Pflichtverletzung zu vertreten hat.
Ausgangspunkt der Schadensersatzpflicht des Verkäufers ist nach den allgemeinen Grundsätzen des Leistungsstörungsrechts gem. § 280 I 1 BGB die Pflichtverletzung. Diese liegt im kaufrechtlichen Bereich aufgrund des aus § 433 I 2 BGB abzuleitenden Leistungsinhalts des Verkäufers vor, wenn die Sache nicht frei von Sach- und Rechtsmängeln ist.
Die Pflichtverletzung muss der Verkäufer gem. § 280 I 2 BGB auch zu vertreten haben, was sich nach § 276 BGB richtet.
Durch die Einbindung von Schadensersatzansprüchen aus Kaufverträgen ins allgemeine Leistungsstörungsrecht wird die Haftung des Verkäufers verschärft.[1094] Er haftet

---

[1090] *Haas*, in: *Haas/ Medicus/ Rolland/ Schäfer/ Wendtland*, Das neue Schuldrecht, Kapitel 5 Rn. 218 *Putzo*, in: *Palandt*, BGB, zu § 441 Rn. 22
[1091] *Weidenkaff*, in: *Palandt*, BGB, zu § 536 Rn. 2: auch nach der Mietrechtsreform handelt es sich noch um eine rechtsvernichtende Einwendung, Minderung tritt kraft Gesetzes ein.
[1092] so auch *Putzo*, in: *Palandt*, BGB, zu § 441 Rn. 20, 21
[1093] *Büdenbender*, in: AnwKom, BGB, zu § 441 Rn. 8

nunmehr für jegliche, aus der Mangelhaftigkeit der Kaufsache resultierende Schäden bis zur Grenze der Fahrlässigkeit. Der spezielle kaufrechtliche Schadensersatzanspruch gem. § 463 BGB a.F. ist entfallen, hierzu jedoch später.
Da der Verkäufer nicht die mangelfreie Herstellung der Sache schuldet, muss sich das Verschulden auf die Lieferung der mangelhaften Sache beziehen und nicht auf das Entstehen des Mangels (§ 280 I 2 iVm 281 I 1 BGB).[1095]
Fraglich ist aber, in welchem Umfang der Verkäufer für Fahrlässigkeit zu haften hat. Fahrlässig handelt, wer die im Verkehr übliche Sorgfalt außer acht lässt.[1096] Um dies tatbestandlich erfassen zu können, ist es erforderlich, den Umfang der Sorgfaltspflicht des Verkäufers einzugrenzen, was zugleich die Frage nach einer Untersuchungspflicht des Verkäufers aufwirft.
Im Einklang mit der oben gegebenen Definition der Fahrlässigkeit dürfte es sachgerecht sein, eine Untersuchungspflicht nur dann anzunehmen, wenn sie dem Verkäufer ohne Beeinträchtigung seiner Interessen zumutbar und zum Schutz des Käufers dringend erforderlich ist.
Demnach dürfte eine Untersuchungspflicht dann gegeben sein, wenn eine solche keine besonderen Umstände für den Verkäufer hervorruft oder es sich um eine hochwertige oder besonders fehleranfällige Ware handelt.[1097] Im Gegensatz dazu jedoch nicht, wenn die Kaufsache massenhaft produziert wird und keinen hohen Wert besitzt.[1098]
Die Komponenten „Pflichtverletzung" und „Vertretenmüssen" bilden damit den Grundtatbestand des Schadensersatzanspruchs gem. § 280 I BGB. Die Geltendmachung bestimmter Schadensersatzansprüche ist gem. § 280 III BGB an weitere Voraussetzungen gebunden.
Beweisbelastet hinsichtlich des generell vermuteten Vertretenmüssens ist gem. § 280 I 1 BGB, mit Ausnahme der Existenz einer Garantie, der Verkäufer. Dies gilt auch für den Umstand, dass ihn keine Untersuchungspflicht traf.[1099]

2. Abgrenzung des Anspruchs des Käufers auf Schadensersatz statt der Leistung gem. § 281 BGB und Schadensersatz gem. § 280 BGB

Von vorrangigem Interesse ist zunächst die Abgrenzung des Schadenseratzanspruchs statt der Leistung gem. § 281 BGB und dem Schadensersatz gem. § 280 BGB.
Ausgangspunkt der Kontroverse bildet die Gesetzesbegründung, die explizit die im alten Recht getroffene Differenzierung zwischen Mangel- und Mangelfolgeschaden als Orientierung für die Anwendung der §§ 280, 281 BGB vorgibt.[1100]

1094 *Canaris*, JZ 2001, 479, 513, der darauf hinweist, dass die Einschränkung des Käufers hinsichtlich der Wahl von kleinem oder großem Schadensersatz als ein ausgleichendes Äquivalent zur verschärften Haftung des Verkäufers anzusehen ist

1095 *Haas*, in: *Haas/ Medicus/ Rolland/ Schäfer/ Wendtland*, Das neue Schuldrecht, Kapitel 5 Rn. 226

1096 *Vollkommer*, in: *Jauernig*, BGB, zu § 276 Rn. 23

1097 *Brox/ Walker*, Besonderes Schuldrecht, § 4 Rn. 82

1098 *Haas*, in: *Haas/ Medicus/ Rolland/ Schäfer/ Wendtland*, Kap. 5, Rn.227

1099 *Lorenz/ Riehm*, Lehrbuch zum neuen Schuldrecht, Rn. 330

1100 Vgl. Regierungsentwurf, BT- Drucks. 14/6040, S. 225

Hieraus wird der Schluss gezogen, in Anlehnung an die frühere Unterscheidung werde gem. § 281 BGB der Mangelschaden an sich und gem. § 280 BGB der Mangelfolgeschaden ersetzt.[1101]
Der Wortlaut des § 281 BGB bringe zum Ausdruck, dass primär auf das besondere Leistungsinteresse des Käufers abzustellen sei. Das Leistungsversprechen des Verkäufers richte sich dahingegen nicht darauf, den Käufer vor Nachteilen an seinen sonstigen Rechtsgütern zu schützen.[1102]
Nach anderer Ansicht kann diese Differenzierung nicht mehr aufrechterhalten werden, wenn die Intention der Schuldrechtsreform, die bisher aufgetretenen Abgrenzungsschwierigkeiten zu beseitigen, erreicht werden soll.[1103] Unter den Vertretern dieser Ansicht ist allerdings umstritten, nach welchem Modus die Abgrenzung stattdessen zu treffen ist.
Die Abgrenzung des Schadensersatzes statt der Leistung gem. § 281 BGB und Schadensersatz gem. § 280 BGB kann sich nicht mehr an den vor der Schuldrechtsreform geschaffenen Kategorien des Mangel- und des Mangelfolgeschadens orientieren, weil dies das zentrale Anliegen der Reform, das Kaufrecht in das allgemeine Leistungsstörungsrecht zu integrieren, torpedieren würde.
Die Differenzierung zwischen Mangel- und Mangelfolgeschaden resultiert aus dem Gedanken des alten Gewährleistungsrechts, lediglich die Verletzung des Äquivalenzinteresses zu kompensieren.[1104] Hierauf beruhend wurde das Integritätsinteresse des Käufers nach allgemeinem Leistungsstörungsrecht, namentlich nach den Grundsätzen der pVV, ersetzt.[1105]
Eine Beibehaltung dieser Differenzierung würde dem Paradigmenwechsel der kaufrechtlichen Gewährleistung nicht gerecht werden. Sie stellt dem Käufer nunmehr als zentralen Rechtsbehelf das Nacherfüllungsrecht zur Verfügung. Gleichzeitig wird dem Verkäufer dadurch ein Recht auf zweite Andienung zugebilligt. Über diesen modifizierten Erfüllungsanspruch hinausgehende Sekundäransprüche richten sich jedoch bis auf die Ausnahmen des § 440 BGB nach allgemeinem Leistungsstörungsrecht.
Hieraus resultiert, dass bei der Kompensation von Schäden, die innerhalb der Abwicklung eines Kaufvertrages aufgetreten sind, das Subsidiaritätsverhältnis gem. § 437 BGB zu beachten ist.[1106]
Der Schadensersatz statt der Leistung kann folglich immer dann gefordert werden, wenn das dem Verkäufer zustehende Recht der zweiten Andienung generell geeignet war, den Schadenseintritt zu verhindern.[1107] Ist der Schutzzweck dieses Rechts somit

---

[1101] BT- Drucks. 14/ 6040, S. 225
[1102] *Huber*, in: *Huber/ Faust*, Schuldrechtsmodernisierung, Kapitel 13 Rn. 105
[1103] vgl. eingehend zu dieser Problematik mwN: *Dauner- Lieb*, AnwKom BGB, zu § 280
[1104] *Recker*, NJW 2002, 1247, 1248
[1105] *Heinrichs*, in: *Palandt*, BGB, zu § 280 Rn. 18
Dauner- Lieb/ Thiessen, DStR 2002, 809, 809
[1106] *Schlechtriem*, in: *Helms/ Neumann/ Caspers/ Sailer/ Schmidt- Kessel* (Hrsg.) Jahrbuch Junger Zivilrechtswissenschaftler 2001, Das neue Schuldrecht, 9, 23
[1107] *Ady*, ZGS 2003, 13, 14f.

nicht geeignet, den Schadenseintritt zu verhindern, ist eine Forderung gem. § 280 BGB begründet.[1108]

Dem entspricht im Ergebnis auch die These, dass Schadensersatz statt der Leistung gem. § 281 I BGB für den Schaden, der durch das endgültige Ausbleiben der Leistung entsteht, gefordert werden kann.[1109] Das Abheben darauf, dass die Nachholung der Leistung nicht mehr möglich, nicht zu erwarten oder nicht zumutbar iSd §§ 280 I, III, 281 II BGB ist[1110], indiziert letztendlich ja, dass es der Setzung einer Nachfrist nicht mehr bedarf.

Dieser Abgrenzungsmodus rekurriert auch nicht auf die Abgrenzung zwischen Mangel- und Mangelfolgeschaden, weil dem Mangelfolgeschaden immanent ist, das Integritätsinteresse und nicht das Leistungsinteresse zu ersetzen und folglich de facto unabhängig von dem Ergebnis der Nacherfüllung des Verkäufers zu sein. Zu beachten ist nämlich, dass ein Mangelfolgeschaden nicht zwangsläufig bei Leistungserbringung eintreten muss. Es besteht daher eine nicht zu vernachlässigende Wahrscheinlichkeit der Verhinderung des Schadens durch die Nacherfüllung.

Dies zeigt, dass ein Mangelfolgeschaden auch durch die Verletzung einer leistungsbezogenen Pflicht hervorgerufen werden kann, die Kategorien des Mangel- und Mangelfolgeschadens demnach nicht mehr als Abgrenzungskriterium geeignet sind.

Gegen die hier befürwortete Abgrenzung kann auch nicht eingewendet werden, dass aus § 281 II BGB hervorgehe, auch Schadensersatzansprüche bezüglich derer eine Fristsetzung nicht erforderlich ist, unterfielen dem Anwendungsbereich des § 281 I BGB.[1111]

Der These, das System der Absätze 1 und 2 des § 281 BGB offenbare, dass unabhängig von der Art des eingetretenen Schadens alle Pflichtverletzungen grundsätzlich von § 281 I BGB erfasst sein sollen und mit Hilfe des § 281 II BGB nur die Fälle, in denen eine Nachfristsetzung unzweckmäßig ist, wieder aus dem Anwendungsbereich herausgenommen werden müssen[1112], kann nicht gefolgt werden.

Dies stellt vielmehr eine Umkehr des Verhältnisses der Generalklausel des § 280 I BGB zu den §§ 281ff. BGB dar.

Die Entbehrlichkeit der Fristsetzung basiert im Rahmen des § 281 II, 2. HS BGB auf den ehemaligen Fallkonstellationen des § 326 II BGB a.F., auf die Übernahme einer Garantie durch den Verkäufer und im Kaufrecht auf den Fällen des § 440 BGB.[1113]

Der 2. HS der Bestimmung wird als Generalklausel angesehen, die dem Gericht einen erweiterten Beurteilungsspielraum einräumen soll.[1114] An diesem besteht jedoch kein

---

[1108] so auch: *Dauner- Lieb/ Dötsch,* DB 2001, 2535, 2537, die entgegen der von Grunewald (Fn. 876) vertretenen Auffassung nicht dafür plädieren, die hier fraglichen Schäden nach §§ 280 I, II, 286 BGB abzuwickeln, da die Gesetzesbegründung vorsähe, dass der durch die zu vertretende Lieferung einer mangelhaften Sache direkt über § 280 I abzuwickeln sei.

[1109] *Lorenz,* NJW 2002, 2497, 2500

[1110] *Lorenz,* NJW 2002, 2497, 2500

[1111] so aber: *Grunewald,* in: *Dauner- Lieb/ Konzen/ Schmidt,* Das neue Schuldrecht in der Praxis, 313, 315

[1112]*Grunewald,* in: *Dauner- Lieb/ Konzen/ Schmidt,* 313, 315

Recker, NJW 2002, 1247, 1247f., der aber auch alle Schäden in § 281 I BGB einordnen und den Anwendungsbereich gar nicht einschränken will

[1113] *Dauner- Lieb,* in: AnwKom BGB, zu § 281 Rn. 21

Interesse, wenn sich aus der gesetzlichen Systematik ergibt, dass das Erfordernis der Nachfristsetzung nicht besteht. Das ist der Fall, wenn eine Aushebelung des Subsidiaritätsverhältnisses der Käuferrechte nicht ersichtlich ist.
Insbesondere sind auch die Umstände, die die Entbehrlichkeit der Fristsetzung gem. § 281 II BGB begründen nicht mit dem von vornherein mangelnden Interesse an der Fristsetzung nach § 280 I BGB vergleichbar.
Darüber hinaus kann § 281 II BGB nicht die Rechtsfolge zugeschrieben werden, Schäden, die eine Nachfristsetzung nicht erfordern, aus dem Abwendungsbereich des § 281 I BGB auszuschließen.
Wird der Anwendungsbereich mittels dieses Kriteriums hingegen gar nicht beschränkt, so dass alle Begleit- und Folgeschäden grundsätzlich in den Anwendungsbereich des § 281 I BGB fallen, und die Fristsetzung lediglich als manchmal erforderlich angesehen wird[1115], würde sich die Konsequenz ergeben, dass der Regelungsgehalt des § 280 I BGB im kaufrechtlichen Bereich vollständig ausgehöhlt würde.[1116]
Somit trifft das exakte Gegenteil der oben aufgestellten These zu: Grundsätzlich fallen alle Schadensersatzansprüche in den Anwendungsbereich der Generalnorm des § 280 I BGB, lediglich dort, wo ein besonderes Schutzbedürfnis des Anspruchsschuldners existiert, werden zusätzliche Voraussetzungen für die Geltendmachung des Anspruchs aufgestellt, wie sie § 281 I BGB regelt.[1117]
Vertreter der vorgenannten abzulehnenden Ansicht sehen einen zusätzlichen Ansatz zur Differenzierung in der Bestimmung des § 281 I 3 BGB. Diese Beschränkung des Anspruchs aus § 281 I BGB bezieht sich auf die unerhebliche Abweichung von der geschuldeten Leistungsqualität, welches bewirkt, dass die auf unerheblichen Pflichtverletzungen basierenden Schäden gem. § 280 I BGB geltend gemacht werden müssen.[1118]
Dem kann auch unter dem Aspekt, dass irreparable Fehlleistungen, also eigentlich iSv § 281 I 3 BGB eine maximale Pflichtverletzung, als „qualitative Unmöglichkeit" nach §§ 280 Abs. 1, 3 iVm § 283 BGB oder §§ 437 Nr. 3, 275, 311a Abs. 2 BGB abzuwickeln sind[1119], nicht entsprochen werden.
Ein weiterer Abgrenzungsversuch fasst den Schaden, der aus der Lieferung einer mangelhaften Kaufsache entsteht, als Verzögerungsschaden auf und will diese somit einheitlich gem. §§ 281 I, III, 286 BGB behandeln.[1120]
Dies erscheint unter der Prämisse, dass der Käufer nunmehr die Pflicht hat, eine mangelfreie Sache zu liefern und deshalb statt einer mangelhaften Leistung eine Nichtleis-

---

[1114] *Dauner- Lieb,* in: AnwKom BGB, zu § 281 Rn. 21
[1115] *Recker,* NJW 2002, 1247, 1248
[1116] vgl. auch: *Grunewald,* in: *Dauner- Lieb/ Konzen/ Schmidt,* Das neue Schuldrecht in der Praxis, 313, 316
[1117] *Hirsch,* Jura 2003, 289, 290
Haas, in: *Haas/ Medicus/ Rolland/ Schäfer/ Wendtland,* Das neue Schuldrecht, Kapitel 5 Rn. 233ff.
[1118] *Grunewald,* in: *Dauner- Lieb/ Konzen/ Schmidt,* Das neue Schuldrecht in der Praxis, 313, 317f.
[1119] *Dauner- Lieb,* in: AnwKom BGB, zu § 280 Rn. 23
[1120] *Dauner- Lieb/ Thiessen,* DStR 2002, 809, 813
Dauner- Lieb/ Dötsch, DB 2001, 2535, 2537, wo diese These allerdings im Hinblick auf die Gesetzesbegründung noch verworfen wurde und für eine Einteilung in §§ 280 I, 281I BGB plädiert wurde.

tung vorliegt, die Nacherfüllung demnach eine verzögerte Leistung darstellt, nachvollziehbar.[1121]
Erstes Indiz für die Unanwendbarkeit des § 286 BGB in diesen Fällen ist jedoch die Ausgestaltung des § 437 Nr. 3 BGB, der Ansprüche aus Verzug ausdrücklich nicht in den Kanon der Rechte des Käufers einreiht.[1122]
Des Weiteren kann dem unter der Prämisse, dass nach Gefahrübergang das Gewährleistungsrecht, soweit es eigenständige Regelungen trifft, Vorrang vor den allgemeinen Regeln hat, nicht gefolgt werden.[1123] Auch ist der Rückgriff auf den ehemaligen Erfüllungsanspruch, naturgemäß nach Gefahrübergang nicht mehr möglich, da dieser sich in den modifizierten Erfüllungsanspruch aus § 439 BGB umgewandelt hat.
Im Ergebnis bleibt es also bei der Abgrenzung der Ansprüche aus §§ 280, 281 BGB nach der Möglichkeit der ursprünglichen Schadensprävention durch Nacherfüllungshandlungen des Verkäufers.

3. Ersetzung der Zusicherungshaftung aus § 463 BGB a.F. durch eine Verschuldenshaftung im Rahmen des § 276 BGB

a) Neue Verschuldenshaftung nach § 276 I 1 BGB

Durch den Wegfall der Regelung des § 463 BGB a.F., die als Haftungsgrund nicht eine Pflichtverletzung, sondern das Fehlen einer zugesicherten Eigenschaft, das arglistige Verschweigen eines Mangels oder die arglistige Vorspiegelung einer nicht vorhandenen Eigenschaft benannte, wurde die Basis für einheitliche Voraussetzungen von Schadensersatzansprüchen im Kaufrecht geschaffen.
Nunmehr setzt jegliches Schadensersatzbegehren des Käufers das Verschulden des Verkäufers iSd §§ 276, 278 BGB voraus.[1124] Die vorher bestehende Divergenz zwischen verschuldensunabhängiger Haftung gem. § 463 BGB a.F. für Mangelschäden und einer Haftung bis zur Grenze der Fahrlässigkeit für Mangelfolgeschäden nach den Grundsätzen der positiven Forderungsverletzung, ist damit behoben.[1125]
Eine selbständige Regelung vom Typus des § 463 BGB a.F. wurde aufgrund der Schaffung des Merkmals der Beschaffenheitsvereinbarung im Sachmangelbegriff nach § 434 I BGB im Kaufrecht und der Änderung des § 276 BGB, der jetzt auf alle Schuldverhältnisse Anwendung findet, nicht mehr für erforderlich gehalten.[1126] Darüber hinaus wurde der Stellenwert des dahinter stehenden Prinzips, dass eine verschärfte Haftung eintreten sollte, wenn vertraglich zugesicherte Eigenschaften nicht existieren, erkannt und durch die Inkorporierung in das allgemeine Schuldrecht für jegliche rechtsgeschäftliche Betätigung zur Maxime erhoben.[1127]

[1121] *Huber*, in: *Huber/ Faust*, Schuldrechtsmodernisierung, Kapitel 3 Rn. 223
[1122] *Gsell*, „Der Schadensersatz statt der Leistung nach dem neuen Schuldrecht“, in: Jahrbuch Junger Zivilrechtswissenschaftler 2001, 106, 107
[1123] *Grunewald*, in: *Dauner- Lieb/ Konzen/ Schmidt*, Das neue Schuldrecht in der Praxis, 313, 316
[1124] *Brox/ Walker*, Besonderes Schuldrecht, § 4 Rn. 81
[1125] *Haas*, in: *Haas/ Medicus/ Rolland/ Schäfer/ Wendtland*, Das neue Schuldrecht, Kapitel 5 Rn. 220
[1126] *Heinrichs*, in: *Palandt*, BGB, zu § 276 Rn. 29
[1127] *Looschelders*, Schuldrecht Allgemeiner Teil, Rn. 532

Als Haftungserweiterungen nennt § 276 I 1 BGB explizit die Übernahme einer Garantie oder eines Beschaffungsrisikos. Grundsätzlich ist somit die vertragliche Einigung genau darauf hin auszulegen, ob der Verkäufer ein spezielles Risiko im Zusammenhang mit der eigenen Leistungserbringung zu übernehmen bereit war.[1128] Insbesondere kommt die Übernahme einer Beschaffenheits- und der Haltbarkeitsgarantie gem. § 443 BGB, der gesetzlichen Umschreibung für vertragliche Vereinbarungen iSv § 276 I 1 BGB, in Betracht.[1129]

Die Übernahme der Garantie kann zum einen als Verschuldenssurrogat, zum anderen aber auch als eine spezielle Anspruchsgrundlage gesehen werden.[1130] Die Regelungen der §§ 276 I und 443 I BGB veranschaulichen die zwei Charaktere sehr deutlich.[1131]

Gem. § 443 I BGB übernimmt der Verkäufer die Gewähr dafür, dass die verkaufte Sache eine bestimmte Beschaffenheit aufweist oder für eine bestimmte Dauer behält.

In Anbetracht des Umstandes, dass dem Käufer durch die Haltbarkeitsgarantie über den Zeitpunkt des Gefahrübergangs hinaus die Mangelfreiheit der Kaufsache versprochen wird, könnte erwogen werden, dass das Garantieversprechen als selbständige Anspruchsgrundlage zu qualifizieren ist.[1132] Da in diesem Fall jedoch nur die Zusage getroffen wird, punktuell für die Mangelfreiheit über die gesetzlichen Mängelrechte des Käufers hinaus einstehen zu wollen, handelt es sich um eine unselbständige Garantie.[1133] Auch die Beschaffenheitsgarantie, die in ihrer Minimalform nicht mehr als die Zusicherung einer Eigenschaft der Kaufsache darstellt, wird nur von dem Status des Verschuldenssurrogats in denjenigen der eigenständigen Anspruchsgrundlage erhoben, wenn über die gesetzliche Gewährleistung in irgendeiner Weise hinausgehende Rechte geschaffen werden.[1134] Hält sich der Verkäufer mit seiner Zusicherung im Rahmen der gesetzlichen Gewährleistung, wirkt sie lediglich im Sinne des § 276 I 1 BGB als Verschuldenssurrogat etwa im Rahmen eines Schadensersatzanspruchs aus § 280ff. BGB für eine Pflichtverletzung.[1135]

Dagegen stellt die Übernahme des Beschaffungsrisikos in § 276 I 1 BGB keine Erweiterung der mangelspezifischen Einstandspflicht, sondern eine neue Risikoübernahme und damit auch eine spezielle Anspruchsgrundlage des Käufers dar.[1136]

Für die Garantie iSd § 276 I 1 BGB dürfte es sachgerecht sein, die zur kaufrechtlichen Zusicherung entwickelten Grundsätze anzuwenden.[1137]

[1128] *Grüneberg,* in: *Bamberger/ Roth,* BGB, Bd. 1, zu § 276 Rn. 40

[1129] *Medicus,* Schuldrecht I, Allgemeiner Teil, Rn. 348f.

[1130] *Schur,* ZGS, 2002, 243, 245

[1131] eingehend: *Looschelders,* in: *Dauner- Lieb/ Konzen/ Schmidt,* Das neue Schuldrecht in der Praxis, 395ff.
a.A.: *Hilgard/ Kraayvanger,* MDR 678, 680 mit allerdings nicht schlüssiger Argumentation

[1132] *Graf v. Westphalen,* in: *Henssler/ Graf v. Westphalen,* Praxis der Schuldrechtsreform, zu § 443 Rn. 52

[1133] *Saenger,* HK- BGB, zu § 443 Rn. 3

[1134] *Huber,* in: *Huber/ Faust,* Kapitel 13, Rn. 121
a.A.: *Faust,* in: *Bamberger/ Roth,* BGB, zu § 443 Rn. 12, der diese Terminologie für unzweckmäßig und überflüssig hält.

[1135] *Vollkommer,* in: *Dauner- Lieb/ Konzen/ Schmidt,* Das neue Schuldrecht in der Praxis, 123, 126

[1136] *Haas,* in: *Haas/ Medicus/ Rolland/ Schäfer/ Wendtland,* Das neue Schuldrecht, Kapitel 5 Rn. 231

[1137] statt aller: *Dauner- Lieb,* in: AnwKom, BGB, zu § 276 Rn. 19

b) Übernahme der Wertungen der Arglisthaftung im neuen Recht

Die Arglisthaftung des Verkäufers nach § 463 BGB a.F. hat ihren Niederschlag zudem in § 442 I BGB gefunden, der anordnet, dass der Verkäufer selbst in einer Situation, in der seine Haftung grundsätzlich gesetzlich ausgeschlossen ist, für einen Mangel haftet, wenn er diesen arglistig verschwiegen hat.

Grundsätzlich dürfte das Verschweigen oder Vorspiegeln von Tatsachen zumindest die Verletzung einer Pflicht aus dem Schuldverhältnis gem. § 241 I BGB, die einen Schadenseratzanspruch aus § 280 I BGB begründen würde, darstellen. Insofern dürfte auch die Rechtsprechung zur Arglisthaftung des Verkäufers im Rahmen des § 463 BGB a.F. zukünftig weiterhin Bedeutung haben.

Dies entzieht auch der These die Grundlage, dass am Verhältnis der §§ 280ff. BGB zu § 311 a II BGB, der erst durch die konsolidierte Fassung Eingang in die Neuregelung gefunden hat, deutlich werde, dass der Gesetzgeber die bloße Kenntnis des Verkäufers von der Mangelhaftigkeit der Sache nicht in jedem Fall als eine schuldhafte Pflichtverletzung ansehe[1138].

4. Schadensersatzansprüche des Käufers im Einzelnen

Neben dem Schadensersatzanspruch aus § 280 I BGB kann der Käufer weitere Ansprüche gem. § 280 III iVm 281, 282 oder 283 BGB geltend machen. Ein Anspruch auf Schadensersatz statt der Leistung iSv § 280 III BGB kann bestehen aufgrund einer Schlechtleistung (§ 281 BGB), eines anfänglichen Leistungshindernisses (§ 311 a II BGB), eines nachträglichen Leistungshindernisses (§ 283 BGB) und einer Beeinträchtigung eines sonstigen Rechtsguts (§ 282 BGB). Der Anspruch soll die Nachfolge des Schadensersatzes wegen Nichterfüllung antreten.[1139]

Hierfür ist allerdings die Erfüllung zusätzlicher Voraussetzungen erforderlich.

Zu den Voraussetzungen der Generalklausel des § 280 I BGB tritt entweder das Erfordernis der Fristsetzung oder der Voraussetzungen des Verzuges. Letztlich folgen die Ansprüche aus §§ 281, 282 sowie 283 BGB denselben Voraussetzungen wie der Rücktritt, einziger Unterschied ist, dass der Schadensersatzanspruch nunmehr auch im Kaufrecht dem Verschuldensprinzip unterworfen ist.[1140]

a) Schadensersatz statt der Leistung gem. § 280 III iVm § 281 I BGB

Zusätzlich zur zu vertretenden Pflichtverletzung ist für einen Schadensersatzanspruch statt der Leistung wegen Schlechtleistung gem. § 281 I 1 BGB erforderlich, dass der Käufer eine angemessene Frist zur zweiten Andienung gesetzt hat, die ergebnislos verstrichen ist.

Entbehrlich ist dies nur gem. §§ 281 II, 440 BGB.

Die Kriterien für die Entbehrlichkeit der Fristsetzung gem. § 440 BGB wurden bereits beim Rücktritt erörtert, insofern wird auf die dortigen Ausführungen verwiesen.

Vertieft auf die Voraussetzungen des dem allgemeinen Leistungsstörungsrecht angehörenden § 281 II BGB einzugehen, würde den Rahmen der vorliegenden Arbeit sprengen, daher soll hier lediglich ein kursorischer Einblick gewährt werden.

[1138] *Schur*, ZGS 2002, 243, 247

[1139] *Lorenz/ Riehm*, Lehrbuch zum neuen Schuldrecht, Rn. 538

[1140] *Zimmer*, NJW 2002, 1, 5

Gem. § 281 II BGB ist die Fristsetzung in zwei Fällen entbehrlich: Bei Vorliegen einer ernsthaften und endgültigen Erfüllungsverweigerung seitens des Verkäufers oder von besonderen Umständen, die unter Abwägung der beiderseitigen Interessen die sofortige Geltendmachung des Schadensersatzanspruchs rechtfertigen.
An eine Erfüllungsverweigerung sind strenge Anforderungen zu stellen. Sie kommt nur in Betracht, wenn der Verkäufer zu verstehen gibt, dass die Weigerung, die Leistung zu erbringen, sein letztes Wort sein wird.[1141] In einem solchen Fall ist es dem Käufer nach Treu und Glauben nicht zumutbar, mit der Geltendmachung eines Schadensersatzanspruchs bis zum Ablauf einer angemessenen Frist zu warten.[1142]
Besondere Umstände, die eine Fristsetzung entbehrlich werden lassen liegen insbesondere bei „Just- in- time- Verträgen" vor, bei denen das Gläubigerinteresse an der Leistung zeitlich, für den Verkäufer klar erkennbar, begrenzt ist.[1143] Durch diese Auslegung wird erneut eine Parallele zur Regelung des Rücktritts gesucht, für den eine Fristsetzung gem. § 323 II Nr. 2 BGB ebenfalls entbehrlich ist, wenn ein einfaches Fixgeschäft vorliegt. Dies trägt dem Anliegen der Reform, den Käufer in die Lage zu versetzen, unter denselben Voraussetzungen Rücktritt, Minderung und Schadensersatz verlangen zu können, Rechnung.[1144]
Des Weiteren sind hierunter die Fälle des § 326 II BGB a.F. zu fassen[1145], wie bereits oben beschrieben.
Das Fristsetzungserfordernis ist Ausdruck der Subsidiarität des Schadensersatzanspruchs zur Nacherfüllung beim Vorliegen einer Schlechtleistung.
Als Rechtsfolge ergibt sich ein Anspruch des Käufers auf den „kleinen" oder „großen" Schadensersatz.
Gem. § 281 I 1, 2. Alt. BGB kann er Ersatz des Schadens verlangen, den sein Vermögen dadurch erleidet, dass die Sache mangelhaft ist. Welche Schadensposten im Einzelnen hierunter fallen, ist anhand der obigen Abgrenzung von §§ 280, 281 BGB zu bestimmen.
Gem. § 281 I 3 BGB wird der große Schadensersatzanspruch jedoch nur restriktiv zugesprochen, er hängt von der Erheblichkeit der Pflichtverletzung ab, es sind gem. § 281 V die Regeln des Rücktritts für die Rückgewähr der Kaufsache anwendbar.

b) Schadensersatz statt der Leistung wegen anfänglichen Leistungshindernisses gem. §§ 280 III iVm 311 a II BGB.

Durch die Kodifikation des § 311 a II BGB wurde endlich die vielfach kritisierte Regelung des § 306 BGB abgeschafft, die als Rechtsfolge gem. § 307 BGB eine Haftung auf das negative Interesse vorsah, wenn die Kaufsache an einem anfänglichen, unbehebbaren Mangel litt, wohingegen der Verkäufer nach Kaufrecht für weniger erhebliche Mängel viel schärfer haftete.[1146] Steht der versprochenen Leistung schon bei Vertragsschluss ein Leistungshindernis entgegen, das den Verkäufer von seiner Leistungspflicht gem. § 275 II, III BGB befreit, kann der Käufer demnach nun den „großen" (§

[1141] BGH, NJW- RR 1999, 560
[1142] *Dauner- Lieb,* AnwKomm, BGB, zu § 281 Rn. 19
[1143] *Vollkommer,* in: *Jauernig,* BGB, zu § 281 Rn. 10
[1144] *Schubel,* JuS 2001, 313, 318
[1145] BT- Drucks. 14/ 6040, S. 186, Begründung zu § 323
[1146] vgl. auch: *Canaris,* JZ 2001, 499, 505

281 I 3 iVm § 311 a II BGB) oder den „kleinen“ Schadensersatz gem. § 311 a II 1, 1. Alt. BGB, also das positive Interesse verlangen. § 311 a BGB stellt im Gegensatz zu den von § 280 I abhängigen Voraussetzungstatbeständen der §§ 281, 282 und 283 BGB eine eigenständige Anspruchsgrundlage dar.[1147]
Dies setzt voraus, dass der Verkäufer dem Käufer wider besseren Wissens die bereits bei Vertragsschluss unmögliche Leistung versprochen hat und diesen Umstand zu vertreten hat. Dies wird nach der Formulierung des § 311a II BGB widerleglich vermutet, denn dieser formuliert negativ, dass der Anspruch nicht gegeben ist, wenn der Verkäufer das Leistungshindernis nicht kannte und auch nicht zu vertreten hat.[1148]
Eine Nachfristsetzung ist nicht erforderlich, da diese sinnlos wäre.[1149] Verlangt der Käufer den großen Schadensersatz, so muß der Mangel gem. § 311a II 3 iVm § 281 I 3 BGB erheblich sein. In diesem Fall sind die ausgetauschten Leistungen über § 311a II 3 iVm § 281 V BGB nach den Vorschriften des Rücktritts abzuwickeln.

c) Schadensersatz statt der Leistung wegen nachträglichen Leistungshindernisses gem. §§ 280 III iVm 283 BGB.

Tritt nach Vertragsschluss ein Mangel an der Kaufsache auf und ist dessen Behebung iSv § 439 I BGB nach § 275 I- III BGB unmöglich, steht dem Käufer ein Schadensersatzanspruch gem. § 283 BGB zu, wenn der Verkäufer es pflichtwidrig unterlassen hat, das Eintreten des Mangels abzuwehren.
Gem. § 283 S. 2 BGB muß der geltend gemachte Mangel erheblich sein, eine Nachfristsetzung ist dem entgegen schon aufgrund der Natur des Mangels nicht erforderlich.[1150] Das wird explizit durch § 283 S. 2 BGB erklärt, der lediglich auf die entsprechende Anwendung von § 281 Abs. 1 S. 2,3 und Abs. 5 BGB verweist.
Als Rechtsfolge ergeben sich wieder „großer“ (§281 I 3 iVm § 283 S. 2 BGB) und „kleiner“ (§ 283 S. 1 BGB) Schadensersatz.

d) Schadensersatz statt der Leistung wegen Beeinträchtigung eines sonstigen Rechtsgutes gem. § 282 BGB.

§ 437 Nr. 3 BGB nennt den Anspruch aus § 282 BGB zwar nicht ausdrücklich, schließt seine Geltendmachung jedoch auch nicht aus, denn seine Zielsetzung ist lediglich, die dort kodifizierten Käuferrechte zu modifizieren, statt nur die Geltung des allgemeinen Pflichtverletzungsrechts im Kaufrecht zu begründen.[1151]
Technisch handelt es sich hierbei um die Kompensation eines Schadens, der durch die Beeinträchtigung eines sonstigen Rechtsgutes aus dem Vermögen des Käufers unabhängig vom Kaufvertrag eingetreten ist. Dieser wurde durch die Pflichtwidrigkeit des Verkäufers hervorgerufen, der eine Nebenpflicht iSv § 241 II BGB aus dem Kaufvertrag verletzt hat.[1152] Es können gem. § 282 BGB demnach nur Schäden geltend gemacht werden, die nicht schon über §§ 281, 283 oder 311a II BGB abgedeckt sind.

[1147] *Hirsch,* Jura 2003, 289, 297
[1148] *Canaris,* JZ 2001, 499, 507
[1149] *Huber,* in: *Huber/ Faust,* Schuldrechtsmodernisierung, Kap. 13, Rn. 143
[1150] *Hirsch,* Jura 2003, 289, 295ff.
Canaris, JZ 2001, 499, 515
[1151] *Wilmowsky,* JuS 2002, Beilage zu Heft 1, S. 27
[1152] *Hirsch,* Jura 2003, 289, 294 nennt diese „Verhaltenspflichten“

Der Anwendungsbereich der Norm dürfte allerdings vor allem neben dem Anspruch des Käufers aus § 281 I BGB in den Hintergrund treten. Er wird daher schon als „überflüssig, aber unschädlich“[1153] bezeichnet.

e) Ersatz vergeblicher Aufwendungen gem. § 284 BGB

Neben den Ansprüchen aus §§ 281, 283, 311a II BGB kann der Käufer auch den Ersatz vergeblicher Aufwendungen gem. § 284 BGB fordern.[1154]

Hierbei handelt es sich um eine Haftung des Verkäufers für unnütz getätigte Aufwendungen des Käufers zur Durchführung des Vertrages, einen Spezialfall des Ersatzes des negativen Interesses.[1155]

Sie erlaubt dem Käufer, statt den Ansprüchen aus §§ 281, 282, 283, 311a II BGB dasjenige geltend zu machen, was notwendig war, um den Vertrag durchzuführen und wegen der Nichterfüllung des Vertrages seine Wirkung verfehlt hat.

Im Gegensatz zu der von der Rechtsprechung schon lange im Bereich des Schadensrechts verwandten Rentabilitätsvermutung, die als schadensrechtliches Kausalitätserfordernis anzusehen ist, handelt es sich um einen selbständigen Aufwendungsersatzanspruch.[1156]

Da dieser Anspruch in einem Exklusivitätsverhältnis zu den genannten Ansprüchen steht, folgt er auch deren Voraussetzungen.[1157]

f) Ersatz des Verzögerungsschadens

Fraglich ist, welche Bedeutung der Anspruch des Käufers auf Ersatz des Verzögerungsschadens gem. §§ 280 II iVm 286 BGB im Bereich des Kaufrechts zukommen soll.

Auf der Grundlage der Pflicht des Verkäufers, die Sache frei von Rechts- und Sachmängeln zu leisten, hat dieser im Falle einer mangelhaften Lieferung streng genommen zwar noch nicht geleistet und damit gleichfalls verspätet geleistet. Dennoch liegt der Schwerpunkt des Vorwurfs gegenüber dem Verkäufer auf der Mangelhaftigkeit der Leistung und nicht auf der Verzögerung.[1158]

Da der Anspruch auf den Verzögerungsschaden neben den Leistungsanspruch tritt, verhält sich dieses ebenso, wenn der Käufer Schadensersatz statt der Leistung gem. §§ 281ff. BGB verlangt.[1159] Daran hat sich auch durch die Reform nichts geändert.

Diskutiert wird allerdings, ob der Betriebsausfallschaden als Verzögerungsschaden oder über §§ 280ff. BGB zu ersetzen ist. Letzteres ist nach den zur Abgrenzung von §§ 280 und 281 BGB bereits getroffenen Aussagen anzunehmen.

Anwendung findet der Anspruch aus § 286 BGB im Gewährleistungsrecht zudem, wenn der Anspruch des Käufers auf Nacherfüllung verspätet erfüllt wird. Ein solcher Anspruch setzt allerdings wieder eine Mahnung seitens des Käufers voraus, es sei

---

[1153] *Heinrichs*, in: *Palandt*, BGB, zu § 282 Rn. 2

[1154] *Wilmowsky*, JuS 2002, Beilage zu Heft 1, S. 27

[1155] *Lorenz/ Riehm*, Lehrbuch zum neuen Schuldrecht, Rn. 542

[1156] *Zimmer*, NJW 2002, 1, 10

[1157] *Haas*, BB 2001, 1313, 1317
Huber, in: *Huber/ Faust*, Schuldrechtsmodernisierung, Kap. 13 Rn. 145

[1158] *Schubel*, JuS 2002, 313, 319

[1159] BGH, NJW 1975, 1740

denn, der Verkäufer verweigert gem. § 286 II Nr. 3 BGB ernsthaft und endgültig die Nacherfüllung.

C. Abweichende Regelungen im Verbrauchsgüterkauf

Zentrales Anliegen des Titels ist unter dem Gesichtspunkt eines aktiven Verbraucherschutzes die Herstellung eines verhandlungstechnischen Gleichgewichts der Vertragsparteien.[1160]

Da sich der deutsche Gesetzgeber im Zuge der Reformierung des Schuldrechts auch für eine Modernisierung des Kaufrechts und damit gegen eine 1:1- Umsetzung innerhalb eines isolierten Verbraucherschutzgesetzes entschieden hat, nimmt der Titel über den Verbrauchsgüterkauf lediglich einen geringen Umfang ein. In ihm sind nur noch Sachverhalte geregelt, die nicht von einer allgemeinen, für das gesamte Kaufrecht geltenden Regelung erfasst werden können.

I. Anwendbarkeit der Vorschriften des Verbrauchsgüterkaufs

Gem. § 474 I 1 BGB gelten die Regelungen dieses Titels nur für Kaufverträge zwischen einem Verbraucher und einem Unternehmer über eine bewegliche Sache.

Der Begriff des Unternehmers bzw. Verbrauchers richtet sich nach den §§ 13, 14 BGB. Verbrauchsgut ist eine Sache iSv (§ 90 BGB), die Begrenzung auf ungebrauchte Sachen ist nach Maßgabe des Art. 21 III VerbrGKRL zulässig. Wasser, Gas und Strom unterfallen den §§ 474ff. BGB, sofern sie nach den allgemeinen Regeln des BGB Sachqualität besitzen.[1161] Eine Ausnahme für Sachen, die in Zwangsvollstreckungsmaßnahmen verkauft werden, ist nicht formuliert, da sich dies bereits aus § 806 ZPO ergibt.[1162]

Aus dem Anwendungsbereich herausgenommen sind gem. § 474 I 2 BGB gebrauchte Sachen, die in einer öffentlichen Versteigerung, an der der Verbraucher persönlich teilnehmen kann, verkauft werden.

§ 474 II BGB statuiert, dass §§ 445, 447 BGB keine Anwendung auf Verbrauchsgüterkäufe finden.[1163]

Der Ausschluss von Sachen, die in einer öffentlichen Veranstaltung veräußert werden, ist unter dem Gesichtspunkt, dass der Käufer an der Versteigerung teilnehmen und die Beschaffenheit der Sache selbst feststellen kann, sachgerecht.[1164]

Der Versendungskauf gem. § 447 BGB folgt dem Prinzip, dass derjenige, der sich die Kaufsache abweichend von der gesetzlichen Regelung nach Hause liefern lässt, auch hierfür die Gefahr tragen sollte. Hierzu würde nach dem Schutzzweck des Titels über den Verbrauchsgüterkauf aber die Regelung, dass sich der Unternehmer auf eine hier-

---

[1160] vgl. KF- Begründung

[1161] BT- Drucks. 14/ 6040, S. 243

[1162] *Huber*, in: *Huber/ Faust*, Schuldrechtsmodernisierung, Kap. 15 Rn. 5

[1163] ausführlich zu möglichen Haftungskonstellationen beim Versendungskauf: *Wertenbruch*, JuS 2003, 625ff.

[1164] *Buck*, in: *Westermann*, Das Schuldrecht 2002, S. 166

von abweichende Bestimmung nicht berufen kann (§ 475 I BGB), nicht passen.[1165] Dieser entscheidet in der Regel über die Art des Transports und ist darüber hinaus auch besser in der Lage, das entstehende Risiko zu versichern.[1166] Daher wird sie gem. § 474 BGB für vollständig ausgeschlossen erklärt.
Damit bleibt es im Verbrauchsgüterkauf auch im Rahmen eines Versendungskaufs bei dem gem. § 446 BGB relevanten Zeitpunkt der Übergabe oder des Annahmeverzugs.
§ 447 II BGB stellt eine dem Käufer günstige Bestimmung dar und ist daher auch im Verbrauchsgüterkauf anwendbar.[1167]

II. Regelungen über den Verbrauchsgüterkauf betreffend die Mängelrechte des Käufers

1. Unabdingbarkeit

Gem. § 475 I 1 BGB können die Regelungen der §§ 433 bis 435, 437, 439 bis 443 BGB nicht vertraglich abbedungen werden, soweit dies zum Nachteil des Verbrauchers geschieht.
Voraussetzung dafür ist, dass der Käufer dem Verkäufer das Vorliegen des Mangels angezeigt hat. Unter einer solchen Mitteilung ist eine geschäftsähnliche Handlung zu verstehen, die mit der bisherigen Mängelanzeige vergleichbar ist.[1168]
Ab Zugang dieser Mitteilung sind Abweichungen von den in § 475 I BGB genannten Vorschriften zu Lasten des Käufers nicht mehr möglich. Im Ergebnis bedeutet dies ebenfalls, dass die für zwingend erklärten Vorschriften durch AGB nicht modifizierbar sind.[1169]
Rechtsfolge einer dem Regelungsgehalt des § 475 I BGB widersprechenden Vereinbarung ist, dass der Vertrag mit dem gesetzlichen Inhalt seine volle Wirksamkeit behält.[1170]
Auch Umgehungsregelungen werden in § 475 I 2. BGB ausdrücklich für unwirksam erklärt. Hiervon werden nicht nur Rechtsgeschäfte, sondern auch faktische Gestaltungen erfasst.[1171] Die Umgehung der zwingenden Vorschriften durch Rechtswahlklausel ist nach dem durch das Fernabsatzgesetz neu eingefügten Art. 29a Nr. 4 EGBGB, der die Verbrauchsgüterkaufrichtlinie als Verbraucherschutzrichtlinie nennt, nicht möglich. Eine solche Umgehungsgestaltung soll jedoch nicht vorliegen, wenn der Unternehmer als Vertreter oder für den nicht unter § 14 BGB fallenden Verkäufer auftritt,

---

[1165] so auch: *Ehmann/ Rust*, JZ 1999, 853, 857
[1166] *Saenger*, HK- BGB, zu § 474 Rn. 6
[1167] *Berger*, in: *Jauernig*, BGB, zu § 474 Rn. 9
[1168] *Putzo*, in: *Palandt*, BGB, zu § 475 Rn. 3
[1169] *Westermann*, NJW 2002, 241, 251
[1170] *Graf v. Westphalen*, in: *Henssler/ Graf v. Westphalen*, Praxis der Schuldrechtsreform, zu § 475 Rn. 4
[1171] *Putzo*, in: *Palandt*, BGB, zu § 475 Rn. 7 zu verschiedenen Fallgruppen der Umgehung und ihrer Wirksamkeit: *Müller*, NJW 2003, 1975ff.

wie es häufig im Gebrauchtwagenhandel im Rahmen von „Agenturverträgen" der Fall ist.[1172]
Vor Mitteilung eines Mangels an den Unternehmer, kann die gesetzliche Verjährung gem. § 438 BGB nicht derart verändert werden, dass dies zu einer Verjährungsfrist von weniger als zwei Jahren oder von weniger als einem Jahr bei gebrauchten Sachen führt (§ 475 II BGB). Die geschilderten Regelungen gelten gem. § 475 III BGB allerdings nicht für Schadensersatzansprüche des Käufers. Dies wird dem Umsetzungserfordernis der Richtlinie gerecht, die Schadensersatzansprüche des Käufers nicht zum Gegenstand hat und diesbezüglich daher keine Vorgaben für die Mitgliedstaaten enthält.[1173]

2. Beweislastumkehr

Gem. § 476 BGB wird vermutet, dass ein Mangel, der sich innerhalb eines halben Jahres nach Gefahrübergang offenbart, schon zu dieser Zeit bestanden hat. Es handelt sich damit um eine widerlegliche Vermutung der Mangelhaftigkeit bei Gefahrübergang zu Gunsten des Verbrauchers. Fortan muss der Unternehmer beweisen, dass das Gegenteil der Fall ist.
Es handelt sich hierbei eine Rückwirkungsvermutung, da Gegenstand derselben nicht das Vorliegen des Mangels selbst ist, sondern der ausschlaggebende Zeitpunkt.[1174]
Die Vermutungsregel ist zudem auf das Vorliegen eines Sachmangels beschränkt, was zur Konsequenz hat, dass im Bereich des Verbrauchsgüterkaufs für die Anwendbarkeit des § 476 BGB erneut auf die Abgrenzung zwischen Sach- und Rechtsmangel zu rekurrieren ist, die durch die Schuldrechtsreform für das Kaufrecht gerade entbehrlich wird.[1175] Trotz dieser offensichtlichen Divergenz ist die Regelung in rechtspolitischer Hinsicht sachgerecht. Im Bereich der Rechtsmängelhaftung bedarf der Käufer zu seinem Schutz keiner besonderen Beweiserleichterung, da diese in der Regel unabhängig von tatsächlichen Einflüssen sind und unstreitigen Voraussetzungen unterliegen.[1176]
Bei genauerer Betrachtung lässt sich der Schluss ziehen, dass dadurch eine Annäherung an im bisherigen Recht schon verbreitete Praktiken der „unselbständigen Garantie" angeknüpft wird.[1177] Die Rechtsstellung des Käufers wird wie auch bei der Garantie entscheidend dadurch verbessert, dass der Käufer von der Beweislast befreit wird und es dem Verkäufer in der Regel schwer fallen dürfte, sich hinsichtlich seiner Gewährleistungspflicht zu entlasten.
Die Vermutungsregel trägt dem Umstand Rechnung, dass die Wahrscheinlichkeit, dass der Mangel schon bei Gefahrübergang vorgelegen hat, im Falle seines Auftretens innerhalb der ersten sechs Monate sehr hoch ist.

[1172] *Ziegler/ Rieder*, ZIP 2001, 1789, 1797 differenzierend und iE zustimmend: *Westermann*, „Kaufrecht im Wandel", in: *Schulze/ Schulte- Nölke*, Die Schuldrechtsreform vor dem Hintergrund des Gemeinschaftsrechts, 109, 120
[1173] Saenger, HK- BGB, zu § 475 Rn. 3
[1174] *Buck*, in: *Westermann* (Hrsg.), Das Schuldrecht 2002, S. 168
[1175] *Büdenbender*, AnwKom, BGB, zu § 476 Rn. 7
[1176] *Büdenbender*, AnwKom, BGB, zu § 476 Rn. 7
[1177] *Westermann*, NJW 2002, 241, 251

Des weiteren ist zu beachten, dass der Verkäufer bei Übergabe der Sache eine bessere Kenntnis ihres Zustands besitzt und eher in der Lage ist, ihre Vertragsgemäßheit zu überprüfen als der Käufer.[1178]
Zur Widerlegung der Vermutung ist nicht erforderlich, dass der Verkäufer die Mangelfreiheit der Sache bei Gefahrübergang beweist, sondern lediglich, dass diese auf eine unsachgemäße oder übermäßige Nutzung der Sache durch den Käufer oder zufällige Ereignisse zurückzuführen ist.[1179]
Die Vermutung gilt lediglich dann nicht, wenn dies mit der Art der Sache oder des Mangels nicht vereinbar ist.
Im Zusammenhang mit der „Art der Sache" ist insbesondere der Verkauf gebrauchter Sachen oder leicht verderblicher Ware relevant.[1180]
Die „Art des Mangels" kann gegen eine Haftung des Verkäufers sprechen, wenn das Entstehen des Mangels nach Gefahrübergang wie zum Beispiel bei Verschleißerscheinungen sehr wahrscheinlich ist.[1181] Letztenendes ist davon auszugehen, dass das gesteigerte Haftungsrisiko des Verkäufers nur zum Teil durch die Ausnahme in § 476 letzter HS BGB aufgefangen wird.

D. Kommerzielle Garantien

I. Installierung eines gesetzlichen Regimes für kommerzielle Garantien und dessen Verhältnis zur Mängelgewährleistung

Kommerzielle Garantien waren bisher gesetzlich nicht geregelt, sondern stellten selbständige Verträge oder Vertragsänderungen des Kaufvertrages iSv § 305 BGB a.F. dar. Auslöser für die Kodifizierung der kommerziellen Garantie war ebenfalls die Umsetzung der Verbrauchsgüterkaufrichtlinie, die in Art. 6 eine Regelung für Garantien verlangt.
Da nicht nur die Interessen der Verbraucher wahrgenommen werden sollten, sondern im Zuge der Umsetzung auch die Möglichkeit gesehen wurde, Schwierigkeiten der Handhabung von kommerziellen Garantien in der Praxis zu beseitigen, wurde mit der Regelung des § 443 BGB ein allgemeines gesetzliches Regime installiert, das lediglich im Titel über den Verbrauchsgüterkauf im Rahmen der Regelung des § 477 BGB um spezifische Verbraucherschutzaspekte ergänzt wird.[1182] Der Verbraucherschutz soll durch die Festsetzung formeller Voraussetzungen für die Garantieerklärung realisiert werden.

[1178] AG Potsdam, Urt. V. 12.9.2002, ZGS 2003, 120: keine Widerlegung der Vermutung, wenn Untersuchungsprotokoll nicht beweist, dass der mangelbehaftete Teil der Sache auf Mängel geprüft wurde und darüber hinaus die Untersuchung mehr als einen Monat vor der Übergabe der Sache stattgefunden hat.
Buck, in: *Westermann*, Das Schuldrecht 2002, S. 168
[1179] *Graf v. Westphalen*, in: *Henssler/ Graf v. Westphalen*, Praxis der Schuldrechtsreform, zu § 476 Rn. 6
[1180] *Westermann*, NJW 2002, 241, 252
[1181] *Haas*, BB 2001, 1313, 1319
Brox/ Walker, Besonderes Schuldrecht, § 4 Rn. 10
[1182] *Haas*, in: *Haas/ Medicus/ Rolland/ Schäfer/ Wendtland*, Das neue Schuldrecht, Kapitel 5 Rn. 378f.

Einziges Differenzierungskriterium für die Beschaffenheits- und Haltbarkeitsgarantie gem. § 443 BGB und die Verbrauchsgüterkaufgarantie gem. § 477 BGB stellt damit der Adressat der Garantieerklärung dar.
Abzugrenzen ist das neu kodifizierte Rechtsinstitut der Garantie von der Mangelgewährleistung durch Auslegung der privatautonomen Garantieerklärung des Garantiegebers gem. §§ 133, 157 BGB.
Liegt eine Erklärung des Verkäufers, Herstellers oder eines Dritten vor, für eine bestimmte Beschaffenheit der Kaufsache überhaupt oder sogar über den Zeitpunkt des Gefahrübergangs hinaus oder in anderer Weise als iSd § 437 BGB eintreten zu wollen, so ist der Regelungsbereich der gesetzlichen Sachmängelgewähr bereits verlassen.[1183] Es liegt eine kommerzielle Garantie vor.

II. Begriff und Arten der Garantien

Die einseitig verpflichtende Erklärung des Garantiegebers, die Gewähr für das Vorliegen einer Eigenschaft zum Zeitpunkt des Gefahrübergangs oder für eine bestimmte Dauer zu übernehmen, offenbart, in welcher Form und in welchem Umfang gehaftet werden soll.
Hinsichtlich des Inhalts der Garantie sind die Beschaffenheitsgarantie und die Haltbarkeitsgarantie, in bezug auf die Person des Garantiegebers die Verkäufer-, die Hersteller- und die Drittgarantie, in Anbetracht des Garantieumfangs die selbständige und die unselbständige Garantie und letztendlich in bezug auf die Person des Garantienehmers die Haltbarkeits- bzw. Beschaffenheitsgarantie und die Verbrauchsgüterkaufgarantie zu unterscheiden.[1184]

1. Haltbarkeits- und Beschaffenheitsgarantie gem. § 443 BGB

a) Haltbarkeitsgarantie

Die Legaldefinition der Haltbarkeitsgarantie in § 443 I BGB setzt die maßgebende Voraussetzung der Sachmangelgewähr, des Vorliegens eines Sachmangels im Zeitpunkt des Gefahrübergangs, außer Kraft und stimmt im übrigen mit der bisherigen Rechtsprechung des BGH zur Auslegung einer die Verjährungsfristen übersteigenden Garantieerklärung überein.[1185]
Aus der Unabhängigkeit der Garantie von der gesetzlichen Sachmängelgewährleistung resultiert ferner, dass die Verbesserung der Rechtsstellung des Käufers in zeitlicher Hinsicht keine Verlängerung der Verjährungsfristen darstellt. Vielmehr steht sie überhaupt nicht in Zusammenhang mit der gesetzlichen Verjährung der Mängelrechte.[1186]

[1183] *Büdenbender*, in: AnwKom, BGB, zu § 443 Rn. 1
[1184] kurzer Überblick bei *Berger*, in: *Jauernig*, BGB, zu § 443 Rn. 6-8
[1185] BGH NJW 1979, 645
[1186] statt aller: *Graf v. Westphalen*, ZIP 2002, 545, 547
a.A.: *Saenger*, HK- BGB, zu § 443 Rn. 5, der § 438 analog auf die Ansprüche aus der Garantie anwenden will.

Die Garantie hat des Weiteren zur Konsequenz, dass der Käufer nicht bezüglich des Vorliegens des Mangels bei Gefahrübergang im Prozess beweisbelastet ist.[1187]
Im Begriff der Haltbarkeitsgarantie geht der frühere Begriff der unselbständigen Garantie iSd alten Rechtsprechung auf.[1188]

b) Beschaffenheitsgarantie

Die Beschaffenheitsvereinbarung statuiert bereits ein Element der vertraglich vereinbarten Sollbeschaffenheit der Kaufsache, weshalb für die Beschaffenheitsgarantie lediglich ein beschränkter Anwendungsbereich eröffnet ist.
Generell erlangt sie aber in dem Fall Bedeutung, in dem der Garantiegeber bei Fehlen des betreffenden Beschaffenheitsmerkmals über die gesetzlichen Gewährleistungsrechte hinausgehende Rechte des Käufers zugesteht.[1189]
Gemeint sind damit Abweichungen von der gesetzlichen Gewährleistung sowohl auf Tatbestands- als auch auf Rechtsfolgenebene. Einerseits kann sich der Verkäufer dazu verpflichten, den Eintritt einer gewissen Beschaffenheit der Sache nach Gefahrübergang im Sinne einer „Fortbestandsgarantie" zu garantieren[1190], andererseits auf der Rechtsfolgenseite weitergehende Rechte als die des § 437 BGB dem Käufer zubilligen[1191].
Letztere Möglichkeit bildet nach der Schuldrechtsreform den einzigen Anhaltspunkt für die weitere Existenz der „selbständigen Garantie", die nach altem Recht den Eintritt eines Erfolges bzw. Ausbleibens eines Nachteils, der über die Mangelfreiheit bei Gefahrübergang hinausgeht, garantieren sollte.[1192]
Darüber hinaus ist die Beschaffenheitsgarantie als Garantie iSv § 276 I 1 BGB aufzufassen, dessen Reformierung der Neukodifizierung der kommerziellen Garantie Rechnung tragen soll, indem die Möglichkeit erwogen wird, dass durch eine Garantie von dem Haftungsmaßstab des § 276 BGB abgewichen werden kann.[1193]

c) Gemeinsame Bestimmungen für Haltbarkeits- und Beschaffenheitsgarantie

Im Zusammenhang mit der Beweislast des Käufers im Prozess enthält § 443 II BGB darüber hinaus die Rechtsvermutung, dass ein während der Geltungsdauer auftretender Sachmangel die Rechte aus der Garantie begründet.[1194] Es handelt sich allerdings um eine widerlegliche Vermutung, die der Garantiegeber durch Erbringung des vollen Gegenbeweises entkräften kann.[1195]

[1187] *Putzo,* in: *Palandt,* zu § 443 Rn. 24
[1188] *Huber,* in : *Soergel,* BGB, 12. Auflage 1991, zu § 459 Rn. 206
[1189] BT- Drucks. 14/ 6040, S. 61
[1190] *Graf v. Westphalen;* in: *Henssler/ Graf v. Westphalen,* Praxis der Schuldrechtsreform, zu § 443 Rn. 7
[1191] *Haas,* in: *Haas/ Medicus/ Rolland/ Schäfer/ Wendtland,* Das neue Schuldrecht, Kapitel 5 Rn. 380
[1192] *Lieb,* in: *Dauner- Lieb,* Unternehmenskauf und Schuldrechtsmodernisierung, 2003, 57, 60
[1193] für die Möglichkeit des Abweichens vom Haftungsmaßstab des § 276 BGB bei Vorliegen einer Garantie: *Heinrichs,* in: *Palandt,* BGB, ErgB, zu § 276 Rn. 29
a.A.: *Knott,* NZG 2002, 249, 255, der darauf Bezug nimmt, dass § 443 BGB durch Art. 6 I VerbrGüKRL bedingt sei und nicht dem Konzept der zugesicherten Eigenschaften der §§ 276 I 1, 442, 444 BGB entspreche
[1194] *Haas,* BB 2001, 1313, 1319
[1195] BT- Drucks. 14/ 6040, S. 238

Den Garantiefall bestimmendes Merkmal können gem. § 443 I BGB auch Bedingungen der einschlägigen Werbung des Garantiegebers sein. Der Umfang oder die Art der vertraglichen Verpflichtung des Verkäufers richtet sich demnach nicht nur nach der Garantieurkunde, sondern auch nach etwaigen anderen öffentlich publizierten Äußerungen.[1196]

Ebenso wie in § 434 I 3 BGB werden durch § 443 I BGB Werbeaussagen als Inhalt der vertraglichen Einigung behandelt.

Fraglich ist daher, inwieweit die Regelung des § 434 I 3 BGB mit der des § 443 BGB gleichgesetzt werden kann.

Vor dem Hintergrund, dass der Verkäufer die Werbeaussagen des Herstellers in der Regel berücksichtigen darf, könnte die Meinung vertreten werden, die haftungsbegründende Wirkung der Werbung des Herstellers in bezug auf die Garantiehaftung des Verkäufers trete unabhängig von der Kenntnis der Verkäufers ein.[1197]

Zweifelhaft erscheint diese Ansicht schon bei einer genaueren Betrachtung des Wortlauts. Während § 434 I 3 BGB ausdrücklich auf den Hersteller Bezug nimmt, fehlt eine Nennung in § 443 I BGB. Dort ist lediglich von der „einschlägigen Werbung" die Rede.[1198]

Gegen eine Gleichbehandlung spricht auch der Umstand, dass Werbeaussagen des Herstellers lediglich für eine Herstellergarantie von Relevanz sein können und nicht für die Verkäufergarantie, da die Garantie subjektiv zu bestimmen ist.[1199]

Hinter diesem Argument verbirgt sich die Überlegung, dass es sich bei der Qualifizierung eines Sachmangels iSv § 434 I 3 BGB um das Vorliegen objektiver Tatsachen handelt.[1200] Die Regelung trägt dem Umstand Rechnung, dass Werbung für ein Produkt ohne Zutun des Verkäufers die Vorstellung des Käufers von dessen Beschaffenheit beeinflusst.

Bei einer Garantie handelt es sich jedoch um die Verkörperung des rechtsgeschäftlichen Willens des Verkäufers in einer Garantieerklärung, sich die Werbung des Herstellers für seine Garantie zu eigen zu machen und in diesem Rahmen haften zu wollen. Da durch die Garantieerklärung die Grenzen der Haftung und der Inhalt der Garantie beschrieben sind, bedarf es nicht mehr des Rückgriffs auf konkludente Beschaffenheitsmerkmale.

Im Ergebnis ist demnach eine parallele Einbeziehung von Herstellerwerbung in den Verantwortungsbereich des Garantiegebers abzulehnen.[1201]

Der gegenteiligen Meinung ist jedenfalls zur Auflage zu machen, zumindest auch die Ausnahme des § 434 I 3 BGB in die Gleichstellung des 434 I 3 und § 443 BGB miteinzubeziehen und dem Verkäufer die Möglichkeit zu geben, die Vermutung zu widerlegen. Andernfalls würde ein zu erheblicher Eingriff in die Privatautonomie des Käufers bewirkt werden.

[1196] Haas, BB 2001, 1313, 1319

[1197] *Graf v. Westphalen*, in: *Henssler/ Graf v. Westphalen*, Praxis der Schuldrechtsreform, zu § 443 Rn. 38, 41

[1198] so auch *Faust*, in: *Bamberger/ Roth*, BGB, zu § 443 Rn. 20

[1199] *Haas*, in: *Haas/ Medicus/ Rolland/ Schäfer/ Wendtland*, Das neue Schuldrecht, Kapitel 5 Rn. 398

[1200] *Faust*, in: *Bamberger/ Roth*, BGB, zu § 443 Rn. 20

[1201] so auch *Faust*, in: *Bamberger/ Roth*, BGB, zu § 443 Rn. 20

2. Verbrauchsgüterkaufgarantie gem. § 477 BGB

Die Vorschrift des § 477 BGB ergänzt die Regelung der im allgemeinen Kaufrecht neu geschaffenen Beschaffenheits- und Haltbarkeitsgarantie gem. § 443 I BGB.[1202]
Sie intendiert die Durchsetzung des Verbraucherschutzes durch die Festschreibung von formellen Voraussetzungen für Garantieerklärungen.[1203]
§ 477 I 1 BGB verlangt, dass die Garantieerklärung einfach und verständlich abgefasst sein muss. Sie muss nach Absatz 1 Satz 2 den Hinweis enthalten, dass die gesetzlichen Rechte des Verbrauchers durch die Garantie nicht eingeschränkt werden (Nr. 1) und außerdem den Inhalt der Garantie sowie die Modalitäten ihrer Geltendmachung und Namen und Anschrift des Garantiegebers (Nr. 2).
Ein Erfordernis, die Verwendung von einer oder mehreren Amtssprachen der Gemeinschaft für die Garantieerklärung vorzuschreiben, hat der deutsche Gesetzgeber nicht gesehen und daher keinen Gebrauch von der Möglichkeit des Art. 6 IV VerbrGüKRL gemacht.
Absatz 2 gibt dem Verbraucher das Recht, die Garantieerklärung in Textform zu verlangen.
Resultierend aus den in Art. 6 II VerbrGüKRL verankerten Transparenzgeboten, enthält § 477 III BGB die Klarstellung, dass die Formvorschriften des § 477 I und II BGB nicht als Wirksamkeitshindernis zu Lasten des Verbrauchers angesehen werden dürfen. Werden die Anforderungen des § 477 I und II BGB nicht erfüllt, führt das zu keinem Nachteil für den Verbraucher.
Der Verstoß gegen die Formvorschriften des § 477 BGB hat darüber hinaus auch wettbewerbsrechtliche Implikationen. Als Marketinginstrument eingesetzte Garantieversprechen, die die gesetzlichen Voraussetzungen nicht erfüllen, könnten als irreführende Werbung gem. § 3 UWG oder als sittenwidrig iSv § 1 UWG gewertet werden.[1204]
Der Verstoß gegen die Verbraucherschutzvorschrift des § 477 BGB eröffnet den Anwendungsbereich des Unterlassungsklagengesetzes, das in § 2 I iVm II UKlaG einen Unterlassungsanspruch zur Verfügung stellt.[1205]

III. Voraussetzungen der Garantie

Das Vorliegen einer Garantie setzt voraus, dass im Zusammenhang mit einem wirksamen Kaufvertrag eine Garantieerklärung abgegeben wurde, die auch eine vertragliche Bindungswirkung entfaltet.[1206]

[1202] vgl. auch: *Westermann*, in: *Grundmann/ Medicus/ Rolland*, Europäisches Kaufgewährleistungsrecht, 251, 279
[1203] *Brox/ Walker*, Besonderes Schuldrecht, § 7 Rn. 11
[1204] BT- Drucks. 14/ 6040, S. 247
[1205] *Lorenz/ Riehm*, Lehrbuch zum neuen Schuldrecht, Rn. 565
Büdenbender, in: AnwKom, BGB, zu § 443 Rn. 11
[1206] *Gursky*, Schuldrecht BT, S. 37

Die Garantieerklärung konstituierende Elemente sind die Bestimmung des Garantiefalls, der Garantiefrist, der Beginn des Fristablaufs und die vom Garantienehmer vorzunehmenden Rechtswahrungshandlungen.[1207]
Eine vertragliche Bindung in bezug auf die Garantieerklärung tritt lediglich dann ein, wenn hierauf bezogene übereinstimmende Willenserklärungen abgegeben wurden, was in der Regel anlässlich des Schlusses des Kaufvertrages der Fall ist.[1208]
Als etwa erforderliche Rechtswahrungshandlungen des Käufers kommen die Rüge oder die Schadensanzeige in Betracht.[1209]

IV. Grenzen der privatautonomen Gestaltung kommerzieller Garantien durch § 444, 2. Alt. BGB?

Im Wirtschaftsleben ist das Institut der kommerziellen Garantie von gesteigerter Bedeutung da es für die beteiligten Wirtschaftskreise ein gängiges Instrument der individuellen Rechtsgestaltung darstellt.
Diese Garantien berücksichtigten die Interessen der beteiligten Parteien in flexibler Art und Weise, indem in der Regel die verschuldensunabhängige Haftung des Verkäufers für die Beschaffenheit der Kaufsache unter Ausschluss gewisser Gewährleistungsrechte wie dem Rücktritt bzw. der Wandelung oder Begrenzung von Schadensersatzansprüchen vertraglich geregelt werden.
Diese Praxis scheint nunmehr jedoch durch die Regelung des § 444, 2. Alt. BGB in Gefahr. Der Wortlaut dieser Vorschrift gab jedenfalls nach Bekannt werden der Einzelheiten des Schuldrechtsreformierungsgesetzes unmittelbar Anlass für einen zum Teil schon hitzig geführten Meinungsstreit, indem sich mittlerweile jedoch die Wogen schon wieder geglättet haben.

1. Keine Möglichkeit der Gestaltung der Rechtsfolgen einer Garantie

Hierzu wird vertreten, dass die Vereinbarung einer Garantie, die seit der Schuldrechtsreform mit dem aufgegebenen Begriff der Eigenschaftszusicherung gleichzusetzen ist, eine Freizeichnung unmöglich mache.[1210]
Der Charakter des § 444 BGB sei der einer Verbotsnorm, was sachlogisch sei, da aus § 242 BGB folge, dass Haftungsfreizeichnungs- und Haftungsbegrenzungsklauseln als widersprüchliches Verhalten zu werten seien, wenn der Verkäufer vorher eine Garantie gegeben habe.[1211]
Der Gesetzeswortlaut sei zwar missglückt, aber unmissverständlich.[1212]
Eine Lösung des Problems sei nur mit Hilfe einer verschuldensunabhängigen Beschaffenheitsvereinbarung möglich.[1213]

[1207] *Brox/ Walker*, Besonderes Schuldrecht, § 4 Rn. 118
[1208] *Putzo*, in: *Palandt*, BGB, zu § 443 Rn. 10
[1209] *Berger*, in: *Jauernig*, BGB, zu § 443 Rn. 12
[1210] *Graf v. Westphalen*, ZIP 2001, 2107
ohne weitere Begründung mit Bezug auf Westphalen, *Berger*, in: Jauernig, BGB, zu § 444 Rn. 13
[1211] *Graf v. Westphalen*, ZIP 2002, 545, 547
[1212] *Hermanns*, ZIP 2002, 696, 697

Die Vertragsparteien vereinbaren für den Fall des Fehlens der Beschaffenheit, dass der Verkäufer hierfür verschuldensunabhängig in der Weise einzustehen hat, dass der Käufer den Kaufpreis mindern oder Ersatz des entstandenen Schadens verlangen kann. Eine Modifizierung des Verschuldensmaßstabs gem. § 276 BGB sei ohne weiteres möglich.[1214]

Weitergehend könne auch angenommen werden, dass es sich bei dem Schadensersatzanspruch nach § 280 BGB im Rahmen der Mängelhaftung um eine verschuldensunabhängige Einstandspflicht handele.[1215]

Hierdurch übernehme der Verkäufer ausdrücklich keine kaufrechtliche Garantie, so dass auch die Bestimmung des § 444 BGB nicht anwendbar sei.[1216] Es werde ein Vertrag gem. § 311 I BGB geschlossen, der dem Anwendungsbereich des § 444, 2. Alt. BGB nicht unterfalle. Es sei jedoch Acht darauf zu geben, dem Vertrag ausdrücklich nicht den Titel „Garantievertrag" zu geben, um der Gefahr zu entgehen, dass die Vereinbarung doch nach den Maßstäben des § 444, 2. Alt. BGB behandelt wird.[1217]

2. Keine Beschränkung der Privatautonomie durch § 444, 2. Alt. BGB

Die Gegenansicht vertritt, dass auch bei der Vereinbarung einer Garantie ihre Rechtsfolgen von den Parteien privatautonom gestaltet werden können. § 444, 2. Alt. BGB stehe dem nicht entgegen.[1218]

Das Problem resultiere letztendlich aus dem handwerklichen Fehler des Gesetzgebers, zwei nicht kombinierbare Regelungen zusammenzufassen.[1219] Grundsätzlich beziehe sich § 444, 1. Alt. BGB auf den Ausschluss der gesetzlichen Mängelrechte. Dieser ist unzulässig, wenn der Verkäufer arglistig handelt.

§ 444, 2. Alt. BGB regle dahingegen die zusätzliche Gewährung von Rechten. Dies sei eine ganz andere Ausgangslage, die eine Regelung der Sachverhalte unter gleichen Vorzeichen ausschließe.[1220]

Nach dem Willen des Gesetzgebers sollte § 444 BGB die Regelung des § 476 BGB a.F. sowie § 11 Nr. 11 AGBG ersetzen.[1221] Insbesondere im Hinblick auf letztere Regelung gelte es, § 444 BGB im Lichte des Grundsatzes „venire contra factum proprium" zu sehen.[1222] Dies bedeute allerdings nicht, dass derjenige, der eine Garantie einräumt, sich widersprüchlich verhält, wenn er sie andererseits beschränkt.[1223] Der Sach-

---

1213 *Graf v. Westphalen,* ZIP 2002, 545, 549

1214 *Graf v. Westphalen,* ZIP 2002, 545, 549
Hermanns, ZIP 2002, 696, 699

1215 *Graf v. Westphalen,* ZIP 2002, 545, 549

1216 *Hermanns,* ZIP 2002, 696, 699

1217 *Hermanns,* ZIP 2002, 696, 698

1218 *Lieb,* in: Dauner- Lieb, Unternehmenskauf und Schuldrechtsmodernisierung, 2002, 57, 67f.

1219 *Lieb,* , in: Dauner- Lieb, Unternehmenskauf und Schuldrechtsmodernisierung, 2002, 57, 65

1220 vgl. zur Entstehungsgeschichte der Norm: *Dauner- Lieb/ Thiessen,* ZIP 2002, S. 108ff.

1221 so jedenfalls in der Regierungsbegründung hervorgehoben: Begründung des Gesetzentwurfs, BT-Drucks. 14/6040, S. 240

1222 *Müller,* NJW 2002, 1026, 1026
Eidenmüller, ZGS 2002, 290, 296

1223 *Zerres,* MDR 2003, 368, 370

verhalt stelle sich vielmehr so dar, dass Rechte, die freiwillig eingeräumt wurden, gerade nicht nachträglich beschränkt werden sollen, sondern die Garantie von vornherein ein endgültiges Gepräge erhalten soll.[1224]
Dies sei kein widersprüchliches Verhalten, sondern im Sinne der Privatautonomie zulässig.[1225] Auch aus dem Wortlaut des § 443 I BGB ergebe sich schon, dass die Garantie nur zu den in der Garantieerklärung angegebenen Bedingungen Rechte gewährt.[1226]
Demzufolge lassen sich auch die Rechtsfolgen einer Garantie von den Parteien privatautonom bestimmen, sind später jedoch iSv § 444 BGB keiner Beschränkung mehr zugänglich.[1227]
Diese Ansicht wird auch mit einigen Einschränkungen vertreten.
Zum einen soll die Anwendung des § 444, 2. Alt. BGB auf unselbständige Garantien für die Beschaffenheit iSv §§ 276 I 1 BGB beschränkt bleiben.[1228] Selbständige Garantien seien nicht von § 444, 2. Alt. BGB erfasst, da diese Regelung eine Nachfolgeregelung zur früheren Eigenschaftszusicherung gem. § 459 II BGB a.F. darstelle, die zu einer verschuldensunabhängigen Haftung führe, von der die Haltbarkeitsgarantie und die selbständige Garantie zu unterscheiden seien.[1229]
Es wird diesbezüglich auch der Wille des Gesetzgebers einbezogen, der darauf gerichtet gewesen sei, die Beschaffenheitsgarantie und die selbständige Garantie grundsätzlich verschiedenen Haftungssystemen zuzuordnen, da diese in der Struktur maßgebliche Differenzen aufweisen.[1230]
Auch wird der Charakter der Vorschrift des § 444 BGB als Verbotsnorm generell in Frage gestellt.
Nach dieser Ansicht soll die fragliche Vorschrift lediglich als Auslegungsregel heranzuziehen sein, wenn ein Garantieversprechen und eine Haftungsbegrenzung divergieren.[1231] Zwar sei § 444, 2. Alt. BGB auf alle Arten von Garantien anwendbar, allerdings nur in Anlehnung an das Dogma des § 242 BGB, der unter anderem das allgemeine Verbot aufstellt, sich im Rechtsverkehr widersprüchlich zu verhalten.
Nach dieser Ansicht sei ein in dieser Fallkonstellation enthaltenes mögliches widersprüchliches Verhalten bisher nicht von den Fallgruppen des § 242 BGB erfasst.[1232] § 444 BGB solle nur die diesbezüglich bestehende Schutzlücke zugunsten des Käufers

---

1224 *Triebel/ Hölzle,* BB 2002, 521, 531
1225 *Lieb,* in: Dauner- Lieb, Unternehmenskauf und Schuldrechtsmodernisierung, 2002, 57, 68
1226 *Müller,* NJW 2002, 1026, 1026
1227 *Wolf/ Kaiser,* DB 2002, 411, 419
Huber, AcP 2002, 179, 239
1228 *Hilgard/ Kraayvanger,* MDR 2002, 678, 683
Dauner- Lieb/ Thiessen, ZIP 2002, 108, 111
1229 *Seibt/ Raschke/ Reiche,* NZG 2002, 256, 259f.
Eidenmüller, ZGS 2002, 290, 296
1230 *Knott,* NZG 2002, 249, 255
Seibt/ Reiche, DB 2003, 1560, 1562
1231 *Faust,* in: *Bamberger/ Roth,* BGB, zu § 444 Rn. 10ff.
ders.; ZGS 2002, 271, 273f.
1232 *Faust,* in: *Bamberger/ Roth,* BGB, zu § 444 Rn. 18 stellt darauf ab, dass die Übernahme einer Beschaffenheitsgarantie keinen Vertrauenstatbestand dahingehend, dass dem Käufer irgendwelche Rechte über die gesetzlichen Gewährleistungsrechte hinaus oder die gesetzlichen Gewährleistungsrechte in ungeschmälerter Form zustehen, begründet.

schließen, indem nicht die ganze Vereinbarung wegen Perplexität als nichtig angesehen wird, sondern die Haftungsbeschränkung im Falle der Divergenz hinter der Garantie zurücktrete.[1233]

3. Stellungnahme

Die Auffassung, § 444, 2. Alt. BGB beschränke die privatautonome Ausgestaltung einer Garantie nicht, erhält die Flexibilität vertraglicher Gestaltungen im Rahmen von Unternehmenskäufen und dient somit einem den wirtschaftlichen Erfordernissen entsprechenden Interessenausgleich. Dieser Ansicht ist allerdings auch unter dogmatischen Gesichtspunkten der Vorzug zu geben.

Das einzige Argument der Gegenansicht stützt sich auf den Wortlaut des § 444 BGB, von dem ihre Vertreter mit starrer Überzeugung behaupten, dieser sei unmissverständlich. Zwar ist der Wortlaut erste Auslegungsquelle einer Vorschrift und daher in seiner Bedeutung nicht zu unterschätzen, allerdings kann nicht nur auf der Grundlage der Erwägung, dass die Gerichte aufgrund des Wortlauts keine Rücksicht auf den Willen des Gesetzgebers nehmen könnten, der Grundsatz der Privatautonomie geopfert werden.

Auch die angebotene Lösung des Problems, mit Hilfe von verschuldensunabhängigen Beschaffenheitsvereinbarungen die bisherige Flexibilität der Vertragsgestaltung aufrechtzuerhalten, steht auf dogmatisch tönernen Füßen und erscheint daher nicht gangbar.

Die Aussage, der Käufer gebe keine Garantie ab, weshalb der § 444, 2. Alt. BGB nicht anwendbar sei, überzeugt nicht. Letztendlich ist es lediglich eine Frage der Definition des Begriffs der Garantie, ob § 444, 2. Alt. BGB anwendbar ist oder nicht. Die Figur der Beschaffenheitsvereinbarung umfasst denselben Sachverhalt wie die Gewährung einer Garantie, darüber hinaus liegt ein unmittelbarer Zusammenhang mit dem Abschluss eines Kaufvertrages vor, so dass nicht von einem Vertrag iSd § 311 I BGB auszugehen ist, sondern von einer Umgehung des § 444 BGB. Diese Auffassung ist demnach abzulehnen.

Die Gegenansicht, § 444, 2. Alt. BGB stelle kein Hindernis für die privatautonome Ausgestaltung der Rechtsfolgen von vertraglichen Garantien dar, stützt sich allerdings auch auf dogmatische Erwägungen, die gleichermaßen dem neuen als auch dem alten kaufrechtlichen System wie auch allgemeinen Rechtsprinzipien immanent sind. Eine Beschränkung der Anwendbarkeit des § 444, 2. Alt. BGB auf unselbständige Garantien ist deshalb nicht erforderlich.

Unter Hinzuziehung des § 444, 1. Alt. BGB, der die Arglist des Verkäufers thematisiert, liegt der Schluss nahe, dass das Telos der Vorschrift in der Verhinderung widersprüchlichen Verhaltens zu Lasten des Käufers liegt. Dieses kann von der Rechtsgemeinschaft ebenso wenig geduldet werden, wie Arglist, unabhängig davon, welcher Art die Garantievereinbarung ist. Auch die Herauslösung des Gedankens der Grundlage der Zusicherungshaftung nach § 459 II BGB a.F. unter Einfügung desselben in §

[1233] *Faust*, ZGS 2002, 271, 274

276 I 1 BGB und die damit einhergehende Bedeutungssteigerung, bestätigt diesen Ansatz.
Dies zwingt allerdings nicht dazu, unter größten Schwierigkeiten und schwer nachvollziehbaren Lösungsansätzen einen unmittelbaren Bezug zu den Garantien aus § 444 BGB herzustellen.
Es sollte vielmehr erwogen werden, den Begriff der „Garantie" in § 444 BGB nicht in alte Denkschemata, die sich an den Begriffen der selbständigen und der unselbständigen Garantie orientieren, zu pressen.
Es ist davon auszugehen, dass der unpräzise Terminus „Garantie" beabsichtigt war, somit alle Arten von Garantien erfasst sein sollten. Dies erscheint auch unter der Prämisse vertretbar, dass der Reformgesetzgeber maßgeblich von dem Gedanken der Vereinfachung des Schuldrechts geleitet und somit bemüht war, die ehedem schon kaum vollziehbare Differenzierung der unselbständigen und der selbständigen Garantie obsolet werden zu lassen.
Auch im Hinblick darauf, dass ein gravierender Unterschied bezüglich der Rechtsfolgen eines Widerspruches zwischen Haftungsbeschränkung und einer unselbständigen oder selbständigen Garantie nicht besteht, ist dafür zu plädieren, § 444, 2. Alt. BGB auf alle Arten von Garantien anzuwenden.
Letztenendes ist auch zu berücksichtigen, dass die Regelung des § 444, 2. Alt. BGB unter dem Eindruck der Verbrauchsgüterkauf- Richtlinie geschaffen wurde, die die Mitgliedsstaaten dazu verpflichtet, ein gesetzliches Regime für kommerzielle Garantien zu schaffen. Eine Anwendung des § 444, 2. Alt. BGB auf alle Garantien sichert das neu geschaffene einheitliche Garantiesystem des BGB über den Verbrauchsgüterkauf hinaus zusätzlich ab.

V. Rechtsfolgen der Garantie

Die Rechtsfolgen eines Garantiefalls richten sich nach dem Inhalt der Garantieerklärung. Wie sich aus § 443 I BGB ergibt, stehen die Rechte aus der Garantie in einer echten Anspruchskonkurrenz zu den gesetzlichen Gewährleistungsrechten des Käufers aus § 437 BGB.
Dies ist vor allem bei Vorliegen einer Herstellergarantie von Bedeutung. Die Haftung aus der Garantie und aus §§ 437ff. BGB sind nicht identisch, insofern kann der Verkäufer sich auch nicht im Hinblick auf die Herstellergarantie von der Haftung befreien.[1234] Dennoch ist der Wortlaut der Vorschrift ungenau formuliert und wirft Fragen auf.
Der Wortlaut „Unbeschadet der gesetzlichen Ansprüche" schließt die Gestaltungsrechte der Minderung und des Rücktritts explizit aus. Hinzu kommt, dass es sich auch nur um gesetzliche Ansprüche handeln soll, mithin auch der vertragliche Nacherfüllungsanspruch nicht erfasst ist.[1235]
Fraglich ist daher, ob der Gesetzgeber die Vorschrift wirklich in diesem Sinne verstanden wissen wollte.

[1234] *Hamm,* NJW 2003, 2588, 2589
[1235] *Hamm,* NJW 2003, 2588, 2589

Hiergegen könnte sprechen, dass die Wendung in untechnischer Weise aufgenommen wurde. Dies lässt sich jedoch unter dem Aspekt, dass in § 438 I BGB explizit auch nur „Ansprüche" genannt sind, und dies in Bezug auf die verjährungsrechtliche Dogmatik intendiert war, nicht aufrechterhalten.[1236]
Dem für den Käufer unvorteilhaften Ergebnis, das sich aus der wortlautgetreuen Auslegung des § 443 I BGB ergibt, kann aber mit einem Umkehrschluss aus § 444 BGB begegnet werden.[1237] Dieser setzt die Garantie in Beziehung zu allen Rechten des Käufers wegen eines Mangels. Darüber hinaus hat auch die Rechtsprechung festgestellt, die Garantie beinträchtige die „gesetzlichen Gewährleistungsrechte" nicht.[1238]
Auch die Ansicht des Gesetzgebers, es sei für den Fall, dass in der Garantiererklärung keine speziellen Rechte des Käufers für den Eintritt des Garantiefalls vorgesehen sind, davon auszugehen, dass ihm ebenfalls die Rechte aus § 437 BGB zustehen sollen[1239], spricht für diese These.
Diese Annahme kann jedoch nicht für alle Arten von Garantien aufrechterhalten werden. Die Relativität der Schuldverhältnisse als Grundprinzip des Vertragsrechts würde vollends ausgehebelt werden, wenn dem Käufer aus einer Hersteller- oder Drittgarantie auch das Recht zur Minderung oder zum Rücktritt gegenüber dem Hersteller oder dem Dritten zustehen würde. Bei diesen beiden Arten der Garantie ist demnach der Inhalt des Garantieanspruchs auf den Nachbesserungs-, den Nachlieferungs- und den Schadensersatzanspruch zu beschränken.[1240]
Das Garantieversprechen bewirkt gem. § 442 BGB zudem, dass dem Käufer seine gesetzlichen Ansprüche gem. § 437 BGB selbst dann erhalten bleiben, wenn der Mangel dem Käufer infolge grober Fahrlässigkeit unbekannt geblieben ist.[1241]
Der Anspruch aus einer kommerziellen Garantie stellt keinen Gewährleistungsanspruch dar und fällt daher nicht in den Anwendungsbereich der Verjährungsregelung des § 438 BGB. Er verjährt vielmehr in der regelmäßigen Verjährung des § 195, die mit Auftreten des Garantiefalls und dem Eintritt der Fälligkeit (§ 199 BGB), spätestens aber mit der Anzeige des Garantiefalls durch den Käufer beginnt.[1242]

[1236] *Hamm,* NJW 2003, 2588, 2589
[1237] *Hamm,* NJW 2003, 2588, 2590 geht jedoch davon aus, dass der Wortlaut die vollständige Unabhängigkeit der Garantie von den §§ 437 BGB widerspiegele, was gleichzeitig aber auch bedeutet, dass eine kommerzielle Garantie die §§ 437ff. BGB nicht einschränken könnte.
[1238] BGHZ 104, 82, 86
[1239] BT- Drucks. 14/ 6040, S. 239
[1240] *Oetker/ Maultzsch,* Vertragliche Schuldverhältnisse, S. 126
[1241] *Putzo,* in: *Palandt,* zu § 443 Rn. 23
Lehmann, DB 2002, 1090, 1093
[1242] *Haas,* BB 2001, 1313, 1319
Putzo, in: *Palandt,* zu § 443 Rn. 23
a.A.: *Saenger,* HK- BGB, zu § 443 Rn. 5
Gursky, Schuldrecht BT, S. 36

4. Kapitel: Rechtsvergleichende Betrachtungen – Umfang der Harmonisierung der belgischen und deutschen Sachmängelgewährleistung im Kaufrecht

1. Teil: Gesetzliche Gewährleistung

A. Divergierende Strukturen des Kaufrechts nach der Umsetzung in Deutschland und Belgien

Weitreichendste Konsequenz der Entscheidung des belgischen Gesetzgebers für die Minimallösung einerseits und des deutschen Gesetzgebers für die Maximallösung andererseits ist die unterschiedliche Bestimmung des Anwendungsbereichs der Kaufrechtsregeln und der Vorschriften zum Verbrauchsgüterkauf.
In Deutschland konnte im Rahmen der Schuldrechtsreform auch der Umsetzungsbedarf resultierend aus der Verbrauchsgüterkauf- Richtlinie berücksichtigt werden und hatte demgemäß die Schaffung eines geschlossenen Gesamtsystems für Kaufverträge zur Folge. Die Bestimmungen zum Verbrauchsgüterkauf in den §§ 474ff. BGB haben lediglich ergänzenden Charakter. Sie stellen auf die besondere Schutzbedürftigkeit des Verbrauchers im Geschäftsverkehr mit dem professionellen Verkäufer ab. Dieser Schutz wäre für das allgemeine Kaufrecht zu weitgehend, so dass es der Anwendung dieses Instrumentariums lediglich im Sonderfall bedarf.
In Belgien dagegen gelten zwar unter denselben Voraussetzungen wie in Deutschland auch die Bestimmungen der Sektion zum Verbrauchsgüterkauf, deren Anwendbarkeit schließt jedoch gem. Art. 1649quater § 5 C.civ. diejenige der Vorschriften des allgemeinen Kaufrechts vor Ablauf von zwei Jahren vollständig aus.
Dies hat zur Folge, dass zwei verschiedene, durch ihren sachlichen und persönlichen Anwendungsbereich abgegrenzte kaufrechtliche Gewährleistungssysteme isoliert nebeneinander bestehen und keinerlei Berührungspunkte aufweisen.
Aufgrund des Befundes, dass der Rechtsanwender in Belgien nunmehr mit zwei grundsätzlich verschiedenen Gewährleistungssystemen konfrontiert wird, ergibt sich die Notwendigkeit, dem deutschen Recht zwei belgische Systeme gegenüberzustellen.

B. Kaufrechtliche Gewährleistung nach allgemeinem Kaufrecht und Verbrauchsgüterkaufrecht im Vergleich

I. Bestimmung des anwendbaren Rechts

Da sowohl die §§ 474 ff. BGB als auch die Sektion zum Verbrauchsgüterkauf in den Art. 1649bis. ff. C.civ. ohne Änderungen aus der Verbrauchsgüterkaufrichtlinie übernommen wurden, unterscheidet sich der Anwendungsbereich dieser Sonderbestimmungen in den beiden Rechtsordnungen nicht. Vor allem fallen in beiden Ländern nun auch Werklieferungsverträge in die kaufrechtliche Gewährleistung.
Der belgische Gesetzgeber hat darüber hinaus auch unentgeltliche Garantieversprechen in den Anwendungsbereich einbezogen. Der deutsche Gesetzgeber äußert sich zu dieser Frage nicht explizit.

Im belgischen Recht ist allgemeines Kaufrecht nach den Art. 1641 C.civ. vor Ablauf der zweijährigen Ausschlussfrist gem. Art. 1649quater § 1 nicht anwendbar, wenn die Vorschriften der Art. 1649bis ff. C.civ. einschlägig sind.

II. Einheitlicher Mangelbegriff

In Deutschland gilt sowohl für das allgemeine Kaufrecht als auch für den Verbrauchsgüterkauf der Sachmangelbegriff des § 434 BGB. Dieser basiert ebenfalls auf der 1:1-Umsetzung des Begriffs der „Vertragsverletzung" in Art. 2 VerbrGüKRL und findet sich daher ebenso in der belgischen Sektion zum Verbrauchsgüterkauf (Art. 1649ter C.civ.).
Die Beweislastumkehr zugunsten des Käufers innerhalb der ersten sechs Monate nach Ablieferung der Kaufsache gem. Art. 5 III VerbrGüKRL ist in § 476 BGB und in Art. 1649quater § 4 C.civ. enthalten. Insofern besteht demnach ebenfalls Übereinstimmung, da sie in beiden Rechtsordnungen lediglich im Bereich des Verbrauchsgüterkaufs Anwendung findet.
Obwohl die deutsche Regelung explizit auf den Zeitpunkt des Gefahrübergangs für das Vorliegen des Mangels abstellt, unterscheidet sie sich nicht von der belgischen, die sich auf die Ablieferung bezieht, denn der Gefahrübergang beschreibt im deutschen Recht denselben Zeitpunkt.
Im Anwendungsbereich des allgemeinen belgischen Kaufrechts findet sich immer noch die Unterscheidung zwischen Conformité und vice caché, da der Gesetzgeber lediglich einen zweiten Absatz in die Bestimmung des Art. 1604 C.civ. eingefügt hat, der den Mangelbegriff nicht grundsätzlich verändert, sondern nur um die Begrifflichkeit der Sektion zum Verbrauchsgüterkauf ergänzt. Danach ist der Verkäufer zur Lieferung einer vertragsgemäßen Sache nur beim Verbrauchsgüterkauf verpflichtet.
Diese Änderung wird keine Auswirkungen auf den Mangelbegriff im allgemeinen Kaufrecht haben.
Ob der Verkäufer im Rahmen der vice- caché- Haftung für versteckte Funktionsmängel zu haften hat, richtet sich demnach nach den hergebrachten Grundsätzen.
Übereinstimmend mit dem deutschen Mangelbegriff handelt es sich dabei um einen subjektiven Mangelbegriff, dessen Bestimmung zum Teil mittels objektiver Merkmale, wie zum Beispiel dem üblichen Gebrauch erreicht werden soll.
Der belgische Mangelbegriff erfasst allerdings ungleich weniger Merkmale als der deutsche. Während nach § 434 III BGB auch Konformitätsmängel die Sachmangelgewähr auslösen, sind im belgischen Recht die Regeln der Art. 1610ff. C.civ., mithin diejenigen des allgemeinen Schuldrechts, anwendbar. Auch Kaufverträge mit Montageverpflichtung iSv § 434 II BGB bergen weiterhin die Schwierigkeit der Abgrenzung von Kaufrecht und Werkvertragsrecht.
Ein Vorteil ergibt sich für den belgischen Rechtsanwender hinsichtlich der Beweislast in bezug auf die Mangelhaftigkeit der Sache. Diesem kommt während der Gewährleistungsfrist die Tatsachenvermutung zu Gute, dass die Sache bei Ablieferung schon mangelhaft war, wenn es ihm praktisch nicht möglich ist, den Beweis der Mangelhaftigkeit zu führen. Die Rechtsprechung legt dem Verkäufer die Pflicht auf, den unsachgemäßen Gebrauch der Sache durch den Käufer zu beweisen. Im deutschen Recht

kann der Käufer von der Beweislastumkehr lediglich im Anwendungsbereich der §§ 474ff. BGB profitieren.

III. Ausschlussgründe

1. vertraglicher Haftungsausschluss

Für Verbrauchsgüterkauf und allgemeinen Kauf ergeben sich diesbezüglich erhebliche Unterschiede, da an dieser Stelle die besondere Schutzbedürftigkeit des Verbrauchers offen zu Tage tritt.

a) Verbrauchsgüterkauf

Wie Art. 7 VbrKfRil anordnet, soll zum Nachteil des Käufers von den gesetzlichen Bestimmungen des Verbrauchsgüterkaufs nicht abgewichen werden können, bevor der Käufer dem Verkäufer den Mangel nicht angezeigt hat. Dies wurde in beiden Rechtsordnungen (§ 475 I BGB und Art. 1649octies al. 1 C.civ.) gleichermaßen geregelt, wobei der deutsche Gesetzgeber eine speziellere Regelung geschaffen hat als der belgische.

Das belgische Gesetz sieht ein generelles Abweichungsverbot für die Rechte des Käufers aus der Richtlinie vor. Diese einfache Regelung stellt eine unmittelbare Konsequenz der isolierten Gegenüberstellung des Verbraucherkaufrechts und des allgemeinen Kaufrechts dar.

Für den deutschen Gesetzgeber ergab sich eine andere Ausgangslage. Aufgrund des Umstandes, dass im Rahmen der Schuldrechtsreform ein einheitliches System statuiert wurde, das generell alle kaufrechtlichen Belange in Vernetzung mit dem allgemeinen Schuldrecht zu erfassen sucht, sieht er sich in der Pflicht, zu differenzieren.

Es ist danach zu differenzieren, ob ein Erfordernis des besonderen Verbraucherschutzes gegeben ist, das die Unabdingbarkeit der Ansprüche des Käufers rechtfertigt.

In Übereinstimmung mit dem Regelungsgehalt der Richtlinie wird in § 475 III BGB bestimmt, dass die Unabdingbarkeit nicht für Schadensersatzansprüche gelten soll, die damit lediglich der AGB- Kontrolle gem. §§ 307ff. BGB unterfallen sollen.

Auch die Aufzählung der unabdingbaren Rechte in § 475 I BGB ist an den gesamten Regelungsgehalt der Richtlinie angelehnt. Dies wird durch § 475 II BGB komplettiert, der isoliert die vertragliche Verkürzung der Verjährung vor Anzeige des Mangels untersagt und darüber hinaus die generelle Erlaubnis der Verkürzung der Verjährung für gebrauchte Sachen iSv Art. 7 I 2 VbrKfRil in den Verbrauchsgüterkauf einführt.

Eine Umgehung der Vorschriften zum Verbrauchsgüterkauf durch Rechtswahlklausel ist gem. Art. 29a Nr. 4 EGBGB und gem. Art. 1649octies al. 2 C.civ. nicht möglich.

b) allgemeines Kaufrecht

Außerhalb des Anwendungsbereichs des Verbrauchsgüterkaufs unterliegen vertragliche Haftungsausschlüsse den §§ 134, 138, 242, 307ff. BGB und in Belgien den Grundsätzen des „ordre public" wie den Bestimmungen des LPC. Im Zusammenhang mit den Regelungen zum Verbrauchsgüterkauf sind die §§ 307ff. BGB und die des LPC allerdings nur noch anwendbar, wenn sich Unternehmer außerhalb des Handelsrechts gegenüberstehen oder wenn die Kaufsache kein Verbrauchsgut ist.

Aus den Generalklauseln wie dem „ordre public" und den §§ 134, 138, 242 BGB resultieren dieselben Wertungen (keine Rechtsmissbräuchlichkeit, Grundsatz von Treu und Glauben) hinsichtlich der Grenzen von Haftungsbeschränkungen.
Auch die Arglist wird bei der Zulässigkeit von Haftungsbeschränkungen in gleicher Weise berücksichtigt.
Gem. § 444, 1. Alt. BGB kann sich derjenige, der den Mangel arglistig verschwiegen hat, nicht auf eine vertragliche Haftungsbeschränkung berufen. In gleicher Weise handhabt die belgische Rechtsprechung gem. Art. 1645 C.civ. diesen Sachverhalt. Darüber hinaus können professionelle Verkäufer nach der gefestigten belgischen Rechtsprechung ihre Haftung nie abbedingen, da sie per se dem Bösgläubigen gleichgestellt werden. Dies wird allerdings wegen der Geltung der Art. 1649bis ff. C.civ. nur noch selten der Fall sein. Wegen des Ausschlusses gem. Art. 1649quater § 5 C.civ. tritt ein solcher Fall nur noch dann ein, wenn nach Ablauf der zweijährigen Ausschlussfrist gem. Art. 1649quater § 1 C.civ. die Parteien oder der Richter zu dem Schluss kommen, dass das „bref délai" des Art. 1648 C.civ. noch nicht verstrichen ist.
Einen gravierenden Unterschied zum deutschen Recht offenbart allerdings die belgische Rechtsprechung zur vertraglichen Abbedingung der Haftung für arglistiges Verhalten von Erfüllungsgehilfen. Sie erachtet es als möglich, dass der Verkäufer für Arglist seiner Erfüllungsgehilfen nicht haftet, da der Verkäufer in keiner direkten Beziehung mehr zur Vertragserfüllung stehe.
Dies begründet einen eklatanten Widerspruch zur deutschen Rechtsauffassung, die für die Haftung des Schuldners für Dritte gem. § 278 BGB denselben Haftungsmaßstab anordnet wie für eigenes Verschulden. Daraus resultiert das Erfordernis, auch für die Arglist von Erfüllungsgehilfen auf § 444, 1. Alt. BGB abzustellen, der die Nichtigkeit einer vertraglichen Haftungsbeschränkung anordnet.

2. Kenntnis vom Mangel

Auch bezüglich der Kenntnis des Käufers vom Mangel haben der belgische und deutsche Gesetzgeber den Regelungsgehalt des Art. 2 III VbrKfRil vollständig übernommen und ordnen an, dass der Käufer seine Rechte wegen eines Mangels verliert, wenn er die Sache in Kenntnis des Mangels gekauft hat oder der Mangel ihm infolge grober Fahrlässigkeit unbekannt geblieben ist (§ 442 BGB, Art. 1649ter § 3 C.civ.).
Etwas anderes ergibt sich auch nicht bei Anwendung des allgemeinen belgischen Kaufrechts. Dies behandelt den Käufer ebenfalls so, als sei der Mangel offenbar gewesen, was die vice- caché- Haftung zwangsläufig ausschließt.

3. Verjährung

In Deutschland wurde für alle Kaufverträge eine einheitliche Verjährungsregelung in § 438 BGB geschaffen, die nach den Vorgaben der Richtlinie gem. § 438 I Nr. 3 BGB eine zweijährige Verjährung für alle nicht in § 438 I Nr. 1 und Nr. 2 BGB enthaltenen Sachen vorsieht. Es dürfte die Schlussfolgerung statthaft sein, dass die dem § 438 I Nr. 3 BGB unterfallenden Sachen, generell der Definition des Verbrauchsguts entsprechen werden.

In Belgien hat man sich mit Art. 1649quater § 3 C.civ. hingegen für eine Kombination von einjähriger Verjährungsfrist für alle bereits angezeigten Mängel und zweijähriger materieller Ausschlussfrist für jegliche Mängel der Sache entschieden.

Das hat für den Käufer weitreichendere Konsequenzen als im deutschen Recht. Da nach dem Code civil als Folge der materiellen Ausschlussfrist der Anspruch des Käufers nach zwei Jahren schlichtweg nicht mehr existiert, ist er schlechter gestellt als ein deutscher Käufer, dessen Ansprüche bzw. Rechte lediglich prozessual undurchsetzbar werden. Dies gilt allerdings nur für Mängel, die noch nicht angezeigt wurden und für solche, für deren Geltendmachung im Falle des Art. 1649quater § 5 C.civ. der Ablauf des „bref délai" gem. Art. 1648 C.civ. konstatiert wurde.

Die auf den ersten Blick kürzere Verjährung für Rechte aus bereits angezeigten Mängeln, benachteiligt den belgischen Käufer bei näherem Hinsehen nicht, da sie gem. Art. 1649quater § 3 C.civ. jedenfalls die zweijährige Ausschlussfrist nicht unterschreiten darf.

Es ergibt sich mithin die Möglichkeit, bei Anzeige eines Mangels kurz vor Ende der materiellen Ausschlussfrist von der einjährigen Verjährungsfrist zusätzlich zu profitieren.

Dies ist in Deutschland nicht möglich, zwar wurde auch hier über eine Kettengewährleistung bei Geltendmachung des Nacherfüllungsanspruchs nachgedacht, letztendlich jedoch abgelehnt.

Rechtsdogmatisch setzt das belgische Gesetz auf einen subjektiven Verjährungsbeginn, da die einjährige Verjährung erst mit Anzeige des Mangels ausgelöst wird. Der materielle Ausschluss ist dagegen an das objektive Kriterium der Ablieferung der Kaufsache angeknüpft. Das deutsche Recht verfügt über einen objektiv zu bestimmenden Verjährungsbeginn.

Der Sinn der belgischen Verknüpfung von Verjährungsfrist und materieller Ausschlussfrist liegt in dem Versuch, die Interessen der Parteien an ihren Rechten und die Rechtssicherheit miteinander zu vereinbaren. Zu vermuten steht jedoch, dass der Käufer den Mangel im Zweifel erst am Ende der materiellen Ausschlussfrist anzeigen wird, um im Anschluss daran noch ein Jahr von der dann erst laufenden Verjährungsfrist profitieren zu können.

Eine weitere Benachteiligung der Anbieterseite wird allerdings durch die Möglichkeit der Geltendmachung der Ansprüche gem. Art. 1641ff. C.civ. nach Ablauf der Frist gem. Art. 1649quater § 1 iSv Art. 1649quater § 5 C.civ. begründet.

Zur Schaffung von Rechtssicherheit ist das nicht geeignet. Diesbezüglich ist die deutsche Regelung zu präferieren.

Sind die Vorschriften des Verbrauchsgüterkaufs in Belgien nicht anwendbar, kann der Käufer seine Rechte lediglich innerhalb der kurzen Frist des Art. 1648 C.civ. geltend machen. Über die Länge sowie Beginn dieser Frist entscheidet der erkennende Richter im Falle einer Vertragsauflösungsklage in autonomer Weise, sie kann daher extrem variieren und ist nicht mit der 2- Jahres- Frist gem. § 438 I Nr. 3 BGB vergleichbar. Auch der Beginn der Frist wird nicht durchgängig objektiv bestimmt, hält der Richter es für angemessen, kann er subjektiv bestimmt werden.

Beide Rechtsordnungen sehen jedoch vor, dass die Frist bei Verhandlungen über den Anspruch unterbrochen wird. Im deutschen Recht ist dies in § 203 S. 1 BGB kodifi-

ziert, im belgischen Recht ist die Einbeziehung eines solchen Vorkommnisses in die Einzelfallentscheidung des Richters über die Einhaltung der kurzen Frist durch den Käufer die Regel.
Im Ergebnis hat der deutsche Gesetzgeber der Maxime der Rechtssicherheit durch die Schaffung einer feststehenden verhältnismäßig kurzen Frist von zwei Jahren den Vorzug gegeben. In Belgien herrscht der Gedanke der Einzelfallgerechtigkeit vor, deren Ausübung weitgehend dem Richter anheimgestellt wird. Dass der belgische Gesetzgeber keine explizite Frist eingeführt hat, überrascht nicht, da auch für die Regelung des Verbrauchsgüterkaufs die Frist von zwei, maximal 3 Jahren für insbesondere wertvolle Kaufsachen als zu kurz kritisiert wurde.
Der in der belgischen Rechtstradition protektierte Grundsatz der Einzelfallgerechtigkeit findet allerdings auch im deutschen Recht genügend Beachtung. Durch die Hemmungs- und Unterbrechungsregelungen in den §§ 203ff. BGB wird gewährleistet, dass ein Anspruch nur dann undurchsetzbar wird, wenn dies dem Anspruchsinhaber zuzumuten ist.

4. Anzeigeobliegenheit

Der belgische Gesetzgeber hat auf der Grundlage des Art. 5 II VbrKfRil in Art. 1649quater § 2 C.civ. dem Unternehmer die Möglichkeit eröffnet, vertraglich eine Anzeigeobliegenheit des Käufers mit einer Frist von zwei Monaten ab Auftreten des Mangels festzulegen.
An einer solchen Möglichkeit fehlt es im Titel zum Verbrauchsgüterkauf des BGB. Einer individualvertraglichen Regelung steht § 475 I, II BGB entgegen, da durch die Anzeigeobliegenheit die Rechte des Käufers verkürzt würden.
Insofern ist eine erhebliche Diskrepanz hinsichtlich der Käuferpflichten im Verbrauchsgüterkauf in Deutschland und Belgien zu erwarten, da nicht unwahrscheinlich ist, dass sich dieses Instrument zur zeitlichen Haftungsbeschränkung unter belgischen Unternehmern einiger Beliebtheit erfreuen wird.
Im Allgemeinen belgischen Kaufrecht ist keine Anzeigeobliegenheit vorhanden, kann jedoch, wie nach deutschem Recht auch, individualvertraglich vereinbart werden.

IV. Rechte des Käufers

Bei den Rechten des Käufers wegen eines Mangels zeigt sich in beiden Rechtsordnungen ein uneinheitliches Bild. Entgegen den weitrechenden vorgenannten Übereinstimmungen, die auf der 1:1- Umsetzung der Richtlinie basieren, tritt der fragmentäre Charakter der Richtlinie bezüglich der Rechte des Käufers deutlich zu Tage.
Aus den Erwägungsgründen der Richtlinie resultiert bereits der Wille des Richtliniengebers, einen Mindestsockel an Käuferrechten innerhalb der Gemeinschaft zu schaffen.
Dies bedeutet für die Umsetzung zweierlei: Einerseits wird lediglich angeordnet, dass bestimmte Rechte dem Verbraucher zur Verfügung stehen sollen, jedoch nicht ihre inhaltliche Ausgestaltung geregelt, da dies weiterhin den Mitgliedstaaten unterliegen

soll. Andererseits werden andere Rechte gar nicht geregelt, wie zum Beispiel Schadensersatzansprüche des Verbrauchers.
Nach der belgischen Gesetzesbegründung sollten für diesen Fall die Vorschriften des allgemeinen Schuldrechts zur Geltung kommen, weshalb hier ein Vergleich dieser Vorschriften mit der deutschen Regelung angestellt wird.

1. Nacherfüllungsanspruch

Der Nacherfüllungsanspruch ist in beiden Ländern seinen Voraussetzungen als auch seinen Rechtsfolgen nach identisch geregelt (§ 439 BGB, Art. 1649quinquies § 2 C.civ.) und entspricht insofern voll und ganz der Richtlinienregelung. Auch das Subsidiaritätsverhältnis zwischen der Nacherfüllung und den weitergehenden Ansprüchen wird von beiden Rechtsordnungen in gleicher Weise übernommen (§§ 440, 323, 441 BGB, Art. 1649quinquies § 3 C.civ.). Dies ist auf den Umstand zurückzuführen, dass dieses Recht für die meisten nationalen Rechte ein Novum darstellt.
Aus diesem Grunde trifft die Richtlinie hinsichtlich des Nacherfüllungsanspruchs im Gegensatz zu den anderen Rechten des Käufers speziellere Regelungen.
Bisher waren Nacherfüllungsansprüche, bzw. – rechte für Gattungskäufe oder auch im Bereich des Verbraucherschutzes lediglich in Dänemark, Spanien, Griechenland, Irland, den Niederlanden und Portugal anerkannt.[1243] Demgemäß galt es, anlässlich der Neueinführung dieses Rechts in ungefähr der Hälfte der Mitgliedsstaaten, einen einheitlichen europäischen Standard zu schaffen.

2. Minderung und Rücktritt

Minderung und Rücktritt richten sich nach dem nationalen Recht. Daher steht dem Verbraucher in Deutschland wie auch in Belgien zwar unter denselben Voraussetzungen ein Minderungs- oder Rücktrittsrecht zu, jedoch ergibt sich daraus nicht dieselbe Rechtsfolge.
In Belgien ergibt sich für Kaufverträge außerhalb des Verbrauchsgüterkaufs schon bezüglich der Voraussetzungen von Gewährleistungsansprüchen die Besonderheit, dass im Falle eines Prozesses der erkennende Richter darüber zu entscheiden hat, ob die Schwere des Mangels die Geltendmachung von Gewährleistungsansprüchen überhaupt rechtfertigt. Ihm kommt ein weiter Entscheidungsspielraum hinsichtlich der Voraussetzungs- als auch der Rechtsfolgenseite des Rücktritts zu.
a) Rücktritt
In Deutschland richten sich die Rechtsfolgen des Rücktritts nach den §§ 346ff. BGB. In Belgien ist jedenfalls nach der Gesetzesbegründung Art. 1184 C.civ. als Rücktrittsregelung des allgemeinen Schuldrechts anzuwenden.
aa) Ausübung des Rücktrittsrechts
In der vorgerichtlichen Ausübung des Rücktrittsrechts besteht in Belgien und Deutschland kaum ein Unterschied.

[1243] KOM(93) 509 endg., S. 45ff.

In Deutschland ist gem. § 349 BGB eine Rücktrittserklärung gegenüber dem anderen Teil erforderlich, um das bisherige Vertragsverhältnis in ein Rückgewährschuldverhältnis umzuwandeln. In Belgien kann sich der Käufer auf die Mangelfreiheit einer Sache als eine dem Kaufvertrag immanente auflösende Bedingung iSv Art. 1184 C.civ. berufen.
Im gerichtlichen Verfahren ergeben sich allerdings einige Abweichungen zwischen den Rechtsordnungen.
In Deutschland gilt hinsichtlich der Geltendmachung der Käuferrechte die Maxime des § 308 ZPO. Das Gericht entscheidet lediglich über den konkreten Klägerantrag.
Anders wird dies aber in Belgien gehandhabt. Der Rückgriff auf die allgemeinen Regeln der Vertragsauflösung zieht die Anwendung des Art. 1184 C.civ. nach sich. Bei einer gerichtlichen Geltendmachung des Rücktritts wird die privatautonome Entscheidung des Käufers somit stark reduziert, denn die Einschätzung des Gerichts bezüglich der Art und des Umfangs der Vertragsverletzung durch den aufgetretenen Mangel sowie der daraus resultierenden Rechtsfolgen unterliegt der autonomen Einschätzung des Richters. Dies kann sich im Einzelfall auch auf eine hilfsweise geltend Minderung auswirken, da sich die Rechtskraftwirkung der Entscheidung über einen Rücktritt auf diese Entscheidung erstreckt.
bb) Pflicht zum Wert- bzw. Nutzungsersatz
Die Rechte und Pflichten der Vertragsparteien innerhalb des Rückgewährschuldverhältnisses unterscheiden sich konzeptionell.
Wertersatz schuldet der Käufer in den Fällen des §§ 346 II, III BGB. Dies ist zum Beispiel der Fall, wenn die Herausgabe der zurückzugewährenden Sache unmöglich geworden ist und der Gläubiger diesen Umstand nicht zu vertreten hat. Darüber hinaus kann der Käufer dem Verkäufer für nicht gezogene Nutzungen Wertersatz schulden, § 437 BGB.
Hinsichtlich der Pflichten des Käufers ist ausnahmsweise im belgischen Recht nicht auf die Regeln des allgemeinen Vertragsrechts zurückzugreifen, sondern eine Bestimmung in der Sektion zum Verbrauchsgüterkauf selbst enthalten. Gem. Art. 1649quinquies § 3 C.civ. ist bei der Rückabwicklung des Vertrages der zwischenzeitlich existierende Minderwert der Kaufsache zu berücksichtigen. Der Grundsatz des Vorteilsausgleichs ist dem 15. Erwägungsgrund der Richtlinie entnommen.
Unter praktischen Gesichtspunkten ist der Schluss zulässig, dass es sich hierbei auch um die, wenn auch allgemeinere Regelung von Wert- bzw. Nutzungsersatz bei Rückabwicklung des Vertrages handelt, ebenso, wie auch §§ 346, 347 BGB dies erfassen.
Die kaufvertragliche Vertragsauflösung gem. Art. 1645, 1646 C.civ. sieht zwar keine Pflicht zum Wertersatz für den Käufer vor, dafür jedoch einen Ausschluss des Rücktrittsrechts für den Fall des Untergangs der Kaufsache, der nicht auf der Mangelhaftigkeit der Sache selbst basiert.
cc) Schadensersatz neben dem Rücktritt
Weitergehende Schadensersatzansprüche sind gem. § 346 IV BGB neben dem Rücktritt möglich und sind an die Voraussetzungen der §§ 280ff. BGB geknüpft.
Auch nach dem Code civil ist es möglich, neben der Vertragsauflösung Schadensersatzansprüche geltend zu machen. Gem. Art. 1150 C.civ ist der Verkäufer dazu verpflichtet, dem Käufer alle diejenigen Schäden zu ersetzen, die angesichts des Ver-

tragsgegenstandes vorhersehbar waren. War er allerdings bezüglich des Mangels bösgläubig, ist der integrale Schaden, also auch der nicht vorhersehbare zu ersetzen. Abhängig sind diese Ansprüche, genau wie die §§ 280ff. BGB auch, vom Verschulden des Verkäufers, wobei im deutschen Recht dieses zunächst vermutet wird. Im Ergebnis ergeben sich aber auch unter anderen Gesichtspunkten strengere Voraussetzungen für Schadensersatzansprüche neben dem Rücktritt aus Art. 1184 C.civ. als unter Anwendung des BGB.

Zwar haftet der Verkäufer für die vorhersehbaren Schäden bei einfachem Verschulden, der integrale Schaden, der dem Käufer durch den Rücktritt entsteht, wird jedoch nur ersetzt, wenn der Verkäufer bösgläubig war. Im BGB wird der Ersatz des integralen Schadens durch die §§ 280ff. BGB effektuiert. Hierfür ist allerdings lediglich Verschulden des Verkäufers und nicht auch dessen Bösgläubigkeit erforderlich.

Im Übrigen ist die Ausübung des Rücktrittsrechts in beiden Rechtsordnungen an eine Erheblichkeitsschwelle bezüglich des Mangels gebunden (§ 323 V 2 BGB, Art. 1649quinquies § 3 C.civ.).

Im belgischen allgemeinen Kaufrecht ergeben sich nicht minder schwere Diskrepanzen zum deutschen Recht.

Bei der Vertragsaufhebungsklage entscheidet der Richter über die Fortsetzung des gestörten Vertragsverhältnisses.

Gem. Art. 1645, 1646 C.civ. hat der Verkäufer je nach Gut- bzw. Bösgläubigkeit neben dem Rücktritt entstandene Schäden zu kompensieren. Mit dem Rücktritt wird demnach ein verschuldensunabhängiges Schadensersatzregime verbunden, dass den Verkäufer in Relation zu seiner Kenntnis des Mangels haften lässt. Durch die richterrechtliche Erweiterung des Begriffs der Vertragskosten, die gem. Art. 1646 C.civ. allein von dem gutgläubigen Verkäufer zu erstatten sind, kann der Käufer allerdings auf der Basis dieses Anspruchs auch alle aus dem Mangel resultierenden Nachteile (mit Ausnahme des entgangenen Gewinns) ersetzt verlangen. Dies nähert sich stark demjenigen an, was der bösgläubige Verkäufer gem. Art. 1645 C.civ. zu leisten hat, weshalb eine Grenzziehung fast nicht mehr möglich ist.

Darüber hinaus sorgt die Rechtsprechung zur Gleichstellung des professionellen Verkäufers mit dem Bösgläubigen für eine noch eklatantere Haftungserweiterung des Verkäufers, welche allerdings wegen der Schaffung der Sektion zum Verbrauchsgüterkauf nur noch für Kaufverträge zwischen Professionellen oder über andere als Verbrauchsgüter ausschlaggebend sowie nach Ablauf der Frist gem. Art. 1649quater § 1 C.civ. sein dürfte.

In rechtstechnischer Hinsicht unterscheidet sich diese Konzeption erheblich vom deutschen Recht. Dieses gewährt dem Käufer zwar auch, neben dem Rücktritt Schadensersatz zu verlangen, allerdings richtet sich dieser nach den §§ 280ff. BGB und ist daher an den Verschuldensmaßstab des § 276 BGB geknüpft.

In letzter Konsequenz kann der Käufer jedoch in beiden Rechtsordnungen über den Rücktritt seinen Kaufpreis zurückverlangen und die durch den Vertragsschluss erlittenen Schäden von Vertragskosten bis hin zu Mangelfolgeschäden ersetzt verlangen.

dd) Anwendung der Regelungen des allgemeinen Kaufrechts auf den Rücktritt vom Verbrauchsgüterkauf

Nach in dieser Arbeit vertretener Ansicht, sollten die Vorschriften der Art. 1645, 1646 C.civ. unter teleologischer Reduzierung des Art. 1649quater § 5 C.civ. auf den Rücktritt vom Verbrauchsgüterkauf angewendet werden, so dass sich die Ausführungen zum allgemeinen Kaufrecht auch auf Verbrauchsgüterkäufe anwenden lassen, um die bestehenden Lücken der belgischen Sektion zum Verbrauchsgüterkauf zu schließen.

b) Minderung

Die sich aus der belgischen Gesetzeskonzeption ergebenden Probleme, die bisher in mannigfaltiger Weise offenbar wurden, sind schlussendlich bezüglich des Minderungsrechts im Anwendungsbereich der Sektion zum Verbrauchsgüterkauf nicht mehr dogmatisch sauber lösbar.

Wie bereits festgestellt, ist es notwendig, hinsichtlich der inhaltlichen Ausgestaltung der Rechte auf das nationale Recht zu rekurrieren. Da allerdings Art. 1649quater § 5 C.civ. ausdrücklich die Anwendbarkeit der Art. 1641- 1649 C.civ. ausschließt, ist fraglich, auf welche Vorschriften bezüglich der Minderung Bezug genommen werden soll. Diese stellt einen originären Anspruch des Kaufrechts dar („action estimatoire") und findet sich in dem Sinne nicht im allgemeinen Vertragsrecht des Code civil.

Der Wortlaut der Bestimmung des Art. 1649quinquies § 3 C.civ. besagt, dass der Käufer eine angemessene Minderung des Kaufpreises verlangen kann.

Versteht man dies dahingehend, dass der Käufer für den Fall, dass er den ungeminderten Preis zahlt, auf eine objektiv in dieser Höhe nicht bestehende Schuld leistet, so bestünde die Möglichkeit, die Rückforderung des Zuvielgezahlten auf die Art. 1376, 1377 C.civ. zu stützen. Diese greifen das in Deutschland feststehende Rechtsinstitut der ungerechtfertigten Bereicherung fragmentär auf. Bei der Überzahlung einer an sich bestehenden Schuld wird über den Wortlaut der Art. 1376, 1377 C.civ. hinaus unter Verwendung des Rechtsgedankens des Art. 1235 C.civ., eine Rückforderung der Leistung zugestanden, wenn die Schuld an einem objektiven Mangel gelitten hat. Dies wäre nach der Wertung des Art. 1649quinquies § 3 C.civ. der Fall, der anordnet, dass der Kaufpreis bei Vorliegen eines Mangels zu mindern ist.

Diese Lösung ist in dogmatischer Hinsicht allerdings nur unter der Voraussetzung, dass der Käufer den Kaufpreis schon bezahlt hat, möglich. Gleiches gilt für den Gedanken, den Minderungsbetrag als teilweisen Schadensersatz für ein minderwertiges Produkt zu begreifen.

Ob sich für den Fall, dass der Käufer seine Leistung noch nicht erbracht hat und vorab schon Herabsetzung des Kaufpreises fordert, ein direktes Minderungsrecht aus Art. 1649quinquies § 3 C.civ. ergibt, erscheint zweifelhaft, da weder eine Anordnung getroffen wird, welches die Maßstäbe der Angemessenheit sein sollen noch wer hierüber zu entscheiden hat.

Um der Minderung im belgischen Verbrauchsgüterkauf aber überhaupt zur Existenz zu verhelfen, erscheint es sachgerecht, in dieser Weise zu verfahren und entgegen der Anordnung des Art. 1649quater § 5 C.civ. auf die Grundsätze der Minderung im allgemeinen Kaufrecht zurückzugreifen. Diese Lücke ist letztendlich nur durch Richterrecht zu schließen. Daher wird auch an dieser Stelle die Ansicht vertreten, dass eine teleologische Reduktion des Art. 1649quater § 5 C.civ. in Bezug auf die Anwendbar-

keit der Vorschriften der Art. 1644, 1645, 1646 C.civ. die Lösung des Problems darstellt.
In Deutschland richten sich die Voraussetzungen der Minderung nach §§ 440, 441 BGB. Die Berechnung des Minderungsbetrages nach § 441 III BGB.
Aufgrund der vorstehend geschilderten Probleme im belgischen Recht in Bezug auf die Durchführung der Minderung, lässt sich dies allerdings nicht mit einander vergleichen.
Zwischen der Minderung nach Art. 1644 C.civ. und nach § 441 BGB ergeben sich kaum Unterschiede. Der Minderungsbetrag errechnet sich nach demselben Ansatz. Die Herabsetzung des Kaufpreises findet in dem Verhältnis, in welchem zur Zeit des Vertragsschlusses der Wert der Sache in mangelfreiem Zustand zu dem wirklichen Wert gestanden haben würde, statt.
Neben der Minderung gem. Art. 1644 C.civ. ist allerdings im Gegensatz zum deutschen Recht die Geltendmachung weiterer Schadensersatzansprüche nicht möglich. Sie stellt nach belgischer Rechtsauffassung eine Mischung aus Erfüllung in Natur und Schadensersatz dar. Die Abgrenzung zur Vertragsauflösung gem. Art. 1645, 1646 C.civ. erlaubt keine Gewähr zusätzlicher Schadensersatzansprüche.

3. Schadensersatzansprüche

a) Von der kaufrechtlichen Gewährleistung unabhängige Schadensersatzansprüche
Durch die Schuldrechtsreform wurde ein einheitliches System vertraglicher Schadensersatzansprüche in den §§ 280ff. BGB installiert. Daraus resultiert, dass Schadensersatzansprüche wegen eines Mangels der Kaufsache nicht mehr spezifischen kaufrechtlichen Regelungen unterliegen, sondern sich nach allgemeinem Schuldrecht richten. Im Zusammenspiel mit der einheitlichen Konzeption des Kaufrechts unter Ergänzung durch verbraucherschützende Sonderregeln in §§ 474ff. BGB, ergibt sich die Konsequenz, dass im Verbrauchsgüterkauf wie auch in allen anderen Fällen Schadensersatz nach den Voraussetzungen der §§ 280ff. BGB gefordert werden kann.
Dem entgegenstehen dem Verbraucher nach belgischem Recht lediglich Schadensersatzansprüche im Anwendungsfall des Art. 1184 C.civ. zu, wenn der erkennende Richter dies für eine angemessene Abwicklung des Schuldverhältnisses hält. Eine selbständige Anspruchsgrundlage für Schadensersatz stellt die Sektion zum Verbrauchsgüterkauf nicht zur Verfügung, obwohl Art. 1649quinquies § 1er C.civ. ausdrücklich vorsieht, dass dem Verbraucher auch Schadensersatzansprüche zustehen sollen. Insofern kann lediglich auf Art. 1149ff. C.civ. rekurriert werden, wenn ein hier befürworteter Rückgriff auf Art. 1645, 1646 C.civ. mit Hilfe einer teleologischen Reduktion des Art. 1649quater § 5 C.civ. nicht stattfindet.
b) Schadensersatzansprüche nur in Verbindung mit dem Rücktritt
Vorstehend wurde bereits die Konzeption des allgemeinen belgischen Kaufrechts aufgezeigt, die Schadensersatzansprüche des Käufers mit der Vertragsauflösung verbindet und im Übrigen neben der Minderung ausschließt. Die Schadensersatzansprüche der Art. 1645, 1646 C.civ. erlauben dem Käufer, jeglichen durch den Vertragsschluss erlittenen Nachteil in Form von Schadensersatz ersetzt zu verlangen. Dies entspricht den Rechtsfolgen der §§ 280ff. BGB, richtet sich allerdings nicht nach dem Verschulden

des Verkäufers, sondern nach seiner Bösgläubigkeit, wobei die Bösgläubigkeitsschwelle von der belgischen Rechtssprechung durch eine extensive Auslegung des Begriffs der Vertragskosten iSv Art. 1646 C.civ. weitgehend entwertet wurde.
In dogmatischer Hinsicht handelt es sich in Belgien demnach um eine verschuldensunabhängige und in Deutschland um eine verschuldensabhängige Schadensersatzhaftung.

4. Regress des Käufers beim Vorlieferanten

Lediglich die belgische Rechtstradition gesteht dem Käufer das Recht zu, die Rechte des Verkäufers wegen eines Mangels gegenüber dessen eigenen Verkäufer geltend zu machen.
Dieses Recht unterscheidet sich vom Rückgriffsrecht im Verbrauchsgüterkauf dahingehend, dass nicht der Verkäufer Regressberechtigter gegenüber dem Verkäufer seines Verkäufers ist, sondern dass der Käufer diese Position einnimmt.
Im BGB existiert dieses Recht lediglich in der Ausprägung des § 478 BGB und verschafft dem Käufer daher keinen zusätzlichen Schuldner.

2. Teil: Kommerzielle Garantien

A. Gesetzliche Kodifikation eines Systems kommerzieller Garantien und Richterrecht

Der Umfang der gesetzlichen Ausgestaltung der kommerziellen Garantie unterscheidet sich in Deutschland und Belgien erheblich. Während das Schuldrechtsreformgesetz auf die endgültige und abschließende Kodifizierung kommerzieller Garantien setzt, wird in Belgien lediglich der Regelungsgehalt der VbrKfRil in Gesetzesform gegossen. Art. 6 VbrKfRil ist in Art. 1649septies §§ 1- 4 C.civ. wörtlich umgesetzt. Dies entspricht der Regelung der Verbrauchergarantie gem. § 477 BGB.
Demzufolge finden sich im belgischen Titel zum Verbrauchsgüterkauf lediglich die besonderen Formbestimmungen für Garantien und die Anordnung der Bindungswirkung eines Garantieversprechens aus Art. 6 VbrKfRil, zur inhaltlichen Ausgestaltung fehlt jegliche Regelung.
Als Konsequenz hieraus ergibt sich die Notwendigkeit, auch weiterhin auf der Grundlage des bereits bestehenden Richterrechts zu arbeiten.
Insofern geht die deutsche Regelung über die belgische und die Richtlinienregelung deutlich hinaus.
In den §§ 443, 444, 447 BGB wird ein abgeschlossenes System installiert, das zu den Prinzipien des allgemeinen Schuldrechts kohärent ist, wie § 276 I 1 BGB vergegenwärtigt.
Es stellt eine gesetzliche Kodifikation der Grundfälle kommerzieller Garantien in Bezug auf ihren Inhalt, ihrer Wirksamkeit, ihrer Rechtsfolgen und ihrem Verhältnis zur gesetzlichen Gewährleistung dar.

B. Übereinstimmung trotz verschiedener Konzepte

I. Ausgestaltung kommerzieller Garantien

§ 443 BGB gibt durch die Regelung der Haltbarkeits- und Beschaffenheitsgarantie erstmals inhaltliche Ausgestaltungen von Garantien vor, wobei die Bestimmung nicht als abschließend hinsichtlich des Inhalts von Garantien gewertet werden kann. Die Beweislast bei Gewähr einer Haltbarkeitsgarantie ist in § 443 II BGB geregelt.
In Übereinstimmung hiermit arbeitet aber auch der belgische Rechtsanwender mit Bestimmungen, die eine explizite Gewährleistungsfrist oder Abweichungen vom Mangelbegriff statuieren.

II. Verhältnis der kommerziellen Garantie zur Gesetzlichen

§ 443 I BGB legt durch die Formulierung „unbeschadet der gesetzlichen Ansprüche" auch das Verhältnis der Garantie zur gesetzlichen Gewährleistung fest.
In § 276 I 1 BGB wird der Bezug zum allgemeinen Schuldrecht hergestellt. Gerade durch die Nennung der Garantie in § 276 I 1 BGB wird deutlich, dass diese ein eigenes Haftungssystem, das neben dem gesetzlichen steht, erschafft.
Die belgische Rechtspraxis bestimmte das Verhältnis der kommerziellen Garantie zur gesetzlichen bisher spezieller.
Zunächst sah sie die kommerzielle Garantie lediglich als komplementär zur gesetzlichen an, da der Garantienehmer nicht schlechter stehen dürfe als von Gesetzes wegen.
Die Veränderung der Rechtslage durch die Einfügung der Sektion zum Verbrauchsgüterkauf hat diesen Grundsatz bestärkt.
War eine Abbedingung der gesetzlichen Rechte des Käufers vorher in der Regel nicht möglich, weil der Garantiegeber nach Rechtsprechungsgrundsätzen mit einem Bösgläubigen gleichzustellen war, der seine Haftung nicht ausschließen konnte, wird dieser Sachverhalt nunmehr in den meisten Fällen von den Vorschriften des Verbrauchsgüterkaufs erfasst. Dieser bestimmt in Art. 1649septies § 2 C.civ. ausdrücklich, dass die Garantie neben den gesetzlichen Rechten besteht.
Zur parallelen Geltung der beiden Haftungssysteme kommt es nach wie vor aber auch dann, wenn die Grundsätze der Rechtsprechung zur Gleichstellung des Unternehmers mit dem Bösgläubigen anwendbar sind. Dies ist der Fall, wenn nur der sachliche Anwendungsbereich des Verbrauchsgüterkaufs nicht gegeben ist.
Die kommerzielle Garantie kann daher lediglich dann nur noch keinen komplementären Charakter haben, wenn der Anwendungsbereich des Verbrauchsgüterkaufs nicht eröffnet ist und der Verkäufer seine Haftung nach allgemeinen Grundsätzen abbedingen kann.
In Bezug auf den Unternehmenskauf ergibt sich somit dieselbe Rechtslage wie in Deutschland: Die gesetzliche Gewährleistung ist abdingbar, den Interessen der Vertragsparteien kann im Rahmen von kommerziellen Garantien flexibel Rechnung getragen werden.
Des Weiteren war bisher anerkannt, dass die gesetzliche Garantie in einem Subsidiaritätsverhältnis zur kommerziellen Garantie stehen sollte.

Der dahinterstehende Gedanke, zunächst den Interessen des Garantiegebers an dem von ihm statuierten Haftungssystem entgegenzukommen, wird durch die Einfügung des Titels zum Verbrauchsgüterkauf in Belgien weitestgehend obsolet.
Aufgrund der speziellen Regeln des Verbrauchsgüterkaufs, die den Gleichlauf der gesetzlichen und der privatautonomen Haftung vorsehen, kann ein Subsidiaritätsverhältnis schlechterdings nicht mehr angenommen werden. Eine dahingehende Auslegung des Wortlauts des Art. 1649septer § 2 C.civ. würde dem Gedanken des Verbraucherschutzes widersprechen, da auch ein Subsidiaritätsverhältnis zwischen beiden Garantien die gesetzlichen Rechte des Käufers beeinträchtigen würde.
Subsidiarität kann mithin nur noch dann angenommen werden, wenn der Anwendungsbereich des Titels zum Verbrauchsgüterkauf nicht eröffnet ist.

III. Wirksamkeitsgrenzen von Garantievereinbarungen

Die Grenzen der privatautonomen Gestaltung von kommerziellen Garantien legt § 444 BGB fest. Danach ist die Abbedingung der gesetzlichen Gewährleistung zwar in den Grenzen des § 444, 1. Alt. BGB möglich und der Haftungsrahmen zwischen den Parteien frei verhandelbar, nachträglich gem. § 444, 2. Alt. BGB aber nicht mehr veränderbar.
Welche Wirksamkeitsgrenzen nach der Einfügung der Sektion zum Verbrauchsgüterkauf für kommerzielle Garantien in Belgien gelten sollen, erscheint fraglich.
Das LPC ist nur dann anwendbar, wenn Garantienehmer und –geber nicht in den persönlichen Anwendungsbereich fallen oder der Vertragsgegenstand von den Regelungen nicht betroffen ist.
Im Ergebnis ergibt sich somit eine Kontrolllücke für Verträge unter Unternehmern und unter Privatpersonen.
Diese zu schließen ist wohl nur unter Rückgriff auf den Grundsatz des „ordre public“ möglich.

IV. Ergebnis

In der Gesamtschau der Rechtsgestaltung durch die beiden Konzepte lässt sich feststellen, dass das in Belgien vorherrschende Richterrecht die Probleme der kommerziellen Garantie in gleicher Weise regelt wie die neue Kodifikation des BGB.
Aufgrund des Umstandes, dass das belgische Recht, wie diese Arbeit eindrücklich veranschaulicht, mit weniger geschriebenen Normen auskommt und statt dessen durch Richterrecht flexible Lösungen sucht, ist nicht davon auszugehen, dass das System der kommerziellen Garantien in Belgien mangels gesetzlicher Ausgestaltung weniger Rechtssicherheit verspricht. Dies entspricht vielmehr einer gewachsenen Rechtstradition mit der die Rechtsanwender umzugehen wissen.

3. Teil: Aktivlegitimation von Verbraucherschutzorganisationen

In beiden Rechtsordnungen wird der Verbraucherschutz ebenfalls durch die Aktivlegitimation von Verbraucherschutzorganisationen verstärkt.
Gem. Art. 4 des belgischen Gesetzes wird solchen Organisationen die Möglichkeit gegeben, die Verletzung von Vorschriften der Sektion zum Verbrauchsgüterkauf gerichtlich zu verfolgen, wenn kollektive Verbraucherinteressen betroffen sind. Es kann somit Unterlassungsklage gem. Art. 95ff. LPC sowie Art. 18ff. des Gesetzes über irreführende Werbung erhoben werden.
Auch in Deutschland besteht gem. § 2 I iVm II UKlaG ein Anspruch auf Unterlassung bei Zuwiderhandlungen gegen Bestimmungen des Verbrauchsgüterkaufs. § 3 I Nr. 1 UKlaG nennt als Anspruchsinhaber qualifizierte Einrichtungen, die nachweisen, dass sie in die Liste qualifizierter Einrichtungen nach § 4 UKlaG eingetragen sind. Solche qualifizierten Einrichtungen sind iSd § 4 II UKlaG auch Verbraucherschutzverbände. Demgemäß sind Verbraucherschutzorganisationen auch in Deutschland für Unterlassungsklagen aktivlegitimiert, was den Verbraucherschutz auf eine breitere Basis stellt.

4. Teil: Thesen und Ausblick

Die vorstehenden Ausführungen zur Sachmängelgewährleistung im belgischen und deutschen Kaufrecht nach Umsetzung der Verbrauchsgüterkauf- Richtlinie haben gezeigt, dass von einer Harmonisierung europäischen Kaufrechts bisher nur in Ansätzen gesprochen werden kann.
Sowohl hinsichtlich der Rechtskonzeption als auch der inhaltlichen Ausgestaltung des Rechts offenbaren sich noch immer teils erhebliche Differenzen.
Insbesondere der Umstand, dass sich der belgische Gesetzgeber nicht von dem traditionsreichen dualistischen System zu trennen vermochte, ist verantwortlich für die nunmehr zerklüftete kaufrechtliche Sachmängelgewähr in Belgien, die im allgemeinen Kaufrecht sowie im Verbraucherkaufrecht auf zwei grundsätzlich verschiedenen Systemen basiert.
Eine konzeptionelle Angleichung des deutschen und des belgischen Rechtssystems findet daher nur auf dem Gebiet des Verbraucherkaufrechts statt.
Dies erfüllt den vom europäischen Gesetzgeber vorgesehenen Zweck, einen Mindestsockel an einheitlichen Verbraucherrechten in den Mitgliedstaaten zu schaffen - nicht mehr und nicht weniger.
Die rudimentären Strukturen dieser Angleichung werden bei der genauen Analyse der Ausgestaltung der Verbraucherrechte deutlich.
Im Gegensatz zu Belgien befand sich Deutschland in der glücklichen Lage, zeitgleich zur Umsetzungsfrist der Verbrauchsgüterkauf- Richtlinie die jahrzehntelangen Arbeiten an einer umfassenden Schuldrechtsreform beenden zu können. Dies gab Gelegenheit, die Umsetzungserfordernisse aus der Richtlinie in die Reform des Schuldrechts einfließen zu lassen und ein einheitliches System zu schaffen, das auch die Lücken der Richtlinienregelung schließt.
Die Chance, das kaufrechtliche System dem internationalen Recht und anderen Rechtsordnungen in der Union anzugleichen, wurde in Belgien nicht genutzt. Schwe-

rer wiegt jedoch, dass der Gesetzgeber nicht über den notwendigen Überblick verfügt hat, aus der lückenhaften Richtlinienregelung ein funktionsfähiges Verbrauchergesetz zu schaffen.
Hinsichtlich des Rechts auf Minderung des Verbrauchers klaffen in der neu geschaffenen Sektion zum Verbrauchsgüterkauf erhebliche Lücken, deren dogmatische Handhabung in Zukunft der Rechtsprechung obliegen wird.
Im Rahmen des Rücktritts und des Schadensersatzes reduziert sich sonst der Schutz des Käufers im Anwendungsbereich der verbraucherschützenden Vorschriften der Sektion zum Verbrauchsgüterkauf gegenüber dem allgemeinen Kaufrecht.
Dies macht es nicht nur dem nationalen Rechtsanwender, sondern vor allem grenzüberschreitenden Käufern schwer, sich rechtsgeschäftlich zu betätigen. Eine solche Entwicklung widerspricht in eklatanter Form der Intention des Richtliniengebers, der die Zahl der grenzüberschreitenden Kaufgeschäfte gerade erhöhen wollte.
Darüber hinaus verletzt der belgische Gesetzgeber auch seine Umsetzungspflicht in bezug auf die Verbrauchsgüterkauf- Richtlinie, wenn er die vorgesehenen Rechte nicht in kodifizierter Form zur Verfügung stellt. Richterrecht ist zur Umsetzung einer Richtlinie nicht geeignet.
Trotz der Unterschiede im System ergibt sich jedoch hinsichtlich der inhaltlichen Ausgestaltung der Rechte ein positiver Befund.
Betrachtet man die Ausgangslage des Käufers bei Auftreten eines Sachmangels, so ergibt der Vergleich, dass Käufer nach belgischem Recht und deutschem Recht im materiellen Sinne gleichstehen.
Das belgische Recht kommt nach wie vor mit weniger geschriebenen Normen aus und tendiert dazu, den Einzelfall durch den Richter mit Hilfe einer individuellen Schließung der bestehenden Gesetzeslücken zu entscheiden.
Dabei rückt vor allem die Flexibilität des Rechts in den Blickpunkt.
Auch zeigt sich durch die Existenz einiger Vermutungen (z.B. hinsichtlich der Mangelhaftigkeit der Kaufsache bei Unerkennbarkeit des Mangels bei Gefahrübergang oder der Bösgläubigkeit des professionellen Verkäufers in Bezug auf das Vorliegen des Mangels) oder Beweislastumkehren, dass das belgische Kaufrecht generell käuferfreundlicher ist als das deutsche.
Einige in der Verbrauchsgüterkauf- Richtlinie enthaltene Wertungen wie die Beweislastumkehr des § 476 BGB oder der funktionalistische Aspekt des Sachmangels waren bisher in Belgien schon durch richterliche Rechtsfortbildung existent und sind nun erst in das deutsche Kaufrecht, zum Teil aber nur lediglich in den Titel zum Verbrauchsgüterkauf eingeführt worden.
Im Gegensatz dazu ist das deutsche Recht zwar anscheinend bis ins Letzte kodifiziert und somit für den Rechtsanwender besser vorhersehbar. Allerdings ist nicht aus dem Blick zu verlieren, dass auch hierzulande vermeintliche gesetzgeberische Fehlentscheidungen durch Richterrecht korrigiert werden.
Um einen Blick in die Zukunft zu richten, sei an dieser Stelle die These erlaubt, dass auch in Belgien- wie in anderen romanischen Rechtsordnungen auch- die Aufgabe des „dualistischen Systems" bevorsteht. Angesichts der Vielzahl von Kaufverträgen, auf die der monistische Mangelbegriff bereits anwendbar ist, ist zu erwarten, dass eine

Umstellung, die das belgische System auch in Kongruenz zum internationalen UN-Kaufrecht setzen würde, schleichend von statten gehen könnte.
Auch dies würde einen Erfolg für die angestrebte Harmonisierung europäischen Rechts bedeuten und den europäischen Gesetzgeber bestärken, diesen Weg weiter zu beschreiten.

STUDIEN ZUM VERGLEICHENDEN UND INTERNATIONALEN RECHT

Herausgeber: Bernd von Hoffmann, Erik Jayme und Heinz-Peter Mansel

Band 1 Ferdinand Henke: Die Datenschutzkonvention des Europarates. 1986.

Band 2 Peter Czermak: Der express trust im internationalen Privatrecht. 1986.

Band 3 Peter Kindler: Der Ausgleichsanspruch des Handelsvertreters im deutsch-italienischen Warenverkehr. Eine rechtsvergleichende und kollisionsrechtliche Untersuchung. 1987.

Band 4 Wilhelm Denzer: Stellung und Bedeutung des Engineers in den FIDIC-Bauvertragsbedingungen. 1988.

Band 5 Marijan-Maximilian Lederer: Die internationale Enteignung von Mitgliedschaftsrechten unter besonderer Berücksichtigung der französischen Enteignungen 1982. 1989.

Band 6 Rainer Esser: Klagen gegen ausländische Staaten. 1990.

Band 7 Chang Jae-Ok: Auf dem Weg zu einer Materialisierung des Immateriellen? Personen-, Persönlichkeitsschutz und Geldersatz des immateriellen Schadens in rechtsvergleichender Hinsicht am Beispiel des koreanischen und japanischen Zivilrechts unter besonderer Berücksichtigung des deutschen Rechts. 1990.

Band 8 Paul-Frank Weise: Lex mercatoria. Materielles Recht vor der internationalen Handelsschiedsgerichtbarkeit.1990.

Band 9 Werner Born: Der Auftrittsvertrag für Musikgruppen im Bereich der Rock- und Popmusik. 1990.

Band 10 Ralf Erich Jürgens: IPR und Verfassung in Italien und in der Bundesrepublik Deutschland. 1990.

Band 11 Rainer Gildeggen: Internationale Schieds- und Schiedsverfahrensvereinbarungen in Allgemeinen Geschäftsbedingungen vor deutschen Gerichten. 1991.

Band 12 Klaus Grabinski: Die kollisionsrechtliche Behandlung des Durchgriffs bei rechtlich verselbständigten Unternehmen in privater oder öffentlicher Hand. 1991.

Band 13 Dieter Stummel: Konkurs und Integration. Konventionsrechtliche Wege zur Bewältigung grenzüberschreitender Insolvenzverfahren. 1991.

Band 14 Joachim Güntzer: Die Rechtsstellung des Geschäftsführers im spanischen Aktienrecht. Die Neuregelung des spanischen Aktienrechts nach dem Beitritt Spaniens zur EG. 1991.

Band 15 Sabine Isenburg-Epple: Die Berücksichtigung ausländischer Rechtshängigkeit nach dem Europäischen Gerichtsstands- und Vollstreckungsübereinkommen vom 27.9.1968. Untersuchungen zum Anwendungsbereich von Art. 21 EuGVÜ unter schwerpunktmäßiger Behandlung der Frage nach der Bestimmung eines europäischen Streitgegenstandsbegriffs. 1992.

Band 16 Ulrich Nickl: Die Qualifikation der culpa in contrahendo im Internationalen Privatrecht. 1992.

Band 17 Theo Rauh: Leistungserschwerungen im Schuldvertrag. Eine rechtsvergleichende Untersuchung des englischen, US-amerikanischen, französischen und deutschen Rechts unter besonderer Berücksichtigung der gerichtlichen Praxis. 1992.

Band 18 Bernadette Chaussade-Klein: Vorvertragliche "obligation de renseignements" im französichen Recht. 1992.

Band 19 Josef Sievers: Verbraucherschutz gegen unlautere Vertragsbedingungen im französischen Recht. Vom Code civil zum "Code de la consommation" – die Entstehung eines Sonderprivatrechts für Verbraucher. 1993.

Band 20 Achim Schäfer: Grenzüberschreitende Kreditsicherung an Grundstücken, unter besonderer Berücksichtigung des deutschen und italienischen Rechts. 1993.

Band 21 Eugenio Hernández-Breton: Internationale Gerichtsstandsklauseln in Allgemeinen Geschäftsbedingungen. Unter besonderer Berücksichtigung des deutsch-südamerikanischen Rechtsverkehrs (dargestellt am Beispiel Argentinien, Brasilien und Venezuela). 1993.

Band 22 Ingo Reng: Unterhaltsansprüche aufgrund nichtehelicher Lebensgemeinschaft – Internationales Privatrecht und ausländisches materielles Recht. 1994.

Band 23 Stefanie Roloff: Die Geltendmachung ausländischer öffentlicher Ansprüche im Inland. 1994.

Band 24 Katharina Ludwig: Der Vertragsschluß nach UN-Kaufrecht im Spannungsverhältnis von Common Law und Civil Law. Dargestellt auf der Grundlage der Rechtsordnungen Englands und Deutschlands. 1994.

Band 25 Malte Diesselhorst: Mehrparteienschiedsverfahren. Internationale Schiedsverfahren unter Beteiligung von mehr als zwei Parteien. 1994.

Band 26 Manfred Kost: Konsensprobleme im internationalen Schuldvertragsrecht. 1995.

Band 27 Wolff-Heinrich Fleischer: Das italienische Wettbewerbsrecht und die Probleme des selektiven Parfümvertriebs unter Berücksichtigung der Rechtslage in Frankreich und Deutschland. 1995.

Band 28 Angelika Fuchs: Lateinamerikanische Devisenkontrollen in der internationalen Schuldenkrise und Art. VIII Abschn. 2 b) IWF-Abkommen. 1995.

Band 29 Jacques Matthias Aull: Der Geltungsanspruch des EuGVÜ: "Binnensachverhalte" und Internationales Zivilverfahrensrecht in der Europäischen Union. Zur Auslegung von Art. 17 Abs. 1 S. 1 EuGVÜ. 1996.

Band 30 Hartmut Ost: EVÜ und fact doctrine. Konflikte zwischen europäischer IPR-Vereinheitlichung und der Stellung ausländischen Rechts im angelsächsischen Zivilprozeß. 1996.

Band 31 Stefan Wagner: Die Testierfähigkeit im Internationalen Privatrecht. 1996.

Band 32 Wolfgang Jakob Hau: Positive Kompetenzkonflikte im Internationalen Zivilprozeßrecht. Überlegungen zur Bewältigung von *multi-fora disputes*. 1996.

Band 33 Markus Schütz: UN-Kaufrecht und *Culpa in contrahendo*. 1996.

Band 34 Volker Geyrhalter: Das Lösungsrecht des gutgläubigen Erwerbers. Ein "vergessener" Kompromiß und die Auswirkungen auf das heutige deutsche Recht unter besonderer Berücksichtigung des internationalen Sachenrechts. 1996.

Band 35 Andreas Kramer: Abwicklungsstörungen bei Kaufverträgen. Die Lieferung vertragswidriger Sachen im deutschen und italienischen Recht. 1996.

Band 36 Petra Krings: Erfüllungsmodalitäten im internationalen Schuldvertragsrecht. 1997.

Band 37 Tonja Gaibler: Der rechtsgeschäftliche Irrtum im französischen Recht. 1997.

Band 38 Dirk Otto: Rechtsspaltung im indischen Erbrecht. Bedeutung und Auswirkungen auf deutsch-indische Nachlaßfälle. 1997.

Band 39 Gregor W. Decku: Zwischen Vertrag und Delikt. Grenzfälle vertraglicher und deliktischer Haftung dargestellt am Beispiel der Berufs- und Expertenhaftung zum Schutze des Vermögens Dritter im deutschen und englischen Recht. 1997.

Band 40 Ulrike Höpping: Auswirkungen der Warenverkehrsfreiheit auf das IPR unter besonderer Berücksichtigung des Internationalen Produkthaftungsrechts und des Internationalen Vertragsrechts. 1997.

Band 41 Andreas Bartosch: Die vermögensrechtlichen Beziehungen der Ehegatten bei bestehender Ehe im englischen Recht – Eigentum, Besitz, Schuldvertrag. 1997.

Band 42 Helene Boriths Müller: Die Umsetzung der europäischen Übereinkommen von Rom und Brüssel in das Recht der Mitgliedstaaten. Dargestellt am Beispiel Deutschlands und Dänemarks. 1997.

Band 43 Bernd von Hoffmann / Myong-Chang Hwang (eds.): The Public Concept of Land Ownership. Reports and Discussions of a German-Korean Symposium held in Seoul on October 7-9, 1996. 1997.

Band 44 Oliver Heeder: Fraus legis. Eine rechtsvergleichende Untersuchung über den Vorbehalt der Gesetzesumgehung in Deutschland, Österreich, der Schweiz, Frankreich und Belgien unter besonderer Berücksichtigung des Internationalen Privatrechts. 1998.

Band 45 Heinrich Schütt: Deliktstyp und Internationales Privatrecht. Dargestellt an grenzüberschreitenden Problemen der Arzthaftung. 1998.

Band 46 Axel Steiner: Die stillschweigende Rechtswahl im Prozeß im System der subjektiven Anknüpfungen im deutschen Internationalen Privatrecht. 1998.

Band 47 Martina Schulz: Der Eigentumsvorbehalt in europäischen Rechtsordnungen. Rechtsvergleichende Untersuchung des deutschen, englischen und französischen Rechts unter besonderer Berücksichtigung von Erweiterungen und Verlängerungen. 1998.

Band 48 Karin Dreher: Die Rechtswahl im internationalen Erbrecht. Unter besonderer Berücksichtigung des italienischen IPR-Reformgesetzes N. 218 vom 31. Mai 1995. 1999.

Band 49 Giuliano Gabrielli: Das Verhältnis zwischen der Anfechtung wegen Eigenschaftsirrtums und den Gewährleistungsansprüchen im deutschen, österreichischen und italienischen Recht. 1999.

Band 50 Bernd von Hoffmann / Myong-Chan Hwang (eds.): Developments in Land Law. Reports and Discussions of a German-Korean Symposium held in Berlin and Trier on July 21-24, 1997. 1999.

Band 51 Volker Heidbüchel: Das UNCITRAL-Übereinkommen über unabhängige Garantien und Standby Letters of Credit. Vergleiche mit den Richtlinien der Internationalen Handelskammer, dem deutschen, englischen und US-amerikanischen Recht. 1999.

Band 52 Jan Christoph Nordmeyer: Pflichtteilsansprüche und Wiedervereinigung. Eine systematische Analyse der Ausgleichsansprüche nach BGB-Pflichtteilsrecht unter besonderer Berücksichtigung der durch den Wiedervereinigungsprozeß eingetretenen Wertveränderungen. 1999.

Band 53 Bettina Linder: Vertragsabschluß beim grenzüberschreitenden Verbraucherleasing. 1999.

Band 54 Almontasser Fetih: Die zivilrechtliche Haftung bei Vertragsverhandlungen. Eine rechtsvergleichende Studie zum deutschen, französischen, ägyptischen und islamischen Recht. 2000.

Band 55 Sona Rajani: Die Geltung und Anwendung des Gemeinschaftsrechts im Vereinigten Königreich von Großbritannien und Nordirland. Der Grundsatz der Parlamentssouveränität im Wandel. 2000.

Band 56 Joachim Kayser: Gegenmaßnahmen im Außenwirtschaftsrecht und das System des europäischen Kollisionsrechts. Eine Analyse der EU-Abwehrverordnung gegen die Auswirkungen extraterritorialer Rechtserstreckung eines Drittlandes. 2001.

Band 57 Albrecht Conrad: Qualifikationsfragen des Trust im Europäischen Zivilprozeßrecht. 2001.

Band 58 Bernd Borgmann: Die Entsendung von Arbeitnehmern in der Europäischen Gemeinschaft. Wechselwirkungen zwischen Kollisionsrecht, Grundfreiheiten und Spezialgesetzen. 2001.

Band 59 Aleksandar Jaksic: Arbitration and Human Rights. 2002.

Band 60 Islamisches und arabisches Recht als Problem der Rechtsanwendung. Symposium zu Ehren von Professor Emeritus Dr. iur. Omaia Elwan. Veranstaltet vom Institut für ausländisches und internationales Privat- und Wirtschaftsrecht der Universität Heidelberg und der Gesellschaft für Arabisches und Islamisches Recht e.V. Herausgegeben von Herbert Kronke, Gert Reinhart und Nika Witteborg. 2001.

Band 61 Patrick Fiedler: Stabilisierungsklauseln und materielle Verweisung im internationalen Vertragsrecht. 2001.

Band 62 Werner Mangold: Die Abtretung im Europäischen Kollisionsrecht. Unter besonderer Berücksichtigung des spanischen Rechts. 2001.

Band 63 Eike Dirk Eschenfelder: Beweiserhebung im Ausland und ihre Verwertung im inländischen Zivilprozess. Zur Bedeutung des US-amerikanischen discovery-Verfahrens für das deutsche Erkenntnisverfahren. 2002.

Band 64 Bernd Ehle: Wege zu einer Kohärenz der Rechtsquellen im Europäischen Kollisionsrecht der Verbraucherverträge. 2002.

Band 65 Heiko Lehmkuhl: Das Nacherfüllungsrecht des Verkäufers im UN-Kaufrecht. 2002.

Band 66 Jochen Nikolaus Schlotter: Erbrechtliche Probleme in der Société Privée Européenne. IPR-Harmonisierung im einheitlichen Europäischen Rechtsraum. 2002.

Band 67 Konrad Ost: Doppelrelevante Tatsachen im Internationalen Zivilverfahrensrecht. Zur Prüfung der internationalen Zuständigkeit bei den Gerichtsständen des Erfüllungsortes und der unerlaubten Handlung. 2002.

Band 68 Tobias Bosch: Die Durchbrechungen des Gesamtstatuts im internationalen Ehegüterrecht. Unter besonderer Berücksichtigung deutsch-französischer Rechtsfälle. 2002.

Band 69 Ursula Philipp: Form im amerikanischen Erbrecht. Zwischen Formalismus und harmless error. 2002.

Band 70 Christian Stefan Wolf: Der Begriff der wesentlich engeren Verbindung im Internationalen Sachenrecht. 2002.

Band 71 André Fomferek: Der Schutz des Vermögens Minderjähriger. Ein Vergleich des deutschen und des englischen Rechts unter Berücksichtigung des schottischen und irischen Rechts. 2002.

Band 72 nicht erschienen

Band 73 Markus Dreißigacker: Sprachenfreiheit im Verbrauchervertragsrecht. Der Verbraucher im Spannungsfeld zwischen kultureller Identität und Privatautonomie. 2002.

Band 74 Vassiliki Myller-Igknay: Auskunftsansprüche im griechischen Zivilrecht. Auswirkungen im deutsch-griechischen Rechtsverkehr sowie im deutschen internationalen Privat- und Verfahrensrecht. 2003

Band 75 Stefan Bruinier: Der Einfluss der Grundfreiheiten auf das Internationale Privatrecht. 2003.

Band 76 Nika Witteborg: Das gemeinsame Sorgerecht nichtverheirateter Eltern. Eine Untersuchung im soziologischen, rechtsgeschichtlichen, verfassungsrechtlichen, rechtsvergleichenden und internationalen Kontext. 2003.

Band 77 Peter Stankewitsch: Entscheidungsnormen im IPR als Wirksamkeitsvoraussetzungen der Rechtswahl. 2003.

Band 78 Jan Wilhelm Ritter: Euro-Einführung und IPR unter besonderer Berücksichtigung nachehelicher Unterhaltsverträge. Eine Untersuchung mit Blick auf das deutsche, französische und schweizerische Recht. 2003.

Band 79 Wolf Richard Herkner: Die Grenzen der Rechtswahl im internationalen Deliktsrecht. 2003.

Band 80 Ira Ditandy: Internationale Zuständigkeit. Neuregelung durch die LOPJ 1985. Vergleich mit dem europäischen Vorbild und Auswirkungen auf das spanische internationale Zivilverfahrensrecht. 2003.

Band 81 Andrea Verena Schefold: Werbung im Internet und das deutsche Internationale Privatrecht. 2004.

Band 82 Klaus Herkenrath: Die Umsetzung der Richtlinie 93/13/EWG über missbräuliche Klauseln in Verbraucherverträgen in Deutschland, dem Vereinigten Königreich, Frankreich und Italien. Auswirkungen nationaler Umsetzungstechniken auf dem Harmonisierungserfolg. 2003.

Band 83 Alexander Thünken: Das kollisionsrechtliche Herkunftslandprinzip. 2003.

Band 84 Barbara v. Daumiller: Die Rechtswahl im italienischen internationalen Erbrecht: und ihre Auswirkungen im deutsch-italienischen Rechtsverkehr. 2003.

Band 85 Robert Mödl: Macht, Verantwortlichkeit und Zurechnung im Konzern. Eine rechtsvergleichende Untersuchung auf der Grundlage des deutschen, spanischen und US-amerikanischen Rechts. 2003.

Band 86 Ursula Kerpen: Das Internationale Privatrecht der Persönlichkeitsrechtsverletzungen. Eine Untersuchung auf rechtsvergleichender Grundlage. 2003.

Band 87 Barbara Ploeckl: Umgangsrechtsstreitigkeiten im deutsch-französischen Rechtsverkehr. Bestehende internationale und nationale Regelungen und der geplante *europäische Besuchstitel*. 2003.

Band 88 Katrin Wannemacher: Die Außenkompetenzen der EG im Bereich des Internationalen Zivilverfahrensrechts. Der räumliche Anwendungsbereich des Art. 65 EGV am Beispiel der EuGVO und der EheVO. 2003.

Band 89 Maren B. Eilinghoff: Das Kollisionsrecht der ungerechtfertigten Bereicherung nach dem IPR-Reformgesetz von 1999. 2004.

Band 90 Patrick Niehr: Die zivilprozessuale Dokumentenvorlegung im deutsch-englischen Rechtshilfeverkehr nach der deutschen und der englischen Prozessrechtsreform. 2004.

Band 91 Anna Christina Gördes: Internationale Zuständigkeit, Anerkennung und Vollstreckung von Entscheidungen über die elterliche Verantwortung. Die VO(EG) Nr. 1347/2000, ihre geplanten Änderungen und das Verhältnis beider zum Minderjährigen- und Kinderschutzabkommen. 2004.

Band 92 Martin Rädler: Rechtsbehelfe des Käufers eines Unternehmens oder einer unternehmerischen Beteiligung gegen den Verkäufer im deutschen und französischen Recht. 2004.

Band 93 Marc-Yngve Dietrich: Rechtsstellung und Beteiligung der Gläubiger im französischen Insolvenzverfahren. 2004.

Band 94 Katia Niemann: Die rechtsgeschäftliche und organschaftliche Stellvertretung und deren kollisionsrechtliche Einordnung. Deutschland und England im Vergleich. 2004.

Band 95 Daniel Ludwig: Neuregelungen des deutschen Internationalen Insolvenzverfahrensrechts. Eine Untersuchung unter vergleichender Heranziehung der Europäischen Insolvenzverordnung. 2004.

Band 96 Cordelia Faulenbach: Der gemeinschaftsrechtliche Vorbehalt im europäischen Wettbewerbsrecht. Die Herkunftslandanknüpfung der E-Commerce-Richtlinie unter dem Einfluss der Grundfreiheiten. 2004.

Band 97 Ulf Dörner: Der Vertragsgerichtsstand nach dem Protokoll von Buenos Aires. 2004.

Band 98 Martin Schmidhuber: Verhaltenskodizes im nationalen und grenzüberschreitenden elektronischen Geschäftsverkehr. Zur Frage der Integration der Selbstregulierung durch Private in die staatliche Rechtsordnung. 2004.

Band 99 Florian Kienle: Die fehlerhafte Banküberweisung im internationalen Rechtsverkehr. Unter besonderer Berücksichtigung des Artikels 4A US Uniform Commercial Code. 2004.

Band 100 Thomas Alexander Brandt: Die Adoption durch eingetragene Lebenspartner im internationalen Privat- und Verfahrensrecht. 2004.

Band 101 Florian Pulkowski: Subunternehmer und Internationales Privatrecht. Der Subunternehmer als Quasi-Verbraucher im Europäischen Kollisionsrecht. 2004.

Band 102 Ulrich Becker: Grundrechtsschutz bei der Anerkennung und Vollstreckbarerklärung im europäischen Zivilverfahrensrecht. Bestimmung der Grenzen für die Einführung eines europäischen Vollstreckungstitels. 2004.

Band 103 Thomas Badelt: Aufrechnung und internationale Zuständigkeit unter besonderer Berücksichtigung des deutsch-spanischen Rechtsverkehrs. 2005.

Band 104 Florian D. Wagner: Vorvertragliche Aufklärungspflichten im internationalen Franchising. Zur Harmonisierung von Delikts- und Vertragsstatut im internationalen Privatrecht unter besonderer Berücksichtigung der Franchise-Gesetzgebung des US-Bundesstaates Kalifornien. 2005.

Band 105 Vera Heine: Die Umsetzung der *EG-Richtlinie über missbräuchliche Klauseln in Verbraucherverträgen* im englischen und deutschen Recht. 2005.

Band 106 Alexander Franz: Überregionale Effektentransaktionen und anwendbares Recht. Eine kollisionsrechtliche Untersuchung unter besonderer Berücksichtigung der Vorschrift des § 17 a DepotG. 2005.

Band 107 Hanna-Maria Uhlenbrock: Gesetzliche Regelungen für nichteheliche Lebensgemeinschaften in Deutschland und Frankreich. Ein Vergleich des Unterhaltsrechts bei der eingetragenen Lebenspartnerschaft und beim Pacte civil de Solidarité. 2005.

Band 108 Katrin Stieß: Anknüpfungen im internationalen Urheberrecht unter Berücksichtigung der neuen Informationstechnologien. 2005.

Band 109 Hendrik Otto: Der gesetzliche Abschlussprüfer im italienischen Recht. Eine rechtsvergleichende Untersuchung unter besonderer Berücksichtigung der zivilrechtlichen Haftung. 2005.

Band 110 Frauke Stuphorn: Bankhaftung für Kreditauskünfte im deutschen und französischen Recht. 2005.

Band 111 Nina Fürer: Die zivilrechtliche Haftung für Raucherschäden. 2005.

Band 112 Giovanni B. Barillà: *Contratto autonomo di garanzia* e *Garantievertrag.* Categorie civilistiche e prassi del commercio. 2005.

Band 113 Timo Torz: Gerichtsstände im Internationalen Insolvenzrecht zur Eröffnung von Partikularinsolvenzverfahren. 2005.

Band 114 Martina Schmid: Die Grenzen der Auslegungskompetenz des EuGH im Vorabentscheidungsverfahren nach Art. 234 EG. Dargestellt am Beispiel der überschießenden Richtlinienumsetzung. 2005.

Band 115 Stephan Lesage-Mathieu: Dispositives Kollisionsrecht im prozessualen Kontext. 2005.

Band 116 Jürgen Görtz: Die subjektiven Grenzen der Rechtskraft US-amerikanischer Urteile. 2005.

Band 117 Vera Hoppe: Die Einbeziehung ausländischer Beteiligter in US-amerikanische class actions. Unter Berücksichtigung des Class Action Fairness Act 2005. 2005.

Band 118 Silke Pütz: Parteiautonomie im internationalen Urhebervertragsrecht – Eine rechtsdogmatische und rechtspolitische Betrachtung der Grenzen freier Rechtswahl im internationalen Urhebervertragsrecht unter besonderer Berücksichtigung des neuen deutschen Urhebervertragsrechts. 2005.

Band 119 Alice Nieroba: Die europäische Rechtshängigkeit nach der EuGVVO (Verordnung (EG) Nr. 44/2001) an der Schnittstelle zum nationalen Zivilprozessrecht. 2006.

Band 120 Jan Kayser: Alternative Formen gerichtlicher und außergerichtlicher Streitbeilegung im deutschen und französischen Zivilprozess. Les modes alternatifs judiciaires et extrajudiciaires de résolution des conflits en procédure civile allemande et française. 2006

Band 121 Mirko Ehrich: Der internationale Anwendungsbereich des deutschen und französischen Rechts gegen irreführende Werbung. Freie Wahl von Form und Mittel, Rom II und Herkunftslandprinzip. 2006.

Band 122 Daniel Thelen: Die Haftung des Sekundärschädigers für Gewalttaten anderer im US-amerikanischen Deliktsrecht ausgehend von dem Problem rechtsextremistisch motivierter Gewalttaten. 2006.

Band 123 Anne Winterling: Die Entscheidungszuständigkeit in Arbeitssachen im europäischen Zivilverfahrensrecht. 2006.

Band 124 Sarah Gerling: Die Gleichstellung ausländischer mit inländischen Vollstreckungstiteln durch die Verordnung zur Einführung eines Europäischen Vollstreckungstitels für unbestrittene Forderungen. Im Vergleich zum bisherigen Recht und zur Rechtslage in den USA. 2006.

Band 125 Christian Bank: Präventivmaßnahmen börsennotierter Gesellschaften zur Abwehr feindlicher Übernahmeversuche in Deutschland und Großbritannien. Eine rechtsvergleichende Untersuchung des deutschen und britischen Rechts unter Berücksichtigung der Europäischen Übernahmerichtlinie. 2006.

Band 126 Christian Weis: Kaufrechtliche Gewährleistung und Garantievergabe in Deutschland und Spanien. Unter besonderer Berücksichtigung des Unternehmenskaufs. 2006.

Band 127 Emilio Maus Ratz: Der Nacherfüllungsanspruch nach UN-Kaufrecht. Im Lichte der deutschen, spanisch-mexikanischen und US-amerikanischen Rechtswissenschaft. 2006.

Band 128 Constanze Jacobs: Die Sachmängelgewähr im deutschen und belgischen Kaufrecht nach Umsetzung der Verbrauchsgüterkauf-Richtlinie. 2006.

Peter Lang · Europäischer Verlag der Wissenschaften

Antonios Donou

Erfüllung und Nacherfüllung

Das Verhältnis des ursprünglichen Erfüllungsanspruches zum Nachlieferungs- und Nachbesserungsanspruch beim Sachkauf unter besonderer Berücksichtigung von Stückschulden im neuen Schuldrecht

Frankfurt am Main, Berlin, Bern, Bruxelles, New York, Oxford, Wien, 2006.
XLVI, 176 S.
Europäische Hochschulschriften: Reihe 2, Rechtswissenschaft. Bd. 4300
ISBN 3-631-54671-8 · br. € 39.–*

Das Kaufrecht hat sich mit der Einführung eines allgemeinen Nacherfüllungsanspruches grundlegend geändert. Es fehlen übergreifende Grundsätze einer Bestimmung des Verhältnisses von ursprünglicher Erfüllung zur Nacherfüllung. Vor diesem Hintergrund werden Leitlinien entwickelt, welche auch auf die im Schrifttum aufgeworfenen Fragen zum Nacherfüllungsanspruch dogmatisch konsistente und praktisch sinnvolle Antworten geben.

Aus dem Inhalt: Nachlieferung beim Stückkauf · Industriell gefertigte Massengüter · Ausübungsgrenzen und Erlöschenstatbestände · Gefahrübergang · Identitätsaliud

Frankfurt am Main · Berlin · Bern · Bruxelles · New York · Oxford · Wien
Auslieferung: Verlag Peter Lang AG
Moosstr. 1, CH-2542 Pieterlen
Telefax 00 41 (0) 32 / 376 17 27

*inklusive der in Deutschland gültigen Mehrwertsteuer
Preisänderungen vorbehalten

Homepage http://www.peterlang.de

Kolibri 360 GmbH
Ferdinand-Jühlke-Straße 7
99095 Erfurt, Deutschland
produktsicherheit@kolibri360.de

Druck:
CPI Druckdienstleistungen GmbH
im Auftrag der
Kolibri 360 GmbH
Ferdinand-Jühlke-Str. 7
99095 Erfurt